贵州体育旅游系列丛书

徒步贵州

探索不一样的黔山秀水

贵州省体育局 / 编

贵州出版集团
贵州人民出版社

《徒步贵州》编委会

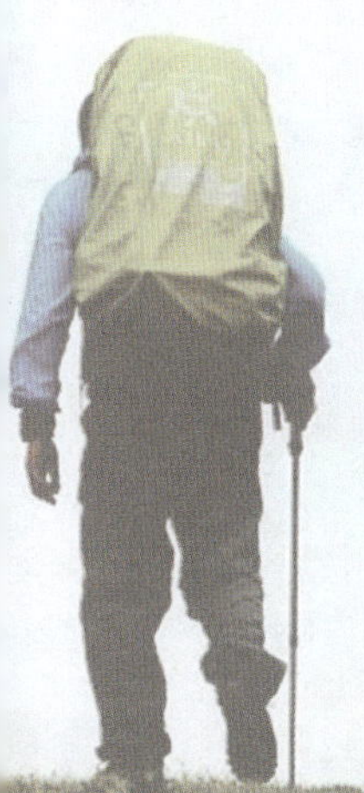

《徒步贵州》编辑部

顾问	张晓松 申敏 冉景丞 安明态 李飞 陈跃康
技术顾问	娄清 孙贵红 钱治 国伟 李坡 宁华 黄春燕 雷邦齐 胡木 卢银鹏 晏钢紫 易江 彭均 史卫义 谢伟 贺芝华 丁丁
主编	余显亚 毕昌忠
执行主编	潘浩
执行副主编	龙骧 张羽飞
撰稿	冉景丞 龙骧 陈正军 乔啟明 刘德虎 刘祥红 李朝林 杨进 张平 张友云 陈丹 吴洪举 宋文光 周梅 胡强 钱科宇 杨一 车文兴 刘凤坤 向文清 吴安康 谭亮 范建国 蒙富春 白贵东 邓太华 田茂刚 丁丁 秦兴 蒋兴龙 潘浩 张羽飞
摄影	曹经建 秦刚 陈正军 乔啟明 徐丰山 王秀昌 冉景丞 肖凤 国栋 龙骧 王燕达 潘浩 张羽飞 李朝林 史卫义 谢吉君 胡建 胡强 邓宏宇 谢伟 吴洪举 王红锦 宋文光 李翔 郝德刚 张平 贺芝华 徐国强 胡强 李卫军 钱科宇 杨一 龙云清 龙正乔 甘述华 左禹华 程祖栋 向文清 刘凤坤 王旭飞 吴娇 刘松 瞿六一 刘孔根 田茂昌 潘平川 张桂源 张奎 欧德权 杨胜屏 彭泽良 欧一敏 代传富 范建国 卢桃 黄震 蒙富春 白贵东 张岳 周厚平 冯瑞钊 申元初 罗仁忠 张霆 丁丁 秦兴 尚官芬 罗振飞 向丁山
地图绘制	张羽飞
鸣谢	铜仁市政协文史与民族宗教委员会、麻阳河国家级自然保护区管理局、绥阳县文体旅游局、印江县文体广电旅游局、台江县文体广电旅游局、锦屏县文体广电旅游局、荔波县文体广电旅游局、平塘县文体广电旅游局、兴仁市文体广电旅游局、铜仁网站图片频道、遵义市徒步协会、安顺市徒步协会、六盘水市户外运动协会、六盘水市徒步协会、黔南州户外运动协会、黔南州徒步协会、黔东南州登山协会、黔西南州户外运动协会、贵州长骁征戎文化传播有限公司

序

徒步旅行助力健康贵州

贵州风景名胜资源丰富，自然风光神奇秀美，山水景色千姿百态，素有“公园省”之美誉。山水、生态、气候、人文是贵州最美的风景，被誉为“户外运动的天堂”“体育旅游的胜地”。

特殊的地形地貌，使得“黔道未输蜀道难”。保存至今的战国时期五尺道、元朝时期滇黔湘驿道……讲述着远古贵州人民主动融入外界的向往和执着。今天，随着高速铁路、高速公路、民用航空等对外交通的不断完善，现在的贵州已是“天堑变通途”。虽然贵州还是“山路十八弯，水路九连环”，辩证地来看，却给我们留下了诸多的步道资源，为开展徒步旅行奠定了良好的硬件设施条件。

徒步作为一个现当代新兴的集体育、休闲为一体的新生运动，是户外运动最为典型和最为普遍的一种，是最大众化的健身方式之一，日渐成为世界性的时尚健康运动。大众徒步既是健身休闲旅游，又能带动沿线群众增收致富，以徒步旅游推动与文化旅游深度融合，打造体育旅游精品线路，推动乡村振兴战略深入实施，真正实现“绿水青山就是金山银山”。

历史上，王阳明到黔任职经过贵州10余县，行程近400公里；徐霞客两次入黔行程上千公里，途经我省10余个县；红军长征经过贵州68个县，辗转3000多公里；纵横全省东西南北的古驿道在贵州境内涉及40余县近2000公里……此外还有本书罗列的众多经典徒步线路。据不完全统计，全省境内现有步道（登山步道、旅游步道、森林步道、健走步道）超过8000公里，沿线各类文化遗址、传统村落等人文景观数不胜数，瀑布、峡谷、溶洞、森林等自然景观不胜枚举。根据《贵州省人民政府办公厅关于贵州省创建全国体育旅游示范区的意见》，将重点围绕“长征之路”“阳明之路”“霞客之路”“茶马古道”等公共徒步品牌，引进和培育系列徒步活动，开发徒步类体育旅游产品。同时，通过徒步活动，导入外部客源，拉动农产品销售，促进沿线经济社会发展。

现在，每逢重要节日时，全省各地各级文化体育旅游部门都要举办大型徒步健身活动，民间协会和社会团体组织的徒步活动更是不计其数，市场主体举办的商业性徒步活动大有赶超之势。徒步旅行作为一种新型、经济、大众的户外旅行方式，不仅锻炼人的体魄与耐力，陶冶人的心灵和性情，促进人际沟通交流，同时能够激发人们热爱自然、热爱生活的情感，使久居都市的疲惫心灵得到放松，正可谓“用脚步丈量大地，用身心贴近自然，用汗水感悟人生”。

贵州省体育局

2020年12月

目录

前面的话

当您翻开《徒步贵州》，相信书里的内容会让您惊诧，因为您会发现，贵州原来是这样的贵州！

在书中，您会发现：一些熟悉的贵州自然风光不见了，一些熟知的贵州民族风情不见了，一些熟稔的贵州历史文化不见了……但读完这本书，您会发现：她们都还在，只是以另外一种方式融汇到书中的每一个版块、每一条线路、每一个景点里。这种方式就是徒步——一种国内外方兴未艾的带有旅行色彩的户外体育健身方式。您还会发现：这本书不是一本泯然于众的传统户外体育和旅游读物，我们选取的每一条线路、介绍的每一个景点有些也许您知道，但更多的是您所不知道的。里面的内容，相信对您读行贵州还有点用；我们更想以此书挖掘一点贵州山地美丽面纱背后的东西，共享在徒步路上看到的自然之美、生命之美、生活之美，希望您能喜欢。

为了实现这个目的，我们尝试以开卷有益、内容为主、形式为辅、耐读易读、携带好用为方向，集中了一批长期行走户外的“老驴”来从事这项工作。虽然任务艰巨、繁杂，但团队通过无数次的整合沟通、精雕细刻，最后从350多条线路中精选了83条线路，形成了写作思路，最后达成了共识：书中的内容在帮助人们认识和了解徒步这项户外运动的同时，不只是为娱乐和消遣、不只是为养生和健身、不只是为风光和邂逅、不只是为猎奇和探险、不只是为竞技和超越……而要通过线路，向读者讲述和展示贵州这一方土地上的关于自然和人的故事，涉及山水、自然、地理、地质、气候、生态、历史、文化、社会、风俗、民情、风物……同时，对每一条线路、每一个景点，我们尽量挖掘和展示其背景、状况，尽可能地记录下一些本土自然和文化遗存，提炼出其特点，并力图使之成为新时代的“风”“雅”“颂”。

“踏遍青山人未老，风景这边独好”，如今，把多年在贵州的行走记录以这种方式呈现出来并分享给读者，是因为我们爱这块土地，她孕育和护佑了我们每一个人，让我们生于斯、长于斯、铭于斯。这块先辈留给我们的土地和土地上的一山一水、一沟一壑、一草一木、一鸟一兽、一砖一瓦、一碑一碣……都值得我们去行走、去探查、去欣赏、去体会、去感受、去保护。我们希望以此为契机，未来人们在对贵州绿水青山的开发和保护工作中获得灵感、找到思路，实现更平衡更充分的发展；希望线路上的景点，在未来的发展中全民共享、共治、共赢，不再成为笼子里付费供人观赏的金丝鸟；希望山地贵州这一块中华大地上的“绿宝石”，成为山里人的金山银山；更希望这山地之美能够代代相传，让子孙后代能永远看到她的美……

《汉书·艺文志》中说：“仲尼有言，‘礼失而求诸野’。”这是中华上下五千年，先贤们用自己的双腿丈量我们今天生活的这片土地，认识、思考、探索和实践的方法和结论。他们不论成功还是失败，都给我们留下了青山绿水的大好山河、留下了丰富厚重的文化遗产，使得我们这个民族虽经历无数磨难，但从来没有被压垮过，而是愈挫愈勇，不断在磨难中成长、从磨难中奋起，生生不息。因此，徒步不应是简单的旅行，而是某种意义上的苦行，需要有平等共享、敢于尝试、善于思考、团结互助、自信自强、吃苦耐劳、永不言弃的精神，更需要“从群众中来，到群众中去”的勇气。

在大力弘扬中华优秀传统文化、坚持绿色发展建设生态文明的今天，虽然徒步路上会有太多的不确定性和艰辛，但通过自己的双脚去丈量土地，可以强身健体，得到一把开启真、善、美的感知之门的钥匙，从中理解人生的价值，了解生命的意义，获得心灵的洗礼；还可以读懂社会和自然这两本“无字天书”，从而获得生活的方向和前行的力量。

让我们一起，迈开腿，走起来吧！

贵州欢迎你

贵州是户外运动的天堂、体育旅游的胜地。贵州山水神奇秀美，海拔适中、气温适宜、山地适度、降雨适量，溶洞、瀑布、峡谷、山地遍布其间。“一水不同族，两山不同景，十里不同风，百里苍翠秀”，是贵州的写照。因此，贵州是开展徒步、越野、滑翔、攀岩、漂流等山地户外运动旅游的理想之地，全省大多数 4A 级以上景区都融入了体育旅游产品。贵州省旅游资源大普查登记的 8 万多处中，大多数都可以植入体育休闲运动项目。

概览

贵州省简称“黔”或“贵”，位于中国西南地区东南部，是一个山川秀丽、气候宜人、资源富集、民族众多的内陆山区省。

全省国土总面积 176167 平方千米，占全国总面积的 1.8%。截至 2018 年底，贵州省辖 6 个地级市（贵阳、六盘水、遵义、安顺、毕节、铜仁）、3 个自治州（黔东南、黔南、黔西南）；88 个县、市、区、特区（其中：9 个县级市、52 个县、11 个自治县、1 个特区、15 个区）；1381 个乡、镇、街道。

人口民族

贵州是一个多民族聚居、和睦相处的地方。全省常住人口 3622.95 万人（摘自《2019 年贵州省国民经济和社会发展统计公报》），其中的汉族、苗族、布依族、侗族、土家族、彝族、

仡佬族、水族、回族、白族、瑶族、壮族、畲族、毛南族、蒙古族、仫佬族、满族、羌族等 18 个民族是贵州的世居民族。贵州布依族、水族和仡佬族人口占中国这些民族人口的 95% 以上，苗族、侗族人口的 50% 以上居住在贵州，少数民族自治地方占全省总面积的 55.5%。

历史

因为远离中原，古代的贵州长期属于“边郡”“边州”，直到明朝永乐十一年（公元 1413 年），贵州才正式成为当时中国的 13 个行省之一。但是，贵州莽莽苍苍的崇山峻岭，却是远古人类的摇篮之一。贵州人的历史，可以上溯到 24 万年以前。被考古学界认为可与北京周口店文化比肩的黔西观音洞文化、被称为“亚洲文明之灯”的普定穿洞文化、在 1993 年“全国十大考古新发现”中名列第一的盘县大洞旧石器文化遗址等大量史前文化遗址，都证实了早在“三皇五帝”之前的远古时期，贵州已并非寥无人烟的蛮荒之地。在漫漫的历史长河中，古代百濮、百越、氐羌、苗瑶四大族系在这里交汇，贵州的原住民，与从四面八方迁徙而至的各民族一起，耕耘、开发着这片共同的家园。这个过程，始于古史传说时代，至今仍然在继续着，并留下了许多可以辨析的痕迹。如今，在贵州的许多民族村寨中，依然原生态地保留着本民族来自远古的神话、传说、歌舞、习俗、服饰、节庆、礼仪……

地理

贵州省地貌属于中国西部云贵高原山地，境内地势西高东低，自中部向北、东、南三面倾斜，平均海拔在1100米左右。这里80%以上是千山万壑、峰连岭结的古陆高原，素有“八山一水一分田”之说。全省地貌可概括分为：高原山地、丘陵和盆地三种基本类型，其中92.5%的面积为山地和丘陵。境内山脉众多，重峦叠嶂，绵延纵横，山高谷深。北部有大娄山，自西向东北斜贯北境，川黔要隘娄山关高1444米；中南部苗岭横亘，主峰雷公山高2178米；东北境有武陵山，由湘蜿蜒入黔，主峰梵净山高2572米；西部高耸乌蒙山，属此山脉的赫章县珠市乡韭菜坪海拔2900.6米，为贵州境内最高点。而黔东南州的黎平县地坪乡水口河出省界处，海拔为147.8米，为境内最低点。贵州岩溶地貌发育非常典型。喀斯特（出露）面积109084平方千米，占全省国土总面积的61.9%，境内岩溶分布范围广泛，形态类型齐全，

地域分布明显，构成一种特殊的岩溶生态系统，形成了山、水、林、洞天然生就、原始古朴的自然生态景观。

气候

贵州属亚热带湿润季风气候区，气温变化小，冬暖夏凉，多云雾，少日照，雨量丰富。这种舒爽的气候条件十分有利于种类多样的生物繁衍生长，也为人类的生活、旅游、户外活动提供了适宜的环境。

从全省看，通常最冷月（1月）平均气温多在3℃—6℃，比同纬度其他地区高；最热月（7月）平均气温一般是22℃—25℃，为典型夏凉地区。降水较多，雨季明显，阴天多，日照少。受季风影响，降水多集中于夏季。境内各地阴天日数一般超过150天，常年相对湿度在70%以上。

受大气环流及地形、海拔等影响，贵州气候呈多样性，“一山分四季，十里不同天”。贵州

大部分地区年平均气温在14℃以上，气温最高的罗甸可达19.6℃，而最低的威宁仅有10.4℃，两地高差1822.2米，相当于贵阳到北京约1500千米的气温差异。这是贵州山地气候带来的特点。

从气候学上说，海拔最高的地方一般最冷，然而贵州却有例外，隆冬一月的平均气温最低是1.7℃，它不在海拔2300米的威宁，而是在海拔1800米的大方；红水河边的罗甸、册亨一带，一月的平均气温最高可达到10.2℃，那里没有冬天的感觉了。最热的7月，平均气温以沿河的27.9℃最高，是当之无愧的夏天；威宁的17.5℃最低，可算仍是春天了，这里和附近的水城是贵州在气候上没有夏天的地区。三伏天走在这些地方的街上，会看到人们穿着形形色色的服饰：体弱的老年人依然穿着棉衣，中年人只穿夹衣，小伙子们穿衬衣或T恤衫，姑娘们则穿着飘逸的裙子。

贵州年均降雨量最多的地方在晴隆，达到1607.8毫米，个别年份曾有超过2000毫米的记录，它和中国的雨城——四川雅安相比不相上下；年雨量最少的地方在赫章，只有854.1毫米；一日最大降水量以罗甸1976年5月23日最大，为336.7毫米，当日罗甸县城低洼之处，顷刻一片汪洋，洪水所到之处，奔腾咆哮，数日不消。一年中贵州的雨量，可以区分出雨季和旱季；贵州的雨日却分不出雨季和旱季，因为全省大部分地区每月日雨量≥0.1毫米日数都在10天以上。省内雨日多，除短时间的大雨、暴雨外，许多时候是似雨非雨，让人饱尝雨趣而无淋漓之苦，有利于农作物吸收水分。

贵州的年日照时数是全国最少的地区之一，还不到全国年日照时数最多的青藏高原和柴达木盆地的一半，也要比国内同纬度东部地区少30%—40%，故有“天无三日晴”之说。威宁是年日照时数最多的地方，为1741小时；最少的地方在务川，为989小时。冬天，威宁、盘州一带，几乎天天出大太阳；而在遵义、务川一带，整月不见太阳直射光却是常事。

全省雾日最多的地方在大方，一年有171天。在一些原始林区，如雷公山等地，观测到的雾日一年有近300天，可以和中国雾日最多的峨眉山媲美。可以说“早晚晴时遍地雾，阴雨成天满地云”。

总之，在山地公园省贵州，山地气候明显，气候不稳定，灾害性天气种类较多，干旱、秋风、暴雨、雷电、凝冻、冰雹等频度较大。出行前要多看当地天气预报，恶劣天气最好别进山尤其是别去峡谷和山顶开阔地带。但山里通常小气候明显，尤其在夏季，森林植被涵养的水分在白天蒸腾、空气对流强烈，风雨说来就来。因此，

进行户外徒步一定要做好预防和准备。

语言文字

贵州是多民族多语言的省份。全省 17 个世居少数民族多使用本民族语言作为交际工具。这些民族语言多数属汉藏语系，主要有臧缅语族、苗瑶语族和壮侗语族，其中属汉藏语系苗瑶语族的语言有苗语、瑶语；属于汉藏语系壮侗语族的语言有壮语、布依语、侗语、水语、毛南语、仫佬语；属汉藏语系臧缅语族的语言有彝语、白语、土家语等；属汉藏语系而语族未定的有畲语和仡佬语；属阿尔泰语系的语言有蒙古语、满语。总体上看，贵州少数民族语言种类繁多，保留较为完整，被语言学界称为民族语言的“富矿”省。

贵州省语言使用情况较为复杂，大部分民族使用两种以上语言。在 17 个世居少数民族中，除土家族、回族已转用汉语外,其余仍保留和使用本民族语言。彝、水、苗、布依、侗等民族还有本民族文字。《苗族古歌》《布依族古歌》和上千万字的彝文古籍文献的翻译整理出版，以及被誉为水族的“易经”“百科全书”的水书的抢救等，都是民族语言文字发挥的不可替代的积极作用的结果。

历史名人

在外人看来，贵州地处偏远，交通不便，开发较晚，应该是一个文化积淀不厚，没有出过多少人才的地方。其实，从古至今，这里的青山秀水，熏陶出不少才子才女、能人名士。

汉代时，就有古代文化先驱尹珍、盛览、舍人三位先贤，并出现夜郎时期的多位豪杰。此后，西汉末年有保境安民的牂牁郡功曹谢暹，三国时期有支持诸葛亮平定南中、七擒孟获的罗殿国国王济火，西晋末年有支持国家统一、保境安民的牂牁郡太守谢恕……隋末唐初，有保境自固、率土归唐的牂牁郡首领谢龙羽；唐代宗年间，出了屡败南诏的工部尚书赵国珍；北宋初年，又出了率土归宋的矩州刺史普贵；南宋有令播州“土俗大变”、被朝廷誉为“国之藩屏”的杨粲；这时，还有率兵抗金、思州之祖田祐恭，修筑钓鱼城抗击蒙古大军的冉琎、冉璞兄弟等。

明清两朝，贵州更是名人辈出。培育出了 6000 多个举人、700 余位进士、3 名状元，其中文状元 2 名、武状元 1 名。黔地士子中，最著名的有被誉为“诗书画三绝”的杨龙友，以“声色技艺”的美学观享誉一时的诗人谢三秀，为开发贵州和维护祖国统一、民族团结做

贵州欢迎你

出贡献的奢香夫人和刘淑珍，抗清名士何腾蛟，清代名臣丁宝桢，清末著名维新派代表人物之一李端棻，直隶总督兼北洋大臣陈夔龙……还有抗击英军入侵的两淮盐运使但明伦，会勘滇缅边界使臣陈灿，以及誉满京华的诗人周渔璜，“西南巨儒”郑珍、莫友芝，著名外交家黎庶昌，题匾“颐和园”的大书法家严寅亮等。

现代史上的名人则更是星光璀璨，政治人物有民国初期率军讨袁的王文华、戴戡等人，国民党方面有国防部长何应钦、文化部长张道藩、交通部长王伯群和“一门三中委”的谷氏三兄弟等。共产党方面的著名人物更多，王若飞、邓恩铭、周逸群、周达文、龙大道等革命先烈和开国上将杨至诚等也都出自贵州。其他各行各业，贵州也涌现了不少明达之士，如著名画家、诗人、学者姚茫父，中国新闻学教育开拓者谢六逸，金陵书法名家萧娴，著名文化名人姚华和朱启钤，世界探矿专家之一的谌湛溪，中国水利电力先驱水电专门教育的开创者许肇南，中国高等教育的先驱邢其毅，著名医学家施今墨……

贵州这块热土也成就了许多外地人，如“龙场悟道”的明代儒学大师王阳明、清代在镇远操练团练的胡林翼等。

文化

贵州省自古就是一座移民省，大多数汉族都是历史上几次人口大迁徙迁入贵州的，因此，除了苗族、侗族、布依族、仡佬族等少数民族外，许多民族祖籍都不在贵州。虽然贵州各族人民来自四面八方不同的族群，带着不同地域的文

化背景，但来到贵州之后，都在这里寻找到了适合于自身生存和发展的空间，相互交流、碰撞、融汇，“大杂居，小聚居”“既杂居，又聚居”，形成了“你中有我，我中有你”的文化生态。各种不同社会经济发展背景的民族族群，共同构建了与中国其他地方迥然不同、多姿多彩的贵州文化。人们把贵州这种“多元共存、共生共荣”的文化景观，形象地称之为“文化千岛”：贵州各民族的独特文化构成中华文化圈这片“水域”中风情万种的千个“小岛”。若是只看这一个个“小岛”，会发现它们都有各自清晰的轮廓和独特的风景；但在贵州这片“山海”中，这些星星点点、色彩斑斓的“小岛”，却都是山山相连，脉脉相通，植根于这片大地上；而在远方的天际线上，它们更是浑然一体，组成了贵州山地上一道多彩的风景线。

一方水土养一方人。与独特的自然环境相映衬，贵州古朴淳厚、绚丽多彩的民族文化，多层次地呈现出山地文化色彩斑斓的神秘基因。在贵州这个多民族的大家庭里，各民族的建筑、服饰、饮食、婚俗、祭祖、节庆、歌舞等，无不异彩纷呈。“三里不同风，五里不同俗，大节三六九，小节天天有”，一年中各民族的节日有1000多个，是中国民族地区民间节日活动最多的地区。“今天不是节，你们来了就是节”，这种以客人为主体，观赏性与参与性融为一体的活动在民族地区随处可见。走进民族村寨，人们常常会发现，古老的生活习俗——汉晋遗风、盛唐发型、宋代服饰、明清建筑、生活习俗、语言文字等在许多苗乡侗寨、屯堡古村中被原汁原味地保存了下来。因此，行走贵州，能感受到浓浓的中华传统文化的古风遗韵。

美食

贵州美食以黔菜为主。人们吸收、借鉴了川、苏、徽、湘、粤等菜系的烹调技艺，通过无数黔菜厨师经年累月的实践，在山地特征浓郁的贵州风味基础上开拓创新，逐渐形成了黔菜这一风格独特、口味鲜明的菜系，具有喜酸嗜辣、主副兼备、营养合理、应时应节、食用方便、经济实惠等特点。

生态环境

贵州独特的地理和气候，使得这里植被丰厚、种类多样、区系成分复杂，具有明显的亚热带山地特征。到 2017 年底，贵州森林覆盖率达到 55.3%，森林蓄积为 4.49 亿立方米。贵州植物种类繁多，全省维管束植物（不含苔藓植物）共有 269 科、1655 属、6255 种（变种），有 70 余种珍稀植物列入国家重点保护植物名录，银杉、珙桐、红豆杉等 14 种属国家一级保护植物，桫椤、秃杉、连香树等57种属国家二级保护植物；野生动物多达1000余种，其中黔金丝猴、黑叶猴、云豹、豹、蟒等 17 种为国家一级重点保护野生动物，猕猴、穿山甲、小灵猫等 83 种为国家二级保护动物。这些动植物中，许多是中国或是贵州特有的濒危物种。全省还保留了许多具有一定规模的原始的或独特的生态系统，特别是以原始的常绿阔叶林生态系统、喀斯特森林生

态系统最为典型和珍贵，具有很高的科研价值。

自1978年贵州建立第一个森林和野生动物类型自然保护区——梵净山自然保护区以来，截至2018年，全省已有国家级自然保护区11个、45个国家湿地公园和30个国家级森林公园。这些自然保护区、湿地公园和森林公园有的是以黔金丝猴、黑叶猴、黑颈鹤、白冠长尾雉或珙桐、台湾杉、桫椤、青岩油杉等珍贵稀有野生动植物及其赖以生存的亚热带原始森林生态系统、湿地生态系统为主要保护对象；有的是以典型的喀斯特森林植被及珍贵动植物为主要保护对象；有的是以典型的亚热带常绿阔叶、落叶阔叶混交林为主要保护对象；还有的是专门以水源涵养林为主要保护对象。

这些自然保护区、湿地公园、森林公园囊括了贵州大部分的天然林或人工林，使全省80%以上的珍贵野生动植物资源得到了有效的保护。由于这些地域大多地处大江、大河源头或上游地带，对现有天然林保护，尤其对乌江、赤水河、芙蓉江、锦江、㵲阳河、清水江、都柳江、红水河等江河源头及沿岸森林植被的保护，涵养水资源和水环境，防止水土流失，发挥了极其重要的作用。

生活方式

贵州的“山”生活

贵州是一个开门见山的省份，很久以来，

人们在大山里聚族而居，自给自足，自耕自食，衣食住行乃至思想意识上无不打上了山的烙印。这里的人们出行爬坡下坎，吃野蔬瓜果，喝飞瀑流泉，穿自织自染的服饰……此外，由于大山阻隔，交通不便，长期缺盐，历史上便长期以酸辣代盐，因此形成了以酸、辣为主要特色的山地口味。随着社会经济发展，现代交通基础设施完善，情况虽已有很大变化，但积淀在人们潜意识的大山情怀是很难改变的。

贵州的慢生活

贵州的生活最显著的特征就是节奏缓慢。贵州是一个移民省，来自全国各地的人杂居其间，文化多元、和平共处，人们过着恬淡闲适的生活。乡村和县城自不必说，贵阳、遵义、六盘水、安顺、毕节、铜仁、都匀、凯里、兴义等省内主要城市也是如此。山地农耕文明的背景或许正是生活缓慢的原因，不过，缓慢的生活节奏也许还与贵州没有酷暑和极寒的温和气候有关。不论白天晚上，各个城市的商场闹市总有闲逛遛弯的人流；穿城而过的河畔和湖边，随处可见雕塑般悠然独坐的垂钓者；居民小区内，总有三五成群的人们围聚在一起找寻自己的乐子；高楼大厦背后的狭窄街巷中，依然能感受到流光浮华背后浓郁的市井气息，众多浓香四溢的小吃就在这些角落里诱惑着路人的味蕾……

贵州的夜生活

在贵州这个阴天多过晴天、阳光弥足珍贵、

城镇人口稠密、城中道路车流拥堵、快速现代化的山地之省，一到晚上城市里则显得躁动异常。不论城市还是乡镇，只要人聚集的地方，霓虹闪烁、灯火辉煌，人们或在的酒楼饭馆里觥筹交错，或在街边巷尾夜市上宵夜，或在夜不闭户的商店里购物，或在歌舞厅挥洒激情……混杂着暧昧的黑夜魅惑气质，这或许就是贵州夜晚魅力所在。

贵州的潮生活

虽地处中国西南，贵州的人均收入在全国排名并不高，但物价却不菲，属于典型的消费型省份。这说明贵州人很会享受生活，这里的人们好面子，讲吃爱穿会玩，追求时尚。贵州闻名的酒、烟草、茶等行业之所以长期成为支撑贵州经济支柱的产业，除了自然环境因素外，与贵州人的生活方式有很大关系。如今，随着新时代的贵州交通条件的改善和信息时代的技术进步，贵州经济快速发展，贵州与外界联系越来越紧密，新兴的大数据、大健康、大生态、大旅游等产业在贵州蓬勃发展，成为影响并改变贵州人生活的新潮流，贵州人的生活方式已在全球化语境下趋同。

总之，由于特定的地理位置和复杂的地形地貌，使贵州的气候和生态条件复杂多样，地质景观形态各异，地方文化和民族文化丰富多彩，贵州于是有了“山地公园省”的美名，特别适宜开展各种户外体育旅游，成了中国一处难得的户外天堂。

附：贵州生态体育公园名录

贵阳市

贵阳市观山湖生态体育公园、贵山山体生态体育公园、清镇市体育文化公园、息烽县南山驿站生态体育公园、双龙生态体育中心（公园）、高新区太阳湖滨河生态体育公园、贵阳登高云山生态体育公园、白云区泉湖生态体育公园、修文县苏格兰生态体育公园、南明区阿哈湖生态体育公园、花溪区骏驰汽车运动生态体育公园、乌当区枫叶谷旅游度假区生态体育公园、清镇市红枫生态体育公园、开阳县南江大峡谷景区生态体育公园。

遵义市

遵义凤凰山国家生态体育公园、余庆松烟自行车生态体育公园、南岭生态体育公园、莲花山生态体育公园、桐梓县东山生态体育公园、凤冈县生态体育公园、习水县箐山森林公园、播州生态体育公园、赤水市生态体育公园、正安县生态体育公园、道真县白滩生态体育公园、湄潭翠芽27℃生态体育公园、播州区花香龙泉生态体育公园、绥阳县卧龙湖生态体育公园。

六盘水市

水城野玉海生态体育公园、盘州乌蒙大草原生态体育（国家）公园、钟山区梅花山生态体育公园、明湖生态体育公园、钟山区月照生态体育公园、六枝特区生态体育公园、盘州市九头山生态体育公园。

安顺市

普定秀水生态体育公园、镇宁县红旗湖生态体育公园、关岭自治县永宁生态体育公园、紫云格凸生态体育公园、安顺开发区宋旗镇三合生态体育公园、西秀区九龙山生态体育公园、平坝区生态体育公园。

毕节市

百里杜鹃生态体育公园、七星关区拱拢坪生态体育公园、大方县油杉河景区生态体育公园、威宁自治县环草海生态体育公园、织金县桂花生态体育公园、赫章县青山生态体育公园。

铜仁市

铜仁环梵净山生态体育（国家）公园（一期工程）、铜仁市碧江区文笔峰生态体育公园、玉屏茶花泉生态体育公园、德江县大犀山生态体育公园、沿河县黄金山体生态体育公园、万山区木杉河生态体育公园、石阡县佛顶山生态体育公园、印江县大圣墩体育公园、思南县兽王山生态体育公园。

黔东南州

施秉生态体育（国家）公园、麻江马鞍山生态体育公园、凯里小高山山地生态体育公园、剑河县江北生态体育公园、黎平南泉山生态体育公园、丹寨县龙泉山生态体育公园、岑巩县生态体育公园、从江县生态体育公园、黔东南州苹果山生态体育公园、锦屏县羽毛球生态体育公园、台江县生态体育公园、榕江县滨河生态体育公园。

黔南州

福泉双谷生态体育公园、独山翠泉生态体育公园、贵定县云雾湖体育公园、罗甸县国家生态体育公园、龙里中铁生态体育公园、龙里县莲花湿地生态体育公园、都匀经济开发区匀东生态体育公园、荔波月亮湖生态体育公园、贵定县瓮城河生态体育公园、平塘县天文小镇生态体育公园、惠水县好花红生态体育公园、都匀市南沙洲生态体育公园、瓮安县飞练湖生态体育公园。

黔西南州

兴义万峰林生态体育公园、贞丰三岔河生态体育公园、兴仁放马坪生态体育公园、普安县生态体育公园、晴隆二十四道拐生态体育公园、安龙县笃山镇生态体育公园、义龙试验区鲁屯生态体育公园、册亨县秧箐万重山生态体育公园、望谟县天马山生态体育公园。

图：秦刚 / 曹经建 / 肖凤 / 徐丰山 / 张霆

文：潘浩

徒步的定义

徒步，亦称“远足”“行山”或“健行”，既是一种户外健身运动，又是一种旅行方式。因此，徒步更像是“玩”的运动。在现代人看来，徒步，已经从一种运动，变成一种文化，一种生活方式，更是一种心情，是内心深处不断得到净化的过程。

英文中，“徒步”写作 Tramp/Hike，并细分为 Hiking（远足、徒步）,Trekking（长距离 / 越野徒步）和 Mountaineering（徒步登山）三种类型。

Hiking——“徒步走”，侧重于表达“远足、徒步”，即徒步旅行。作为一个新兴的集体育和休闲为一体的新生运动，在刚刚兴起之时只是作为少数人寻求刺激、挑战自身极限的项目之一，然而发展时至今日，却已成为世界性的时尚健康运动。Hiking 的程度是最容易的，通常是时间不长的休闲徒步。Hiking 可以在山上、沿（江河湖海）水边、绿道、乡村小径等，强度可大可小。但它的强度通常都不会太大——除非你在 Hiking 中加入一些攀爬、漂流、速降、溯溪等冒险性活动。一般来说，大多数 Hiking 的时间需要 2 到 8 个小时，长的也最多 1—2 天。有些线路是往返，有些则是单向。对于这种徒步，需要的设备相对更少，最重要的是要准备足够的饮用水！

Trekking——侧重于表达“长距离 / 越野徒步”。Trek 的字面意思就有“艰苦跋涉”之意。如果翻译成中文，那么 Trekking 更像是“越

野徒步”，是介于 Hiking 和 Mountaineering 之间的挑战难度。形式上，它与 Hiking 很像；不同的是，它比 Hiking 的距离和时间更长，常常需要一周以上的时间，需要的技巧及装备都要多一些。

Mountaineering——意思是“徒步登山”。Mountaineering 在这三个词汇所表达的“徒步”中，是最具挑战性的。它所表达的是“徒步+登山”运动，这是一种技术性很强、装备要求高的徒步旅行，登的山通常还是有一定海拔高度、荒无人烟的高山，需要更强大的体能、技术、装备和意志——因为徒步是为登山开路，最终目标是登上顶峰。

《中国徒步旅游发展报告（2018）》对徒步做了以下定义：徒步，是户外运动中最为典型、最为基础和最为普遍的一种，徒步运动并不是通常意义上的散步，也不是体育竞赛中的竞走项目，“从狭义说，是一种带有探险挑战性质的运动，包括徒步及器械穿越、负重行军、徒手及器械攀岩、洞穴探险、峡谷运动、河湖横渡、定向、野外生存、拓展、溯溪、绳（速）降、漂流、野外生存、攀冰、山地滑雪、登山等……从广义去理解，应该解释为与城市相区别的一种生活形态，而不仅仅是探险和挑战”。

作为一种旅游方式，“徒步旅游是能够使每一位参与者获得强烈体验式的健身和旅游方式，即指参与者有明确的健康意识，以行走的方式去欣赏和感受外部世界（自然和人文景观等）的一种旅游形态”。在现代人看来，徒步旅行经常被认为是最亲近大自然的一种活动。

作为旅游方式的徒步和短距离徒步活动相对简单，不需要太讲究技巧和装备；但如果是带探险挑战性质和长距离徒步则应具备较好的户外知识、技巧及装备。

徒步运动的历史

古人云："读万卷书，行万里路。"中国徒步历史悠久，在交通设施和交通工具不发达的中国古代社会，徒步是最主要、最简单、最廉价的到达方式，但想来场说走就走的徒步旅行可不是件容易的事，荆棘丛生，虎豹横行，人迹罕至，盗匪出没，客栈难遇……但勇者无畏，行者无疆，两只脚最远能走到哪儿？

史籍中就记录了数不胜数的古代徒步旅行者，著名的有春秋时期带着弟子周游列国、传播儒家学说的孔子，汉代为写作《史记》游历名山大川进行历史考察的司马迁，晋代游踪遍及江南、为便于登山发明了谢公屐和曲柄笠的谢灵运，唐代西行五万里、取经求法的玄奘，游历大半个中国、处处留下诗痕的李白，为完善医学资料、"远穷僻壤之产，险探仙麓之华"的明代李时珍……中国古人长行，有的为报国求仕、有的为科学考察、有的云游四方……每个人出发的初衷和目的各不同，路上的风骨与

故事亦不相同。不过最著名、最接近现代徒步旅行意义上的当属明朝的王士性和徐霞客，一个身为官宦，一个身为布衣，但足迹都遍及大半个中国，可谓古代中国户外徒步史上的双峰。

王士性（1547—1598），字恒叔，号太初，又号元白道人，临海人。明代文学家、政治家、旅行家、人文地理学家。士性自幼家贫但十分好学，"读书过目成诵，性磊落不群"，明万历五年（公元 1577 年）进士，初授确山知县，历礼科给事中、广西参议、云南澜沧兵备副使、河南提学、山东参政、太仆少卿、南鸿胪寺卿等职。从他的著作《五岳游草》中可以看出，中国五岳他全都登临过，而后来的徐霞客只去过其中的三岳；除了五岳之游，他的书里还有蜀游、吴游、越游、楚游、滇粤游、大河南北诸游等，其游踪遍及明代中国版图的东西南北各处，《临海县志》说他："公盖无时不游，无地不游，无官不游……一官为寄，天下九州履其八，所未到者闽耳。诸名山自五岳而外，穷幽极险，凡一岩一洞，一草一木之微，无不精订……"他的宦迹从河南、陕西这些中心地带，一直扩展到四川、云南、广西、广东、贵州等省，只有福建未至。凡所到之处，对一岩、一洞、一草、一木之微，悉心考证；对地方风物，广事搜访，详加记载，并成著作，有《广志绎》《五岳游草》《广游志》等，今被辑成《王士性地理书三种》。万历末，王士性曾游于贵州，著有《黔志》一书，后收入《学海类编》《丛书集成初编》及《黔南丛书》。

徐霞客（1586—1641），名弘祖，字振之，号霞客，明朝南直隶江阴（今江苏江阴市）人。明代地理学家、旅行家和文学家，地理名著《徐霞客游记》的作者，被称为"千古奇人""中国古代穷游第一人"。徐霞客一生志在四方，从 22 岁起孤身上路，风餐露宿，徒步旅游考察 30 余年，四次远程跋涉，足迹遍及现在中国的 21 个省、市、自治区。崇祯九年（公元 1636 年），徐霞客作"万里远游"，从江阴出发，经浙江、江西、湖南、广西而入"远在要荒"的贵州，后经贵州入云南，至崇祯十三年（公元 1640 年），始归至江阴。这万里之行，极为艰苦，其毅力非寻常人所及，"途穷不忧，行误不悔，暝则寝树石之间，饥则啖草木之实。不避风雨，不

惮虎狼，不计程期，不求伴侣，以性灵游，以躯命游，亘古以来，一人而已”，绝壁、猛兽、激流、盗匪对他都无可奈何，徐霞客可谓那个时代的徒步旅行的顶级高手。他写下的由三十多篇日记组成的《徐霞客游记》，其中《黔游日记一》和《黔游日记二》就专写了贵州山水及风土人情。

现代的徒步，最早是指 19 世纪 60 年代在尼泊尔的远足旅行，从那以后徒步旅行就开始在世界各地流行了起来。到 20 世纪初，欧美发达国家兴起了各种户外运动，并逐渐成为了一种时尚，越来越多的人走出城市，三三两两地结伴在大自然中步行惬意抒怀。由于这些徒步者常常衣食住行等用具背负于身，人们常称他们为“背包客（Backpacker）”，又称“驴友”。随着徒步运动的深入，徒步这时由旅行开始向一种人们有意识地体育健身方式发展，成为徒步者自我的修行，进而向考察社会、自然、地理、历史、文化、风俗等内容回归。

中国现当代徒步运动

中国现代的徒步应当从民国初年算起，那时西风东渐，虽然兵荒马乱、世道艰难，但仍有不少中国人尝试用脚步丈量和探索中国乃至世界的大好河山。著名的有：世界上第一个以徒步和骑行方式环游世界的中国旅行家潘德明，徒步西行陕西、甘肃、青海等省的言情小说大师张恨水，刚留学回国就经年累月单人徒步滇、川、黔实地调查的中国地质事业奠基人丁文江，走遍中国 15 个省、190 多个县、考察了 2738 处古建筑的梁思成、林徽因夫妇……不过，最著名的人物当属人民领袖毛泽东主席。

1913 年，时年 20 岁的毛泽东在《讲堂录》中写道：“司马迁览潇湘，泛西湖，历昆仑，周览名山大川，而其襟怀乃益广。”这时的他已经立下了游历祖国名山大川的志向。1915 年 9 月的一天，他在报纸上读到两名学生徒步旅行全国的事迹，更深深触动和鼓舞了他。虽然当时只是在校穷学生，但他没有放弃，和好友萧瑜利用暑假假期，步行游历了全湘的十几个县市，行程几百里，不但饱览大好河山，更走访学士名流、农民、小手工业者、小商人、地方官吏和高僧等，并写下了厚厚的考察笔记。说起这次经历，萧瑜回忆：“我和润之出发时，除了换洗的衣服和一把旧雨伞，还有的两样东西，就是毛笔和墨盒……”一路上，他们靠帮别人写对子、抄帖子换取食物；大部分的时间露宿旷野。这一次旅行，他们没有花一分钱。这放在现在，是一次被称为“穷游”的徒步旅行。

这次游学，对青年毛泽东触动颇深，细心观察社会和体验民意，让他对现实有了更加成熟的认识。游学结束一个月后，青年毛泽东在写给他的老师黎锦熙的信中说，此次游学时的收获之一，即确信“救国救民在于找到大本大源，而大本大源在于工农大众”的道理。回到学校，他常对同学讲：“我们不仅要读‘有字之书’，更要去读社会这本‘无字之书’。”后来，那份的调查笔记在《湖南通俗教育报》上发表后，好友蔡和森认为，以游学的方式，进行社会调查，这方法的确高明。1917 年，还在湖南省立第一师范学校求学的青年毛泽东，在《新青年》发表文章《体育之研究》，提出了著名的体育思想：“欲文明其精神，先自野蛮其体魄。苟野蛮其体魄矣，则文明之精神随之。”他这样说，更成为了这句话的践行者。

一代伟人通过游学的经历，了解了社会各阶层群众的生活，造就了敢于担当责任、勇于直面矛盾、善于解决问题的精神，成长为博览天下事的奇男子。这段经历，也就能解释后来的毛泽东主席为何能够不惧艰险，率领红军克服重重的困难，创造人类战争史上的奇迹，完成横跨大半个中国的一次军事重装徒步——二万五千里长征了。

中国当代徒步运动则是在在 20 世纪 80 年代开始兴起，至今方兴未艾。

贵州现代徒步运动

在贵州现代历史上，有过多次影响巨大、声名远播的徒步活动。

首先，最著名的便是红军二万五千里长征，这是中国共产党领导人民军队创造的英雄壮举，创造了人类历史上的奇迹，也是历史记录的第一次人类成规模、成建制的长途徒步。经过贵州的红军主要有两路，一路时间从 1934 年 12

月 12 日至 1935 年 4 月 22 日，中央红军长征过贵州，历时 4 个月零 10 天。二路时间从 1936 年 1 月 7 日至 4 月 1 日，红二、红六军团长征过贵州，历时 2 个月零 25 天。按现在行政区划，红军长征经过贵州的县（市、区）为 61 个（注：长征前红七军、红八军第一纵队、红三军还转战荔波、从江、罗甸、望谟、册亨、务川、德江等县。把这些算上，长征经过贵州共 68 个县市区）。红军长征在贵州经过的地方，涉及贵州省 9 个市（州），占全省市（州）的百分之百，占全省 88 个县（市、区）的三分之二以上。

中央红军进军贵州时间长达 4 个多月，足迹遍布贵州省的 40 多个县（市、区），使贵州成为中央红军在长征途中活动时间最长、活动区域范围最广、发生重大事件最多的省份之一。在这 4 个多月里，每日天上飞机侦察轰炸，地下敌军围追堵截，路上有无法预测的艰难万险，红军开动每个人的两只脚一路负重前行，每一转，局势为之一变；每一折，前景为之一新。黎平会议、猴场会议、遵义会议，一个个决议的出台，让中国革命重新走上正确道路；强渡乌江、娄山关大捷、四渡赤水，一场场拍案叫绝的经典战役，打出了一片红色新天地。“长征是宣言书，长征是宣传队，长征是播种机”，贵州的山山水水记载着红军长征艰苦卓绝的历程，承载着中国革命历史性转折的前因与后果，也播撒下了红色基因的火种，起到了凝聚民心、引导方向、催人奋进的作用。以战胜世所罕见的艰难困苦所铸造出的长征精神，将会在黔贵大地上永远传承下去。

其次，抗日战争爆发后，国民政府有计划地将平津和东南沿海一带的大学迁往内地，沦陷区大部分高级知识分子和几十所高校师生转移到大后方，这些流亡大学几乎囊括了当时国内所有的知名高校，为中华民族保存了科学和文化的种子，被称为“中国教育史上的长征”。

1938 年 2 月 19 日，北大、清华、南开三校南迁组成湘黔滇旅行团，闻一多等 11 名教师带领 284 名学生由长沙经玉屏、贵阳、镇宁等地，徒步跨越湘黔滇三省到达昆明。这次 1300 多千米的长途跋涉，行程 68 天，除沿途休息及天气原因阻滞外，实际步行 40 天，平均每天行程 32.5 千米。这次步行后来被称为是中国教育史上的“奇迹”。

淞沪会战爆发后，从 1937 年 11 月 11 日开始，国立浙江大学在竺可桢校长的带领下，

师生们踏上了流亡办学的艰苦历程。两年多的时间里，浙大师生辗转浙江、江西、广西、贵州诸省，最后迁至遵义和湄潭，在贵州度过了7年难忘的岁月。浙大西迁行程5000余里，由于浙大西迁的路线与中央红军的长征线路大体相同，而落脚点又是对中国革命具有转折意义的遵义，故后人称其为“文军长征”。

除了浙大西迁外，在其前后，还有7所高校相继迁来贵州。其中，大夏大学、湘雅医学院、之江大学工学院迁贵阳；唐山工学院迁平越（今福泉）；中正医学院迁镇宁；广西大学、桂林师范学院迁榕江……在一路的颠沛流离中，家国的不幸和学人的无奈使旅行带有一抹悲壮的色彩；但各校师生们接触到以前在书斋中无法想象的中国现实，达到了了解民情、考察风土、采集标本、锻炼体魄的目的，也对当地各民族古老的民风民俗有了近距离的接触，从而获益终生。此外，他们也将文化的种子散播到穷乡僻壤，在传播先进文化的同时亦汲取了更为活泼更为多元的文化因子。

总之，中国现代史上的两次规模巨大、影响深远的远程徒步都与贵州有关，承载着深刻隽永的民族记忆，是两座人类徒步历史上永远的丰碑。

贵州当代徒步运动

贵州当代户外运动的兴起在国内算是比较早的。1978年12月，党的十一届三中全会后，中国开始实行的对内改革、对外开放的政策，人们对生活质量的要求开始逐步提高。20世纪80年代中后期，当时的贵州省领导徐健生同志、贵州著名文化人张克先生和唐莫尧先生等前辈为了贵州旅游资源的利用、开发、宣传和保护工作，身体力行，跋山涉水、走村访寨、穿山进洞，徒步考察各地的文物古迹、革命遗址、风情习俗。正是由于这一批先驱者的艰苦努力和创造性工作，在短短几年中，贵州有黄果树、龙宫、织金洞、红枫湖、㵲阳河等5个国家风景名胜区，还有百里杜鹃、九洞天、百花湖、马岭河峡谷等10多个省级风景名胜区。

与此同时，各种新知识、新观念、新思潮和新的生活方式也蜂拥而入，位于西南边陲的贵州也难免受到影响和冲击。当大山里的人们看到一些进入国门的外国人背着各种装备穿梭在荒山野岭、沟壑洞穴、苗乡侗寨自得其乐时，人们才恍然间发现，人还可以这样活着！

各种因素的推动，使得20世纪80年代后期，黔贵大地上掀起了户外运动的热潮，贵州省内陆续出现了一批现代户外运动爱好者。当时，没有购买专业户外装备的资金和渠道，他们用军用品、钓鱼用品甚至一些农用品代替；由于这项运动是新兴的，没有专门的政策和对口的相关部门的管理和支持，他们用各自的关系和人脉搭建官民桥梁；没有专业人员和技术指导，他们购买原版图书学习，并以多种渠道，得到了国外多家专业户外机构的技术指点和相应装备，于是才从业余渐渐走向专业，才有了贵州一大批景区景点的发现和开发，产生了亚洲第一、世界第六的长洞绥阳双河溶洞等科考发现……最值得一提的是，由此萌芽了贵州民间自觉的现代环保意识。就这样，从省城贵阳开始，各地涌现出一批贵州本土的户外运动爱好者，从省城贵阳开始，各地涌现出一批贵州本土的户外运动爱好者，许多人如今在国内外已享有一定声誉。同时成立了一批相关民间户外组织，如贵州青年科学探险协会、地平线户外、山野户外、起点户外、风行户外和各市（地、州、县）的户外运动（徒步）协会等。

进入21世纪后，随着国家各项户外管理的规章制度逐步完善，全省户外体育运动业务划归贵州省体育局统一管理，全省上下也逐级成立了专业的户外徒步协会和组织，进行有序和有效的管理。

现在，徒步之所以成为深受现代人的喜爱的户外体育项目，美丽风景、新鲜空气、健康养生、探奇探险……都时刻吸引着我们；中国幅员辽阔的疆土、复杂多元的国情需要我们脚踏实地地去了解，徒步旅行依然是我们“知行合一”地获得真知的最好途径。和脚下的土地贴得再近些、再近些，我们才会拥有更为广阔的视野，获得更为深厚的认知，才能在更为广大的舞台上实现自我的价值。

图：肖凤 / 龙骧

文：潘浩

步道的由来

步道的起源

现代徒步运动历史悠久，并有最广泛的群众参与，其主要原因是建设了发达的国家步道系统。步道，一般指的是绿色观景线路，是沿着溪谷、山脊、沟渠、公路和江河湖海岸边等自然形成和人工廊道建设，可供行人和骑行者徜徉其间，形成与自然生态环境密切结合的带状景观版块走廊，承担信息、能量和物质的流动作用，促进景观生态系统内部的有效循环，同时加强各邻近版块之间的联系。

“国家步道”，英文为“NTS（National Trail System）”，这一系统在美国、加拿大、英国、新西兰、日本等国都有。英文“TRAIL”和“步道”的意思最近，它可以是村落与村落之间互通往来的“栈道”（如尼泊尔大部分线路），可以是长距离交通运输的“走廊”（如茶马古道、河西走廊），可以是单纯作为景观和旅游目的的户外设施（如美国太平洋山脊），也可以是动物使用的“Game trail”……但其长度至少要50千米以上，最长的长达数千千米。欧美各国的国家步道都是多用途（Multi-use trails），就是步道、直排轮滑道、马道和山地车道多用途合一，设计了专门的标识系统部署在步道各处重要节点，不允许机动车上路。世界上第一条公认的步道是美国于1921年提出、1937年开通的阿巴拉契亚步道，全程3575千米，穿越自然保护区、河流山脉、乡村小镇、高速公路等。美国国家步道分为景观步道（共11条）、历史步道（共19条）、休闲步道（有1000多条）

以及连接步道。英伦三岛有目前世界上精心设计开发和维护最好的国家步道系统，长达4000千米，由15条步道组成。

跟“TRAIL”相近的一个单词是“ROUTE”，这个词在户外界有“野路、野径”的意思，泛指一个被少数户外徒步者探索过的大致路线，但是却连结重要景色。因此，“ROUTE”相当于“探线”。美国的大陆分水岭和“Sierra High Route”、加拿大的“Great Divide”，甚至中国的大横断都可以算作“ROUTE”。

中国的NTS建设起步虽然较晚，但发展迅猛。中国休闲健身步道是指位于山岳、海岸、郊野或城区园林中，经过审慎勘察，规划设计建造的国民徒步休闲体验廊道。这是一种以自然生态环境为背景，以户外休闲游憩为主要形式，融交通通达、徒步观光、散步健身、生态教育和娱乐体验等多功能于一体的户外休闲产品形态。

步道的分类

按步道所在区域自然环境特点及步道功能分类，有以下几种类型。

山野步道——回归自然、健康身心的徒步天堂。是地形地貌多样，植被丰富，景观多样，融山地、丛林、河瀑（或海洋）、草甸等为一体的登山步道系统，充分结合自然风物和人文景观，适合开展登山健身、露营、攀岩、峡谷穿越、溯溪、野外生存等多种山地户外运动，能够强健体魄，放松心灵。如：浙江宁海国际登山健身步道、贵州台江登山健身步道。

探险步道——新鲜刺激、富于挑战的勇敢者旅程。这种步道地质地貌特点鲜明或罕有，科学考察价值较高，具备一定难度（或难度级别较高），要求体验者要有一定的专业山地户外运动技术。依地质地貌特点的不同，可设计建造成不同探险主题的步道系统，如：原始森林探险步道、喀斯特探险步道等。

亲子步道——轻松、休闲的家庭游憩乐园。一般邻近城市，步道难度级别低，安全性极高。沿途植被覆盖率高，自然景观优美，舒适宜人，富有趣味性、观赏性、娱乐性。这种步道既考虑孩子的兴趣，兼顾成人的喜好，也适合老人慢行。由于不分男女老幼，适合大众参与。

自然科普教育步道——寓教于乐、寓教于行的科普基地。这种步道自然环境优美，植被良好，动植物品种丰富，适合开展自然知识的科普教育。步道系统设计以“弘扬科学精神、普及科学知识、传播科学思想和方法”为指导思想，以“师法自然”为宗旨，结合动植物环境设计不同的区域，如：科普游览区和科普试验区等，成为公众尤其是青少年旅游休闲、丰富知识、增长技能的教育基地。

此外，登山步道因其各自所在地域、地质地貌、自然资源等不同的特点，还可以设计建造成不同主题的步道系统，如：慢跑健身步道、环海（湖）景观步道、花海丛林步道等。

按步道形状（形态）分类，有以下几种类型。

线状步道——一条拥有独立起点、终点（相互不重合）的步道。

环形步道——一条步道形成一个闭合环形。

网状步道——多条步道交错，形成网状步道系统。

在一些户外“老驴”们看来，贵州户外徒步有以下几种类型。按徒步穿越内容分，贵州主要有山地、丛林、峡谷、平原、山岭、村寨、公园、古道、草地、环湖、江河等多种类型徒步。按专业的难易程度分，既有休闲观光、健身散步类养生徒步，也有集登山、攀岩、漂流、探洞、溯溪、野外生存于一体，需要有一定野外综合技能的探险徒步。按时间和路线长短分，有行走一两个小时的佛性徒步，也有长达几小时或一两天的旅行徒步，更有几天、一周甚至更长时间的自虐性、探索性、考察性、专业性徒步……

在贵州徒步，除了现在专门修建塑胶徒步步道和砂石步道外，还有柏油路、水泥路、木质旅游步道等铺装路面，在贵州，除了以上现代铺装路面外，更多的是以下几种传统路面。

石板路、卵石路

路面特点：这种路面主要是明清时到建国初期修建的，多分布于民族村寨、庙宇和古道上。这种路面是由大小不等的青石板（块）、鹅卵石人工铺设而成。由于年代久远，走的人比较多，这种路的路面已经变得非常光滑，一旦遇到下雨和凝冻天气容易发生事故，轻则跌跤、崴脚，重则骨折。

行走经验：雨后在这种路上行走时，要穿防滑的鞋，心情要放松。向上攀登时，重心不要太靠前，重心方向要和地面的石板垂直，尽量使用木棍或登山杖；背大包时，包的重心应该是中部偏下，手尽量扶着墙壁、岩壁或树木。下坡、下山时用木棍或登山杖，重心略微前倾，脚的落点尽量踩在石板之间的缝隙，或路旁的草木上。同伴之间要拉开距离，避免一人跌倒带倒几个。凝冻天气，脚踩在石板和石头上一定要小心，最好落脚在路旁树根或草丛上，有登山杖、木棍等辅助更好。

跳石

路面特点：这种所谓的“路”其实不是人工修筑的道路，是林地、山谷、沟壑中因长期水流冲刷或山洪暴发而形成的不明显的路。在这种路面上行走，需要经常在石头上跳来跳去前进，砂石、溪沟、草丛、巨石参差交错，危机四伏，因此得名。跳石一般分布于贵州各地的峡谷、河谷、溶洞和滩涂地带。

行走经验：克服对跳石的恐惧心理是最主要的，这就要求注意力集中。春夏之交是贵州的雨季，大雨来临之前、大雨刚过时都不要去峡谷跳石，小心山洪暴发。行前准备一双鞋底厚硬的登山鞋或溯溪鞋，在跳石之前要先检查鞋带是否松动，然后要把背包肩带和腰带拉紧，让背包紧贴背部，以免跳跃时背包晃动、重心不稳导致失足。跳石时一定要保持安全距离，防止爬坡时蹬落的石子伤到后面的同伴。眼睛要注意观察前方的情况，注意观察某些石头上留下的长期作为落脚点的暗痕，准确判断下一个落脚点。此外，阴暗潮湿处的石头上容易生长青苔，十分湿滑，小心滑跌；注意清理鞋底，如果鞋底粘上了沙子和黄泥，也容易踩滑受伤。

灌木丛、竹丛

路面特点：灌木丛大致可以划分为人造灌木丛和自然灌木丛。人工灌木丛主要分布于较为干燥、向阳的山麓坡地，是人为栽种防风固土用的，一般土质干燥、含沙土较多、貌似坚硬其实一踩就滑，部分区域还存在流沙的情况。自然灌木丛主要分布于茂密丛林中，灌木种类较多且较为低矮，下面常有草丛覆盖，一般土质湿滑松软，可能其中会暗藏水塘、沼泽、竖洞，危险性较大。灌木丛分布于全省各地高山山顶附近、河湖周边和各种大型土木工程周边。

行走经验：徒步经过自然类灌木丛时，最好有辅助设备及经验丰富的领队或当地向导探路先行，要注意灌木中可能会遇到蛇、蚂蟥等动物。最好戴上眼镜、帽子、头巾，扣好衣物纽扣或拉上拉链，队员之间至少要保持1.5米的距离，防止前面的队友带倒的枝条反弹回来伤到自己。同时，要时刻提醒后面的队友注意距离，防止迷路。此外，灌木丛中的灌木一般多刺，建议准备防刮手套、长袖高领防刮衣裤和防滑抓地能力好的登山鞋或徒步鞋。在穿越灌木丛时，走土质不滑、较宽的路，扶着主干和新鲜且可以支撑手力的活树枝；换手扶枝要牢固，落脚要稳要慢。

土路

路面特点：经过人们的长时间踩踏和车辆碾压而形成。由于路面较宽、相对平坦，很多人会觉得这是相对好走的传统道路，其实如果遇到雨季时，这种路面就是传说中“晴天一身灰，雨天一身泥”的烂泥路，人在其中行走有时也会非常吃力，很容易跌倒。

行走经验：雨后初晴、阳光曝晒后，土路表面已经被晒干，但实际上已经吸足了水分，这个时候上下山下坡时很容易出现危险。走这种路面时鞋底一定要抓地，要充分利用木棍或登山杖作为支点，以免不注意一脚踩进很深的烂泥里。贵州在深冬季节的雨雪后，土路路面非常容易结冰，上下山时一定要慢行，并且充分利用木棍、登山杖和可以攀扶的东西借力，同时也要注意攀扶物体时，物体的牢固性。

总之，来到山地贵州，在这里的山道上徒步，了解一下路况时必须的，因为您可能会穿越山岭、峰丛、洞穴、森林、河谷、溪流、湖泊、峡谷等自然景观，会经过村寨、城郊、田畴、庙宇、古堡、坟茔、桥梁、隧道、水库等人文景观，也还会看到各种地质景观、奇花异草和飞禽走兽等。春可山野赏花，夏可河谷纳凉，秋可登山摘果，冬可赏林中冰挂，徒步其中，步步是景，那山中四季的风情都会给您独特的感受。

图：刘德虎 / 胡强

文：潘浩

国家
森林步道

国家森林步道是“国家步道”的基础线路和重要组成部分，旨在串联起国家公园、国家森林公园、国家湿地公园、国家级自然保护区、国家级风景名胜区、国家地质公园、世界遗产地等各类自然保护地和古村寨、古乡镇文化遗产地，为人们提供丰富的自然体验机会，满足更多高品质、多样化的户外游憩需要。国家森林步道将步道所经过区域的自然生态亮点以步道的形式连接起来，将所经之处的村庄改造建设成步道服务点，以连接线的方式让步道与村庄有机地结合起来，徒步者可沿自然小径、古驿道欣赏具有国家代表性的自然美景，亲近大自然，考察了解沿途历史文化、动植物资源状况。

到 2019 年末，国家林业和草原局先后公布了三批共 12 条国家森林步道，其中有两条涉及贵州，即苗岭国家森林步道和武陵山国家森林步道，总里程达 1277 千米。

苗岭国家森林步道

基本情况：这是贵州第一条国家森林步道，也是目前贵州最长的一条国家森林步道。步道呈东西走向，由东向西沿着苗岭的走向将苗岭完全贯穿，东起湖南通道侗族自治县，由靖州县到贵州，经黎平县、榕江县、剑河县、台江县、雷山县、丹寨县、三都县、独山县、平塘县、都匀市、贵定县、龙里县、贵阳市花溪区、惠水县、长顺县、安顺市西秀区、镇宁县、关岭县、晴隆县，西至六枝特区。主步道全长 1118 千米，其中湖南段 102 千米，贵州段 1016 千米。海拔

从黎平县地坪乡水口河出省界处 147.8 米（最低处）到雷公山 2178.8 米（最高处），垂直高差达 2000 多米。全线森林占比 61%，典型森林为中亚热带森林，自然植被由中亚热带常绿阔叶林、常绿与落叶阔叶混交林、落叶阔叶林、灌丛草甸组成，主要路段为土路、砂石路。

横亘于贵州省东南部的苗岭山脉是云贵高原南部的主要山脉，因苗族聚居于此而得名，是长江水系与珠江水系的分水岭。东段主峰雷公山最高海拔 2178.8 米，中段斗篷山最高海拔 1961 米，西段老王山最高海拔 2127 米。大部分地区植被丰茂，森林密布，物种丰富，森林、河流、岩岸、洞穴、农田、村寨相得益彰。世居有苗、侗、布依、水等 10 多个民族，是中国苗族和侗族聚居度最高的区域，民族风情多姿多彩。其中黔东南被联合国教科文组织认定为“十大世界少数民族风情保护区”和世界十大“返璞归真，回归自然”旅游胜地首选地之一。线路上时时有精彩、处处有宝藏、步步是景观、寨寨有故事。

自然景区：国家级风景名胜区有黄果树、紫云格凸河、斗篷山－剑江、㵲阳河等，国家森林公园有黎平、紫林山、龙架山等，关岭化石群等，还有一大批国家地质公园、国家湿地公园、国家级自然保护区。

人文景观：线路途经的“苗疆走廊”汇聚了苗族、侗族、布依族等多民族文化。有被世界旅游组织评选为世界级乡村旅游村寨 30 个，列入中国传统村落名录的村寨有 276 个，占全国 2555 个的 10.8%。

生态：区内有红豆杉、南方红豆杉、钟萼木、异形玉叶金花、白辛树、秃杉、马尾树、水青树、金佛山兰、鹅掌楸、福建柏、十齿花、香果树、半风荷、柔毛油杉、翠柏、木瓜红等植物。动物有白鹇、白颈长尾雉、鸳鸯、红腹锦鸡、雷山髭蟾等。

非物质文化遗产：有入选联合国“人类非物质文化遗产”的侗族大歌，还有53项72个保护点列入国家非物质文化遗产名录。

武陵山国家森林步道

这段步道呈南北走向，南起石阡县，经印江土家族苗族自治县、江口县、松桃苗族自治县三地进入湖南、湖北，北至重庆巫山县。步道全长1162千米，其中贵州段261千米。梵净山是武陵山脉的主峰，最高海拔2572米，最低点275米，垂直高差近2300多米。步道全线森林占比70%，穿越中亚热带森林，主要路段由土路、石板路等组成。

自然景观：有铜仁梵净山、石阡佛顶山等国家级自然保护区，石阡温泉群、九龙洞等国家级风景名胜区，石阡鸳鸯湖、印江车家河、碧江、万山长寿湖、江口等国家级湿地公园。

人文景观：有尧上仡佬族村寨、石阡楼上

古寨、铜仁苗王城、松桃界牌苗寨、江口“中国土家第一村”云舍村、江口漆树坪羌寨，以及石阡万寿宫古建筑群、铜仁中南门古城、寨英村古建筑群、万山区朱砂古镇、石阡府文庙等。

生态：该线路以梵净山为核心，区内原始生态保存完好，保存了世界上少有的亚热带原生生态系统，拥有丰富的野生动植物资源，并有大量7000万至200万年前的古老珍稀孑遗物种。国家一级重点保护植物有珙桐、光叶珙桐、梵净山冷杉、红豆杉、南方红豆杉、伯乐树、银杏、姜叶三七等，还有紫薇树、红椿、蝴蝶果、木本曼陀罗、合欢、乌桕、四照花、杜英、钟萼木、香果树、水青树、白辛树、黄莲等。脊椎动物有382种，其中受国家保护的野生动物有黔金丝猴、华南虎、云豹、林麝、白颈长尾雉、大鲵、穿山甲、猕猴、短尾猴、苏门羚、亚洲黑熊、大灵猫、小灵猫、鸳鸯、红腹角雉、红腹锦鸡、勺鸡等20多种。其中，“国宝”级的珍稀动植物以黔金丝猴和珙桐最具代表性。

图：曹经建 / 肖凤

文：冉景丞 / 潘浩

贵阳市

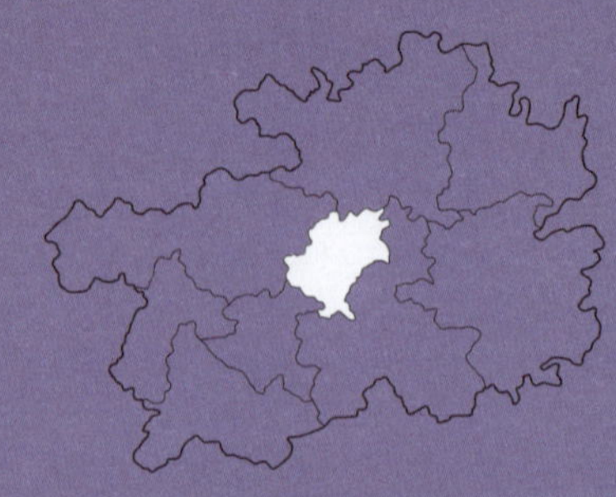

信息速览

简称	筑
英文名称	Guiyang，Kweiyang
别名	筑城，林城
面积	8034 平方千米
人口	497.14 万人（2019 年，常住人口）
方言	西南官话贵州话昆贵片方言
行政区划	省会，地级市
下辖地区	6 区 3 县 1 市 4 个开发区
政府驻地	贵阳市观山湖区林城东路 7 号
机场	龙洞堡国际机场
火车站	贵阳站、贵阳北站、贵阳东站
电话区号	（+86）0851
车牌代码	贵 A
邮政区码	550000
地理位置	云贵高原东部，贵州省中部偏北
高等院校	贵州大学、贵州师范大学、贵州医科大学、贵州中医药大学、贵州财经大学、贵州民族大学、贵州理工学院等
市树	樟树、竹子
市花	兰花、紫薇

概览

贵阳市，因位于境内贵山之南而得名，是贵州省省会，全省政治、经济、文化、科技、信息中心。早在宋嘉定年间（1208—1224 年）即为矩州州治。现辖 6 个区（云岩、南明、花溪、乌当、白云、观山湖）三个县（修文、息烽、开阳）及 1 市（清镇），4 个国家级开发区（贵阳国家高新技术产业开发区、贵阳经济技术开发区、贵阳综合保税区、双龙临空经济区），是一座“山中有城，城中有山，绿带环绕，森

林围城，城在林中，林在城中”、具有高原特色的现代化山地都市，中国首个国家森林城市、循环经济试点城市。全市平均海拔1000米左右，冬无严寒、夏无酷暑、雨量充沛，最热的7月平均气温24℃，年平均气温15.3℃，与地球平均气温接近，适宜人类居住与多种植物生长。在这里，充满活力、川流不息的南明河水穿城而过，连接起这座城市的过去、现在和未来；势若游龙的两个环城山林带，使整个城市浸润在绿色和清新的雾岚中……正是有这山水相依相谐、且智且仁的秉性，使贵阳形成了温度适宜、湿度适中、风速有利、紫外线辐射低、空气清洁、水质优良、海拔适宜、夏季低耗能等气候优势，荣登“中国十大避暑旅游城市”榜首，拥有了“中国避暑之都”和“爽爽的贵阳”的美名。

气候

贵阳市气候宜人，即使是最热的夏天，也很难超过30℃。但不管什么时候来，都别忘了带雨具和一件外套。因为这里多雨，一下雨气温就会下降，一件防风的外套非常管用；如果是冬天到此，湿冷刺骨，更要多带些御寒衣物。

地貌

贵阳市地处黔中山原丘陵中部，长江与珠江分水岭地带。地势西南高、东北低。苗岭横延市境，岗阜起伏，剥蚀丘陵与盆地、谷地、洼地相间。全市平均海拔约为1100米，相对高差100—200米，最高峰在清镇宝塔山，海拔1762米；最低处在开阳县东北乌江出境处小河口，海拔506米。贵阳地貌属于以山地、丘陵为主的丘原盆地地区。其中，山地面积4218平方千米，丘陵面积2842平方千米；坝地较少，仅912平方千米；此外，还有约1.2%的峡谷等地貌。这里喀斯特峰丛与碟状洼地、漏斗、伏流、溶洞发育，较平坦的坝子有花溪、孟关、乌当、金华、朱昌等处。南明河自西南向东北纵贯市区，流域面积约占市区总面积的70%。

自然生态

贵阳市森林覆盖率达 52.16%（截至 2018 年底），在全国省会城市中最高。市区远郊和三县一市深山中尚存少量国家各级保护动物，计有大鲵、鸳鸯、红腹锦鸡、穿山甲、林麝、猕猴等及多种蛇类、蜥蜴类动物。境内植物有马尾松、杉木、柏树、侧柏和各种栎树等，珍稀树种有青岩油杉、南方铁杉、云贵鹅耳枥、南方红豆杉等数十种；药用品种有厚朴、杜仲、黄檗等。此外，贵阳市境内还有多种油脂植物和芳香植物。花溪青岩油杉自然保护区是市内唯一的自然保护区。

交通

航空：贵阳龙洞堡国际机场（位于贵阳市南明区机场路），为 4E 级民用机场，距市区 11 千米，交通便利。该机场是西南地区重要的航空枢纽，直飞航线和包机航线遍及国内 50 个大中城市和香港、台北、韩国、新加坡等地。

城市轨道：贵阳地铁 1 号线全线开通，全长 34.3 千米，连接观山湖区、老城区及花溪区。贵阳城市轨道交通与城市道路公交、市域快铁、

机场、火车站、长途客运枢纽场站形成有效衔接，乘客可在各片区、组团之间无缝换乘。轨道2、3、4号线也将今后数年开通。

铁路：贵阳是中国西南地区的铁路枢纽，以一条环城铁路为中心，向四周形成14条放射状铁路，并辅以4座客运站、1座大型编组站、1座大型货运中心等多个系统组成。贵阳南站为全国第二大铁路编组站，川黔、贵昆、湘黔、黔桂4条铁路干线交汇于此。现已初步形成了“十”字形高铁网，开通了贵阳至北京、上海、广州、香港、重庆、成都等城市的高铁线路，形成至周边省会城市及粤港澳湾区、长三角、京津冀地区2—8小时高铁交通圈。

贵阳站（位于贵阳市南明区），始建于1959年。停靠C、Z、K、T字头和普快、普客等列车。

贵阳北站（位于贵阳市观山湖区），是中国特大型铁路枢纽站之一，为配合贵广高铁、沪昆高铁、成贵铁路、渝黔铁路、贵开城际铁路引入而新建，停靠D、G、C字头列车。

贵阳东站（位于贵阳市乌当区牛奶厂片区），为配合沪昆客专、成贵铁路、渝黔铁路、贵开城际铁路、贵阳环城铁路引入而新建，停靠D、G、C字头列车。

贵安站（位于贵安新区湖潮乡新民村），主要面对沪昆、贵南、贵阳至六盘水城际、贵阳至兴义城际、重庆至贵阳等客运专线，停靠D、C等字头列车。

贵阳环城快速铁路，2021年建成运营。长约120千米，共设16个车站，设计时速200千米，环内总面积930平方千米，将贵阳中心城区以外的乌当、龙洞堡、花溪、贵安、清镇、白云等县区市紧密连接，不仅可以作为沪昆、贵广、渝黔、成贵等各条铁路干线进入贵阳枢纽后的疏解线，同时实现动车组公交化运营。

公路：贵阳是西南地区陆路交通枢纽。域内县县通高速、乡镇通柏油路，现已建成以贵阳为中心的绕城高速公路，实现贵阳各区之间的快捷通行，并形成以贵阳为中心连接各市州行政中心的3小时交通圈和以市州行政中心为圆心，便捷连接周边市县的2小时交通圈。境内有兰海、厦蓉、银百、沪昆等高速公路过境，通向全省各地和省外。

贵阳市的主要客运站有：贵阳市龙洞堡机场站（贵阳龙洞堡国际机场1号路北侧）、贵阳金阳客运站（观山湖区杭州路，贵阳西南国际商贸城2号楼对面）、贵阳客运东站（贵阳市南明区小碧乡西南环线站龙路）等。

购物

贵阳最繁华的地方集中在云岩、南明两个老城区的大十字、小十字、花果园，以及观山湖区一带。“老干妈”油制辣椒系列、贵阳羊艾毛峰、黔陶赵司茶、苗族挑花、青岩玫瑰糖、开阳富硒农产品等是贵阳特产。

饮食

贵阳市集中体现了黔菜的特色，基本能找到全省各地的精品美食。各种火锅、炒菜、粉面、烧烤和小吃都会让来客体会到贵阳人的热情。其中，尤以小吃零食最具特色，除了大名鼎鼎的“老干妈”之外，这里的香辣

的老素粉、鲜香的牛肉粉、汤浓味厚的肠旺面和丝娃娃、豆腐果、脆哨、软哨、糖麻圆、小米鲊、香酥鸭、鸡辣角、米豆腐、糯米饭、酸辣烫、糕粑稀饭、卤猪脚等数十种小吃已成为著名的特色美食。

活动节日

贵阳市是一个多民族散杂居的城市。除汉族外,全市有汉、苗、布依、土家、彝、侗、仡佬、白、回、满、壮、水族等世居民族。少数民族主要集中在17个民族乡和非民族乡的309个民族聚居村，所以也有不少民族节日和活动，如苗族的“四月八”、布依族的“三月三”“六月六”“跳场”等。此外，贵阳市一年四季都有可以体验的活动项目。春季赏花,夏季玩水,秋季登高……冬日里，息烽温泉、万象温泉、保利国际温泉、乐湾国际温泉、枫叶谷温泉、白马峪温泉、马岔河溪麓温泉、黔贵六广温泉让暖和滋润又成为享受悠闲时光的优选。

景区景点

贵阳城群山环绕，是一个山清水秀与文化古韵并存的城市，拥有以“山奇、水秀、石美、洞异”为特点的喀斯特自然景观和人文旅游资源。贵阳市又是“千园之城”，全市各类公园总数达到1025个（2018年数据），人均公园绿地面积超过13平方米。如果你偏爱山水，不妨去红枫湖、百花湖、天河潭、高坡云顶草原等地一睹喀斯特地貌的魅力；城市间也有花溪国家城市湿地公园、黔灵山、观山湖等公园点缀其间。若喜欢古建筑，文昌阁、天主教堂、阳明祠、达德书院、桐埜书屋等则是不二选择。此外，青岩古镇、香纸沟、黄连村等古村古镇可以访古追昔。当然也别忘了登上贵阳地标甲秀楼，看看这个城市最美的夜色。

图： 秦刚 / 陈正军 / 徐丰山

文： 潘浩

黔山积翠俗难染——行走北环城林带

里程用时： 全程约 16 千米，7 小时左右。
线路特点： 穿越环城林带，城市文化考察。
累计上升： 558 米。
累计下降： 514 米。
海拔最高： 1396 米（大罗岭）。
海拔最低： 1090 米（黔灵湖）。
线路等级：
难　　度： ★⯪☆☆☆
强　　度： ★⯪☆☆☆
刺 激 度： ★★⯪☆☆
舒 适 度： ★★★☆☆
享 受 度： ★★★⯪☆
风　　光： ★★★⯪☆

狮子坝
清水湖
环翠阁
省植物园
吴家溶洞
贵人峰
地母洞
莲花洞
云山山体公园
雅关
关刀岩垭口
大罗岭
解放贵州革命烈士纪念碑
圣泉
黔灵湖
N
S

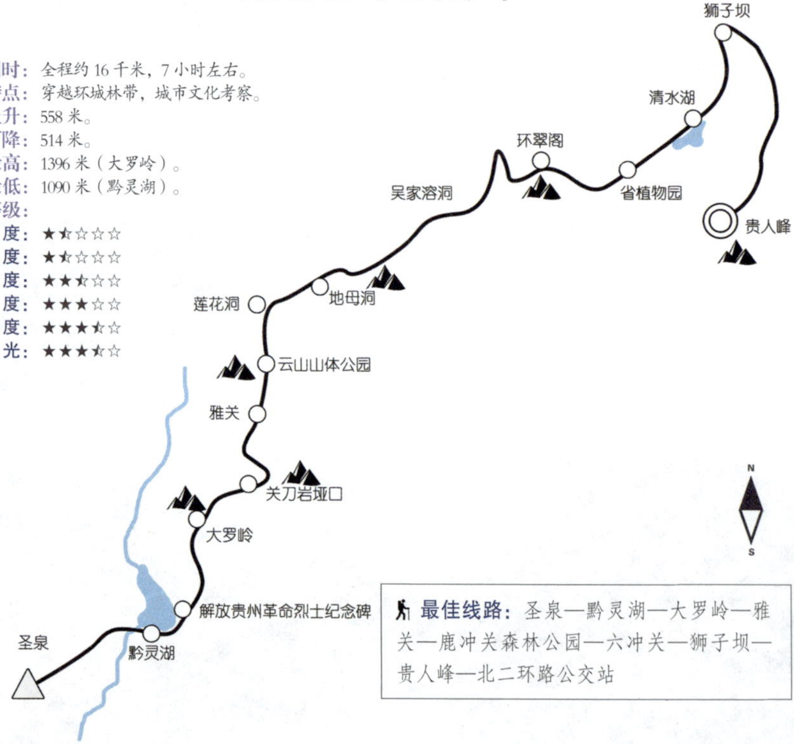

最佳线路： 圣泉—黔灵湖—大罗岭—雅关—鹿冲关森林公园—六冲关—狮子坝—贵人峰—北二环路公交站

基本情况： 贵阳环城林带是指由贵阳市老城区周边的多个林场和公园组成的环状林地，由于受地形地貌和交通建设的影响，现并非严格的闭环。尤其在城市南面林地较为破碎，并未接续成线。1945 年抗战胜利后，贵阳市曾规划建设一座围绕城区西、北、东三面的森林公园，但实际只建成一小部分，称为“敬之植物园”。新中国成立后，在此基础上建设了黔灵公园和贵州省植物园。近些年随着“千园之城”计划的推进，又陆续建成鹿冲关森林公园、云

山山体公园、海马冲山体公园、南垭山体公园、登高云山森林公园等新公园，使得城北方向的环城林带成为可以连续游览的线路。在这条线路上，用双脚丈量贵阳环城林带的同时，还能追寻历史记忆。

活动内容：徒步、穿越、爬山、访古。

线路描述：线路无难度，路况较好，属于入门健身级别，四季皆宜。

可乘坐公交至天骄北苑站下车开始徒步。从圣泉出发，经黔灵湖、大罗岭、关刀岩、雅关、云山山体公园，过莲花洞、地母洞，进入鹿冲关森林公园。在鹿冲关森林公园可沿 3800 米的健身步道行走，在贵人峰下结束徒步。

沿途景观：沿途的主要的自然和人文景观较多，既可漫步城市森林吸氧，观赏青山绿水春花秋叶；又可访古探幽，寻访筑城的历史文化遗迹。如圣泉、黔灵山公园、黔灵湖、解放贵州革命烈士纪念碑、大罗泉、谢六逸墓、简孟平（简书）墓、大罗岭（俯瞰城市面貌）、雅关、云山山体公园、金鳌山地母洞、吴家溶洞（龙洞）、省植物园、古驿道、狮子坝等。

圣泉古井——几十年前，贵阳的大街小巷都有大大小小供人们饮用的水井，如龙井路的龙井、沙井街的沙井、三才巷的四方井、四川巷的四眼井、文庙巷的薛家井等，全城至少有几十口。位于黔灵湖西岸的三桥下五里的圣泉，

就是贵阳最有名的一口古井。圣泉又名漏勺泉、百盈泉，是贵阳市留存至今、年代最久的古迹之一，距今已有600余年的历史，因每日定时盈缩上百次，犹如圣人从不爽约而得名“圣水流云”，明代就被誉为“贵阳八景”之一。

黔灵山公园——位于贵阳市区西北隅，这座公园以明山、秀水、幽林、古寺、圣泉、灵猴为特色，被誉为“黔南第一山”。园内可以登瞰筑亭俯瞰城市，也可以泛舟黔灵湖、探秘麒麟洞、与路边猕猴亲密接触，还可以去弘福寺礼佛，或者逛动物园。游玩内容丰富，门票却很便宜，几十年来也只要5元钱，性价比很高。

解放贵州革命烈士纪念碑——坐落于黔灵湖畔，于1956年建成。占地面积2000平方米，

台阶6层，58级，最高一层耸立着高约30米的塔型石碑，碑上李子光书写的金光闪闪的“解放贵州革命先烈永垂不朽”12字。背山面湖，群山环抱，松柏环绕，庄严肃穆。这座纪念碑是人们开展革命纪念活动，进行爱国主义传统教育和缅怀先烈的重要场所，也是黔灵山公园的主要景点之一。

雅关——明代“贵阳八景”之一，位于鸦山与骊珠山之间，又名“鸦关”“文笔关”，俗称“小关”，是贵阳市城区周边一个较完整地保存着城门的古关隘，因扼守川黔古驿道且位置险要，被誉为“北门锁钥”。

金鳌山文化遗迹——鹿冲关森林公园内的文澜山，原名“金鳌山”，因螺旋形的歪斜山

头兀出群山，酷似鳌头浮出波涛而得名“浪涌金鳌”，是清代“贵阳八景”之一。因该山中的地母洞曾于抗日战争期间藏匿由杭州运来的文澜阁《四库全书》而得名。一代高僧了尘和尚曾在金鳌山结庐修行，附近尚存莲花洞、华藏庵（茅庵）遗址等文化遗迹。

六冲关文化遗迹——贵州省植物园所在的山谷由六个连续的山冲（贵阳话指山间平地）组成，古名“六冲关”。现仍有不少天主教文化遗址。此外，这里保存着一段完好的古道，清水湖至狮子坝的古道走向也有迹可循。

贵人峰——茶店贵人峰位于现北二环东侧与城市魔方小区之间，由于“锐峰岌岌”的侧面正对着贵阳老城区，山形挺拔清秀，在清代就被称为“贵山”，即清代“贵阳八景”中的“贵山耸秀（贵山挺秀）”。

沿途生物：在黔灵湖经常能见到白鹭，黔灵山公园内比较容易遇到猕猴群，在鹿冲关森林公园内可能遇到松鼠和无毒蛇类。

建议提醒：云山山体公园、鹿冲关森林公园和省植物园内没有补给点，建议在进入后半程之前补水。贵人峰未经开发，登山小路荆棘密布，夏季最好穿长裤，并携带驱蚊药和镰刀、砍刀之类的工具。若走完贵人峰仍不过瘾，可沿中环路北段，经冒沙城市公园、中环路东段延长路线到登高云山森林公园，总里程将超过 18 千米。亦可选择黔灵山公园、海马冲山体公园、南垭山体公园等作为行程支线。

图：陈正军 / 秦刚 / 张羽飞

文：张羽飞

人间风景山覆水——信步南环城林带

贵州理工学院
栖风路
下坝路
金竹路
阿哈湖
水库大坝
蝶泉亭
风雨桥
花果园广场
阿哈湖国家湿地公园大门
白龙洞

里程用时： 全程约 5.5 千米，3 小时左右。
线路特点： 考察湿地生态。
累计上升： 126 米。
累计下降： 112 米。
海拔最高： 1119 米。
海拔最低： 1031 米。
线路等级：
难　　度： ⯪☆☆☆☆
强　　度： ⯪☆☆☆☆
刺 激 度： ⯪☆☆☆☆
舒 适 度： ★★☆☆☆
享 受 度： ★★★☆☆
风　　光： ★★⯪☆☆

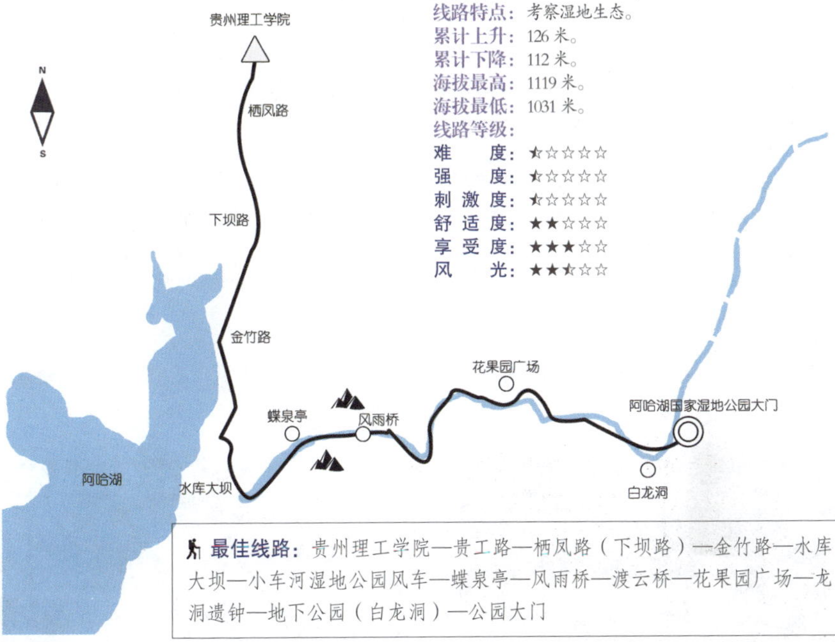

最佳线路： 贵州理工学院—贵工路—栖风路（下坝路）—金竹路—水库大坝—小车河湿地公园风车—蝶泉亭—风雨桥—渡云桥—花果园广场—龙洞遗钟—地下公园（白龙洞）—公园大门

基本情况： 位于贵阳南部环城林带上的阿哈湖国家湿地公园，是南明河支流小车河流经贵阳市中心城区西南部的一处风景生态旅游区。该旅游区是在已建成的小车河城市湿地公园基础上，整合阿哈水库湿地申报建设的国家级湿地公园，涉及贵阳市 4 个区（南明区、云岩区、花溪区、观山湖区），总面积 1218 公顷，2015 年 1 月被批准为贵阳首个国家湿地公园。

有河流、沼泽、人工湿地三大湿地类型，集中了河流湿地、喀斯特溶洞湿地、草本沼泽湿地、库塘湿地等。这里森林覆盖率高，生物多样性优势明显，有植物400余种、动物200余种；山、水、洞、林、泉齐备，在区域范围内具有一定的典型性和代表性。

活动内容： 徒步、穿越、湿地生态考察。

线路描述： 这条以生态考察为目标的休闲徒步线路，全程没有技术难度，穿过贵州理工学院校园、阿哈水库、小车河湿地公园、风雨桥等，沿路湿地动植物资源较为丰富多样，花鸟蝶虫四季均有差别，沿途有步道、山道、公路、人行道，交通便利。

沿途景观： 此次徒步沿着小车河前行，沿途以两大景点为主。

阿哈水库——该水库位于贵阳市南明河支流小车河上，属乌江水系，为湿地公园主要水体，是一个以城市供水和防洪为主的中型水库，汛期拦蓄小车河上的来水，缓解城区的防洪压力，同时也是贵阳市城市供水的主要水源地之一。沿路可以登临水库大坝坝顶，看碧波万顷、湖光山色，尤其是秋天沿湖的红叶很好看。

小车河城市湿地公园——这是将原南郊公园、贵阳苗圃所等整合而成的溪谷湿地景观公园，公园免费向公众开放，是周边居民休闲健身娱乐的好去处。从阿哈水库流出的小车河河水沿着阶梯层层而下，山环水绕，不管春夏秋冬，风景都如诗如画，也使整个公园显得很有层次感。公园里融合了溪流、山谷、溶洞、森林等景观，修建了侗族风雨桥、儿童游乐园、康体中心和沿河栈道、自行车道等设施。以“山、水、花、鸟”四字来形容这里再适合不过——山不在高，但郁郁葱葱；水有缓急，碧蓝清澈；花开四季，彩蝶飞舞；鸟鸣山幽，空谷天籁，

极富贵州特色。公园里用小展板将当地的鸟类和水生植物展示出来，寓教于乐，适合亲子旅行。公园中著名的景点有樱花大道、木兰林语、听鸟谷、芰荷深处、水磨时光、花谷等。

建议提醒： 这条线路因在城市中心，交通方便，沿途有居民区杂货店和自动售货机补给，湿地公园内也有餐饮小店多处。

线路大多临水而行，夏秋蚊虫较多，最好带上防蚊虫工具及药品。

贵州理工学院至阿哈水库的山路生态非常好，适合生态科普考察。还可以沿小路走至湖边环湖旅行。但此山路杂草丛生，没有充分的准备不建议环湖而行。

图 / 文：陈正军

烟萝倒拔挂虹霓——**环行观山湖公园**

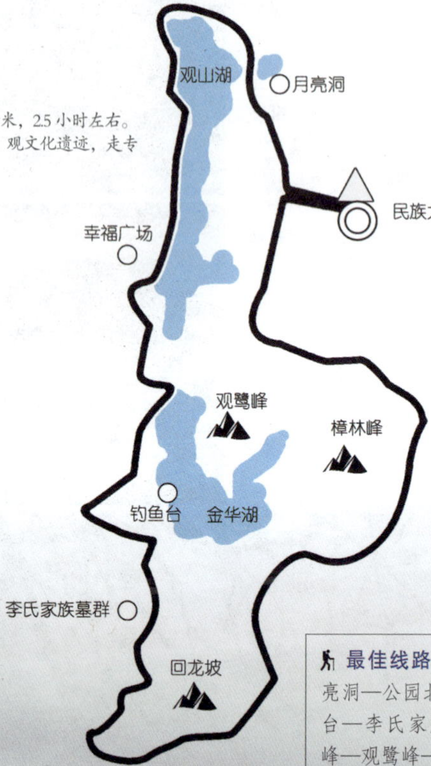

观山湖
月亮洞
民族大联欢广场
幸福广场
观鹭峰
樟林峰
钓鱼台
金华湖
李氏家族墓群
回龙坡
N
S

里程用时： 全程约 7.7 千米，2.5 小时左右。
线路特点： 赏湖泊风光、观文化遗迹，走专用“绿道”。
累计上升： 131 米。
累计下降： 129 米。
海拔最高： 1282 米。
海拔最低： 1215 米。
线路等级：
难　　度： ⯪☆☆☆☆
强　　度： ⯪☆☆☆☆
刺 激 度： ★☆☆☆☆
舒 适 度： ★★⯪☆☆
享 受 度： ★★★⯪☆
风　　光： ★★⯪☆☆

最佳线路： 民族大联欢广场—月亮洞—公园北门—公园管理处—钓鱼台—李氏家族墓群—回龙坡—樟林峰—观鹭峰—回到民族大联欢广场

基本情况： 公园位于贵阳市观山湖区的中心，是参照纽约中央公园“城市绿肺”的理念打造的城市公园，包括观山湖（原观山水库）和金华湖（原小河水库）两大水域，是贵阳市

观山湖区名称的来源，也是这一片新城区面积最大的绿地。观山湖公园除了绿树浓荫、碧水涟涟，其实也藏着一些值得一看的文化景观。

活动内容：健步走、访古、休闲、科考。

线路描述：全程均为铺装路面，四季可行，无难度，起伏坡度不大，属于休闲健身级别。

沿途景观：线路在观山湖公园中，有完善的徒步设施，以山水风光为主。

观山湖公园健身步道——又名“绿道”，耗资超过 350 万元，于 2015 年 1 月 1 日正式启用，宽 1.6 米，全长 5.8 千米。每年均有多种形式的健步走和慢跑活动在观山湖公园的“绿道”上举行，特点是可以根据不同的身体素质选择内圈（环观山湖北部）、中圈（环观山湖及水坝）、大圈（环观山湖及金华湖）、外圈（环观山湖、金华湖及回龙坡）等不同的路线。最外圈线路长约 7.7 千米，由大部分“绿道”及小部分公园车道组成。

樟林峰樱桃花海——春天天气转暖时，贵阳观山湖公园变得姹紫嫣红，是一年当中最美的时节。尤其是在金华湖东岸的樟林峰上，樱桃园内千树万树白花同时绽放，十分壮观。通往这片花海的登山步道有两个入口，都在公园东南角靠近远大小区的主干道边。如果从东北侧步道上山，一开始看不到花，会觉得有些荒凉，要走到山顶穿过一道绿色的铁栅栏，才能进入开满白花的果园。但在樟林峰东南侧的步道起点，靠近远大楼盘的公园出入口，站在大

路边就能发现满山的花海了。大概是由于知道这处秘境的人不多，每年有一个星期这里花开得很绚烂，游客却很少。果园内只有一条小路从密集的花树下穿过。山坡的东麓有一片空地，是从地面上观赏这片花海的最佳角度。

月亮洞古人类遗址——不为人所知的是，观山湖区周边曾发现多处史前文化遗迹，可惜新区建设时很多遗址都消失了，所幸观山湖公园里的月亮洞遗址保存还得比较好。月亮洞位于观山湖公园东北角的小湖湾南岸，悬在一座小山的北侧崖壁上，因洞口外月牙形的崖壁而得名。穿过通往钓鱼平台的木栈道，有一条隐秘的土路可以抵达月亮洞所在的山脚，然后顺着草丛中的梯坎爬到半山腰抵达洞口。这里得益于倒悬的崖壁，即便是下雨天，洞中的地面依然很干燥；并且洞口位置高出洞外的狭长平台约有2米，毒蛇猛兽不容易进去，所以一万年前的原始人类才会选择栖身于此。

钓鱼台——金华湖西岸有一座红瓦顶的小别墅，是金华农场于20世纪50年代修建的苏式建筑，重新装修后被改造成了茶室。

李氏家族墓群——在金华湖南面的回龙坡北侧山脚，一座墓园内一字排开着8座坟墓。这里安葬着当地的望族李氏家族祖先。其中有位名叫李嗣邺的人，是清嘉庆九年（公元1804年）举人，嘉庆十五年（公元1810年）进士，曾任台湾淡水同知。为官期间，他关心淡水当地人民疾苦，曾因歉收赈济灾民，又积极追捕盗贼、平息纠纷、维护地方安定，因此直到现在仍被当地百姓当作保护神来供奉。道光十七年（公元1837年），李嗣邺辞官返乡回到贵阳，两年后因病去世，葬于贵阳西北郊的“养马苗百达关”，即现在的观山湖区中天凯悦酒店后边的山坡上。现在，他的墓前左右两侧各有一根7米高的石华表，华表旁边还有长2米、高1米的石虎和石马，墓葬威严、大气，显示着墓主人当年的显赫与荣耀。由于李嗣邺的多位后人也埋葬在这座大墓周边，这里成为当地望族李氏的祖坟；墓葬所在的山坡，也因此被当地村民称为“李家大坡”。2009年，墓群搬迁到观山湖公园内，当时保留下来的石华表、石马、石虎等众多珍贵文物，现在已重新排列于李氏陵园前的墓道上。

建议提醒：这条线路因在城市中心，交通方便，沿途有杂货店和自动售货机补给。

这里山水兼具，生态良好，除平时健身外，还适合生态科普考察。

图：张羽飞 / 潘浩

文：张羽飞

真山真水到处是——**花溪公园到天河潭**

里程用时： 全程约 14 千米，约 7 个小时。
线路特点： 喀斯特山水景观和布依族石头建筑。
累计上升： 329 米。
累计下降： 276 米。
海拔最高： 1217 米。
海拔最低： 1058 米。

线路等级：
难　　度： ★☆☆☆☆
强　　度： ★★☆☆☆
刺 激 度： ★☆☆☆☆
舒 适 度： ★★★☆☆
享 受 度： ★★★★☆
风　　光： ★★★☆☆

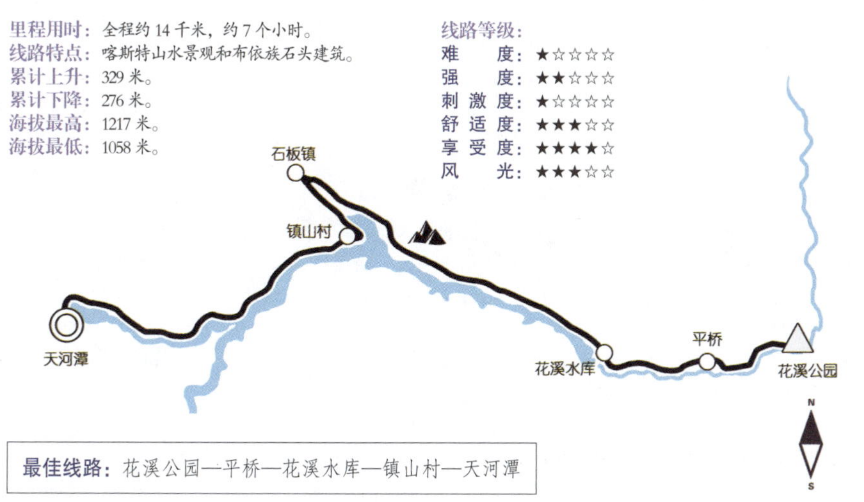

最佳线路： 花溪公园—平桥—花溪水库—镇山村—天河潭

基本情况： 这条线路位于贵阳市南部的花溪区内，从花溪公园开始，沿着花溪河逆流而上，途经平桥、黄金大道、花溪水库、镇山村等，终点在天河潭景区。

活动内容： 徒步、穿越、爬山、访古、走乡串寨。

路线描述： 此线路为休闲健身线路，无难度，融真山真水、田园景色、民族风情为一体，四季变化，景色各异。同时，还可以寻访许多贵阳文化遗迹。

沿途景观： 花溪很早就是贵阳人日常休闲之地，值得一看的非常多。

花溪公园——公园位于花溪区城市中心，占地 800 余亩，是贵州省著名的风景名胜区，素有“高原明珠”的美誉。花溪公园雏形始于清乾隆五十二年（公元 1787 年），由当地举人周奎父子营造。从此，花溪山水初露光彩。1937 年开始作为公园建设，1940 年基本落成，

时称“中正公园”。新中国成立后，正式改名“花溪公园”。花溪公园四山夹一水、一水带四山，四山即麟山、蛇山、龟山和凤山，麟、蛇据北岸，龟、凤峙南岸。一水则为花溪河。知名的景点有芙蓉洲、百步桥、坝上桥、麟山、龟山、松柏园、碧桃园、牡丹园、竹莲池、棋亭、憩园、西舍、戴安澜将军衣冠墓等。这里的山、水、树、石、花、草堆砌出都市中难得一见的明净风光。因此，明代旅行家徐霞客游历花溪山水时赞不绝口。后来，这里辟为公园，渐成黔中胜地，前来游览的名人络绎不绝，也因此铭刻了诸多的人文历史印记。已故的陈毅元帅曾在此留下“真山真水到处是，花溪布局更天然”的诗句。

黄金大道——沿着花溪河往西走到平桥，河两岸开始出现清丽的风光。继续沿河顺着步道往西走，不久就可以看见那些高大的法国梧桐了，这就是著名的黄金大道。黄金大道是贵阳最具代表性的一道风景，也是许多贵阳人心目中的经典记忆。这条沿着花溪河延伸的梧桐步道，入秋后成片的梧桐树相继泛黄，深秋时可见道路两侧金黄色夹道，直至金黄色的梧桐树叶铺满地面和水面，蔚为壮观，令人心旷神怡。这里是贵阳市赏秋的好去处。不过即使是春夏季节，这里也是散步、骑行的好地方，走在翠绿的繁密枝叶之下，吹着清凉的河风，不能不说是一种享受。

花溪水库——前行 3 千米左右进入花溪水库大坝就进入了水库区域，此水库又称“花溪湖”，兴建于 20 世纪 50 年代末，是贵阳市民的饮用水源之一。花溪水库名曰水库，其实更像是一条宽阔的河流，水体幽深碧绿，两岸悬崖壁立，绿树成荫，与花溪河比又是另一种景致。其中一山矗立，临水的那一部分好像被人用一把巨斧从山顶直劈而下，因而被称为“半边山”，是花溪水库的标志性景点。

镇山村——镇山村在花溪水库中段一个三面环水的半岛上，始建于明万历年间，是一个具有 400 多年历史的以布依族为主、多民族杂居的自然村寨。村里有近 200 户人家，寨子分上寨和下寨。走进村寨，这里就像一座碧水环抱中的石建筑艺术殿堂：鳞次栉比、依山就势的石板房迤逦展开，村里的石板小路、石板阶梯、石墙深巷、石板院落、石板围墙、石板寨门、石板屋壁、石板房顶以及屋内用石板砌成的水缸、粮仓、猪槽等等，许多日常用具都是用石头做成的，整个村子看起来就像一座石头城堡。

贵阳市

在村寨 4.8 平方千米的土地上，有中国和挪威王国合作的镇山村布依族生态博物馆，以及改建的民宿、茶馆、书院、农家餐馆等，时不时传出阵阵鸡鸣狗吠声，在幽长的小巷里散发着独特的魅力。此外，镇山村内还有始建于明代的武庙，与镇山村隔水相望的李村右侧山头有明代李仁宇将军的墓，当年李将军受皇命屯兵镇山村，后定居此地并开枝散叶。各种文化遗迹，全方位向人们展示着镇山村的丰厚历史和文化积淀。此外，每年正月十二、十三、十四这三天，镇山村布依族和苗族的“跳花场”，苗族的“四月八”和布依族的“六月六歌会”，是镇山村最热闹的节日。2019 年 1 月，镇山村入选了第七批中国历史文化名村。

天河潭——景区为国家 4A 级旅游区，位于花溪区石板镇境内，曾经是明末清初黔中名士吴中蕃隐居之地，并留下了许多赞美的诗篇。天河潭旅游度假区是典型的薄层碳酸盐岩层裸露地块，褶皱频繁，断裂交错，河谷拐曲，纵横深切；河床上堆积的 20 多处钙化滩坝，串连着 20 余个溶洞、瀑布，形成明河、暗洞、桥中洞、洞中湖、天窗、竖井、绝壁、峡道等复杂纷纭、多姿多彩的喀斯特岩溶景观。由于这里融山、水、林、洞、潭、瀑布、天生桥、峡谷、花街、营盘、隐士为一体，有“贵州山水浓缩盆景”的美称，被誉为“黔中一绝”。经过升级改造后，天河潭现增加了太阳广场、贵阳故事街、滨水休闲区、五色花海、户外婚庆草坪等区域，并配套文化娱乐、餐饮购物、休闲度假、商务会议、民俗体验、户外婚礼等多元化服务。全新打造的水秀景观将现代科技元素与水文化相结合，呈现“白天一景、晚上一秀”的美景。

沿途美食：花溪王记牛肉粉、飞碗牛肉粉、洋芋粑、香辣脆、烤河鱼、烤臭豆腐、烤河虾、凉粉、凉面、冰粉、炸土豆、豆腐脑等。

建议提醒：花溪公园、镇山村和天河潭都需购票进入，但总体上价格都不贵。

线路沿途有杂货店补给。花溪水库到镇山村徒步时由于是沿着库区行走，需绕行，且岔道较多，容易走错，建议多问当地群众。

图 / 文：潘浩

云烟岭树斜阳路——青岩徒步至燕楼

里程用时： 全程约 19 千米，6—8 小时。
线路特点： 山地峡谷、古道。
累计上升： 312 米。
累计下降： 298 米。
海拔最高： 1211 米。
海拔最低： 984 米。

线路等级：
难　　度： ★☆☆☆☆
强　　度： ★★☆☆☆
刺 激 度： ★☆☆☆☆
舒 适 度： ★★★☆☆
享 受 度： ★★★☆☆
风　　光： ★★☆☆☆

最佳线路： 青岩北门停车场—青岩桥—小西冲—大兴国寺—龙井寨龙井—上关口古驿道—金山洞—公牛屯—母牛屯—摆念大洞

基本情况： 青岩镇和燕楼镇是花溪区下辖的乡镇。青岩镇位于贵阳市南郊 29 千米，是著名的历史文化名镇，国家 5A 级旅游景区。青岩古镇形成于明洪武年间，迄今 600 余年，人文荟萃，文化氛围浓郁。青岩西部与之接壤的燕楼镇，元代时为金竹府（今广顺县）辖地，也是一个历史悠久的古镇。连接两地的古道是明清时贵阳府属驿道之外的几条大道之一，称

“南道”。

活动内容：徒步、访古、探洞、露营。

线路描述：这条线路通过青岩镇与燕楼镇之间的古道连接，无技术难度，初级徒步者即可尝试。

沿途景观：除了古驿道和沿途的田园风光外，本线将沿途众多历史遗迹串联在一起，有一种穿越到历史中的代入感。

青岩南道青岩桥——青岩古镇扼守贵阳至黔南的要道，是川黔桂古道和滇黔南古道必经之地。明清时期，古镇因贸易增长而兴盛，成为云贵川三省贡茶、盐运、市马和粮草的民间商贸古道。明代即有一条“南道”纵穿青岩至定番（今惠水），现保存完好的路段约 300 米。

青岩桥——是青岩南道上的三孔石拱桥，建于明成化年间，古驿道由此桥跨过玉带河，过去络绎不绝的客商由此南来北往。明代旅行家徐霞客曾于崇祯十一年（公元 1638 年）春末夏初某天下午过此桥到青岩，在《徐霞客游记》中有相关记载。桥北头即为苦蒜坡古驿道。

石牌坊——青岩桥南头立有赵彩章百岁坊，建于清朝道光十九年（公元 1839 年）。石坊系四柱三间三楼四阿顶式，高约 9.5 米、宽 9 米，面北背南，四立柱南北两面皆有云鼓护柱，并置有长方形柱基。中间柱南北两面及三间的三门内，均有赞誉赵彩章的阴刻楷书楹联。

龙井寨龙井——龙井村始建于明末，因村中有这口清澈甘甜、奔涌不息的泉水而得名。龙井以每秒约 5 升流量源源不断流出，冬暖夏凉。它不仅是全村主要的饮用水源和灌溉水源，

也是青岩古镇的重要水源点，还是龙井村制作布依米酒的好水源。

上关口古驿道——为青岩经燕楼通广顺要道，始建于明初，时为小道；清初扩为大道，以青石铺墁。现存上关口对门坡至金山洞东山垭口一段，长约500米，宽1.5米。

金山洞——金山洞是旧石器时代末期至新石器时代初古人类活动遗址，洞口向西，洞壁上有岩画、摩崖题刻等遗迹，考古工作者曾在地表采集到大量石器、烧骨及砾石。

公牛屯——是燕楼营盘遗址的俗称，位于燕楼镇东北，始建于清同治二年（公元1863年），系燕楼村民周氏家族兴建，因营盘建在山上，而山形酷似一头雄壮公牛而得名。此山从山脚到山顶有一条两米多宽的石阶小道，营盘依山就势建在山巅，由青石块筑砌而成，四周均建有城垣，东西方各建有一拱门，占地约六亩。营盘内原有房屋及其他建筑早以损毁，但屋基尚能辨识。山顶建有一个据说蓄水用的长方形石质池子，长约6米、宽约4米、深约3米，池四面均用青条石叠砌。池壁中央一石中横刻“天地生成”四字，字径大约50厘米。左右为修建时间和名款；另有“中和营”和“保卫营”等石刻。村民魏良承包了这座小山，并且全家就居住在营盘的石头房屋之中。

摆念大洞——俗称“躲匪洞”，为一天然溶洞，洞口坐南朝北，洞门有石块砌成的长20余米的防御墙。石墙左侧开一石门，洞内可容纳数百人，一些残留的灶台等生活用具仍在。

建议提醒：如果未与住在公牛屯上的魏良预约，到公牛屯时可能因无人在家不能进入。

摆念大洞中有危险的陡坡和竖井，进洞须带好照明设备。

图／文：张羽飞

云在青山缺处生——高坡二日探秘

半坡村 石门 扰绕景区 飞来石 灵应山 红军标语 红军坟 石林 云顶营盘 云顶草场 云顶滑雪场 水塘躲反洞 摆弓岩瀑布 水塘村 五寨村 高寨 高寨营盘 甲定洞葬 果里洞葬 N S

里程用时：全程约 41 千米，约 18 小时。
线路特点：访苗族文化遗迹，走高山草甸，观三级瀑布。
累计上升：1138 米。
累计下降：1179 米。
海拔最高：1603 米。
海拔最低：1000 米。
线路等级：
难　　度：★★☆☆☆
强　　度：★★⯪☆☆
刺 激 度：★⯪☆☆☆
舒 适 度：★★★★☆
享 受 度：★★★★★
风　　光：★★★★☆

最佳线路：

D1：半坡村—石门—客蚂塘—灵应山—高坡场坝—云顶营盘—云顶草原露营

D2：云顶草原—水塘村—摆弓岩三级瀑布后—水塘躲反洞—翁西关古道—甲定营盘—龙打岩洞葬或果里大洞

基本情况：高坡苗族乡是花溪区下辖的一个民族乡，地处花溪与龙里、惠水三县（区）交界处，总面积 120 平方千米，辖 19 个行政村，121 个村民组，87 个自然寨；总人口 2 万多人，其中苗族占 70.9%、布依族占 3%、汉族占 26%。全乡平均海拔 1500 米，境内最高处

皇帝坡海拔 1712.1 米。田园风光、层峦叠嶂、天坑地缝、瀑布跌水、山崖溶洞与历史和民族文化在此交融一体，蓝天、白云、梯田、草原、风车、星空……应有尽有！春天花开满山遍野，夏日凉风习习，金秋梯田稻浪金黄，冬季则可能已经雪花飘飘。因此，高坡是一个一年四季均适宜徒步的地方，有不少经典的户外徒步线路。

活动内容：徒步、穿越、爬山、探洞、走乡串寨、露营。

线路描述：线路大部分路程为公路交通线，部分为野路和古道，总体技术难度不大，四季可行，但对体力有一定要求，属初级别线路。行程建议两天一夜。

第一天行程约 23 千米。上午从半坡村出发，先游半坡，接着走到石门和扰绕，翻越山梁行

至客蚂塘，再登上灵应山，沿公路走到高坡场坝。下午穿过云顶营盘，晚上可在云顶草原露营，若当天时间充裕也走到水塘村停车场后再扎营。

第二天行程约18千米。早上从露营地出发，在山脊上远看摆弓岩三级瀑布后，登山从出水洞进入水塘躲反洞，走翁西关古道下山，往甲定方向前进。下午看甲定营盘，当天走到龙打岩洞葬或果里大洞结束。

沿途景观：高坡无论是自然风光还是民族风情、历史文化，原生态东西很多，在这里要用发现的眼光去徒步，往往会给人惊喜。

半坡村——半坡村原为中曹长官司衙署所在地，俗称“土司官寨”，现有中曹长官司旧址古院落、古银杏、中曹谢氏土司墓等，半坡村北侧山坡上，遗留了一段较完整的石板古道。

石门——在去往高坡的公路边，历来是登

上高坡台地后的首个景点。站在新建的门楼式观景台上，可远观红岩峡谷、俯瞰摆如梯田。春天阳光映照下的梯田犹如明镜、秋天金灿灿的稻浪就像遍地黄金，因此，这里成为贵州省的摄影创作基地。石门不仅有田野风光，还有见证了高坡的沧桑过往的历史遗迹二屯岩摩崖。据记载，明朝天顺年间，高坡遭遇大旱，苗族英雄干巴珠率苗族人民下山“借粮”，此举被朝廷认定为谋反，于是从各地调集了大军，兵分四路围剿高坡。数十年后，参与这场战争的水东土司宋昂之后宋然再次率军到高坡，在石门天险上留下了“永镇边夷”摩崖。

扰绕——沿公路主干道走到沁心泉左拐，可进入扰绕景区。这里有大片种满黑糯米的梯田，也有古村落、古井、古营盘等历史人文景观。在靠近红岩峡谷石阶步道入口的地方，是扰绕露营基地，临崖一面设有观景栈道，在扰绕大坡之巅，有一座“一览众山小”的观景台，登临其上，可以居高临下地遥望高坡境内的大部分地区。扰绕大坡北侧，即面对红岩峡谷的一侧，还新建了数条凌空栈道。

客蚂塘——当地人称青蛙为“客蚂”，能以此为名，说明这里有很多青蛙。从扰绕村往东走抄近路翻山，可至新安村大姑妈冲和客蚂塘寨。村寨建在一片喀斯特岩溶石林之中，许多民居建筑都与天然巨石融为一体，颇有返璞归真的天然趣味。虽然这片石林中的石景较为分散，但其中的飞来石却非常有名，这块巨石因酷似昂首打鸣的公鸡，又名“公鸡石”“笔架石”。这块奇石接地面积非常小，传说用力推动，可以让它原地旋转，偏移角度，到此的游人都会忍不住一试。客蚂塘西北部有一个名为碾房溶洞的天然洞穴，其实是一处古代的躲匪洞，洞口保存有作为防御工事的石墙和拱门。兵荒马乱的年代，附近百姓就进入洞中躲避，这样的军事遗迹在高坡还有很多。碾房躲匪洞出来的溪流水向北流淌，从山崖上坠下，就形成了细细的客蚂塘瀑布。值得一提的是，过去偏僻的客蚂塘寨周边分布着晚清至近现代的天主教墓群，也是一道独特景观。

灵应山——与客蚂塘寨相邻的是灵应山，往东翻过山垭口后有公路相连。公路尽头，有年代久远的石板古道通往山上。山上有多处古代摩崖，被称为“灵应山摩崖群”。半山腰处可见一圈石墙上的缺口，那是灵应山营盘的残迹。山顶的灵应山寺已经修复，适合登高望远。

高坡场坝——从灵应山往南行不远，在路中间有古墓的三岔路口左拐几步，便可看到高坡红军标语，这一处与其他地方红军标语不同之处是带有漫画。顺着街道往西南方向走，经过六方井和高坡小学旁的石林后，可走到高坡乡的乡场，这里原本是高坡苗族的跳花场，现在是热闹的集市，集市附近的高坡派出所内还有一座红军坟。

云顶景区——从高坡乡场往东，沿大路左拐穿过一道大门，便进入云顶景区。公路边有云顶营盘。营盘北门外有一座没有墓碑的古墓，传说是某位古代苗王的坟墓。再往东就到了著名的云顶草原，是贵阳市境内最大的一片高山草甸。在这里有风吹草低见牛羊的感觉，可以骑马驰骋。云顶草原边缘山头上，现已建为高

坡风电场，几十座如同巨人一般的“大风车”，成为云顶一景。夜晚在云顶草原露营，晴朗的天气可以仰望璀璨的星空。

水塘村——水塘村岩上寨的停车场可以露营。由此出发，沿着林间小路向西走，一直攀登到两面都是悬崖峭壁的山脊上，可以同时看到壮观的摆弓岩三级瀑布，第三级瀑布所在的弧形悬崖上，有一具神秘的古代悬棺。若向洞沿着小溪往上游走，是一个精致的湿地，可以一直走到水塘村边的向阳水库。水塘村边的躲反洞传说是苗族首领干巴珠对抗明军时修建的营垒，洞穴呈东西向贯穿山体，西侧洞口是一个隐藏在夹缝当中的出水洞，也是水塘村水渠的源头。从出水洞下方攀着岩石进入洞内，由西向东有可以穿越整个旱洞的洞道。从有三道巧妙防御工事的东侧洞口出来，踏着翁西关古道的石板路下山，经过龙袍井便又回到水塘村。

甲定洞葬——过去在高坡，当地苗族有一

贵阳市

种奇特的丧葬习俗，每个家族都有一个洞穴来安葬逝者。最具有代表性、最知名的是甲定龙打岩半山腰的王姓苗族洞葬，该洞葬因位于甲定村而得名。洞深 35 米、宽 10 米、高 20 米，有两个洞口，洞内大小棺木百余具分上下两层叠放。据说，入洞安葬的逝者必须是 60 岁以上、已婚、正常死亡者。此葬俗已经有 600 多年的历史，1997 年甲定苗族洞葬被公布为贵阳市市级文物保护单位。这个洞葬离公路不远，按当地习俗需要先烧香才能参拜。洞道内架设得密密麻麻的棺木，就像是生命长河中去往彼岸的一叶叶小舟。

果里洞葬——沿着公路走约 3 千米，与龙打岩相距不远的龙里县果里村，也有一处规模宏大的洞葬场所，名为果里岩洞葬，据说是世界上最大的一处洞葬。更让人称奇的是，这个巨大的隧道状山洞曾经是生者与死者共用的空间。从东侧洞口处看，是一座有多道防御石墙的躲匪洞，而众多的棺木却堆放在西侧洞口。“阴阳两界”之间，只有一道石墙相隔。有趣的是，曾经有一条连接两个村落的石板古道从这个棺材洞中通过，不过随着公路网络的完善，现在很少有人走了。果里村后的山脚，还有一座鸭棚洞，是当地苗族同胞每年正月初五跳花的场所，当地把跳花又称“跳场”“跳圆”，所以这个洞也叫跳圆洞。果里跳圆洞内部分三岔，不仅有后洞口，其中一个洞口还筑有石墙，可能也是一处当年“躲匪”工事。

除此之外，平寨、龙里大草原等地，时间宽裕，也值得一看。

建议提醒：沿途有很多溶洞，如要进入，为安全起见，最好准备头盔和电筒、头灯等照明设备。

这条路线要经过高原台地和喀斯特峰丛等落差较大的山地，某些道路是凹凸不平的石阶古道。因此，建议带上登山杖、穿防滑鞋和耐磨衣裤。

高坡苗族乡不是每个村寨都有商店，但在石门景区、扰绕景区和高坡乡场上均有店铺或摊位补充饮食，因此前半段路途可以轻装前行。在离开人多路段前，一定要补充足够的饮水和干粮，以免中途饥渴时却无处补给。

图：肖凤 / 龙骧 / 张羽飞

文：张羽飞

返璞归真清净地——鬼架桥连穿红岩峡谷

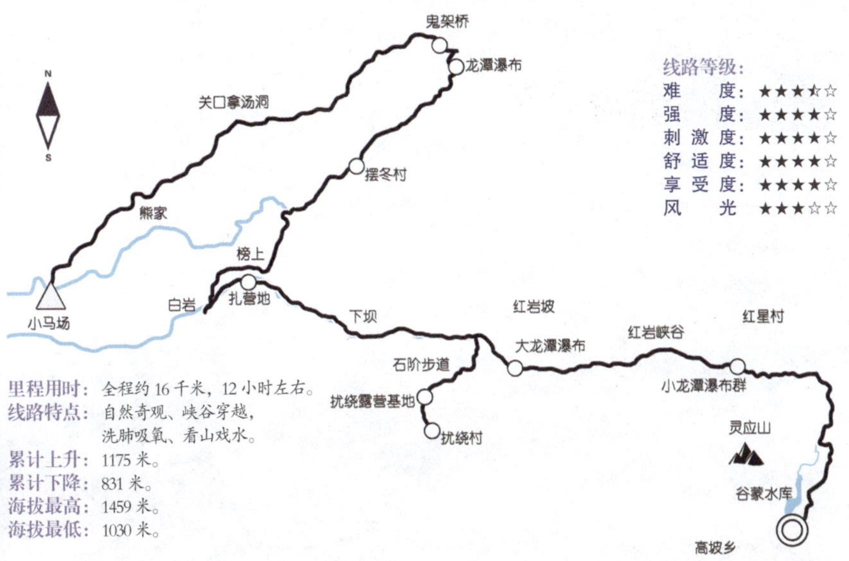

线路等级：
难　度：★★★☆☆
强　度：★★★★☆
刺激度：★★★★☆
舒适度：★★★★☆
享受度：★★★★☆
风　光：★★★☆☆

里程用时： 全程约16千米，12小时左右。
线路特点： 自然奇观、峡谷穿越，洗肺吸氧、看山戏水。
累计上升： 1175米。
累计下降： 831米。
海拔最高： 1459米。
海拔最低： 1030米。

最佳线路： 小马场—鬼架桥—龙潭瀑布—摆冬—红岩峡谷—大小龙潭—谷蒙水库

基本情况： 鬼架桥和红岩峡谷均位于花溪区与龙里县交界处，是贵阳市附近的经典徒步路线，被称为“贵阳户外第一线”。

活动内容： 徒步、穿越、溯溪、爬山、速降、游泳、露营、野炊。

路线描述： 鬼架桥和红岩峡谷由于两处

相距不远，即便只往返鬼架桥，一般也会经过红岩峡谷下段及谷口，故整合为一次耗时两天一夜的连续穿越。这是一条高级户外徒步路线，难度较高，基本上是以水路为主，沿河流和峡谷逆流而上，一边观赏秀美山川，一边感受河水在脚下流淌而过的轻快。

若选择公交方式前往，搭乘到高坡乡的巴士到黔陶布依族苗族乡小马场村路边下车后开始徒步，沿水泥路往东北方走到栗木寨，接着爬山，经过关口拿汤洞（螳螂洞）抵达鬼架桥。若自驾或租车前往，也可直接开车到谷洒村，然后沿乡村道路往西南方向行进，只需从高往低在野路上下降数百米即可抵达鬼架桥，较为节省时间和体力。从鬼架桥处继续下山，山脚就是鬼架桥瀑布。沿摆冬河顺流而下，在河滩上走 1 小时可抵达摆冬寨，再往下走就有水泥路通往红岩峡谷内的赵司河（马场河）边。

第一天根据体力耗费情况，可选择在摆冬河边或赵司河（马场河）畔的沙洲平地上露营。河边水源充足，河水清澈，可烧开饮用。

第二天在红岩峡谷内溯溪而行，经过大、小龙潭，不断上行，最终到达谷蒙水库，但这样全程有三分之二的溯溪路线，地势险要，虽路段不长，但难度和对体力要求较高，是户外徒步的提高级路线。若体力不支想要提前结束徒步，也可以在峡谷内约半程处，沿石阶梯爬上扰绕村到达高坡露营基地返回。

沿途景观：线路上有“雄、奇、秀、险、幽”五大景观特征，雄为高山深谷，奇为奇峰怪石，秀为山光水色，险为深潭急流和悬崖陡壁，幽为曲折隐深，是一个壮观、神秘、拥有绝美景色又具有一定挑战性的徒步胜地。

鬼架桥——又名“仙人桥”，位于花溪区黔陶乡谷洒村和龙里县草原乡红星村的交界处，一条天然的巨大石梁横跨在两山之间，长 10 余米，宽不到 1 米，下为绝壁深渊。因其鬼斧神工，天生而成，故名“鬼架”。沿小径登桥而望，令人心惊胆战。鬼架桥并非是一根石柱倒塌而成，而是实实在在地和两侧山崖连为一体，两端还有增加强度的“斜撑”结构，桥面如人加工过一般平整。贵州天生桥数量众多，但长、宽、厚之比如此悬殊的天生桥却非常罕见，令人叫绝。鬼架桥至今未进行旅游开发，仍保持着原

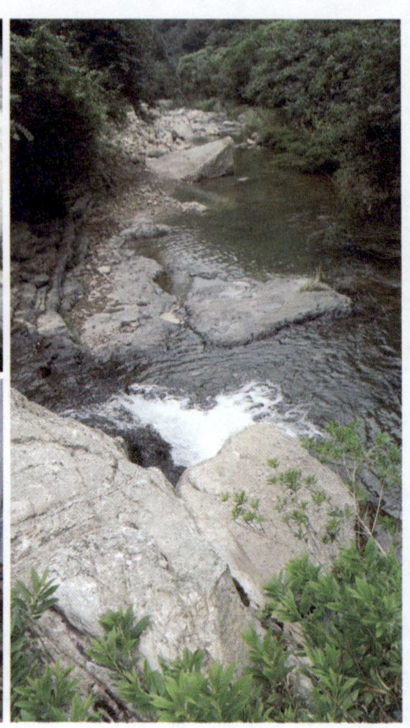

始的面貌，且离贵阳城区路途不远，吸引着大量的溯溪、速降、登山等爱好者慕名前来“打卡”。

鬼架桥瀑布——又名“龙潭瀑布”“翡翠瀑布”，位于鬼架桥所在山峰的山脚，从鬼架桥处下山不远就能看到。瀑布后面有 1 米高、1 米深的凹槽，形成水帘洞，人可爬行进入。水量较小时，瀑布如珠帘般坠落，十分秀美。瀑布前的龙潭可游泳戏水。

红岩峡谷——位于花溪区黔陶布依族苗族乡和高坡苗族乡与龙里县草原乡交界处，因峡谷中的岩石多呈红色而得名。红岩峡谷谷峰相对高差约 450 米，峡谷全长约 9 千米，基本上是东西走向。这里因地势险要，几百米深的峡谷底两侧山峰陡峭，怪石嶙峋；一条终年不断、清可见底的小河蜿蜒其中，即使在冬季枯水季节也从不断流，形成多处大小不等的瀑布跌水，飞珠溅玉，气象万千。红岩峡谷内，因季节不同，呈现出不同的样子，春秋两季是最美的季节。每年 11 月的中旬后，山谷中的枫叶慢慢变红，由于品种或受光面的不同，枫叶颜色上有些差异，一些黄中带绿或红中带黄、一些深红，还有一些红得发紫，看上去像一幅色彩丰富的油画，与高坡高山台地上的景象形成鲜明的对比。沿河两旁的山上绵延有不少野生梅花树，每年冬末春初，淡黄色的梅花以红枫林为背景竞相开放，河谷中飘荡着淡淡的清香，据说这里的梅花花期 3 个月左右。河边的鹅卵石丛中长满了嫩绿色的骨节草、苔藓、蕨麻、龙虾花等植物，青翠欲滴。

大小龙潭——峡谷中有两个水潭，位于上游方向的叫小龙潭，面积约 70 平方米，下游一端的叫大龙潭，面积约 90 平方米。小龙潭和大龙潭之间相距约 600 米，都处在中段。这里是河谷中最窄的地方，两岸绝壁高耸。经过大龙潭时，须攀爬到左岸陡峭崖壁上，从密集的灌木林中一条长约 50 米的小道上绕过。

周边还有高坡扰绕景区、灵应山、谷朗坪小天湖（姊妹湖）等。

沿途生物：红岩峡谷中林木苍翠，植被茂密，有三叶杉等珍稀植物生长，满谷茶花、杜鹃花、映山红相映成趣。画眉、八哥、锦鸡等鸟类栖息其间，清澈的溪水中，有不少小鱼小虾螃蟹之类，各种色彩斑斓的蝴蝶也不少，据说还有人见到过大鲵（娃娃鱼）。

建议提醒：安全第一，春末夏初雨水较多，要注意天气变化，以防河水突然暴涨形成山洪。

峡谷底部山路陡峭难行，坡度较大，时有碎石从脚底滚落，注意落石。溯溪而行时，时而在水中穿行，时而翻越巨石，路滑、崴脚、摔跤等情况很常见，因此登山杖、溯溪鞋等装备和一些跌打损伤药品必备。

由于很多路段几乎无路可寻，最好有熟悉道路的老驴带路，以免迷路。

进入山谷后无人居住，无补给地方，需自带干粮和 1 升以上饮用水。如果要在山谷中露营，更需带齐装备，在高处扎营。

除了脚印，其他都别留下！

图：陈正军 / 国栋

文：潘浩 / 张羽飞

四周翠岚接遥村——**穿越锅底箐**

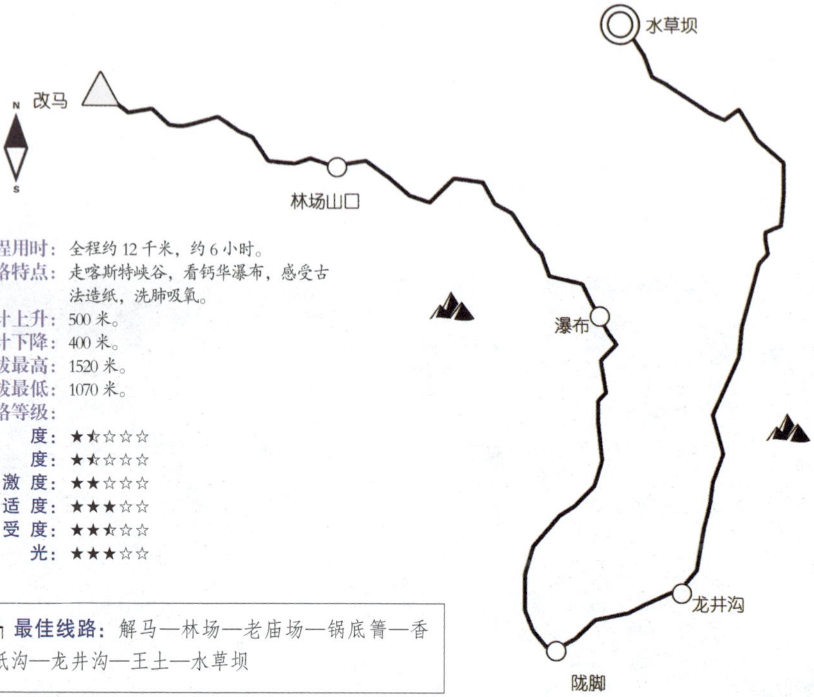

水草坝
改马
N
S
林场山口
瀑布
龙井沟
陇脚

里程用时： 全程约 12 千米，约 6 小时。
线路特点： 走喀斯特峡谷，看钙华瀑布，感受古法造纸，洗肺吸氧。
累计上升： 500 米。
累计下降： 400 米。
海拔最高： 1520 米。
海拔最低： 1070 米。
线路等级：
难　　度： ★⯪☆☆☆
强　　度： ★⯪☆☆☆
刺 激 度： ★★☆☆☆
舒 适 度： ★★★☆☆
享 受 度： ★★⯪☆☆
风　　光： ★★★☆☆

最佳线路： 解马—林场—老庙场—锅底箐—香纸沟—龙井沟—王土—水草坝

基本情况： 线路位于乌当区北部贵开路右侧的新堡、羊昌、百宜等乡镇交界处，由白水河上游的几条沟壑组成，因山高林密，地形复杂，野生动植物丰富而闻名，十分适合探险穿越、溯溪攀援和动植物考察，是乌当区户外的经典线路。

活动内容： 徒步、穿越、溯溪、访古、民俗、露营。

线路描述： 这条线路因难度适中，是一条集健身、观光、民俗于一体的初级户外线路，交通方便而游人稀少，风光秀丽而文化厚重。

起点乌当区羊昌镇解马，翻越锅底箐林场大坳，先登老庙场，下锅底箐，进入香纸沟景区，再从龙井沟溯游而上，到水草坝结束。

沿途景观： 此线路风景秀丽，一路既有沿河涉水而行，也有爬山穿越，同时不仅能享受美丽的山水风景，还能呼吸清新的山野空气，

因此是进行徒步初级锻炼、吸氧洗肺、强身健体的好选择。沿途除观赏喀斯特钙华瀑布、峰丛，还能考察古法造纸。

锅底箐——锅底箐是贵阳市北郊一块较原始的区域，面积90平方千米，主峰大观山海拔1564米。因四周山势高峻、群峰耸立，围成一锅底形谷地而得名，内有9沟18冲，长约3千米，深300米，谷内原始植物遮天蔽日，绝壁兀立，瀑布垂悬，孤峰冲天，泉水叮咚，谷口外古造纸作坊错落有致。当地老人说，旧时这里为原

始森林，虎群盘踞，人迹罕至。据说 1962 年羊昌一村民到箐口开荒，被老虎叼入箐中，命丧虎口。20 世纪 70 年代初期老虎绝迹。

断头岩瀑布——位于锅底箐中部，高近 30 米，为钙华瀑布。富含碳酸钙的溪流在跌落过程中，与空气中的二氧化碳结合而凝结成钙华，附着在断崖上，形成裙状岩，水流从裙状岩上分几绺滑落，非常美丽。

老庙场——位于锅底箐最高山牛翁堆上，这里可以俯瞰锅底箐全貌。新中国成立前，这里建有一庙，有僧侣修行，今仅存屋基和一株古柏树。

古法造纸作坊——香纸沟所产的“香纸”，是民间祭祖时用来焚烧的“纸品”。据记载，蔡伦造纸有 72 道工序，原料主要采用麻和树皮。香纸沟的造纸至今仍采用这 72 道工序，只不过是采用青竹为原料，因为当地有取之不尽的青竹。青竹砍回来后，就进入了古老的造纸程序：捶打、浸泡、蒸煮、发酵、漂洗、碾压……整个造纸过程历时 3 个月。人们农忙种田，农闲造纸，生活过得平淡而有序。香纸沟里还保存着不少造纸作坊，人们巧妙地架设竹水槽，从附近的龙口瀑布瀑顶引出水，利用水的落差力量冲击水车和碾轮，推动水碾、水磨和水碓，形成了一套生态环保的造纸系统。

沿途生物：区内植物种类繁多，有杉、松、银杏、南方红豆杉、三尖杉、岩生鹅尔枥、旱冬瓜、西南米槠、丝栗栲、异叶榕、香芙木、黑壳楠、杜鹃、香果树等 70 余种裸子植物；野生动物有野羊、獐、獾、兔、穿山甲等。

建议提醒：本线路为成熟线路，基本为沿河行走，部分地方需穿水而过，夏秋季最适宜。徒步时要注意有蛇出没，可采用打草惊蛇的方法避免。徒步过程中需要 1.5—2 升水。

香纸沟适合一日游，也适宜露营，露营建议在香纸沟景区，附近有营地，营地附近有农家可以获得补给。晚上露营注意保暖。

图：王燕达 / 徐丰山 / 龙骧

文：龙骧

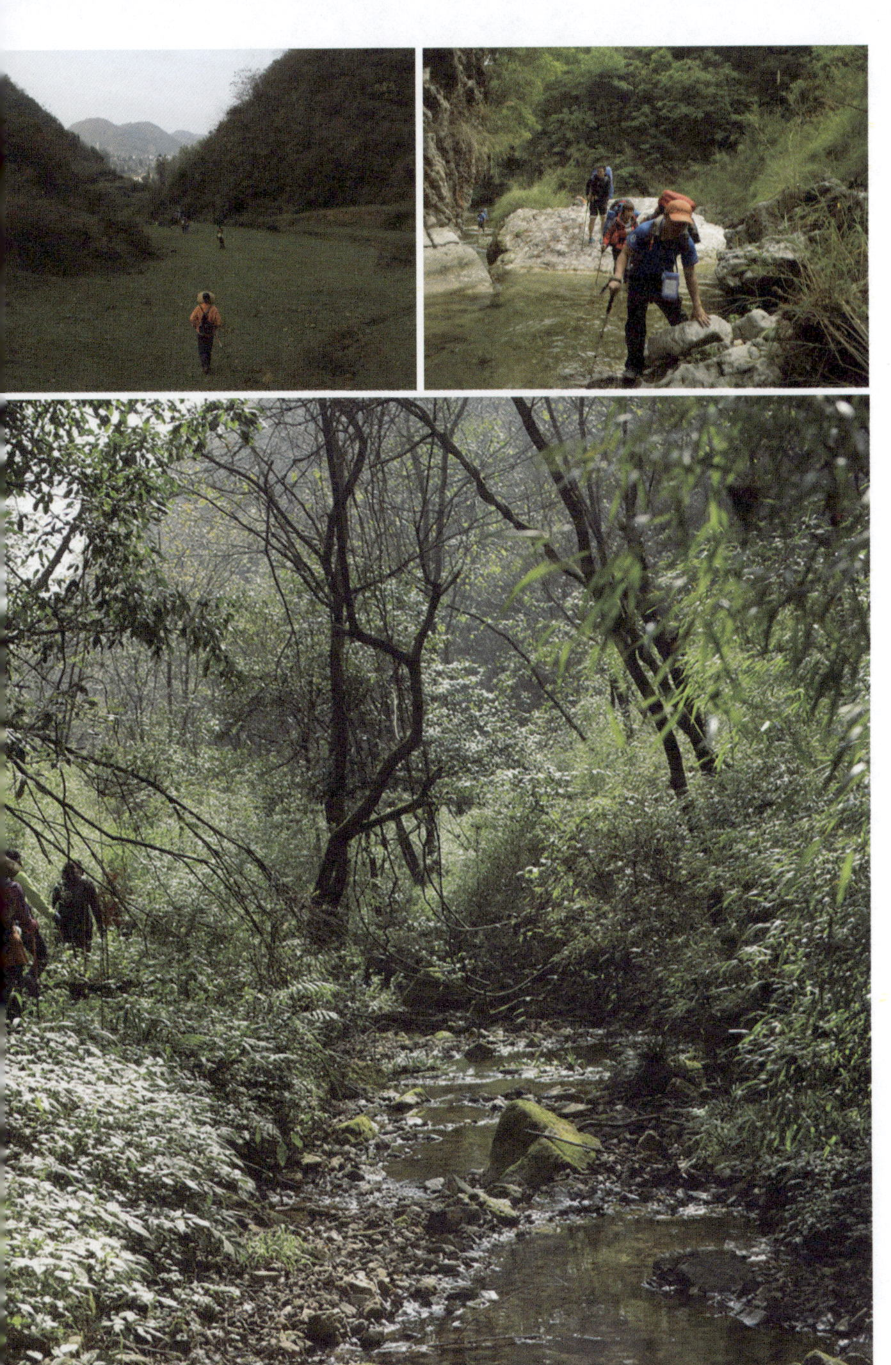

诗篇多向客途成——蜈蚣桥古驿道徒步

里程用时：全程 8.9 千米，5 小时左右。
线路特点：重走“阳明之路”，沿着圣贤的足迹感悟“心学”。
累计上升：435 米。
累计下降：420 米。
海拔最高：1221 米。
海拔最低：904 米。

线路等级：
难　　度：½☆☆☆☆
强　　度：★½☆☆☆
刺 激 度：★☆☆☆☆
舒 适 度：★★☆☆☆
享 受 度：★★★★☆
风　　光：★★½☆☆

蜈蚣桥村
蜈蚣桥
蜈蚣坡
蜈蚣坡古道
天生桥瀑布
天生桥
哨上
三人坟
大碑垭口
N
S

最佳线路：大碑垭口—三人坟—哨上村—天生桥—蜈蚣坡—天生桥瀑布—蜈蚣桥—蜈蚣桥村雨花寺

基本情况：明初水西土司奢香夫人因开辟“龙场九驿”改善贵州交通、维护国家团结和统一而名垂青史。这条徒步路线就是当年“龙场九驿”古驿道的一段，位于修文县洒坪乡与谷堡乡之间。被贬谪到贵州作为龙场驿丞的王阳明，曾多次在这条路上徒步往返，并留下了《瘗旅文》《过天生桥》等名篇。

活动内容：徒步、穿越、访古。

线路描述：以大碑垭口为起点，沿残留古驿道看过三人坟后走回公路，沿路抵达哨上村后右拐，沿河边小道走到天生桥下，再从天生桥右边上桥，过桥后穿过树林回到公路。下蜈蚣坡走一段古道，右拐进入通往范家坪的岔路，进入峡谷仰视天生桥瀑布，然后返回公路走到蜈蚣桥，在蜈蚣桥村雨花寺结束行程。本线是沿着古代贵阳与水西之间的驿道方向行进，无技术难度，属于初级徒步线路。

沿途景观：这条线路既有河谷、天生桥、瀑布、丛林等自然风光，还有不少人文遗迹。

三人坟——古时此地叫“大碑垭口”，明正德四年（公元1509年）秋，一吏携一子一仆沿着这条驿道前往思州赴任，染病皆死。被贬于龙场驿的阳明先生组织乡人埋葬了这三个不知名的异乡人后，撰《瘗旅文》以祭之，悲客死之人也是作者借以抒发自己被贬异域的凄苦哀伤之情。“三人坟”因此而闻名。

天生桥和天生桥瀑布——是一喀斯特地貌奇观，桥洞高36米，长14米，桥面宽34米。桥面十分平整，两侧灌木丛生，如果不知道下面是天生桥，根本就看不出来。从桥面上可至哨上村。桥下水中有一块约四米见方的大石块，称为“仙人石桌”。桥下游方向是断崖，形成高54米、宽26米的天生桥瀑布；桥洞顶部还有一层空洞，水小时可攀登上去；洞顶侧面还

有透光的小洞。下方数十米处有一漩塘，漩塘下面又有一级高约 30 米、宽约 20 米的瀑布，名为“回龙潭瀑布”。500 多年前，阳明先生到此览胜，被大自然的鬼斧神工深深震撼，于是写下了名为《过天生桥》的诗篇。

高洞——沿陡峭蜿蜒的石阶小路爬上天生桥另一面，可见深邃的河谷及对面高、宽各有百余米的笔直绝壁，绝壁中有一圆洞，名为“高洞”。洞口有石墙围护。据说过去当地百姓为避匪祸曾躲于洞中。

蜈蚣坡古道——位于修文县洒坪乡蜈蚣桥村与谷堡乡哨上村之间的大峡谷内，是连接贵阳与水西地区（今黔西、大方一带）的唯一通道。这段明清“官道”坎坷不平，宽 1 米有余，坡度呈四五十度，建成后就只能步行、走马、坐轿，足以证明古时贵州交通条件之恶劣。古道于 2013 年与“蜈蚣桥”一道被列为全国重点文物保护单位。

蜈蚣桥——又名“龙源桥”，位于修文县城西 10 千米处洒坪乡与谷堡乡之间的花桥河上，南北向，系古代龙场驿（今修文）至六广驿（今六广）之重要津梁。这座桥是明代奢香夫人所建的水西“九驿十桥”之首桥，后因战乱被毁。明万历年间，奢香夫人后裔、贵州宣慰使龙源安国亨重修，因此又称“龙源桥”，其工艺及规模在当时贵州桥梁中首屈一指。作为当时的重要交通咽喉，蜈蚣桥虽然没有留下王阳明先生以之命名的诗篇，却留下了先生不可磨灭的足迹。阳明先生曾多次通过此桥前往黔西县素朴镇，为水西重建的象祠作《象祠记》，《象祠记》被后人收入了《古文观止》。阳明先生还多次由此去下游的猫跳河、六广河等地，印证自己“心即理”的“心学”思想，途中写下了《陆广晓发》《水滨洞》等为数众多的诗篇。

雨花寺遗址——距蜈蚣桥北面桥头约百米，这里相传是奢香夫人来往古驿道时歇脚的地方，寺旁有一口桃花井。当地至今流传着蜈蚣桥、雨花寺、桃花井与奢香夫人相关的传说。

建议提醒：部分路段位于陡坡之上，行走时注意安全。要想观赏天生桥瀑布需要涉水过河。

图：吴东俊 / 张羽飞
文：张羽飞

水连青山山连水——**香火岩到禾丰大坝子**

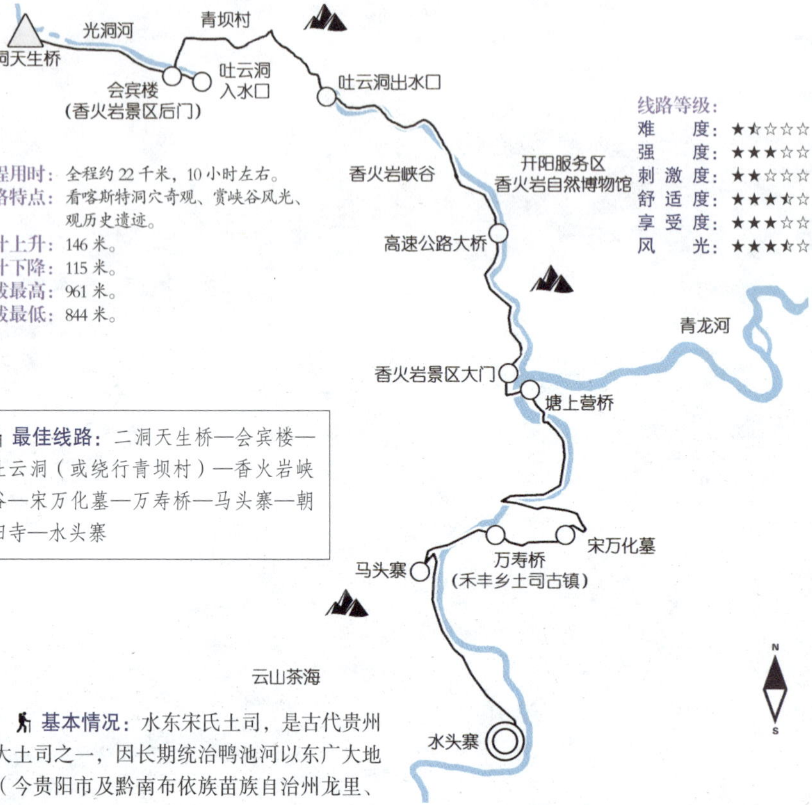

二洞天生桥
光洞河
青坝村
会宾楼
（香火岩景区后门）
吐云洞
入水口
吐云洞出水口
香火岩峡谷
开阳服务区
香火岩自然博物馆
高速公路大桥
青龙河
香火岩景区大门
塘上营桥
宋万化墓
万寿桥
（禾丰乡土司古镇）
马头寨
云山茶海
水头寨
N
S

线路等级：

难　　度：★⯪☆☆☆
强　　度：★★★☆☆
刺 激 度：★★☆☆☆
舒 适 度：★★★⯪☆
享 受 度：★★★☆☆
风　　光：★★★⯪☆

里程用时：全程约 22 千米，10 小时左右。
线路特点：看喀斯特洞穴奇观、赏峡谷风光、观历史遗迹。
累计上升：146 米。
累计下降：115 米。
海拔最高：961 米。
海拔最低：844 米。

最佳线路：二洞天生桥—会宾楼—吐云洞（或绕行青坝村）—香火岩峡谷—宋万化墓—万寿桥—马头寨—朝阳寺—水头寨

基本情况：水东宋氏土司，是古代贵州四大土司之一，因长期统治鸭池河以东广大地区（今贵阳市及黔南布依族苗族自治州龙里、

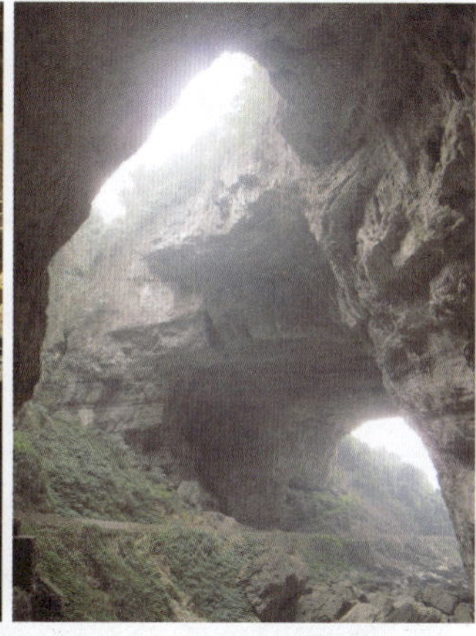

贵定、惠水、福泉、瓮安等地）而得名，因其衙署长期在洪边寨（今乌当区新添寨镇），又名洪边宋氏。水东宋氏从隋末兴起，到明末革除，在统治水东地区千余年间，对贵州政治、经济、文化诸方面产生了重大影响。开阳县南部的南江布依族苗族乡和禾丰乡，至今保存着大量宋氏土司文化遗迹。

活动内容：徒步、访古、探洞、休闲。

线路描述：这条线路全程在步道或车道上行走，无技术难度，四季可行，属于业余级别的徒步线路。

沿途景观：本线路融真山真水、历史文化、田园风光、民族风情为一体，有许多景点值得一看。每年春天菜花绽放和秋天稻黄时为最美时候，夏季则是贵阳人休闲玩水、品富硒茶、吃农家饭的地方。

二洞天生桥——二洞天生桥进深约300米，高约50米，跨度约40米，由两座相邻的天生桥围成一个天坑。因其气势雄伟，又被称为“黔中第一天生桥”。该天生桥是因地下河流长期

侵蚀岩层，导致河流上游及两岸岩石溶蚀、塌陷,独留中心一段横跨两边岩墙岩体形成溶洞。又经过了地壳的隆升作用，原来的溶洞顶端便形成了“桥面”，溶洞的空间则变成“桥洞”。“天生桥”便在岁月的磨蚀和地下水的精工雕刻中诞生。

吐云洞——吐云洞是个全长 1.3 千米的穿洞，洞中有洞，暗河清澈，石钟、石乳和石笋千姿百态、奇特壮观。洞口燕雀翻飞，浓荫蔽日，清风习习，因洞口温差较大，常有吞云吐雾奇观。河水从洞中穿过，出洞后便进入香火岩峡谷。

香火岩峡谷——香火岩峡谷是户外徒步观光的胜地，森林覆盖率达 80% 以上。这里层峦叠嶂，怪石峥嵘，飞瀑流泉密布其中。峡谷由三段明谷和两段暗谷组成，分光明河、营河、香火岩瀑布群、香火岩等 7 个景区。进到峡谷中，香火岩、大坝口暗流、香火岩瀑布、金鸡湖、红枫林、杜鹃林、玉关门峡谷、落霞岩等自然景观和铁索桥、水辗房、轧坝民族风景区等人文景观目不暇接，让人在感叹流泉飞瀑、幽峡

陡崖、溶洞锥峰鬼斧神工的同时，也让人能更好地体悟“大音稀声，大象无形”的玄妙。其中，香火岩瀑布群独领风骚。瀑布共分五级，最高级为 15 米、宽 30 米，级级相连，总落差 60 余米。俯瞰瀑布，飞珠捣玉，水声贯耳；仰观瀑布，如银河天降，紫气升腾。

宋万化墓——位于禾丰布依族苗族乡典寨村大磨坟。土封石围呈鱼尾形，清道光二十一年（公元 1841 年）重立青石质壁龛式墓碑，碑正中楷书阴刻“明故宣慰宋公讳万化墓”，碑联阴刻“乔木发千枝宁非一本，长江分万派总是同源”。

杨方大桥——是位于禾丰乡典寨村三岔路口处的清代古桥，始建于雍正时期，初名“万寿桥”，乾隆时期重建，改名“底窝河桥”，民国时期改为现名。

周西成会宾楼——又称为“杨森楼”，其实是 2001 年从贵阳市省府路贵山饭店搬迁过去异地复原的“花楼”，又名“周西城会宾楼”，修建于 1926 年。新中国成立前，一直是贵州省

历任省长的官邸，并且后来还成为贵阳市毛光翔公馆、王家烈虎峰别墅、遵义会议会址（柏辉章公馆）等知名历史建筑的参考母型，曾位列民国时期贵阳四大公馆建筑之一。

马头寨古建筑群——位于开阳县禾丰乡马头村西隅山坡上，始建于宋代，元代为底窝紫江总管府（俗称土司衙门，遗址位于马头寨最高处），明代为水东宋氏亲辖底窝马头而得名马头寨。马是布依先民骆越人的图腾，元明时期土司把辖地按部落分为马，每个马的头目就叫“马头”，明代史籍中把水东十二马叫“洪边十二马头”。禾丰马头寨是洪边十二马头中保存水东文化遗存最多、历史最悠久、最能代表水东文化特征的布依族、汉族杂居村寨，现被列为全国重点文物保护单位和中国历史文化名村。

青龙河十里画廊——从马头寨后山上的观景台可俯瞰整个底窝坝。万亩田坝中，有一个马头图案和“千年水东”字样正对马头寨的方向，春季油菜花开时最为壮观。底窝坝是青龙河边最大的坝子，被称为“玉水捧金盆”。从禾丰乡街上杨方大桥到水头寨约五千米长的青龙河两岸风景如画，就像天然的画作，所以被称为“十里画廊”。

云山茶海——位于禾丰乡“十里画廊”附近的百花山山顶上，这里海拔高无污染，长年云雾缭绕，土壤偏酸，适宜优质茶叶生长。所产富硒茶外形美观、茶香浓郁，富含硒元素和多种有机元素。来到这里，可以置身于五千亩有机生态茶园中观夕阳美景、看日出东升、品富硒美食。

沿途特产：开阳富硒枇杷、开阳菜油、富硒优质米、富硒鸡蛋、麻辣土豆丝、马场面条、蓝莓、“清和”翠芽和百花富硒茶等。

建议提醒：本线沿途都有商店作为补给点。

若无法进入吐云洞（洞口平时有铁门锁住），可绕行青坝村从其他路线进入香火岩峡谷。

图：张羽飞／秦刚

文：张羽飞

遵义市

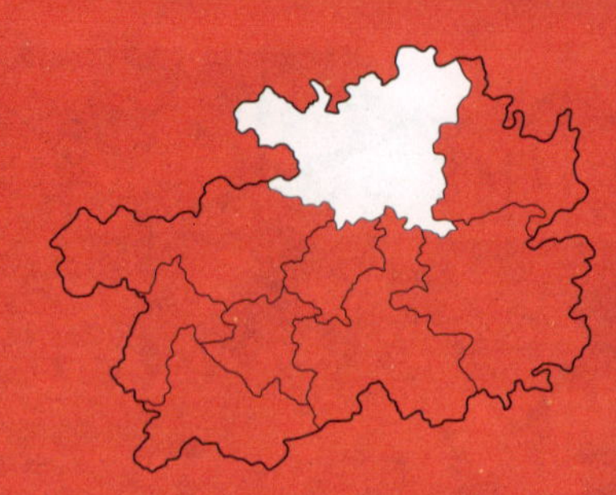

信息速览

简　　称	遵
英文名称	Zunyi
别　　名	红色圣地·醉美遵义
面　　积	30762 平方千米
人　　口	630.20 万（2019 年，常住人口）
方　　言	西南官话贵州话黔北片方言和西南官话岷江片方言
行政区划	地级市
下辖地区	3 区、9 县、2 县级市和新蒲新区
政府驻地	汇川区
机　　场	遵义新舟机场、茅台机场
火 车 站	遵义站、遵义东站、遵义西站等
电话区号	（+86）0851-2
车牌代码	贵 C
邮政区码	563000
地理位置	中国西南部，贵州省北部，云贵高原东北部
高等院校	遵义医科大学、遵义师范学院、茅台学院、贵州航天职业技术学院等
市　　树	桂花树
市　　花	映山红

概览

遵义市古称“播州”，是贵州第二大城市、新兴工业城市和重要农产品生产基地，黔北政治经济文化中心，中国历史文化名城，国家“西电东送”能源基地之一。全市辖 3 个市辖区（红花岗区、汇川区、播州区）、7 个县（桐梓县、绥阳县、正安县、凤冈县、湄潭县、余庆县、习水县）、2 个自治县（道真仡佬族苗族自治县、务川仡佬族苗族自治县）、2 个县级市（赤水市、仁怀市）。这里是由黔入川的咽喉，黔北重镇。“遵义”其名出自《尚书》：“无偏无陂，遵王之义。”遵义市盛产好酒，尤其以生产世界三大名酒之一的贵州茅台酒而驰名中外。遵义是首批国家历史文化名城，国

家全域旅游示范区，拥有世界文化遗产海龙屯、世界自然遗产赤水丹霞。享有中国长寿之乡、中国厚朴之乡、中国金银花之乡、中国高品质绿茶产区、中国名茶之乡、中国吉他制造之乡等称号。曾获得国家森林城市、国家卫生城市、双拥模范城市、中国优秀旅游城市等多项殊荣。1935年，红军长征在这里转战三个多月，召开了著名的遵义会议，演绎了四渡赤水出奇兵的经典战例，毛泽东主席撰写了《忆秦娥·娄山关》的壮阔名作。

气候

遵义受季风影响特别显著，终年温凉湿润，冬无严寒，夏无酷暑，雨量充沛，日照充足。4—5月还较微凉，需穿薄外套护体，要特别注意保暖；夏季清凉着装即可；冬季也不太冷，穿毛衣加外套即可，同时要注意携带雨具。

地貌

遵义市处于云贵高原向湖南丘陵和四川盆地过渡的斜坡地带，地形起伏大，地貌类型复杂。全市山间平坝面积占7.4%，丘陵占30.7%，山地占61.9%。大娄山山脉自西南向东北横亘其间，是市内南北水系的分水岭，在地貌上把遵义市划分为两大片区，山北以中山峡谷为主，占全市总面积的62.4%，山高谷深，山地垂直差异明显，耕地比较分散；山南是贵州高原的主体之一，占全市总面积的37.6%，以低中山丘陵和宽谷盆地为主，一般耕地比较集中连片，是粮食、辣椒、油料等作物的主要产地。从乌江峡谷谷缘到大娄山脉，明显可见三级台地：最低一级海拔高度1000—1200米，中间一级1300—1350米，最高一级1500—1600米。全市海拔最低处在赤水市白云乡泥滩坝，海拔215米；最高处是大娄山山脉在境内的最高峰桐梓县北面狮溪镇漩凼，海拔2222米。

自然生态

遵义市森林覆盖率达60.48%（2018年），现有野生和常见的高等植物2009种，以亚热带常绿阔叶林为典型，具有植物区系南北过渡性和起源古老性的特点。野生动植物资源丰富，占全省稀有动植物资源总数的93.3%。其中，

银杉、桫椤、珙桐、金花茶、黑叶猴、白冠长尾雉等 83 种野生动植物被列为国家一、二级重点保护动植物。

交通

航空：遵义新舟国际机场（位于贵州省遵义市红花岗区新舟镇），为4C级民用运输机场，距离遵义市主城区东部 35 千米，是贵州省第二大机场，也是贵州最大的中型支线机场，现已开通了 50 多条国内、港澳台和国际航线 20 多个城市的航班。

遵义茅台机场（位于仁怀市茅台镇尧坝村和高大坪镇银水村交界处），距仁怀市区 16 千米、距遵义市区 54 千米，为4C级民用运输机场。拥有航线 22 条、通航城市 30 多个。

铁路：遵义市是昆筑北上和川渝南下之咽喉，是西南地区承接南北、连接东西、通江达海的重要交通枢纽，川黔铁路纵贯全境，交通十分便利。从北京、上海、杭州、广州、北海、昆明等城市开往成都和重庆方向的列车，都会在遵义停靠。

遵义西站（原名遵义火车站，位于红花岗区北京路 1 号），到市中心大约 10 分钟，主要停靠普快、普客列车。

遵义站（原遵义东站，遵义市红花岗区颜村镇），停靠 K、T 字头和普快列车。

遵义南站（遵义市播州区苟江镇苟江大道），停靠 G、D 字头列车。

此外，还有娄山关南站、桐梓北站、桐梓

南站等高铁动车站。

公路：已建成以红花岗区为中心的环城高速公路网，形成以中心城区红花岗区为圆心的“三小时交通圈”。境内有兰海、成遵、杭瑞、银百等国家高速公路网规划的高速公路过境，通向全省各地和省外。

遵义市城区的主要客运站有：遵义高铁客运站（红花岗区兴南大道与湘江大道交汇处）、遵义忠庄客运站（红花岗区海尔大道1号）、茅草铺客运站（汇川区深圳路42号）、遵义汽车总站（红花岗区326国道遵湄路口）等。

购物

酱香白酒、优质烤烟、红绿白茶、地道药材、特色食品是遵义市的“五张名片”。以茅台酒、董酒、习酒、珍酒、鸭溪窖酒为代表的贵州名酒大多汇聚于此；名茶也是数不胜数，如凤冈锌硒茶、湄潭翠芽、绥阳金银花茶、余庆苦丁茶、正安白茶、遵义红等。其他特产还有赤水金钗石斛、赤水乌骨鸡、茅贡米、绥阳土鸡、虾子辣椒、野木瓜、遵义朝天椒、朝天椒、空心面等。

遵义红花岗区有三条购物街较为出名。

步行街，一头靠近公园路，另一头是红旗路。这里有许多卖小商品和特产的小店。

丁字口，在遵义的市中心，交通便利，距遵义会议会址10分钟，人气超高，吃、喝、穿、戴样样齐全，是全市的商业、娱乐中心。

红军街，被称为“中国红色旅游第一街”，集观光、休闲、餐饮、娱乐、购物于一体，是购买遵义特产、品尝小吃的好去处。

饮食

黔北美食很多，是黔菜的重要组成部分，受川渝菜的影响而又别具风味，如醋羊肉、罐罐鸡、乌江鱼、糟辣脆皮鱼等。黔北小吃也遐迩闻名，如遵义豆花面、遵义羊肉粉、遵义鸡蛋糕、洋芋粑粑、仁怀三把鸡、合马羊肉、南白黄糕粑、刘二妈米皮、正安手工米皮、尚稽豆腐皮、绿豆粉、荞面条等。

活动节日

遵义市有汉族、土家族、彝族、白族、壮族、苗族、回族、仡佬族、布依族等世居民族，因此除传统节日外,还有苗族踩山节、砍火星节，仡佬族祭山节、吃新节、过仡佬年等。市内乡村旅游发达，农家乐遍布，春赏花采茶、夏玩水溯溪、秋摘果赏叶。冬天则是泡温泉的好时候，如红花岗海龙温泉、汇川温泉、仁怀盐津温泉、绥阳水晶温泉等。

景区景点

遵义市历史悠久，山川秀丽，风光独特，尤以山、水、林、洞为主要特色。目前，遵义市有世界自然遗产 1 个（赤水丹霞），世界文化遗产 1 个（海龙屯）；国家级风景名胜区 1 个（赤水风景名胜区）、省级 6 个（习水、娄山关、绥阳宽阔水、仁怀茅台、余庆大乌江、湄潭湄江）；国家级自然保护区 3 个（赤水桫椤国家级自然保护区、长江上游珍稀特有鱼类国家级自然保护区、习水中亚热带常绿阔叶林国家级自然保护区）；国家森林公园 4 个（九道水国家森林公园、竹海国家森林公园、燕子岩国家森林公园、凤凰山国家森林公园）、省级 4 个（习水飞鸽、中国杉王、遵义娄山关、大板水）；国家级地质公园 1 个（双河溶洞国家地质公园）。到 2019 年底，全市 A 级以上景区 43 个，其中国家 4A 级旅游景区 21 个（遵义会议会址、赤水大瀑布、燕子岩国家森林公园、四渡赤水纪念馆、中国丹霞谷、汇川区娄山关、湄潭“天下第一壶”茶文化、赤水竹海、余庆飞龙寨、水上大天门、赤水佛光岩、凤冈茶海之心、湄潭茶海生态园、务川仡佬文化、赤水四洞沟、绥阳双河洞、汇川海龙屯、桐梓杉坪、绥阳红果树、习水土城古镇、绥阳双门峡）。

图：秦刚

文：潘浩

万水千山只等闲——重走黔北长征路

里程用时： 全程 108 千米，4 天 3 夜。
线路特点： 重走长征路，观沿途人文风情。
累计上升： 3157 米。
累计下降： 4451 米。
海拔最高： 1309 米。
海拔最低： 330 米。
线路等级：
难　　度： ★☆☆☆☆（一星半）
强　　度： ★★★★☆（四星半）
刺 激 度： ★☆☆☆☆（一星半）
舒 适 度： ★★★☆☆（三星半）
享 受 度： ★★★☆☆
风　　光： ★★★☆☆（三星半）

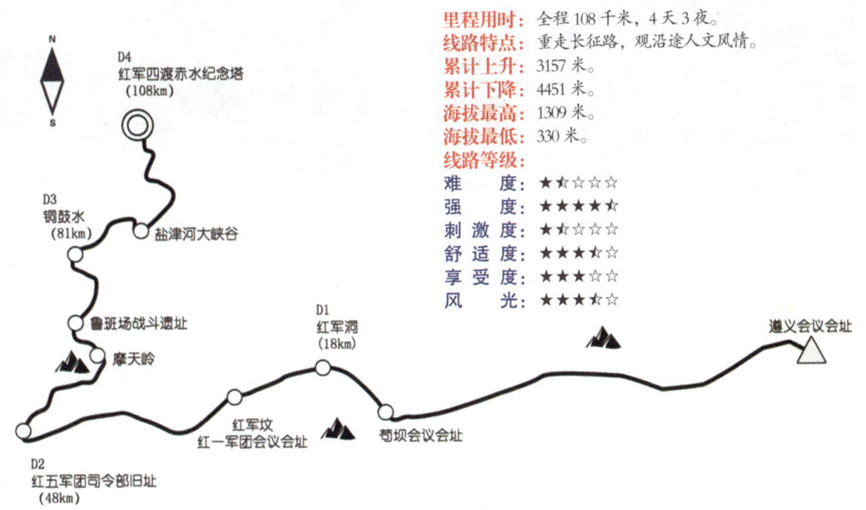

最佳线路： 遵义会议会址—苟坝会议会址—红军洞（扎营）—红军坟、红一军团会议会址—红五军团司令部旧址（扎营）—摩天岭—鲁班场战斗遗址—铜鼓水（扎营）—盐津河大峡谷—赤水河—红军四渡赤水纪念塔

基本情况： 长征，是洋溢着革命英雄主义和革命浪漫主义色彩的传奇，是中外历史上无与伦比的壮举，是人类排除万难、挑战生命极限的典范。遵义，是长征染红的热土，山有故事，河有传奇。无论是书写转折的红色小楼，还是千峰万仞的雄关险隘；无论是马灯照亮的山间小路，还是写下得意之笔的湍急河流和绵延群山，都熊熊燃烧着不灭的红色火种，矗立着一座座信仰丰碑……

活动内容： 徒步、穿越、露营、寻访红色印迹。

线路描述： 本线路是以红军转战遵义的路线设计，行程为四天三夜，全程除山道和古驿道外，还有新建步道和公路，技术难度不高，但对体力要求较高，属于中级徒步线路。

D1：从遵义会议会址出发，沿公路到达苟坝会议会址，然后在红军洞扎营。

D2：从红军洞出发走山道到达红军坟祭奠

先烈，考察红一军团会议会址，在红五军团司令部旧址扎营。

D3：从红五军团司令部旧址出发，攀登摩天岭，考察鲁班场战斗遗址，到铜鼓水扎营。

D4：从铜鼓水出发，到盐津河大峡谷看峡谷风光和怀阳洞，过赤水河，到红军四渡赤水纪念塔结束。

沿途景观：举世闻名的红军长征，是中国革命伟大历程中的壮丽诗篇之一，其中的“四渡赤水”之战被誉为毛泽东军事思想指挥艺术的得意之作。这条线路重温这段历史，体味红军“在路上”的艰难，因此既是长征文化的体验与感悟，也是长征精神的学习与升华。

遵义会议会址——位于红花岗区老城红旗路（原子尹路）80号，是全国重点文物保护单位和爱国主义教育基地。会址原系国民党二十五军第二师师长柏辉章的私邸。建于20世纪30年代初，建筑为砖木结构、中西合璧的两层楼房。楼层走廊上，可以眺望四围苍翠挺拔的群山，指点昔日红军二占遵义时与敌军鏖战地红花岗、插旗山、玉屏山、凤凰山诸峰。1935年1月初，中国工农红军第一方面军长征到达遵义后，中华苏维埃共和国中央革命军事委员会总司令部与一局即驻在这幢楼房里。1月15日至17日，在这里举行了中共中央政治局扩大会议，会议通过了关于反对敌人五次“围剿”的总结决议，史称“遵义会议”。会议开始确立实际以毛泽东为代表的马克思列宁主义

的正确路线在中共中央的领导地位，挽救了党、挽救了红军、挽救了中国革命，是中国共产党历史上一个生死攸关的转折点，是中国共产党历史上的一个重要里程碑。这次会议的成功召开，使得遵义和延安成为中国两个重要的革命圣地，遵义市也因此被列为第一批国家历史文化名城。在遵义期间，中央军委的负责人周恩来、朱德、刘伯承、彭德怀等都住在楼内。红军总政治部设在老城杨柳街天主堂，它是一座罗马式建筑，32 根圆柱支撑着伞状拱顶。毛泽东等住在新城易家公馆。红军总政治部旧址及毛泽东住处均已列入遵义会议会址的保护范围。“遵义会议”会址周边，还分布有红军烈士陵园、中华苏维埃银行旧址等革命历史纪念地。

苟坝会议会址——位于播州区枫香镇苟坝村马鬃岭山脚，是一座传统的黔北农家四合院。1935 年 3 月 10—12 日，中共中央政治局继遵义会议之后在此举行了一次政治局扩大会议，会议成立了周恩来、毛泽东、王稼祥组成的三人团（亦称“三人军事小组”），代表中央政治局全权指挥军事，完成了遵义会议改变党中央最高军事领导机构的任务，进一步确立和巩固了毛泽东同志在党中央和红军中的领导地位。苟坝会议是遵义会议的继续，为遵义会议的议题画上了圆满的句号。苟坝内有很多的革命历史遗迹：苟坝会议会址（新房子），红军医院（黑神庙），周恩来、朱德旧居（长五间），苟坝老街（苟坝抗捐委员会旧址），水口寺（红

军警戒岗哨），马鬃岭红九军团司令部驻地，红军烈士墓，红军标语等。此外，这里还有全国乡村旅游重点村、脱贫攻坚和新农村建设典范花茂村。

红军洞——位于播州区平正仡佬族乡黑脚岩。1935 年 3 月 13 日，当时的平安乡乡长牟直卿将红一军团先遣队 20 多名红军救入洞中，躲过了敌军追杀。

长岗镇——是仁怀市的南大门。1935 年 3 月，红军在这里开展革命宣传活动，留下了毛泽东住居、马店会议会址、红军医院遗址等三处全国重点文物保护单位和红一军团干部会议会址、红军坟等红色遗迹。

红五军团司令部旧址——位于仁怀市五马镇大竹坝。当年参加鲁班场战斗的红军三大主力军团之一的红五军团，在大竹坝住了两夜，红五军团司令部就设在大竹坝母家祠堂。

摩天岭——位于仁怀市南部，海拔 1432 米。

1935年3月14日红五军团由井坝经永安寺翻越摩天岭大山，于清晨占领鲁班场东南的分水岭。15日10时，红军由此发起了对鲁班场守敌周浑元部的猛烈进攻。

鲁班场战斗遗址——位于仁怀市南部门户鲁班镇，鲁班镇原名鲁班场，因上场口的山脚下有个鲁班洞而得名。鲁班场是旧时茅台通往打鼓新场运盐古道的必经之地，地形既有峡谷，又有丘陵。1935年3月15日，红军为顺利三渡赤水河，跳出敌人的包围圈，实现战略转移，主动进攻鲁班场。战斗从早上开始一直打到15日夜间，打得非常激烈，双方伤亡惨重，489名红军战士壮烈牺牲，史称“鲁班场战斗”。中央军委根据战斗情形和敌援军将至的态势，随机应变，决定于3月16日凌晨撤出战斗，分三路向茅台进发，一路经观音场（现名冠英场）、盐津河、梅子坳到茅台；一路经乡村坝、铜鼓水、赵家坝到茅台；一路经枇杷湾、怀阳洞、岩栈

口、两路口进入仁怀经三百梯到茅台。鲁班场战斗是红军四渡赤水中的一次重要战斗，中央红军主力一、三、五、九军团全部都投入了战斗，成功地将国民党军主力引向赤水河以西地区，使中央红军顺利掉头往东第三次从茅台渡河创造了有利条件，为三渡赤水河争取了时间，粉碎敌人重兵的围追堵截，取得战略转移的伟大胜利。现遗址有鲁班场战斗指挥所、鲁班场红军战斗遗址雕塑、鲁班场烈士陵园等。

盐津河大峡谷——位于仁怀市盐津河，由怀阳溶洞群及斑鸠岩峡谷两部分组成。这里崇山峻岭跌宕起伏，多处断裂切割成峡谷崖壁，幽深险峻的自然景观遍布，风化溶蚀而成的岩溶洞穴众多，也是明清时盐粮古驿道经过之地。1935 年 3 月 16 日凌晨，红军一、三、五军团奉命撤出鲁班场战斗，按照军委部署，分三路向茅台疾进，其中一路由观音场经盐津河、梅子坳到茅台，配合其他军团三渡赤水。

红军四渡赤水纪念塔——位于仁怀市茅台镇朱砂堡。1935 年 3 月 16 日，红军先头部队由此第三次胜利渡过赤水河。纪念塔高 25000 毫米，寓意红军二万五千里长征；塔身由四片形似浪柱的建筑依序错落而成，凸显四渡赤水的主题。此塔作为红军四渡赤水战役旧址的重要组成部分，被列为全国重点文物保护单位。

徒步沿途，还有平正仡佬风情园、火烧坡红军标语、硝厂桥峡谷、茅台酒厂、赤水河红军长征过茅台陈列馆、茅台渡口纪念碑等许多景区景点。

建议提醒：准备睡袋、徒步鞋（防水）、背包、登山杖、雪套、护膝、雨衣、水杯、头灯、魔术头巾、速干长袖 T 恤、防刺手套、袜子等徒步装备。夏秋季准备驱蚊、防晒物品。

徒步过程中，脚掌可能会起泡、磨破，此时不要挑破水泡以防感染。此外，膝盖和腿部会承受一定的压力，因此膝盖有伤病的请自行准备护膝，护膝连续使用 30 分钟左右需要放松护膝，让血液保持正常循环流动。

每日出发前，备足饮用水，徒步过程中，注意补充水分、盐分、糖分。切忌过量饮水，否则会给心脏增加负担。

徒步过程中，有山地、峡谷、溪流、丛林等路段，如果遇上下雨，道路湿滑，注意安全行走。

图：刘德虎 / 潘浩
文：刘德虎 / 刘祥红

重关叠嶂终难恃——从大板水到海龙屯

里程用时： 全程约 23 千米，14 小时左右。
线路特点： 黔北自然风光、播州土司文化。
累计上升： 638 米。
累计下降： 737 米。
海拔最高： 1722 米
海拔最低： 884 米

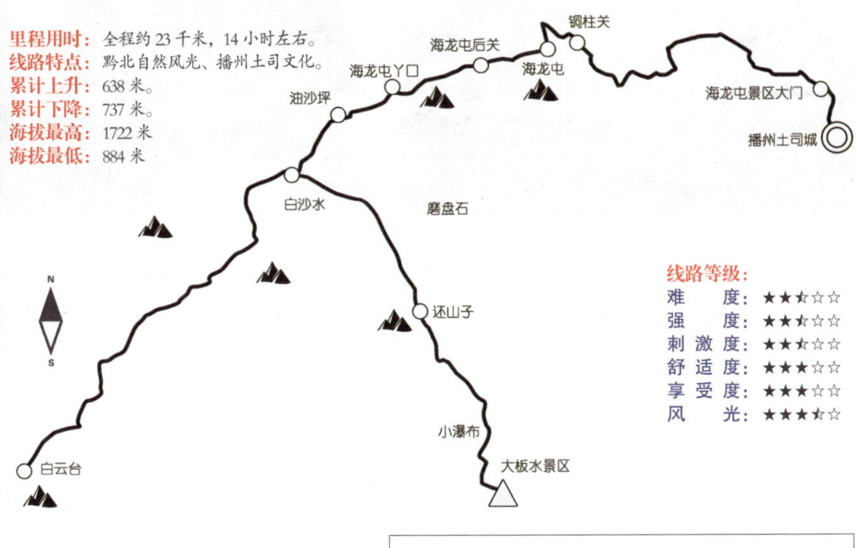

线路等级：
难　　度：★★☆☆☆
强　　度：★★☆☆☆
刺 激 度：★★☆☆☆
舒 适 度：★★★☆☆
享 受 度：★★★☆☆
风　　光：★★★☆☆

最佳线路： 大板水景区公路—还山子—磨盘石—白云台—磨盘石—白沙水（露营）—海龙屯后关—海龙屯景区—海龙屯古城景区大门

基本情况： 大板水国家森林公园是贯穿红花岗区的湘江河源头，堪称“红色遵义”的绿色生态屏障。公园面积达 3132 公顷，地形地貌多样。最低处为玛瑙岩水库，海拔 915 米；最高峰为白云台，海拔 1722 米；森林覆盖率达 90.2%。这里林海茫茫，以连片的天然次生常绿落叶阔叶混交林为主，是贵州北部保存最为完好、面积最大的天然次生林之一。中世纪军事古城堡海龙屯与大板水一岭相连。大板水现存的土司遗迹和传说都与海龙屯有着千丝万缕

的关系，如“校场坝”“关口”“登鞍堡”等。

雄踞在巍峨的大娄山东部支脉龙岩山上的海龙屯，是宋、元、明时期西南播州杨氏土司文化的重要遗存，是中国古代土司制度鼎盛时期的产物。明朝万历二十七年（1599 年），杨应龙举兵反明，被朝廷大军于次年攻破海龙屯，平定播州（今贵州遵义至黔南州北部），历时 114 天，史称“平播之役”。如今，该遗址见证了那段血雨腥风的历史，为贵州境内目前仅见的一处大型军事建筑与宫殿建筑合二为一的遗址，也是当今中国乃至亚洲历史最久、规模最大、保存最完整的中世纪城堡遗址。2001 年，海龙屯遗址晋升为全国重点文物保护单位；2012 年，入选“中国十大考古新发现”；2015 年 7 月 4 日，在第 39 届世界遗产大会上同湖南永顺老司城、湖北唐崖土司城遗址列入《世界遗产名录》。这座沉睡 700 多年的土司古城堡，才受到世人关注。

活动内容：徒步、登山、穿越、生态考察、文化遗迹考察。

路线描述：这是一条被绿色植物覆盖的中级历史文化和自然生态考察徒步路线，四季

可行，除了有许多历史文化遗迹外，可以春季踏青、夏日避暑、秋赏红叶、冬观雪景，技术难度不高，适合初级以上徒步者，但需要一定体力。行程建议两天一夜，可尽情感受大自然和黔北文化的魅力。

D1：进入大板水景区大门，乘景区电瓶车到终点，沿景区小路徒步行进到一小瀑布处，从此处右拐上山，过还山子，踏上已经废弃的环山路，往右可到磨盘石，走左边分路行走约4千米登白云台，从白云台返回磨盘石下面的白沙水露营。

D2：从白沙水穿行约4千米的林区，到达海龙屯后关，然后走景区步道进入海龙屯。感受当年这一古军事城堡内复杂的建筑和雄伟气势。如遇花开季节，山顶到处是盛开的杜鹃花，十分迷人。下山时，有两条路可选择。一条是循海龙屯的石阶道路下山出景区；另一条从绣花楼遗址处走小道前往观赏腰带岩瀑布，从那里徒步经农家下到海龙屯景区大门，再乘车返回市区。

沿途景观：此线分为大板水和海龙屯两大景区板块，自然景观和文化景观丰富多彩。

大板水国家森林公园——由四大景区组成：包括大板水森林游览区、聚仙洞地质景观区、玛瑙湖山水景区、金鼎山佛教文化观光区，共计68处自然和人文景点，它是贵州森林公园中景观类型最多的公园之一。沿着蜿蜒的山路进入大板水，绵延的山脉、清新的空气、清澈的溪水、秀丽的瀑布、活泼的动物、庄重的寺庙，都是这座森林公园带给人们的美丽风景。

杜鹃花海——大板水野生杜鹃资源丰富，白云台至瞭望台一带，映山红、马缨花、长蕊杜鹃、腺萼杜鹃等各种杜鹃10余种成片分布，路边、山坡、崖畔到处都有杜鹃花林。每年春夏时节，各色杜鹃次第绽放，漫山铺彩，形成绚丽壮观的花海景观。

仙人水瀑布——位于两岔河三叠水瀑布上游500米处，清澈的山溪水从横山子悬崖与绿林间喷吐而出，飞流而下，落差达20米，宽约4米。瀑布四季长流，有如玉带，壮丽秀美。

三叠水——位于两岔河两溪交汇处上游不远，此瀑布上有碧潭，瀑高近6米、宽2米，落差虽不大，但夏季水量丰沛时，水石相激，溅珠吐玉，声如雷鸣。瀑水凉爽洁净，夏季这里是玩水的好去处。

云海——在海拔1722米的白云台上，春、夏两季，每当雨后初晴的黎明，可以观赏茫茫云海，群峰沟谷中烟从谷生，雾由洞出，挟山风飞腾，幻化成天宫美景。

海龙屯——中世纪军事古城堡海龙屯原名“海龙囤”，位于汇川区高坪镇海龙屯村双龙村民组境内的龙岩山上，是著名的“平播之役”

的主战场，见证了杨氏家族统领下的播州辉煌与覆灭。始建于唐朝，扩建于南宋及明朝，之后焚毁于明朝万历年间。屯上最高海拔1354米，屯下海拔974米，相对高差300—400米左右。屯顶平阔，面积约1.59平方千米。居群山之巅，北、东、南三面临湘江河之主源“白沙水”，全是绝壁，仅东南面一条小道通往山顶。海龙屯地势险峻，自下而上，依次耸立着铜柱关、铁柱关、飞虎关、飞龙关、朝天关、飞凤关六关；屯后自西而东，后关、西关和万安关次第排列。九关之间，都有护墙相连，随山势绵延十余里，别有一番气象。明朝万历二十四年（公元1596年），杨氏二十九代土司、骠骑将军、播州宣慰使杨应龙重修海龙屯，使这座建于南宋的播州军事古城堡达到极盛时期，愈加雄险壮丽，成为中国军事堡垒建筑史上成就最高的代表性杰作之一。万历二十八年（公元1600年），明朝廷调八省24万军队分八路发动“万历三大征”之一“平播之役”。杨应龙恃险节节抵抗，播州各地关隘相继失守，杨应龙带领1.7万人马退守海龙囤，各路官军倾全力围而攻之。苦战114天后，官军终于爬上“后关”，攻占了这座“坚不可摧”的军事要塞，龙岩囤被焚毁。“平播之役”后，龙岩囤易名曰“海龙囤”，意为“龙困于海，不能再兴云覆雨”。播州从此“改土归流”，分为两府，一曰平越府，划给新建的贵州省；一曰遵义府，隶属当时的四川省。海龙屯是中国唐宋羁縻之制和元明土司制度的产物，见证了古代中国少数民族政策由羁縻制度到土司制度再到“改土归流”制度的演变。

飞虎关与天梯——飞虎关是海龙屯的第二层关隘，是屯上最令人生畏的险关，亦称“吊桥关”。此关坐落于半山岩口，海拔1172米，利用半崖上的天然石壕凿为城门和吊桥，城门后，有开凿于岩壁上的秘密军事通道，直达“飞龙关”。“飞虎关”向山下有三十六级天梯，每级石质阶梯约55—80厘米高，长55米，坡度为45度，中间踏步宽2.7米，两侧护墙各宽0.8米，因台阶的平面向下倾斜，攀爬难度较大，普通人要非常费力才能上一级。整个天梯建在陡峭的山梁上，是上下屯必经的唯一通道。飞凤关与朝天关、飞龙关连成一体，占据最高位置，构成了海龙屯的前沿军事体系。站在天梯顶端的飞虎关垛口上，俯视四周，有“一夫当关，万夫莫开”之感。

老王宫——宋代衙署建筑群遗址，由南宋播州第25代土司杨文建造，又称“老王宫”建筑群遗址。分布在屯顶靠南侧的山梁上，坐南向北，依山退台而建，布局松散，无严格中轴线，为跌落式建筑群，层次丰富。占地约2.5万平方米，现存台基6处、柱顶石2个、垂带石踏步2处，其余遗存多被淤泥和土石所淹没。1999年考古时曾清理约10平方米，出土陶瓷器、瓦当、滴水、龙吻、板瓦、铁件等遗物。

新王宫——新王宫是土司在“平播之役”时的政治中心，具有衙署的功能，兼具休闲、憩息、生活等功能，有殿宇、宫室、厅堂、亭、阁、池、仓库、营房等，飞凤关上“严禁碑”中所说的“总管厅”就位于此。新王宫总面积达2万余平方米，建筑群以东面进口多级垂带踏道为中轴线，呈两翼展布，由下至上，五重平台，天井贯通。现保存的殿宇石基台宏大坚固，最大的面阔50米，石柱基础直径达0.5米，主要建筑室内铺40厘米见方素面青砖，天井以石板铺砌，做工精美；两侧有石墙围合，长504米，其所围合的建筑面积达1.8万平方米，建筑格

局大体可分中、西、东三路；中路是土司处理政务的场所，自前而后依次为大门、仪门、庭院、大堂、二堂。大门左右各 3 根立柱，两侧为八字挡墙，外围为围墙；中央为天井，天井的中央有凸起的甬道，两端有踏步相连。大堂、二堂为五开间，与土司“从三品”的身份相符。

海潮寺——“平播之役”后，遵义兵备道傅光宅为超度战死者的亡魂，以佛镇山，于明万历二十九年（公元 1601 年）在烧毁的废墟上所建。现存者为民国时期建筑，建筑样式为“一口井”（四合院），即由上殿、下殿、左右厢房四面围合，中有天井。

绣花楼遗址——位于屯南城墙外山口下方，是一座秀丽的小山，山顶为平地，占地约 40 平方米，传说杨氏大小姐常在此绣花，与对面山中的情郎对歌谈情，排遣寂寞。传说明军破屯前夕，杨氏二小姐于此纵崖殉情。

此外，海龙屯内的遗址值得一看的遗址很多，还有铜柱关、铁柱关、歇马台、天梯、飞虎关、龙虎大道、飞龙关、朝天关、飞凤关、水井、点将台、校场坝、兵营遗址、万安关、二道关（西关）、头道关（后关）等。

沿途生物：此线周边有木本植物 109 科 407 种，其中国家级保护树木 18 种，尤其以大面积的天然南方红豆杉群落而闻名；野生动物 108 种，其中国家级保护动物 21 种，常见猕猴及竹叶青等蛇类。

建议提醒：本线路如果不上白云台，可以改为一天行程线路。

线路上蛇类较多，夏天行走在草深的小径，最好用登山杖一路打草惊蛇，避免意外。

海龙屯天梯阶梯较高，对老年人和孩子攀登有很大难度。需量力而行。山顶有农家乐可住宿吃饭，但晚上温度较低，需要添衣防寒。

图：邓宏宇 / 潘浩

文：潘浩 / 李朝林

雄关漫道真如铁——登娄山关

里程用时： 全程约 15 千米，6 小时左右。
线路特点： 观历史遗迹，温长征历史。
累计上升： 472 米。
累计下降： 455 米。
海拔最高： 1576 米。
海拔最低： 1104 米。

线路等级：
难　　度：★⯪☆☆☆
强　　度：★★⯪☆☆
刺 激 度：★★☆☆☆
舒 适 度：★★☆☆☆
享 受 度：★★★☆☆
风　　光：★★★☆☆

最佳线路： 楠木厂—娄山关景区—大尖山战斗遗址—关脚—纸厂沟—娄关村

基本情况： 娄山关原名“娄关”，亦称“太平关”，又被称为“黔北第一关”，位于遵义市汇川区、桐梓县交界处，是大娄山脉的主峰。

娄山关主峰海拔 1576 米，关口海拔 1226 米。千峰万仞、重峦叠嶂中，川黔公路盘旋而过。由于这里北距巴蜀，南扼黔桂，为黔北咽喉，

历来为兵家必争之地。自唐宋以来，战事频繁，烽火不断。明代万历年间的“平播之役”到清咸同年间的黔北农民起义，此关都是双方争夺的焦点。但影响最大的，当数 1935 年 1 月上旬和 2 月下旬中国工农红军第一方面军与黔军两次鏖战并攻取娄山关。第一次娄山关战斗保证了遵义会议的顺利召开，第二次战斗保证了遵义战役的胜利。娄山关激战与遵义战役的胜利，是长征以来由毛泽东指挥的发挥红军运动战优势所取得的首次大捷，使红军摆脱了被动地位，粉碎了蒋介石企图在川、滇、黔三省全歼红军的梦想。第二次娄山关大捷后，毛泽东主席写下了慷慨激昂的《忆秦娥·娄山关》。遵义战役后，红军又三渡赤水，四渡赤水，兵临贵阳，西进云南，巧渡金沙江，冲出绝境，实现了北上会师的伟大战略计划。今天，娄山关已经名闻天下，成为长征文化、红色文化的纪念地。

活动内容：徒步、登山、长征文化考察。

路线描述：中央红军第一次娄山关战斗时，采取了一路沿公路正面强攻、一路绕小道偷袭娄山关的战术。本线路以当年红军攻打娄山关走的小道进行路线设计，技术难度不高，为徒步初级线路。

在板桥镇乘车走简易道路到达楠木厂下车后，从娄山关背后徒步走小路攀爬娄山关山顶，路程约12.5千米，用时4小时。这条线几乎全是在密林中行走，山路崎岖险峻，可以感受当年红军战士攻打娄山关的艰苦。进入娄山关景区后沿着景区线路到娄关村即可。

沿途景观：本线是一条经典的长征文化线路，登上关顶，能更深刻地缅怀先烈英勇鏖战的场景，感受《忆秦娥·娄山关》的诗词意境。

红军战斗陈列馆——以文物和照片、战斗沙盘及多媒体等展陈方式，还原了1935年中国工农红军在娄山关战斗的恢弘历史。

百丈梯——梯名源于《忆秦娥·娄山关》词句“而今迈步从头越”。台阶自陈列馆起至大小尖山登山步道入口处，上下高差80米，共365步，寓意每一天都是崭新的，激励人们走好今天的长征路。石阶两侧以雕塑、浮雕背景墙等方式，展现在娄山关发生的一系列战役。

西风台——位于娄山关的主峰笋子山，是娄山关的制高点，也是观赏“苍山如海，残阳如血”景象的最佳地。现铸有伟人指挥战斗铜像。

小尖山战斗遗迹——1935年的娄山关战斗

中，红军以此为阵地，多次击溃了敌军反扑。山顶至今尚存用毛石砌成的圆形堡垒。

长空桥——为铁索木板桥，桥名源于《忆秦娥·娄山关》词句“长空雁叫霜晨月”，该桥长 100 米、宽 5 米，长桥似凌空虹桥，将大尖山和小尖山间的景观连接起来。

诗词碑——位于关口东侧山崖，是一块巨大的毛泽东主席《忆秦娥·娄山关》手迹石碑。该石碑建于 1973 年，全长 25 米，象征红军二万五千里长征，通高 13.55 米。石碑由 396 块云南大理石镶嵌而成，最大的字有 3 米多高，字若游龙，气势非凡。

红军战斗纪念碑——位于娄山关口西侧山垭。1966 年建造，碑高 11 米，碑座宽 6 米，南侧为大理石贴面，横刻原国防部长张爱萍手书“遵义战役牺牲的红军烈士永垂不朽”15 个行草大字。

建议提醒：从楠木厂上山后约 1.5 千米处右边有一农家可以补充饮水（该路段只有这一处农家），然后一路进入丛林攀爬。虽有岔路，但主线明显，不走明显比主线小的路就基本不会走错。

娄山关海拔较高，山路崎岖险峻，注意防滑防摔。山顶山地气候明显，早晚温差大，有时山脚艳阳高照，只需要穿短袖；而山顶却可能淫雨霏霏，需要穿夹衣御寒。

图：谢吉君 / 秦刚 / 邓宏宇

文：李朝林

丹霞盐道觅遗踪——南天门穿越

N
S
马鹿河瀑布群
马鹿坝
马鹿村（扎营）
元厚镇
徒步起点
九角洞
九角村
南天门
洞坪上
胜利村

里程用时： 全程约 21 千米，15 小时左右。
线路特点： 看青山绿水，赏丹霞石壁，览飞瀑急流，走沧桑古盐道……
累计上升： 996 米。
累计下降： 902 米。
海拔最高： 1250 米。
海拔最低： 654 米。
线路等级：
难　　度： ★★★⯪☆
强　　度： ★★★⯪☆
刺 激 度： ★★★★☆
舒 适 度： ★★★☆☆
享 受 度： ★★★☆☆
风　　光： ★★★★★

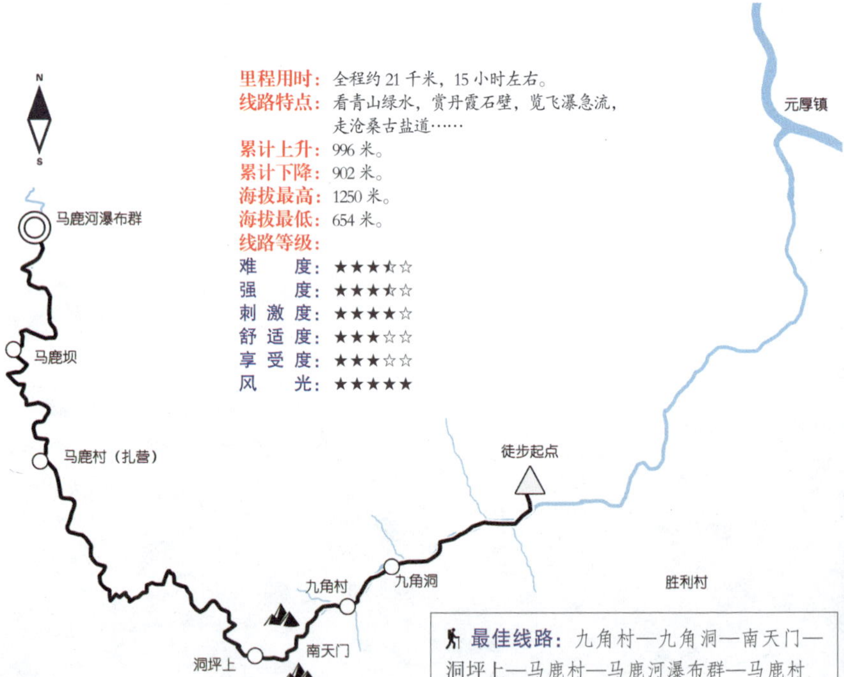

最佳线路： 九角村—九角洞—南天门—洞坪上—马鹿村—马鹿河瀑布群—马鹿村

基本情况： 赤水市地处贵州省西北部，有“竹子之乡”“千瀑之乡”“桫椤王国”“丹霞之冠”的美誉。此线位于赤水市东南部的元厚镇和市境西南部的两河口镇交界处。线路周边丹霞地貌十分典型，这里森林覆盖率高达 90% 以上，随处可见拔地而起的丹峰、悬崖、怪石。

1935 年 1 月 28 日，遵义会议之后的中央红军撤出土城战斗后，在土城、元厚、丙安一渡赤水河向四川省叙永、古蔺地区西进。29 日至 31 日红军（一军团、九军团）战士经丙安沟、泥河、陛诏、九角洞在马鹿坝汇合，从十二殿到龙爪坝、香楠坝。其间，红一军团在泥河老房子召开了赤水境内唯一一次军事会议。

红军第二次强渡赤水，分兵二路，一路走习水棕桶坝穿越漏仓沟到赤水马鹿坝；另一路在椅子湾渡河穿越荒无人烟的几十千米地段，在马鹿坝会师后强渡赤水。

活动内容：徒步、穿越、溯溪、登山、古盐道、长征文化考察。

路线描述：这条徒步线为旧时川盐入黔的古道，当年中央红军其中一路长征四渡赤水时走过，如今鲜有人涉足。道路有很多上下垂直的陡坡，对技术和体力要求较高，属高级徒步线路。建议行程两天一夜。

D1：在元厚站下高速后到元厚镇，租车朝九角村方向行进约 16 千米，到达九角村后徒步攀爬九角洞到南天门，需用时约 5 小时，来到洞坪上后到达马鹿村扎营。

D2：从马鹿村出发去马鹿坝，徒步瀑布群，需用时 5—6 个小时，返回马鹿村，乘车返回两河口镇。

沿途景观：此线以丹霞地貌上的人文景观和自然景观为主，有很多看点。

古盐道——贵州不产食盐，民国以前，食盐多为四川生产的井盐。人们用人背马驮的方式，从四川自贡经叙永过赤水河走这条古盐道运输供应贵州全省各地。直到抗日战争时期，直达重庆的滇缅公路建成后，人背马驮的运输方式才被马车、汽车所代替。因此，赤水历史上就是川盐入黔的重要口岸。随着公路建设的加快，原来的盐道渐渐荒弃。这条古盐道沿途的丹霞地貌景色绝美，时而在竹林中石阶路上穿行，时而跨过一道道红色砂岩条石垒成的石梯坎，时而又在石壁上一级级精细雕琢、窄而险的石梯坎上攀援。这些红色砂岩上长满了淡

黄、苍绿的苔藓、杂草、枯藤和灌木，放眼望去，满满的岁月沧桑。部分在丹霞岩壁上开凿的梯坎坡度多达60度以上，需佝偻着腰身，手脚并用，在气喘吁吁中一步步费力地上下攀登。遥望高处的垭口，心中唯一的念想就是一步步地数着，祈望登上那个垭口就可痛快地歇息。力尽气竭地爬上曾经遥望中的垭口时，放眼望去，前面又是一个又一个数不清的山峰，意味着还有无数的垭口需要翻越。可想而知，当年穿行于此的商贾和脚夫们是如何的艰辛。

竹海——从洞坪上到马鹿村，满山遍野的楠竹林，遮天蔽日，茫茫无际。这里，除了竹，还是竹。连绵成片的竹林随风摇摆着节奏，轻轻曼舞，沙沙作响，似呢喃，似私语。沿着前人修筑的古驿道行走，竹香袭面，清气流身，两旁的翠竹一排排，一行行，绵延无界。晶莹的珠露沿着竹身缓缓地顺势而下，汇流地面；环顾四周，丝丝青幔，层层帷挂，身已被竹所拥抱，心亦被这片竹林所掳获。

南天门——丹霞石壁在一片碧绿苍翠中突兀而立。上山的路径，或是用精心锉凿的石条铺设；或是在陡立石壁上凿出一级级的石坎当梯子，石壁上还专门雕琢出一个个手窝，便于人上下时用手抓入借力防滑。在这每级石阶高30多厘米、坡度近70度的天梯上奋力向上攀登，需撑着石壁，抓住石窝，全身用力，手脚使劲才能上去。待气息喘定，循序操作，再次移动。在勉力挪移，步步喘息中，从一处由山顶倾泻而下的瀑布里穿过后，终于能遥望到山顶的蓝天白云。登上了南天门，就到达了一个叫“洞坪上”的小村子。

马鹿村——坐落在赤水市两河口乡的东南部。这里风景优美，群山起伏，造就了马鹿、泥河、老岩三条沟壑。传说古时马鹿沟有一种大型鹿类名叫“马鹿”，体形似马，故人们把这条海拔高而地势平的山沟称作“马鹿坝”，旁边的马鹿村也因此得名。马鹿村有6个小坝子，分别取名为桃子坝、竹林坝、包谷坝、山王坝、庙坝和碓窝坝。

马鹿红军烈士墓——一渡赤水时，在马鹿村境内有三名红军战士牺牲，两名战士墓地在泥河，一名墓地在马鹿余家河坝。

马鹿坝会议会址——中央红军红一军团在

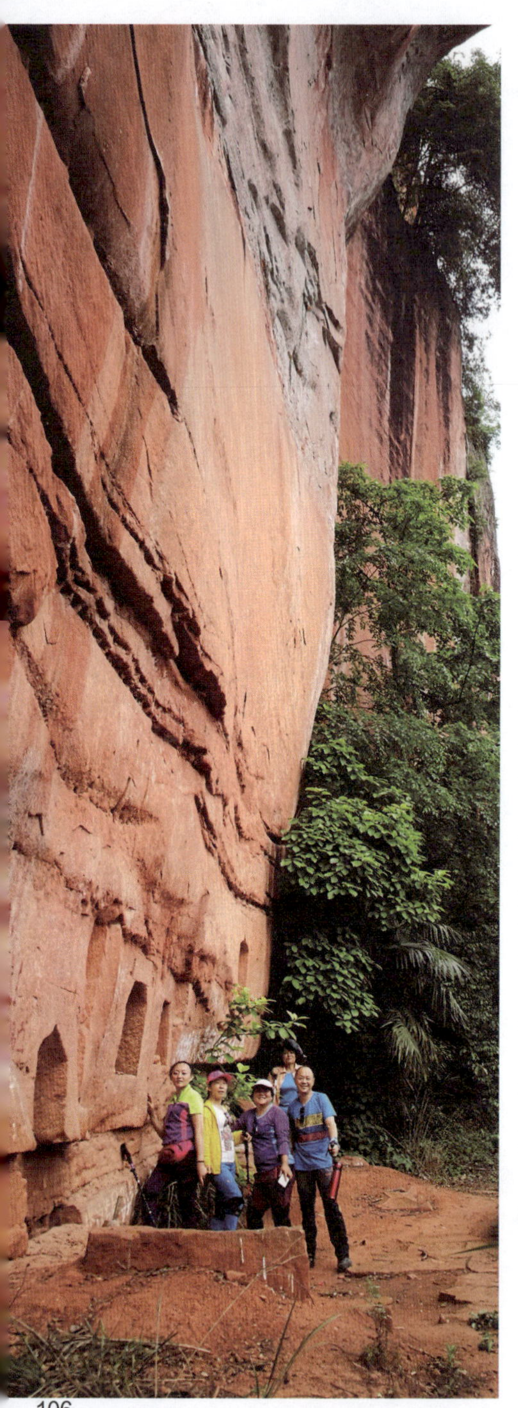

泥河老房子召开了赤水境内唯一的一次军事会议，在召开会议屋子周边的墙壁、岩壁上留下“红军是工农自己的军队”“打土豪分田地”等 7 条红军宣传标语。

马鹿河瀑布群——又称“狮子岩瀑布群”，位于两河口乡马鹿村长约 5 千米的马鹿河峡谷中，是一个由 12 个密集分布、多姿多彩的大型梯级瀑布群。峡谷森林植被为亚热带常绿阔叶原始森林生态系统，到处可见丹霞红岩、奇花异木、怪石险峰；马鹿河在峡谷中丹霞岩石上蜿蜒跌宕地流泻，塑造出一个个美轮美奂的石滩和河谷，形成了十二级婀娜多姿的瀑布群和亚热带常绿阔叶林、跌水、流泉、水潭交织的水体景观。其中的 12 个瀑布，相距最近的仅 10 余米，相距最远的不过 500 米左右，落差最高的约有 60 米，最矮的也有 2 米多高。不过，越往下走，瀑布越壮观，但道路也越难走，很多地方为上下垂直的陡坡，可沿着当地群众制作的简易木梯攀爬。

离线路不远的元厚镇附近有元厚红军渡口、天恩桥功德碑、陛诏修河碑、红军标语、石梅寺等人文景点，还有五柱峰、石林、龙凤岩等自然风光。两河口镇境内有国家 4A 级风景名胜区、“赤水丹霞”申报世界自然遗产的核心组成部分之一的十丈洞大瀑布和燕子岩森林公园。

沿途生物：区域内随处可见桫椤、桢楠、鹅掌楸、小金花茶等珍稀植物。据当地村民称，苏门羚、红腹锦鸡、猕猴、野猪等野生动物也时常出没。

沿途美食：蒸腊肉、冷水鱼火锅、盐海椒、手工豆腐、龙爪肉丝等。

建议提醒：此线道路湿滑、泥泞难行，徒步强度和难度都很大，需要强健的体魄和耐力。此外，在石梯石壁石坎上行走，由于长有青苔十分滑溜，需要注意防滑。在一些陡峭的山岩石梯上攀登时，一边往往是万丈深渊，更要十分小心。

图：李朝林 / 史卫义
文：李朝林

藏在深山人未识——穿行油桐溪大地缝

里程用时： 全程约 28 千米，两天一夜。
线路特点： 罕见的喀斯特地貌奇观。
累计上升： 358 米。
累计下降： 1028 米。
海拔最高： 1382 米。
海拔最低： 616 米。

线路等级：
难　　度：★★★★⯪
强　　度：★★★★★
刺 激 度：★★★★☆
舒 适 度：★☆☆☆☆
享 受 度：★★☆☆☆
风　　光：★★★★★

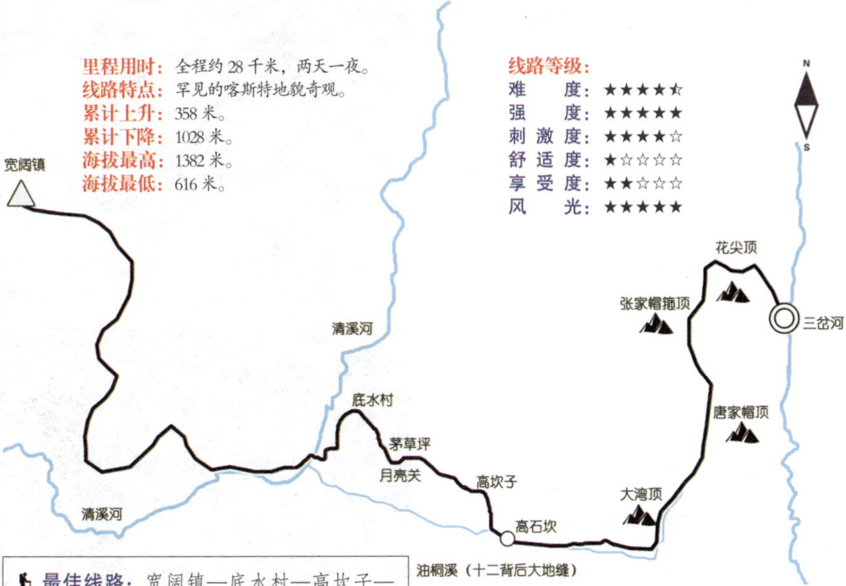

宽阔镇
清溪河
底水村
茅草坪
月亮关
高坎子
高石坎
清溪河
油桐溪（十二背后大地缝）
大湾顶
唐家帽顶
张家帽箍顶
花尖顶
三岔河
N
S

最佳线路： 宽阔镇—底水村—高坎子—马夹岩峡谷—营盘—出口—茅草坪村

基本情况： 油桐溪大地缝是一个潜藏于山野中却长期无人敢接近的惊世奇观，位于绥阳县宽阔镇红河村底水村民组，是一个典型的地质大裂缝。这里东依宽阔水国家级自然保护区、北临茅垭镇、西邻枧坝镇、南靠宽阔镇。该地缝从底水河谷沿油桐溪东西向形成，目前已探索的地缝长约 13 千米，宽 1.5 米至 6 米，裂缝两岸高峰对峙，峡谷幽深狭长，溪水清澈见底，号称“中国第一大地缝”，又被称为“中国旅游的最后一把匕首”。

油桐溪大地缝在当地被称为“十二背后”，这个奇怪的称谓在当地流传着很多版本，至今没有一个真正合理的解释，有人说那里有十二条岔道，有人说有十二口深潭，还有人说这条深沟转了十二道弯；有人更解释“十二背后”含义：十二合在一起就是一个王字，王的背后，寓意为隐秘的风景之王……这些解释实际上都是人们的一种猜测，因为过去没有人全程穿越过。有人说这是一条绝路，根本不可能走通；

也有人说根本就没有人敢进去；甚至有人说进去的人从来就没有出来过。在当地人们看来，这里有很多神奇的传说，"背后"因此带有诡秘、阴暗、鲜为人知的意思。油桐溪特大地缝现在与周边的清溪湖、双河溶洞被统一规划为"十二背后景区"。

活动内容：徒步、穿越、溯溪、泅渡、绳降、地质考察、生态考察。

路线描述：这是一条需要勇气、毅力、胆量、技术和体能的专业级线路。线路从油桐溪下游到中上游必须穿洞涉水前行，一路上步步惊心、处处凶险，还需具备泅渡、绳降技术和相关装备，对体力要求较高，为难度极高的徒步穿越路线，被一些驴友评价为"此生最为艰难的一次穿越"，当最终走出惊险丛生的地带步入一片开阔美景中时，他们称这是"从地狱逃离"。

D1：从宽阔镇沿乡道经底水村、步行12千米至高坎子，找到安家在地缝入口不远处的当地村民原生产队队长杨安文，他能带路穿越大地缝。从地缝上面的山顶上绕到十二背后的源头，经冲子岩到达马夹岩峡谷谷底，需用时约9小时。在地缝入口处宿营。

D2：一大早开始穿越地缝，至少需用时7个小时以上才能穿越地缝全程。离开出口，大地缝东段渐次开阔，林木葱郁，沿途风景很美。沿油桐溪行走约1小时后到达底水桥（当地称三岔河）。

徒步故事：油桐溪特大地缝是一个让人感受大自然的神奇和人类的渺小的地方。

从十二背后的源头的山巅俯瞰，远处奇峰兀立、万山争雄，近处则是千仞绝壁、万丈深渊，大地缝在山间如小蛇蜿蜒，给人以美丽、壮观、神秘、诡异、奇幻的感觉。下到马夹岩峡谷谷底，悠悠的密林、清清的溪流、哗哗的跌水……举目四望，全是刀砍斧削般的陡岩，有的掩映林间，有的耸立林上。在万绿丛中，一根高大的石笋，像一根擎天柱屹立在深谷之中。

走在深谷中，但觉四周阴森森的，似乎周围的悬崖都在向人压来，使人感到自己的渺小和脆弱。沟谷不宽，有的地方几米，最宽的也不过十余米，两岸都是壁立的悬崖，有的悬崖被雨季形成的瀑布冲刷得光溜溜的。在沟谷中

穿行，不闻鸟鸣，不闻兽嚎，有的只是偶尔遇上的深潭，或不时在树林、草丛、石缝和石壁上飞舞游走的各种知名不知名的虫子和吐着信子爬行的毒蛇。

地缝入口处右边的悬崖上，一道瀑布悬垂在近百米的山崖上，瀑水水量不大，如一道白练倾泻而下。到这里天已黑尽，在这险峻而狭窄的沟谷中，虽然岩石密布，却是一个可以勉强扎营的地方。

一大早起来，一条弯弯曲曲、黑黝黝的缝隙呈现在前方。由此处进入，目力所及，只能看到几米之内弯曲、狭窄的石壁。走入石壁缝隙之中，只感到两边的石壁向着缝隙中的自己挤压过来，仿佛随时有可能把在缝隙中的人挤成肉饼。有很多处地方，人只能侧身从缝隙中挤过去。抬头仰望，高达数百米的陡壁悬崖耸立两边，上面长满各种青苔、藤蔓、灌木等植物，不见天日。虽然现在是烈日当空的时候，但阳光根本照不进地缝，地缝内阴冷潮湿，更让两边的石壁显得阴森幽暗，使人心生恐惧。

此外，这条狭窄的地缝仿佛被人用刀劈开。山顶不时滚落石块，稍微大点的，还被两边的石壁夹住挂在空中。看着悬在头顶摇摇欲坠的石头，在下面行走时，让人不禁心中发毛，不寒而栗。

在很多地段行走，必须打开头灯，在大大

小小的岩石上攀爬前进。最要小心的是，在峡谷地缝里，走着走着，会突然发现面前是一个陡然下落的瀑布，瀑布下面必然是一个深潭，形成一道悬壁兀立眼前。瀑布两边的石崖又湿又滑，高度从数米到几十米不等，压根就不可能从石壁上攀爬而过。唯一的办法就只有勇闯深渊，顺瀑而下。打好保护绳索，试探着抓住绳索向下滑行。可下面能见度很低，开始还可以手抓住绳索，一步一步下滑，可到了石壁凹陷处，脚无处蹬踏，冷得僵硬的手指无法承受全身的重量，一下直接滑跌，或滚落深潭，或摔跌于卵石，让每个人受伤挂彩。后来再遇到这样的断层悬壁，只有把绳索绑于其身，由上面的人慢慢将其吊下去。

一路上，瀑布连着瀑布，深潭接着深潭，瀑布有的几米高，有的十几米高；深潭有的十几个平方米，有的二三十平方米，有的 1 米多深，有的三四米深。这样的瀑布和深潭有 20 多个……胆战心惊地从瀑布上吊下去，又心惊胆战地趴在皮划艇里渡过深潭。每前进一步，既要耗费极大的体力，还要冒着极大的危险——稍不留意，就有坠下瀑布的可能。而稍缓的地方，也有溪水“霸道”，让人难以下脚。

一路上，有几处眼看已经无法通过，却又能在仔细搜寻之下，发现恰好可容一人爬过的洞穴，勉强爬过后，又到别有天地的深峡水潭，

真是天无绝人之处，让人感叹“山穷水尽疑无路，巧有洞穴可偷渡”。身处其间，你不得不感叹造化之巧。在这里前行时，“激动—希望—疑虑—担忧—恐惧—绝望—惊讶—重生”的心情在这样一轮又一轮中不断地轮回、磨练。

沿途景观：线路沿途基本为无人区，虽景点很多，但多无名字，仅将标志性的景点略述一二。

独摇石——在“十二背后”源头山脊边悬崖之上的一块巨石，人一推就会摇动，但却不能把它推下深谷去，十分奇特，当地人称之“独摇石”。

月亮湾——“十二背后”源头山腰绝壁处有一座明清年间当地百姓躲避兵匪修建的完好营盘，仅一条山崖上开凿的小路可以通行。营盘下方有一座貌似月亮形状的天生石拱桥，被当地人称为“月亮湾”。

油桐溪大地缝周边，还有蛮王洞、底水河、马蹄溪等景点。

沿途生物：周边分布着珙桐、罗汉松、红豆杉、靓叶水青杠、白果树等国家保护植物，是黑叶猴种群的栖息场所，还是中国三大观鸟圣地之一。地缝和周边峡谷中还栖息多种蛇类和种类繁多的昆虫。

建议提醒：进入大地缝需取得相关部门许可。由于地缝狭窄，集水面积小，一旦爆发山洪将无处可逃。因此切忌雨季穿越，9—11月间天气晴朗时较为安全。

一路上的石头岩壁因水流冲刷十分湿滑，容易摔跤滑坠，最好穿防滑、轻便的鞋子。

峡谷地缝中容易遇到毒虫和毒蛇，不要打扰它们的同时，注意安全并建议携带相关药物。

由于此线难度高，且比较凶险，没有经过绳索专门训练和相关经验、不会游泳、体力和耐寒力差者不要前往。

图：肖凤 / 胡强 / 胡建

文：李朝林 / 杨进

云际天桥隐白虹——探访百面水

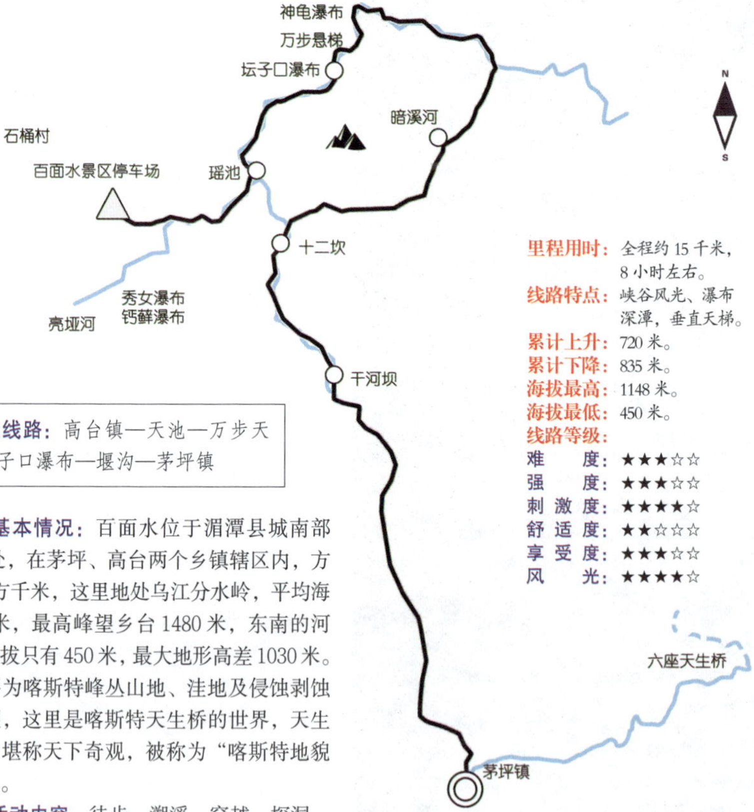

神龟瀑布
万步悬梯
坛子口瀑布
石桶村
百面水景区停车场
瑶池
暗溪河
十二坎
秀女瀑布
钙藓瀑布
亮垭河
干河坝
六座天生桥
茅坪镇
N
S

里程用时： 全程约 15 千米，8 小时左右。
线路特点： 峡谷风光、瀑布深潭，垂直天梯。
累计上升： 720 米。
累计下降： 835 米。
海拔最高： 1148 米。
海拔最低： 450 米。
线路等级：
难　　度：★★★☆☆
强　　度：★★★☆☆
刺 激 度：★★★★☆
舒 适 度：★★☆☆☆
享 受 度：★★★☆☆
风　　光：★★★★☆

最佳线路： 高台镇—天池—万步天梯—坛子口瀑布—堰沟—茅坪镇

基本情况： 百面水位于湄潭县城南部 45 千米处，在茅坪、高台两个乡镇辖区内，方圆 30 平方千米，这里地处乌江分水岭，平均海拔 1100 米，最高峰望乡台 1480 米，东南的河谷最低海拔只有 450 米，最大地形高差 1030 米。地貌主要为喀斯特峰丛山地、洼地及侵蚀剥蚀三大类型，这里是喀斯特天生桥的世界，天生桥成群，堪称天下奇观，被称为“喀斯特地貌博览园”。

活动内容： 徒步、溯溪、穿越、探洞、

生态考察、地质考察。

路线描述：百面水是遵义市经典徒步线路。本线路难度不大，但对体力有一定要求，为中级徒步线路。

D1：过高台镇前行约 5 千米，注意左面分路处有牌子指示“百面水”。在该提示牌处走左面分路进去，车行约 3 千米到达该分路尽头。从此处下车开始徒步，顺山道直下，到山脚有农家，可把背包放在此处，顺溪流而上约 2 千米处观看一道从山顶飞泻而下的瀑布。瀑布落差达 100 余米，瀑布后有一如花果山水帘洞般的天然洞穴。从此处返回农家，继续顺溪流往下游行进。中途经过天池，旁边草地可扎营。

D2：沿溪流继续朝下游走，到达有铁索保护的万步天梯处，扶铁索直下到河底，在河底朝上游走进峡谷，约 500 米处在悬崖边有铁索栈道，进去 600 米是坛子口瀑布。离开坛子口顺河而下，到堤坝处过河，对岸河堤有堰沟，沿堰沟走约 3 千米右边有路上山，爬到山顶可见农田，翻过农田山坳；山下即是终点茅坪镇。

沿途景观：百面水之所以被称为“喀斯特地貌博览园”，是集天生桥群、珍稀树木、瀑布、溶洞、峡谷和田园风光于一体，美轮美奂。

百面水天生桥群——茅坪河下游十二坎、干河坝、暗溪河、甘庄一带，长达 10 余千米河流上，有 23 座天生桥组成的罕见天生桥群，是迄今为止发现地球上最大的、最集中的天生桥群，是十分重要的地质遗迹。据科学考察，大约 5 亿—7 亿年前，由于地壳运动在茅坪河下游形成了一条长约 7 千米的地下暗河伏流，随着岁月流逝与地质变迁，暗河顶端发生局部坍塌，形成了一个个的天坑；天坑与天坑之间形

成了一座一座的天生桥。整个河流上，现共发现23座天生桥，其中有旱桥3座。这些天生桥造型各异，形态万千，有大有小，有卓然飞跨单体的天生桥，也有三三两两紧紧相连的联体天生桥。天生桥或宽或窄，或明或暗，形态各异，巧夺天工。在百面水，可以租用农家的小船，由当地农民划船游览一座又一座天生桥。实际能划船进入的洞穴天生桥最多只能看到11个。还有十来个天生桥洞无法进入观看。

天生桥溶洞——与天生桥群相伴而生的，是一个长约2千米的溶洞，洞内石钟乳、石笋、石柱等均发育良好，奇形怪状，景象万千。

十二道坎峡谷——呈“U”字形，两岸青山秀美，峡谷水声轰鸣，瀑布、深潭遍布，景观独特，野趣天成。

钙藓瀑布——在一道溪流的尽头，一道飞瀑从天而降，垂直高度应有100余米。长年不断的飞流把岩石上的青苔钙化成美丽的钙藓瀑布。顺着瀑布旁边的岩石，还可朝瀑布上面攀登。瀑布的中间居然还有两个天然的洞穴，站在洞里观看水瀑在面前跌落，那飞腾的水雾，在空中幻化成七彩的虹霓。此时，如身在仙境，飘飘欲仙了。

坛子口瀑布——这里被称为百面水最佳景点，水流自上面的水塘落下，不知是水流的作用还是天然形成，在高达20米左右的瀑布中间，居然有两个直径10余米的坛子状水窝凼，水注其中，满而则溢，形成三级水阶梯。再配合坛子口边垂直降落的飞瀑，景色让人惊叹。

除此之外，暗溪河下游的梯子沟、盖牌顶、蔡家沟、平笋坝、烂泥沟、桐梓湾、滑雨槽、观田沟等处有许多受水流侵蚀形成大大小小十多道喀斯特地貌瀑布深潭，如神龟瀑、胡须瀑、之字瀑、川字瀑、秀女瀑、瑶池等水文景观。百面水另一奇特之处是喀斯特洞穴很多，几乎是百米一洞。三羊洞，宽大幽深，足可容纳几百人吃住；凉风洞，仿佛天然空调，再热的天，站在洞口，阵阵凉风让人感到寒意；出水洞，有不低于每秒10余立方米的水流奔泻而出……

沿途生物：区内主要有南方红豆杉、黄杉、马灵光、香果树、红花木莲、领春木、三尖杉、川桂、紫楠等珍贵稀有植物和穿山甲、青鼬、水獭、小灵猫等珍稀动物。此线尽头处的瀑布下生长着很多野生粽叶。

建议提醒：最后在河流堤坝处过河走对岸的堰沟这段路，年久无人行走，荆棘挡道，需要砍刀开路前行。

图：史卫义 / 李朝林　**文：**李朝林

“文军长征”留遗韵——湄潭茶园文化行

里程用时： 全程约 13 千米，6 小时左右。
线路特点： 看满山茶树飘香，观新农村建设，品茶文化的源远流长。
累计上升： 77 米。
累计下降： 49 米。
海拔最高： 845 米。
海拔最低： 768 米。
线路等级：
难　　度：★☆☆☆☆
强　　度：★☆☆☆☆
刺 激 度：★★☆☆☆
舒 适 度：★★★★☆
享 受 度：★★★☆☆
风　　光：★★★☆☆

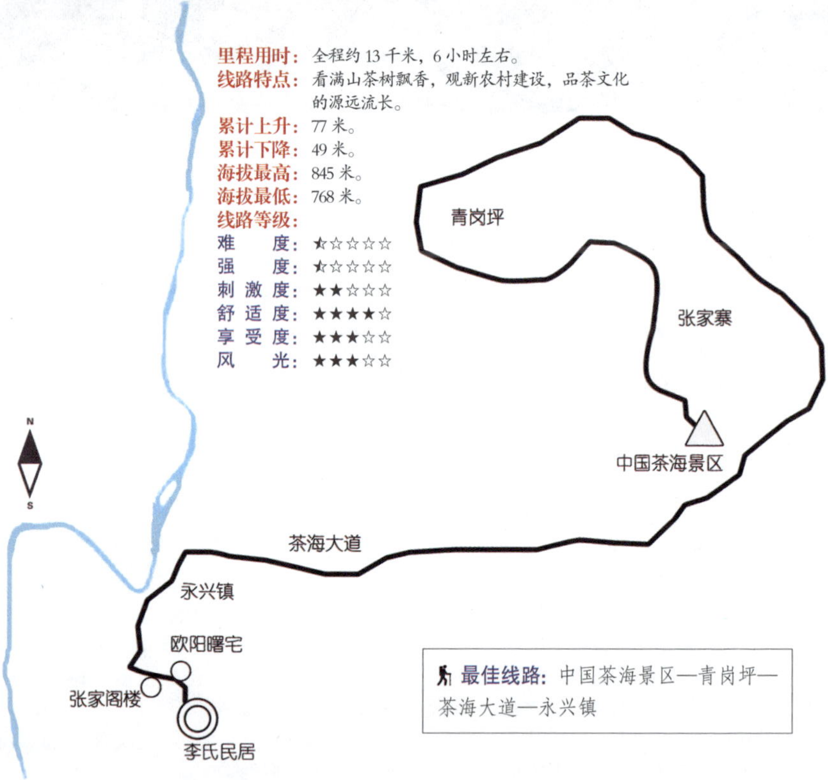

N
S
青岗坪
张家寨
中国茶海景区
茶海大道
永兴镇
欧阳曙宅
张家阁楼
李氏民居

最佳线路： 中国茶海景区—青岗坪—茶海大道—永兴镇

基本情况： 湄潭县凭湄水得名，是“贵州茶业第一县”，这里土地肥沃、山川秀丽、生态良好，曾被誉为“云贵小江南”。湄潭种茶历史悠久，茶文化源远流长，所产的茶品质优良，“湄潭翠芽”“遵义红”“贵州针”“湄江翠片”“遵义毛峰”“兰馨雀舌”等品牌茶叶享誉全国。

1937 年卢沟桥事变后，日本开始了全面侵

华的战争。国立浙江大学师生在校长竺可桢率领下，踏上历时两年多、穿越江南6省、行程2600千米的漫漫西迁路，于抗战最谷底、最艰苦的1940年抵达贵州遵义市湄潭县永兴镇，坚持办学7年，被称为“浙江大学历史上最光辉的7年”。7年里，来湄潭工作和学习的两院院士达45位，其中竺可桢、苏步青、王淦昌、谈家桢、贝时璋、卢鹤绂、陈建功等世界著名科学家的主要论文在湄潭成稿；西迁时培养的1300多名学生中，涌现了如李政道、程开甲、谷超豪、施雅风、叶笃正等名士精英。浙大师生们不仅为中国科学事业做出卓越的贡献，还为贵州、黔北以及湄潭政治、文化、经济发展起到了巨大的推动作用。浙大西迁是众多著名大学抗战西迁的一个典型，是我国科学教育史上的一次壮举和一个奇迹。巧合的是，红军长征到过遵义，而“文军长征”的终点，也正好是遵义。1986年1月28日，时任全国人大常委会委员长的彭真同志视察浙江大学，在听取浙大西迁历史的介绍后，称赞其为“文军长征”。

1939年，国民政府在湄潭建立了茶场，开始了规模化种茶、制茶，在湄潭实验茶场工作

过的茶界泰斗就有刘淦芝、李联标、张天福等。浙大在湄潭办学期间，苏步青等著名教授发起成立《湄江吟社》，品茗赋诗留下的诗篇助推了湄潭茶产业的发展，为湄潭茶文化建设打下了深厚的基础。

活动内容: 徒步、休闲、品茶、文化考察。

路线描述: 线路无难度，路况较好，属于休闲健身徒步，四季皆宜。

沿途景观: 这条线路以茶文化和浙大西迁的历史遗迹为纽带，有很多看点。

中国茶海——也叫“湄潭万亩茶海”，位于湄潭县永兴镇和复兴镇境内，是目前世界上面积最大的茶海，连片茶园近 4.3 万亩。这里低矮的丘陵起伏跌宕，依山顺势的茶树漫山遍野，绵延不尽；身临其中，满目葱绿，犹如置身于绿色的海洋；清新的空气中，伴着浓浓的茶香，沁人心脾。

永兴古镇——早在明万历二年（公元 1574 年）就开市兴场，距今已有 400 多年历史，曾为黔北四大商业重镇之一，商品辐射今铜仁市思南、印江、德江及遵义市凤冈、务川等多县。1940 年至 1946 年，西迁的浙江大学除了在湄潭县城办学外，还在永兴欧阳曙公寓、李氏古宅、张氏阁楼等留下办学足迹。现在，这三处建筑与县城中其他几处浙江大学办学旧址一起，被列为国家级文物保护单位。

欧阳曙公寓：建于清嘉庆年间，位于永兴镇四街，占地576平方米，其中天井占96平方米。该建筑坐西向东，为悬山穿斗式木结构，小青瓦屋面配瓦当。浙大教授束星北、费巩曾住于此。

李氏古宅：建于清光绪年间，位于永兴镇三街，占地200平方米，其中天井占16平方米。古宅坐东向西，为穿斗式木结构，小青瓦屋面。屋主李金成系“长兴荣”花纱商号老板，1935年任永兴商会主席。部分浙大学生曾居住于此。

张氏阁楼——系民国年间由永兴场经营酒类的张姓富商建成，又称“浙大教授楼”，位于永兴镇三街新西巷（张家巷）。该建筑坐北向南，占地200平方，属穿斗式木结构，小青瓦屋面，建筑风格区别于当地。浙大西迁时，该楼正在建设，竺可桢校长带新生部主任储任科与该富商协商，将正在建造的房屋按浙大的要求施工，竣工后整幢租赁给浙大为教授居住。

沿途特产：除了茶叶外，这里还是中国国家地理标志产品“茅贡米”的原产地。抗战期间，浙江大学校长竺可桢先生曾对茅贡米给予高度评价，誉之为“黔中之宝”。除此之外，还有永兴板鸭、皮蛋、草莓、西瓜等农副产品。

沿途美食：湄潭红豆腐、抄手、金家豆腐丸、湄潭无花果、湄潭马山灰豆腐、西河灰豆腐、豌豆粉等。

图：曹经建 / 张羽飞

文：李朝林 / 潘浩

水车咿呀稻花香——毛石水车王国行

里程用时：全程约 12 千米，5 小时左右。
线路特点：农用水车观赏，沿途山乡风光。
累计上升：80 米。
累计下降：164 米。
海拔最高：889 米。
海拔最低：725 米。

线路等级：
难　　度：★☆☆☆☆
强　　度：★☆☆☆☆ (1.5)
刺 激 度：★★☆☆☆
舒 适 度：★★★★☆
享 受 度：★★★★☆
风　　光：★★★☆☆

最佳线路：毛石镇—朝门—庙林坡—白杨坪—混子村

基本情况：现在在很多地方，传统的灌溉工具——水车只是一种装饰，是商家迎合游客心理、招徕顾客的摆设。在遵义，却有那么一条河流，沿岸的户户农家，一直使用这古老的工具，引河水灌溉农田。在一条长达 10 余千米的河流上，密布着大大小小 300 多座水车，每座水车夜以继日地 工作，把河水提入农田，让两岸的禾苗长得郁郁葱葱、青翠碧绿、年年丰收！

这个被户外爱好者命名为“水车王国”的地方，位于汇川区毛石镇古街北部，由于具有山高水高的特点，众多河流，小股泉眼无数。十分适合使用水车。

水车又称“孔明车”，是中国最古老的农业灌溉工具，是华夏先人们在征服和利用自然的过程中创造出来的，是我国珍贵的历史文化遗产。相传汉灵帝时毕岚造出雏形，经三国时

孔明改造完善后在蜀国推广使用；隋唐时，广泛用于农业灌溉，至今已有1700余年历史。因此，这种从东汉时就被使用的传统提水灌溉工具，至今仍被因地制宜、心灵手巧的毛石农民所传承并使用至今。当地有歌谣这样描述这古老的工具：“远看簸箕样样，近看杆杆棒棒；一面提壶斟酒，一面放声歌唱。”

在炎热的夏季，徒步在这条引人入胜的河流上，单是那两岸排立的水车，就是一道道靓丽的风景。踏入清澈的河水，阵阵凉爽的感觉立时传遍全身，所有因闷热带来的疲累和烦恼，倾时烟消云散。

活动内容：徒步、穿越、涉水、红色文化和农耕文化考察。

路线描述：这条线路是遵义市附近徒步的经典线路之一，为休闲入门级徒步线路，无技术难度，对体力要求不高，全程顺着河边小径徒步穿越，老少皆宜。

坐车到汇川区毛石镇，经毛石古街，沿毛石小学旁的大路往下走约3千米到河边，入口

处有芭蕉河与毛石河两河交汇，以此为起点的毛石河顺弯曲河道平缓流淌。顺河流朝下游走，河岸沿途全部是农民用来灌溉的水车，吱吱呀呀地把溪流水提升起来灌溉河边的稻田。这条线路的里程在12千米左右，最后可走到混子村坐大巴返回。沿途两岸即有乡村小道可以行走，又可在溪流里趟水悠闲地漫步，边玩边行。适合旅游观光和亲子游。

沿途景观：这条线路，可以一直在河里涉水行走，最深处也仅到成人膝盖。夏季来到这壮观的水车王国，听伫立河边的水车吱吱呀呀地歌唱，看水车们不辞辛劳地提水灌溉两岸的农田，会不禁感叹农人勤劳的双手编织出这样精巧的水车。此外，还可以观赏溪旁田园风光和沿岸的野花；还可以在水里嬉戏，感受鱼儿一群群地在脚边穿梭游过的酥痒；河岸的林丛里，不时惊飞的白鹭、苍鹰、斑鸠、乌鸦……给这静谧的山水，增添无穷的诗意。

毛石古街——在毛石镇镇政府所在地，也是本次徒步起点。街道全长350米，居住105户，已有数百年修建历史。毛石河绕古街而过，五座石拱桥横跨河上，东西走向的古街依山顺势而建，两排黔北民居传统风格的青瓦木楼古色古香。小镇曾是川黔古盐道上重要驿站之一，

明代到民国时期，古街上商贾云集，人流如织，有商号100余家，曾有“小上海”美誉。中国工农红军长征转战遵义时，曾二进毛石古镇，现有7位红军烈士长眠于此。

望金山万亩映山红——又名“望军山”，坐落于毛石镇台上村，距毛石古街5千米。这里的野生“映山红”，连同玉簪花、箭竹等，连片分布在附近10多个山头上，绵延11千米，面积约有万亩。每到4月下旬开始至5月下旬进入盛花期，各种粉白、浅紫、朱红、大红等色彩的映山红次第竞相绽放，漫山遍野繁花似锦、争奇斗艳。

毛石河周边，除以上景观外，还有奇峰、森林、石林、温泉、怪石群、溶洞群、瀑布群、古树群、古寺庙、石雕建筑群等。

建议提醒：特别提醒，每年的六七月，沿途有很多野百合花盛开，十分美丽。

沿河行走约6千米后有一农家，那里的河滩有一大片草地，很适合扎营，农家旁边有口水井，井水在炎夏也非常凉爽甘甜，十分适合野炊。

图：李朝林 / 史卫义

文：李朝林

两岸翠屏山色秀——二道河峡谷穿越

最佳线路： 乐俭镇—华尔山东侧—辽远村亮垭子—团岩坝丫口—二道河源头—狼啸峰—断带瀑布—一线天—银坠瀑布—二道河峡谷口

基本情况： 二道河位于正安县乐俭镇与绥阳县青杠塘镇野茶村交界处，是清溪河上的支流峡谷，主峡谷长约8千米，方圆25平方千米全是雄伟挺拔的高山峡谷，峡谷两岸人烟稀少，地势险峻，地形复杂，通行极为不便。由于少有人涉足，这使得峡谷内自然生态保存良好，风光俊秀。二道河周边的每一座山峰，都可以组成一道奇妙的风景；每一条峡谷，都奔涌着形态各异的溪流；每一个丛林中，都隐藏着各种奇花异草……

活动内容： 徒步、穿越、涉水、泅渡、攀岩、野营。

路线描述： 这条线路全程需要穿越丛林、河谷、山崖和河滩，对体力要求高，途中大部分路段没有路，必须准备好长50米绳索打保护，在约90度的陡壁上直降而下，具有一定技术难度。因此，是一条难度较高的峡谷穿越线。行程建议两天一夜。

正安乐俭乡出发，从华尔山东侧徒步到辽远村亮垭子（海拔1250多米）经团岩坝丫口（海拔约1500米）一直下二道河谷底，顺流而下，从一座煤厂旁边的石桥上岸，然后乘车到乐检乡返回。

徒步故事：在向二道河峡谷行进的过程中，我们在山中小道上艰难行进。爬到路边不知名的山顶高处，极目四望，山峦起伏，连绵不绝，隐约可见山与山之间形成大大小小的峡谷，看不到峡谷底部的水流，不知这峡谷之中隐藏了多少秘密，只觉得将要穿行的是一条狭窄、深邃的山缝。面对此情此景，我们禁不住想大喊：二道河——我们来了！

刚进峡谷，二道河所在的峡谷两边陡然收窄，全是异峰突起的山壁陡崖。一个巨大怪异如狼头的岩石赫然耸立在石壁上，仿佛在向人

们宣告；这里是他的地盘，非请莫入。过了狼啸峰，峡谷两边陡峭的山壁，把峡谷层层封堵。有人称这里为“一线天”，但当地人把这些山壁称为二道河的十二道大门，我们觉得更合适。细细数下去，好像还不止十二之数。在这里，一层层大门把二道河严严实实地密封在峡谷深处，正所谓“藏在深闺人未识”。行走在深邃的峡谷里，那一道道大石壁之门，带给人的却是一次次“山陡水穷疑无路，转过石崖别有天”。这时候，一道道雄美的石壁，让人目不暇接，惊叹大自然的鬼斧神工。值得一提的是，在高耸的石崖中，居然突现一个穿洞，构成美妙的自然景色。让你真想进入其中，感受那穿洞而来的呼呼来风，那是何等的惬意和爽快！

过了这一段，由于已是初秋，二道河的水流不大，只是静静地在山沟里蜿蜒流淌，流淌在绿色的包围里。这里难得有人进入，人为的破坏和污染很少。在这样的峡谷里穿行，没有了人世的喧嚣，只有水流在石缝中流淌的喃喃细语。那份幽静和安宁，让人在艰辛的跋涉中心灵得以放松。在这样静谧的地方，那多层过滤后的水之清澈洁净，可想而知。难怪在下谷底前，我们在当地的农民家里补充饮水时，他们说：“你们不用带太多水，进去后那里面的水，可比我们家里的水好喝多了。”的确，在这里，只要渴了，随时伏下身去就可饱饮清澈的溪水。咂一下舌上的感觉，丝丝凉爽沁人心脾，还有丝丝清甜回味在心头。

一直在崇山峻岭中穿行奔突的二道河，在群山中掘出一个个瀑布、跌水和深潭。由于近期一直没有下雨，河水已干涸成涓涓细流，在窝凼里积成一个个大小不一、清澈见底的水潭后，溢出来穿行于二道河峡谷里。我们或攀爬光滑难驻的陡壁，或涉水砂石密布的水滩，或泅渡深可没人的幽潭……一路惊险不断，一路赞叹不已。

沿途景观：因一直在峡谷内穿行，沿途景观很多，但无暇他顾，只能列举一二。

银坠瀑布——在距离出口约 3 千米处，瀑水从陡峭山顶分三级逐级泻下，像碧绿崖壁上的一条白练，跌落在岩石上溅起无数水花，在阳光照耀下如千万朵银花闪闪发亮，甚是美丽壮观。

华尔山苗族村寨——在经过华尔山去峡谷的路上，有一些苗族小寨子，是县境内唯一苗族（鸦雀苗）聚居地，这里的苗族群众热情奔放，能歌善舞，服饰独特，值得顺路过去看看。其中土坪镇联盟村民族组附近的华尔山石林，是越野露营的好地方。

沿途生物：河沟里随处可见甚为稀有的石蚌（一种蛙类，又名“石鸡”），大如蟾蜍，居然一点不怕人，蹲在河中的石上，虎视眈眈地怒视着我们这些侵犯它的领地的不速之客。翻开河底任何一块石头，都可见虾蟹横行，挥舞巨大的钳子，在水流里耀武扬威。

建议提醒：阳光很难照到谷底，因此峡内潮湿阴冷，注意保暖，小心失温。

切忌雨季穿越，8—12 月间天气较为晴朗时较为安全。野营可以在辽远村高山村民组，第二天下峡谷；天气比较稳定的季节也可以在谷底河滩高处扎营。

路上的部分石头和岩壁因水流冲刷、长有青苔比较湿滑，容易摔跤滑坠，最好穿防滑、轻便的鞋子。

途中有不少深潭需泅渡过去。翻越岩壁，需要一定的攀岩技术。

图 / 文：李朝林

危岩积石竦两溪——从严家沟到龙塘沟

两岔河（白花12组）
严家沟
桃花谷瀑布群
苦竹塘
龙塘沟瀑布群
龙塘沟壁画
龙塘沟龙潭
大湾
千年古盐道
刀塘坝
市坪乡
N
S

里程用时： 全程约 22 千米，10 小时左右。
线路特点： 连续穿越二条溪谷，大小瀑布、跌水成群，文化遗迹考察。
累计上升： 539 米。
累计下降： 658 米。
海拔最高： 1325 米。
海拔最低： 786 米。
线路等级：
难　　度：★★★☆☆
强　　度：★★★☆☆
刺 激 度：★★★★☆
舒 适 度：★★☆☆☆
享 受 度：★★★☆☆
风　　光：★★★★★

最佳线路： 市坪—大湾—苦竹塘—小庙—两岔河—刀塘坝村—市坪

基本情况： 这是一条遵义驴友自豪地称为“五星级风景”的徒步线路。线路所在的市坪苗族仡佬族乡位于正安县的东南方向，平均海拔 1200 米，是正安海拔最高的地方，地势相对平坦，气候条件还算不错，夏天是避暑玩水的好去处。

活动内容： 徒步、穿越、溯溪、涉水、野营、文化考察。

路线描述： 这条线路全程需要翻越丛林、峡谷、岩石、山崖和瀑布，要求有一定体力，途中大部分路段为溯溪行走，是一条中级峡谷环行线。行程建议两天一夜。

从市坪苗族仡佬族乡开始徒步，经大湾到苦竹塘，那里有座小庙，小庙过去就可下到严家沟河边。然后顺河而下，沿途风景尽收眼底。最后顺河流走到两条小河交汇处，这里叫“两

岔河”，是一个有几户农家的小村子。在那里走左面流下来的溪流，溯溪而上。到达刀塘坝村后，返回市坪苗族仡佬族乡。

沿途景观：该线路隐藏在群山之中，苍穹之下林屏列翠，群峰之巅层林尽染，磅礴婉约兼而有之，外雄内秀两者皆具。四周绝壁千仞，沿途山道崎岖，锦绣峡谷藏匿于山峦之间，如世外桃源般紧锁深闺；山势陡峭，奇崛伟岸；峡谷幽深，静谧清凉。还有直插云霄的参天树木、轻歌浅吟的潺潺溪流、奔腾直泻的瀑布飞流、温婉含情的茵茵碧草。漫步谷内，一步一景，置身其中，如梦似幻。

严家沟——走进严家沟峡谷，仿佛进入世外桃源。这里溪水清澈，沿途大小跌水连接着陡滩、急流、深潭，两边是高耸入云的群峰和长满藤蔓灌木的悬崖陡壁，配上沟内接连不断的 30 多道瀑布，让徒步者目不暇接，处处都是美景，步步都是秀色。行不远，面前溪流飞泻直下百余米的悬崖，顺着悬崖边的灌木攀援而下，仰望水流从悬崖倾泻，至山腰处遇突出巨

石阻挡，又一分为二，形成巨大的倒“Y”型三岔瀑布，溪水奔腾直下拍击崖石，飞扬成漫天水雾，涛声滚滚，震耳欲聋，气浪翻腾，真是“谁持白练当空舞”。瀑布之下又紧接着一道落差30米的钙藓瀑布，构成严家沟幽静深邃的自然风光。

两岔河——严家沟的溪流和龙塘沟的溪流在这里交汇，流向流渡镇。

龙塘摩崖——在龙塘沟逆流而上，入沟约1.5千米处，溪流左岸的悬崖石壁上有不知何时被人雕刻绘制的十多幅塑像，有龙、西游人物、神女等，神态各异，栩栩如生。据年长的村民讲，早在他们的祖辈时这些壁画和雕塑就已经存在。

象鼻山——龙塘摩崖对面的山谷里，有一座山峰和桂林的象鼻山十分相似，唯一的区别是桂林的象鼻山在水边，而龙塘沟的这座象鼻山在山巅。从壁画雕塑处过溪流，进入对面山谷行约2千米，便到达象鼻山脚。有砍柴人开辟出的小径可攀登进入象鼻山的洞内，呼啸的山风让人在炎炎夏日也感到寒意。

龙塘沟——顺沟逆流而上，沿途瀑布跌水成群，有细腻纤柔的少女瀑；有曲折多变、一瀑几跌的姐妹瀑；还有从巨石中突然穿梭而出的跌水……沿溪流攀爬到龙塘沟溪流的发源地，山谷中一直径约 15 米的深潭，潭水碧蓝，深不见底。一年四季，无论怎样干旱，潭中永远有同样流量的水流涌出，这个潭被称为“龙潭”。在黔北，“潭”与“塘”音同，义也基本相同，“龙塘沟”之名由此而来。潭边现仅有一户杨姓孤寡老人住在这里，其他人家已经搬走。这户人家的院坝面积约 400 平方米，十分宽敞；院中绿草茵茵，是扎营的好地方。

古盐道——离开龙塘沟，途经一条小道，据说这条小道是当年的古盐道，小道两边是不知多少年前垒成的石壁、石墙，小道上铺设着石板、石块，诉说着小道曾经的辉煌和现在的苍凉。

沿途生物：如果正是季节，满峡谷开遍野百合，还会看到猪笼草等植物。

沿途特产：市坪苗族仡佬族乡名优特产有灰豆腐果、辣椒酱、糍粑、绿茶、苦丁茶。

建议提醒：本线也可从流渡镇走。从流渡镇出发，走左手分路行到新桥处再分路走右手的村道。经白花村、桅杆坪、里坝到两岔河，然后从龙塘沟上到龙潭，再穿到严家沟上游，顺严家沟溪流而下，经两河口返回两岔河。到里坝时，顺河流而进，行约 1 千米，可见一座古老的建在精石桥墩上的风雨桥，桥墩顶部有一个口含石珠、威风凛凛、雕刻精美的石龙头。此桥用七八米长的粗大原木平铺在桥墩上，再在上面呈九十度平铺木方，然后在木方上修建风雨桥，两头有宽敞的石台阶上下。整个桥保存完好，虽然素面粗工，却美丽古朴，巍然屹立。桥下的河滩全是整片的白色石块，异常清丽。再顺河而行约 2 千米，有一座名为“河口桥”的单孔石拱桥，据悉已有几百年历史。

注意防滑。沿途有多处陡降的断层瀑布，在这些地方要特别当心，滑跌滚落，后果不堪设想。

图：国栋 / 李朝林

文：李朝林

山中清泉石上流——溯溪蚂蟥沟

里程用时： 全程约 22 千米，12 小时左右。
线路特点： 在河流中穿行，处处是景。
累计上升： 230 米。
累计下降： 154 米。
海拔最高： 896 米。
海拔最低： 742 米。

线路等级：
难　　度：★★⯪☆☆
强　　度：★★★☆☆
刺 激 度：★★★★☆
舒 适 度：★★★☆☆
享 受 度：★★★☆☆
风　　光：★★★★☆

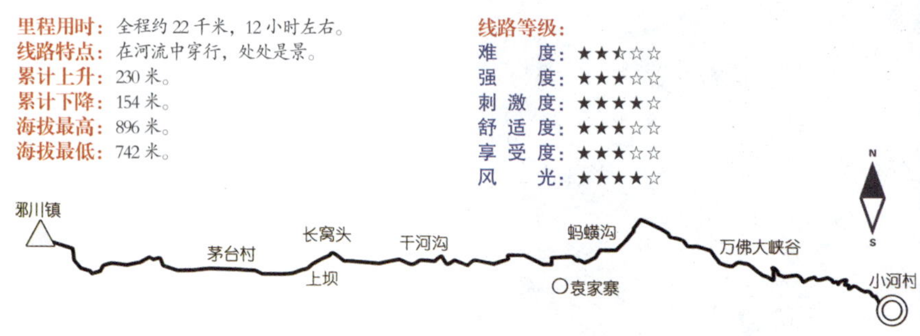

最佳线路： 琊川镇—茅台村—上坝—长窝头—干河沟—蚂蟥沟—袁家寨—小河村

基本情况： 该线路以前一直藏在深山无人知道，2010 年听当地人谈起蚂蟥沟之美，才开始有户外人士进去探险。此后，蚂蟥沟成了来遵义的户外驴友必去的线路之一，也是遵义最漂亮的溯溪路线之一。

蚂蟥沟位于凤冈县南部的琊川镇境内，中部与万佛山省级森林公园的石碗溪汇合，整个沟谷曲折幽深，两岸峭壁耸峙，沟底溪水清澈，植被茂密，林木参天，原生植被类型多样，动植物种类丰富。尤其是由竹林组成的长达 10 余千米的竹林廊带景观构成了峡谷一道靓丽的风景线。

活动内容： 徒步、穿越、溯溪、涉水、泅渡、攀岩、地质考察。

路线描述： 这条线路分为长线和短线。长线走全程，基本为涉水线路，分两段：第一

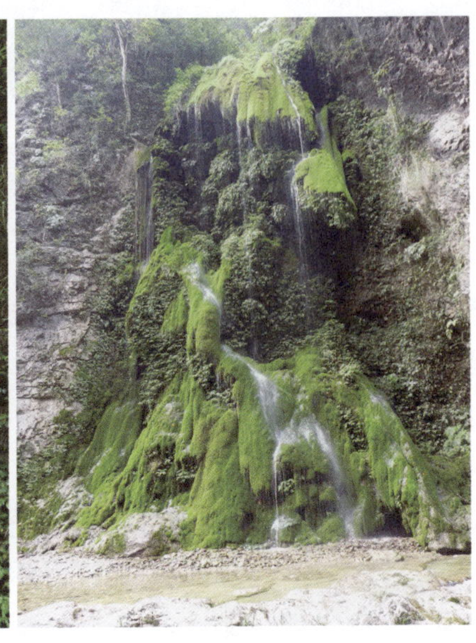

段约 11 千米，海拔落差不大，当地人叫“干河沟”，相对好走。下半段叫“蚂蟥沟”，长约 8 千米，此段行程或攀爬河岸岩壁，或涉水泅渡，或跳跃于岩石之间，步步惊心，需要有一定体力，也比较耗时，是一条有一定难度的中级峡谷穿越线，建议行程至少两天一夜。

长线乘车到琊川镇，走右手分路，经茅台村到一处叫上坝的地方下车，然后从小路往河谷徒步，约行 3 千米到达“长窝头”下到河边。然后从此处顺流而下，穿越干河沟。行约 10 千米处，河左边离岸 300 米处有一雷姓人家，可在此扎营。次日穿越蚂蟥沟，最后走到小河村

乘车返回。

短线则仅走下半程，长度约 9 千米，行走约 8 小时。乘车至琊川镇后，再走县道过响水坳桥后再行驶约 1.5 千米，走左手分路，到九颗印处下车，然后徒步约 2 千米到花江村扎营，第二天下到河边穿越蚂蟥沟，到小河村平桥乘车返回。

沿途故事：蚂蟥沟内狭窄的河流从绝壁中奔泻而过，形成了峡谷、瀑布、跌水、水潭等景观。

进入蚂蟥沟，由于周边植被茂密且自然生态保存完好，上游冲刷而下的只有碎石和细沙，泥土很少。经过碎石和细沙的层层过滤后，溪水特别清澈，在水中行走也不担心硌脚。

从长窝头开始，在河谷顺流往下游行走，约 1 千米处河谷陡降形成瀑布，瀑布岩壁有人工开凿出来的石窝，借助石窝，在瀑布上攀爬而下。行约 6 千米处有支流汇入。循该支流逆流而上，可直达万佛山峡谷。其支流河床岩石上，密布大大小小的坑洞，小的形如碗，大的形似盆，故名“石碗溪”。据说这种地貌，是冰川时期的产物。继续在河谷行走约 10 千米处有一个钙藓瀑布，非常漂亮。

蚂蟥沟的风景和险峻，主要集中在下半段。下半段几乎都是在岩壁中攀爬穿越，尤其坛子壳、锁口潭、猪钻孔等处，更是惊险。下到河边，走过一段平缓的沙滩，进入峡谷，就见迎面悬崖上有一个直径 20 余米的穿洞，在四周葱茏苍翠的植被环绕下十分醒目。经过穿洞，两块高达 20 余米的巨石，横亘在河中。河水在这里积聚成汹涌的急流，穿过石隙，翻滚着浪花直下 10 余米的深潭。而深潭两边，是壁立千仞的悬崖。唯一的路径，只有从耸立河中的两块巨石上翻越过去。这里就是著名的锁口潭了。石下深潭深不见底，只能先游到对面一块可落脚的石头上，把绳子在两边石头顶上固定好，把所有的物品利用绳子速降到深潭对面的石头上，人游过去后，再继续想办法前进。

再行不到百米，是一条宽仅 1 米、长约两百米的狭窄深沟。沟两边都是悬崖峭壁，根本没有落脚之处，只能游过去了。继续行进约 1 千米，便是最难走的坛子壳。坛子壳是一个直径约百米的圆形深潭，四面皆是光滑陡峭的绝壁。河水从一个狭窄石缝中垂直飞落 20 余米深

潭，再从另一边窄得仅可侧身的狭长深沟流出。在一面悬崖绝壁边有一处处突起的石棱和石缝，正好够得上手脚蹬踏的距离。于是，手脚并用，抓住石缝，稳住身子，慢慢爬着挪步于“坛子”壁上，然后换手揪住其他石壁凸起处缓慢移步换手。由于脚下石壁光滑，全靠手指力量，稍有闪失就会掉进“坛子”中。就这样步步留神，手脚并用，借势使力，终于爬到坛子口边缘一处可勉强站人的石棱上。

接连坛子壳的，是一条又长又窄的深谷，看不见尽头。游泳吧？手脚都无法舒展，根本不可能游过去。或许正因其狭窄幽深，才有了“猪钻孔”这个很形象的名字。还是采取爬出坛子壳的办法，在两旁石壁上寻找突出的石棱和石缝通过。稳住一步，再行一步，步步为营。很多时候脚下几乎都是虚踏，全靠手指抠进石缝中，死死抓住，再用脚移跨过去，踩住突出的石棱，换手再抓。最难的是一块凸出的大石处，脚下蹬踏的石棱与突出的巨石间只有 1 米左右的高度，人在这样的情况下视野受限，身体紧贴石壁，凭感觉踩住石棱位置，还要躬身弯腰，不让背上的背包妨碍自己，全身的肌肉和神经都高度紧张……爬过这一段又一段悬崖绝壁后，前面的深潭、悬崖、绝壁还有十余处之多，或攀爬，或涉水，或泅渡，或速降。

这 9 千米的路程，从早上 9 点一直走到下午近 5 点钟，平均每小时只能行进 1 千余米，可见路程之艰难！

沿途生物：河谷里植被茂盛，多慈竹、水竹、方竹、金竹、毛竹等各种竹类。在沟底容易遇到青蛇和倒伏的枯树上自然生长的菌类。

建议提醒：现在蚂蟥沟已被开发，进入需购买门票。

要注意当地天气预报，下雨天严禁穿越。不过雨后天气放晴的几天里，是蚂蟥沟最美的时候。雨季时最好别在沟里露营，其他季节也要提防夜里涨水无处可逃。

轻装出行，准备绳索、防水袋、泳衣泳裤和溯溪鞋，能帮助你顺利渡过一处处险要之地。不会游泳的还需带水袖或救生衣。

蚂蟥沟前半段难度不大；后半段难度比较大，则是在河岸岩壁上攀爬而行，还有七八处跳潭，有三四处必须跳跃才能通过（除非绳降）。平衡能力不好或手上力量不足者，最好从溪水里游泳通过。

行走沟中，除了脚印，其他什么都别留下。

图 / 文：李朝林

六盘水市

信息速览

英文名称	Liupanshui
别　　名	中国凉都
面　　积	9914 平方千米
人　　口	350 万（2019 年，户籍人口）
方　　言	西南官话贵州话黔北片方言
行政区划	地级市
下辖地区	4 个县级行政区和 5 个省级经济开发区
政府驻地	钟山区钟山大道
机　　场	六盘水月照机场
火 车 站	六盘水站、盘州站、六枝站、红果站等
电话区号	（+86）0858
车牌代码	贵 B
邮政区码	553000
地理位置	贵州西部
高等院校	六盘水师范学院、六盘水职业技术学院、六盘水幼儿师范高等专科学校
市　　树	银杏
市　　花	映山红

概览

六盘水市是国家“三线”建设时期发展起来的一座能源、原材料工业城市，位于贵州西部乌蒙山区，地处滇、黔两省结合部，是珠江和长江上游流域的分水岭，现辖六枝特区、盘州市、水城县、钟山区 4 个县级行政区和 5 个省级经济开发区。这里因四季气候凉爽、舒适、滋润、清新，紫外线辐射适中，被中国气象学会授予“中国凉都”称号，是全国唯一一个以气候特征命名的城市。

六盘水市历史文化悠久。距今2亿至3亿年的二叠纪、三叠纪时期，板块运动、海洋抬升，留下丰富的古生物化石群。1993年，考古发现距今20多万年的“盘县大洞人”，为贵州发现的最早智人，被评为当年全国十大考古发现之首。水城硝灰洞发现距今8万年的“水城人”，六枝桃花洞发现距今1万年的“桃花洞人”。春秋时期为牂牁国地，战国时期为夜郎国地，留下了神秘的古夜郎文化。红军长征期间，红二六军团在盘州九间楼召开了“盘县会议”，留下了宝贵的长征文化。“三线”建设时期来自全国各地的十万大军与六盘水各族人民共同缔造了多元包容的“三线”文化。

气候

境内最高海拔2900.6米，最低海拔586米，立体气候明显。冬无严寒、夏无酷暑，年平均气温15℃，夏季平均气温19.7℃，冬季平均气温3℃。因此，夏季较凉，适合避暑，最好带一件防风保暖的外套；冬天多带些御寒衣物。

地貌

六盘水市地势西高东低，北高南低，中部因北盘江的强烈切割侵蚀，起伏剧烈。一般地区海拔在1400至1900米之间，最高点在与毕节市赫章县珠市彝族乡交界的钟山区大湾镇小韭菜坪，海拔2900.6米；最低点在六枝特区毛口乡北盘江河谷，海拔586米。相对高差2314.6米。地貌景观以山地、丘陵为主，还有盆地、山原、高原、台地等地貌类型。

自然生态

六盘水市森林覆盖率为59.72%（2019年），境内有红豆杉、银杏、珙桐、水杉等国家一级保护植物10种，有西康玉兰、香果树、鹅掌楸、十齿花、伞花木等国家二级保护植物15种，被誉为“世界古银杏之乡”“中国红豆杉之乡”“中

国野生猕猴桃之乡”“中国野生刺梨之乡”。

交通

航空：六盘水月照机场（位于钟山区月照乡大坝村与水城县董地乡大窑村交界处），为4C级民用运输支线机场，距六盘水市钟山区10.5千米。现已开通北京、广州、成都、重庆、长沙、天津、福州、杭州、郑州、贵阳等全国10多个大中型城市直飞航线。

铁路：六盘水市铁路四通八达，是西南重要的铁路枢纽城市和物流集散中心之一。贵昆、南昆、内昆、水红铁路在此交汇，沪昆高速铁路穿境而过。

六盘水火车站（钟山区西站路），停靠D字头动车、C字头城际列车，以及K、Z字头和普客列车。

盘州站（盘州市两河街道冯家庄村），停靠G字头列车。

公路：六盘水市地处川滇黔桂结合部，有沪昆、杭瑞、都香、水盘、盘兴等高速公路穿境而过，与成都、重庆、昆明、贵阳、南宁5个省会城市的直线距离均在500千米以内，素有“四省立交桥”之称。

主要客运站有：六盘水南客运站（钟山经济开发区红桥新区红山大道与经五路交叉处）、水城汽车站（六盘水市人民中路）、六盘水市六枝汽车站（六枝特区交通路75号）、盘州市汽车站（六盘水市盘州市解放北路）等。

购物

六盘水市购物商圈分散在六枝特区、盘州市、水城县、钟山区四个县级行政区，六盘水风猪、盘州头花蓼、盘州核桃、盘州火腿、岩脚面、盘州刺梨果脯、水城猕猴桃、牛场辣椒、水城小黄姜、水城黑山羊、苦荞茶、苦荞米、水城黄精、六枝特区毛峰茶、郎岱酱、六枝月亮河鸭蛋、妥乐白果、落别樱桃、六枝龙胆草、六枝魔芋等特产较为出名。

饮食

作为“三线”移民城市的六盘水，饮食文化具有地域性强、品类多样、文化内涵丰富、烹饪技艺灵活、肴馔制作独特、区域风格历史传承性和多元复合性等特点，尤以荞饭鸡火锅、腊肉火锅、豆豉火锅等为特色。水城烙锅、水城羊肉粉、蒸蒸糕、郎岱酱、荷叶糯米鸡、木瓜凉粉等名优小吃也很不错。

活动节日

六盘水市是一个多民族聚居的地区，除汉族外，还有彝族、苗族、布依族、白族、回族、仡佬族等世居民族，孕育了多姿多彩的民族民间文化，有盘州彝族山歌、盘州布依盘歌、六枝梭戛苗族蜡染技艺、水城南开苗族芦笙技巧等国家级非物质文化遗产，有布依族的赶表、苗族的晒月亮、彝族的赶山节、苗族跳花节、回族开斋节、仡佬族吃新节等丰富多样的节庆文化。建有亚洲第一座生态博物馆“六枝梭戛苗族风情生态博物馆”、中国第一个彝族文化园“海坪彝族文化园”、中国最大的布依族铜鼓“月亮河布依族铜鼓”。

景区景点

六盘水市境内分布着许多瀑布、溶洞、森林、峡谷、湖泊、温泉，是名副其实的山地公园市。境内有玉舍国家森林公园、贵州黄果树瀑布源国家森林公园、贵州水城国家杜鹃公园、牂牁江国家湿地公园、娘娘山国家湿地公园、明湖国家湿地公园，以及牂牁江湖滨旅游度假区、野玉海国际山地旅游度假区、乌蒙大草原旅游景区、梅花山旅游景区等10余个重点旅游景区和高山季节滑雪场——玉舍滑雪场。

图： 秦刚／张平

文： 潘浩

“三线建设”谱华章——**徒步水城河**

里程用时： 全程约 13 千米，约 4 小时。
线路特点： 健身休闲、湿地生态和三线文化考察。
累计上升： 444 米。
累计下降： 40 米
海拔最高： 1810 米。
海拔最低： 1780 米。

线路等级：
难　　度： ⯪☆☆☆☆
强　　度： ★☆☆☆☆
刺 激 度： ★☆☆☆☆
舒 适 度： ★★⯪☆☆
享 受 度： ★★★☆☆
风　　光： ★★☆☆☆

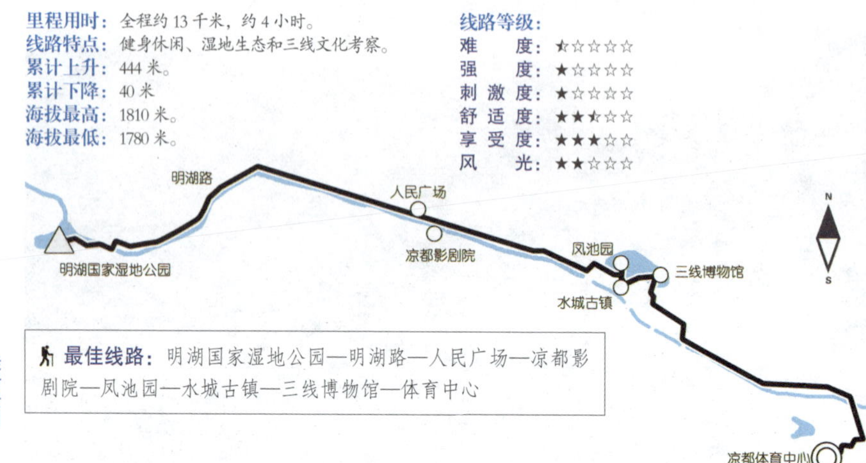

最佳线路： 明湖国家湿地公园—明湖路—人民广场—凉都影剧院—凤池园—水城古镇—三线博物馆—体育中心

基本情况： “三线建设”是指从 1964 年开始，因国家战略需要，中央决定在“三线”地区展开规模巨大、历时 17 年的大三线建设，通过数百万建设者齐心协力、艰苦奋斗，取得了巨大成就，初步建成我国的战略后方基地。对中国西部，乃至全中国都产生了极其深刻而久远的影响。六盘水是“三线建设”滚滚浪潮中诞生和发展起来的一座新兴的工业城市，既有着深厚而丰富的三线文化底蕴，更是三线精神的传承者、传播者、弘扬者。

活动内容： 徒步、健身、休闲、湿地生态考察、三线文化考察。

线路描述： 线路无难度，路况较好，属于休闲健身徒步，四季皆宜。

沿途景观： 本线路在城市步道中行走，沿途有不少云贵高原城市风光。

水城河——又称“响水河”，是六盘水市的母亲河。水城河发源于钟山区窑上，是乌江主源三岔河的支流，由窑上支流、德坞支流、一线天支流、水城河干流组成，总长 31 千米，

市中心城区城区段自西向东绵延 13 千米，是水城盆地内地表水排泄的唯一通道。作为城市的母亲河，水城河见证了六盘水城市的发展历程。老城自古水拱城垣，春夏多雨，水如沧海，城池则宛若荷叶般浮立水中，故名“水城”，也叫“荷城”。农耕时代，水城河蜿蜒流淌，与城相依；现在，则已建设成为城市景观河和城市绿廊。

明湖国家湿地公园——位于贵州省六盘水市钟山区西部的明湖村，距中心城区仅有 2 千米，由龙贵地水库、窑上水库、水城河源头段、明湖村湿地及明湖小山峡（俗称一线天）五个湿地群组成。该湿地公园由河流、库塘、森林构成的复合湿地生态系统，是六盘水中心城区的重要生态屏障，也是乌江上游重要支流水城河的源头。湿地类型为人工库塘湿地和河流湿地，湿地面积 84.65 公顷，湿地率为 42.8%。在这里，澄澈的湖水和西侧的自然山体相连，长达 1.13 千米的彩虹桥凌驾于澄澈的湖面之上，犹如一条飘舞的彩带。湖岸四周有亲水平台及栈道，将湿地公园内各景点连为一体。公园内有不少动植物，是进行人工湿地生态科考的好去处。

凤池园——位于钟山区东部，其水景公园湖面面积 360 亩，水域分东、西两部分，其间以玉带桥相隔，建有环绕湖区的游览步道 1.5

千米，各景点间由玉带桥、平曲桥、石拱桥、三孔桥等五座石桥跨水相连，湖岸建有回廊、水榭、凉亭等。湖中有两座小岛，每年秋季至来年春季都会有大批大雁、白鹭、野鸭等水鸟来此栖息，是城区观赏野生鸟类的最佳景点。东西两湖之间是凤池园最大的湖心岛，岛上建有凤池书院。

水城古镇——位于凤池园旁，依山傍水，风景优美，是一个围绕“三线文化”新建的怀旧小镇，建有很多以“三线”为背景的建筑，

贵州省“三线建设”博物馆——位于水城古镇内，主要展示 1964 年至 1980 年“三线”建设者们的奋斗历程，是全国目前唯一以“三线建设”为主题的博物馆。

沿途美食：沿途有很多本地特色美食，如羊汤锅、柴火鸡、辣子鸡等火锅菜肴，以及烙锅洋芋、蒸蒸糕、羊肉粉、牛肉粉等小吃。

供稿：六盘水市徒步协会

图 / 文：张平 / 张友云 / 陈丹

青山苍茫云海间——**梅花山徒步**

里程用时： 21.6 千米，约 8 小时。
线路特点： 距市区较近，一年四季皆可徒步观景。
累计上升： 1133 米。
累计下降： 1147 米。
海拔最高： 2321 米。
海拔最低： 1810 米。

线路等级：
难　　度：★☆☆☆☆
强　　度：★★☆☆☆
刺 激 度：★☆☆☆☆
舒 适 度：★★★☆☆
享 受 度：★★★☆☆
风　　光：★★★☆☆

最佳线路： 湿地公园—大凹子—煤洞湾—纸厂村—竹林湾—梅花山滑雪场—龙贵地水库—岩口—窑上水库—明湖宾馆出口

基本情况： 梅花山位于六盘水市钟山区西郊，方圆约 40 平方千米，峰多沟深，海拔最高处 2800 多米，海拔高差达 800 余米，高原山地立体气候显著。这里夏季气候凉爽，冬季山顶积雪；山上常年多雾，雾天最长时达到 260 多天，经常引来无数摄影爱好者到此拍摄云海、

雾山以及日出日落，是摄影创作基地和六盘水市重要的旅游名片。现山上建有滑雪场、观光缆车、旋转餐厅等观光平台，景区内建有成熟栈道可供徒步、远眺六盘水市区。

梅花山自然资源丰富，四季有景可观。春季漫山杜鹃红遍，夏季凉爽宜人，秋季可观云海，冬季可赏雾凇。

活动内容：登山、徒步、健身。

线路描述：这是一条休闲、锻炼、观光、娱乐的入门级休闲徒步路线，大多数路段在森林和山脊上行走，除部分是山路外，大多为铺装路面。难度不大，一年四季皆可徒步。

梅花山内还有多条徒步线路，长度从15千米到25千米，沿途经过城市、湿地、湖泊、峡谷、山脉等景观。既适合有经验户外运动爱好者长线徒步野营，也适合休闲性野营及短途徒步，野营点草场平整、小溪蜿蜒、森林环抱。

沿途景观：梅花山植被茂密，由于高原山地立体气候显著，这里综合了高山雪原、内陆湖泊、乡村田园等自然和人文景观，一年四

季风景秀丽。在梅花山高处，视野开阔，白天可观起伏山峦和日出云海，夜晚可看晚霞夕阳和满天繁星。

省道102线梅花山路段——全长16千米，是贵州省公路海拔最高路段。路段海拔从2000米一直上升，最高处路段海拔达2680米，不仅地势险要，而且沿线均为盘山环形公路，像绕在梅花瓣边缘行驶，共有24个回头急弯。

梅花山滑雪场——位于六盘水梅花山国际生态休闲旅游度假区，是目前西南最大的滑雪场之一，雪道占地面积9.17万平方米，总长1880米，分为高、中、初三级赛道，可同时容纳5000人滑雪。此外，滑雪场内的索道长度在国内名列前茅。

沿途生物：沿线遍布灌木和森林植被，偶有锦鸡、黄麂、豹猫、黄鼬等野生动物出没。

建议提醒：因梅花山山地立体气候明显，山上山下温差约5℃，注意防寒保暖。

供稿：六盘水市户外运动协会

图/文：吴洪举

身在千山顶上头——登韭菜坪

里程用时： 22 千米，约 13 小时。
线路特点： 登贵州屋脊，看韭菜花开。
累计上升： 903 米。
累计下降： 255 米。
海拔最高： 2900.6 米。
海拔最低： 1998 米。
线路等级：
难　　度： ★☆☆☆☆
强　　度： ★★★☆☆
刺 激 度： ★☆☆☆☆
舒 适 度： ★★★☆☆
享 受 度： ★★★☆☆
风　　光： ★★★☆☆

最佳线路： 熊英寨—大麻窝—景区停车场—登山（多条线路）—最高点—下撤至韭菜坪标语处（露营）—停车场—熊英寨

基本情况： 韭菜坪位于六盘水市钟山区大湾镇海戛村与毕节市赫章县珠市彝族乡交界处，当地又称为“小韭菜坪”，因山腰生长成片野韭菜于山脊和侧坡平缓地带，故得名。这里属乌蒙山脉北段，平均海拔 2550 米，总面积 26.5 平方千米，其中主峰海拔 2900.6 米，为贵州最高峰，素有“贵州屋脊”之称。韭菜坪是典型的山原地貌，韭菜坪梁子呈西北一东南走向，南坡缓长，北坡陡短。梁子岭脉横亘于群峰之上，为四周群峰所簇拥，峰上有峰，岭外有岭。坪上地势和缓起伏，柱状、笋状石牙、溶蚀沟槽及石林广泛分布，奇峰异石，怪石嶙峋，姿态万千，层出不穷。韭菜坪集高山草场、石林、溶洞为一体，夏季凉爽、冬季积雪，夏秋平均气温 13℃左右，气候凉爽怡人，曾经两度入选了“中国十大避暑名山”。

活动内容：徒步、登山、健身、休闲、喀斯特地貌考察。

线路描述：本线路为六盘水市钟山区韭菜坪旅游公路建设完工前登韭菜坪的传统徒步线路。线路多为人工步道，路况较好，无技术难度，是一条初级徒步线路。由于爬升较大，非常适合开展登山、徒步、露营为主题的户外活动，行程建议两天一夜。春、夏、秋三季均适合徒步，最美季节为每年 9 月（韭菜花绽放季节）。

以钟山区大湾镇熊英寨为起点徒步，沿山中村道（水泥路）步行登山上韭菜坪，感受登山的乐趣。

登山时，可选路线多条至最高点。韭菜坪上的人工环山景观步道沿起伏山脊在石灰岩石林、矮竹林中穿行，行走其中，景色层次分明、错落有致，是一条很好的登山、观光徒步线路。

沿途景观：线路为成熟线路，每年八九

月份是最美季节。这时，山上草坪会成片地绽放出如乒乓球大小的紫红色韭菜花，在秋风吹拂下，美不胜收。

韭菜坪主峰——站在山顶，可鸟瞰六盘水市钟山区、水城县和毕节市赫章、威宁等县邻近主峰的大片辖区，远山如浪，山与天相连，四周群山皆小，乌蒙山脉大气磅礴的气势展现在眼前，时而云蒸霞蔚，时而碧空万里，各种景象尽收眼底，故有“不到韭菜坪，枉看贵州山”之说。

天上石林——位于毕节市赫章县珠市乡境内，与韭菜坪峰顶遥相对应，是贵州海拔最高的石林。这一带的喀斯特地貌区，经过亿万年的造山运动，化谷为陵；又在长期风雨侵蚀洗礼下形成了洁白如玉的石山石海。该石林又称“洛布石林”，彝语即“洛布惹”，大意是滑竹与石头构成的森林。石林面积有1000多亩，被万亩草场环绕。走进石林，奇石密布，造型各异，或立或卧或行，或玲珑剔透，或魁伟遒劲，或如万马奔腾，如百万雄兵布阵。石林一大奇

妙之处是“石上开花”，石头上长出树，树丛里长出石头，形成藤缠石、石护树、树石相依的充满野性、充满生机的景观，因此这里有了“天然盆景”的美誉。

化石——在韭菜坪的石灰岩上，还可以见到距今 4.05 亿年前的泥盆纪海生动物化石，是地质和海生动物科考的理想之地。

此外，沿途山脊上有很多风力发电的风车。在韭菜坪上观日出、看云海也是必备的节目。

建议提醒：韭菜坪上即使是夏天，气温早晚变化都比较大，山风较猛，一年四季无论何时上山露营皆不可忽视保暖防风。露营可选在韭菜坪顶上“天上石林”石刻附近。

注意环保，把自己的垃圾带回山下处理。

停车场周边有附近村民摆的摊子，有特色烧烤洋芋、玉米、臭豆腐和煮鸡蛋等小吃，还有便利店，可以补充给养。

供稿：六盘水市户外运动协会

图：王红锦 / 宋文光 / 胡强 / 秦刚

文：宋文光

西襟滇诏跨两游——**溯溪可渡河大峡谷**

里程用时：全程约 19 千米，10 小时左右。
线路特点：自然、朴质、雄奇、幽深、俊美。
累计上升：538 米。
累计下降：510 米。
海拔最高：1115 米。
海拔最低：959 米。

线路等级：
难　　度：★★★☆☆
强　　度：★★★☆☆
刺 激 度：★★★☆☆
舒 适 度：★★★☆☆
享 受 度：★★★☆☆
风　　光：★★★★☆

最佳线路：泥猪河电站大坝—虎跳石—北盘江大桥—龙眼瀑布—三岔河铁索桥

泥猪河大坝
可渡河
将军石
北盘江特大桥
三岔河吊桥
北盘江
北盘江
N
S

基本情况：可渡河是贵州省境内三大河流之一的北盘江北岸干流，又叫“尼珠河”“泥猪河”，发源于宣威市龙潭乡的蔑笆圈，主河道为云南省宣威市与贵州省威宁彝族回族苗族自治县、水城县的界河。河流全长 162.2 千米，界河段长 105 千米，总落差 986 米，至水城县都格镇注入北盘江。

可渡河大峡谷位于云贵两省交界处，为由

北向南延伸的大峡谷，长约20千米，流域总面积20平方千米。本徒步线所走的可渡河大峡谷一段，是顺着河流走向由西向东延伸，在河流冲刷、切割与地壳抬升的共同作用下成就了长约8千米、流域总面积10平方千米的典型的喀斯特峡谷。平均海拔高1800米，最低海拔920米，平均高差520米。流域内出露地层有石炭系、二叠系、三叠系、侏罗系等，以二叠系、三叠系地层为主，石灰岩分布广泛，岩溶发育。河流两岸山势陡峻，多悬崖绝壁，河谷深切狭窄，水流湍急，罕有人至。

活动内容：徒步、登山、穿越、土司文化考察、地质考察。

线路描述：此线路为中级溯溪线，有一定难度，需要一定的体力和技术，行程两天一夜，四季可行，最佳徒步时间为10月至次年4月。

乘车从六盘水市南站上杭瑞高速，往云南方向行至俄脚站下高速，经海坪、野鸡坪、坪寨乡到达泥猪河电站大坝。

从泥猪河电站大坝开始徒步溯溪，终点为三岔河，行程耗时约6小时。从进入峡谷开始，一直在峡谷谷底行进，该峡谷是可渡河流域中最狭窄的一段。峡谷内星罗棋布地到处是崩塌的巨石，溯溪全程均在一个个巨石与水潭间穿行，沿途两岸移步换景，都是峭壁悬崖，河中奇石、瀑布和水潭数不胜数，风光旖旎。

行至北盘江大桥后即到达龙眼瀑布，再前行1千米到三岔河结束。返程可提前联系当地农村客运车辆在三岔河铁索桥等待。

沿途景观：峡谷内形态各异的岩溶地貌、依壁生长的老树、色彩斑斓的崖壁、垂悬百米的瀑布、清澈透底的水潭……峡谷寂静悠长，到处是流水冲刷下来躺满一河的各种奇石，在人迹罕至的河谷里形成一道独特的景观。

间一切事物中
宝贵的。在共产党领
了人，什么人间奇迹

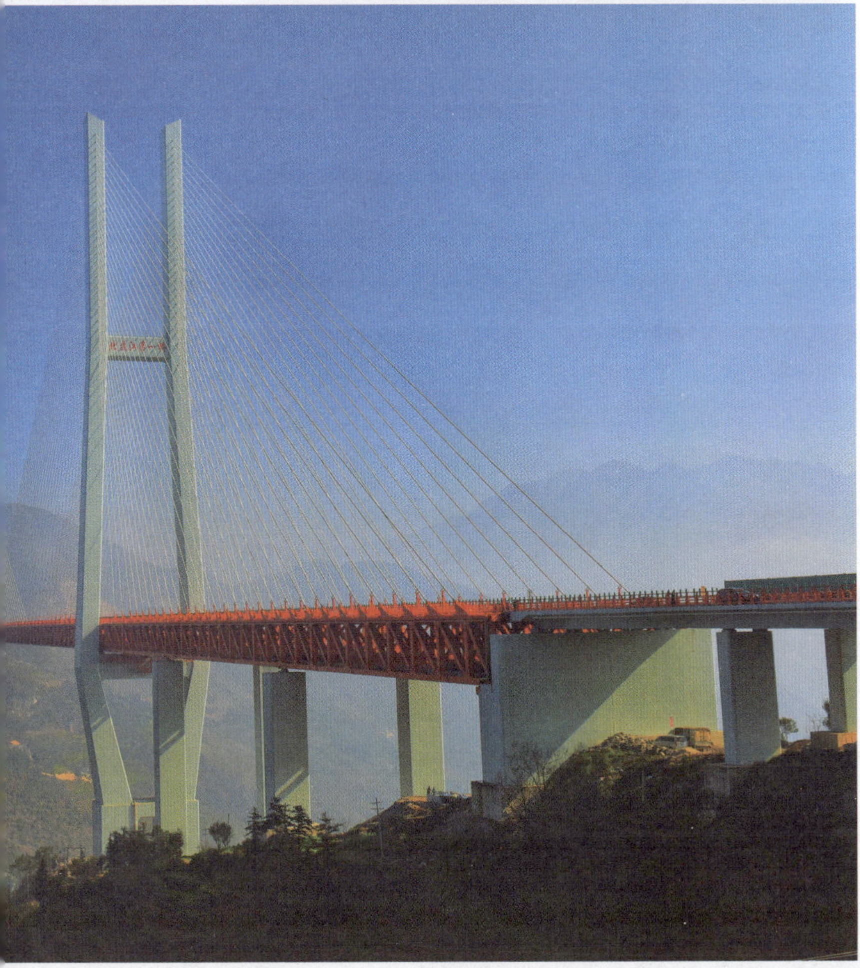

北盘江大桥——位于杭瑞高速公路西段，大桥由云贵两省合作共建，是一座号称“北盘江第一桥”的钢桁架梁斜拉桥。桥梁飞跨可渡河大峡谷之上，衔接滇黔两省交界处的云南省宣威市普立乡与水城县都格镇之间，大桥全长1341.4米，桥面到谷底垂直高度565米，相当于200层楼高，是世界最高的跨江大桥。

龙眼瀑布——位于北盘江大桥下云南一侧的半山崖上。从洞穴中喷出的瀑布，在雨季时瀑水从峡谷一端喷向另一端，十分壮观，当地称“白龙过江”。

虎跳石——是河上的几块巨石，因民间传说古时有猛虎从石上跳越渡河而得名，该处是古代滇黔古驿道，是那时两省群众过河的唯一通道。可渡河，意思是“可以通过的河流”，过去无公路桥及铁索桥之前，当地村民过河，只有凭借河中巨石作为“跳墩”，踩跳通过。这几块上万吨巨石在河面上连成一座“桥”，既雄伟壮观，又惊险刺激。

三岔河铁索桥——可渡河由云南省宣威市流经贵州省威宁境内，与从盘州市流向此地的清水河在此处交汇，将盘州、水城与云南宣威划河为界，在此汇成一个“Y”字形，称为“三岔河”，此地为北盘江的起点，以下河流开始就叫北盘江。在三岔河，云南省与贵州省共建铁索桥两座，其中腊龙铁索桥位于水城县都格镇与云南省宣威市普立乡的接壤处，建于20世纪60年代，由于修建时特殊的政治背景，桥墩上仍清晰可见领袖语录等历史遗迹。此地为云贵两省边界处物资、人员交流的重要通道。

建议提醒： 除基本的个人溯溪装备外，最好配备安全绳索。

供稿： 六盘水市户外运动协会

图： 吴洪举 / 李翔 / 郝德刚

文： 吴洪举

谿谺深处探奇观——穿越乌蒙大地缝

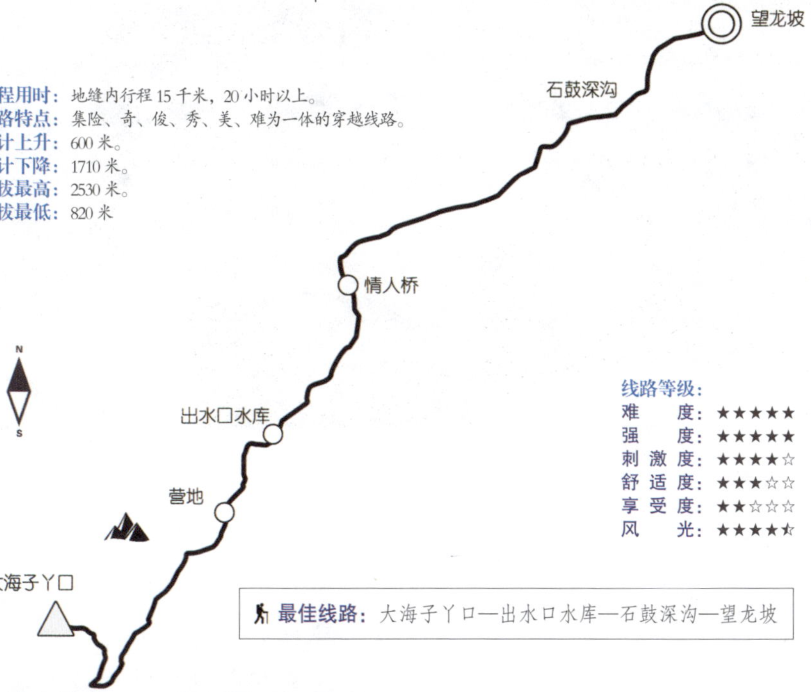

望龙坡
石鼓深沟
情人桥
出水口水库
营地
大海子丫口

里程用时： 地缝内行程 15 千米，20 小时以上。
线路特点： 集险、奇、俊、秀、美、难为一体的穿越线路。
累计上升： 600 米。
累计下降： 1710 米。
海拔最高： 2530 米。
海拔最低： 820 米

线路等级：
难　　度：★★★★★
强　　度：★★★★★
刺 激 度：★★★★☆
舒 适 度：★★★☆☆
享 受 度：★★☆☆☆
风　　光：★★★★☆

最佳线路： 大海子丫口—出水口水库—石鼓深沟—望龙坡

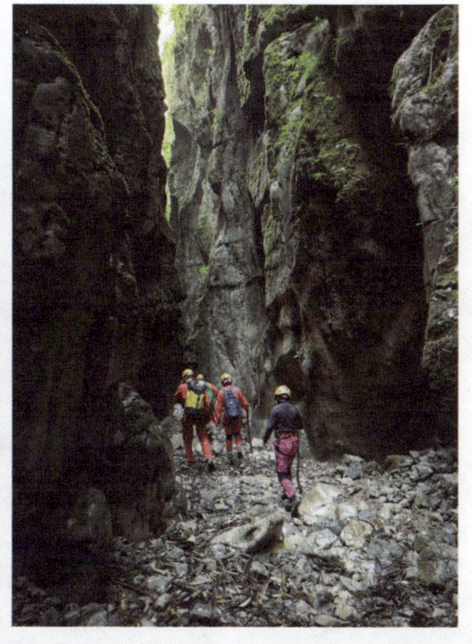

基本情况： 乌蒙大地缝位于水城县营盘乡境内，与盘州市乌蒙大草原接壤，是乌蒙山国家地质公园规划开发的核心区域。乌蒙大地缝属高原山地地貌，是水流沿小地质断裂带冲刷切割而成，断裂从水城县营盘乡万龙坡延伸到盘州市坪地乡。地缝起点从贵州第三高峰2865.2 米的牛棚梁子主峰下的大海子（海拔为2530 米），到终点北盘江边的望龙坡（海拔为820 米），长度为 15 千米、垂直高差 1710 米。大地缝分为上、中、下三段。上段为大海子至出水口水库，中段为出水口水库至石鼓深沟，下段为石鼓深沟至望龙坡。从地缝底部仰望天空，只见一条狭窄的隙缝，但从外部远观地缝却是一条狭长的峡谷。地缝内时高时低，时宽时窄，怪石嶙峋，是户外穿越探险的好去处。2009 年 1 至 8 月，经贵州省城乡规划设计院实地考察比较，乌蒙大地缝的长度、自然切割深度、险度在全国均名列前茅。

活动内容：徒步、穿越、攀岩、绳降、地质考察、生态考察。

线路描述：本条线路集险、奇、俊、秀、美、难等为一体，穿越线路难度极大，一直是省内外探险爱好者趋之若鹜的户外专业线路，对于个人体能、技术、装备等要求极高，一般要三天时间才能走完全程，最佳人数 5—8 人。

经雨格站下高速，经坪地乡，经乌蒙大草原至大海子丫口，从此处携带装备开始沿断裂带向下进行徒步穿越。

第一段从大海子丫口至出水口水库。该段在雨水冲刷的玄武岩乱石中穿行，无成熟的道路。该段历时约 4 小时，较容易通过。之后有水源，可在出口处露营。

第二段从出水口水库至石鼓深沟。该段从水库进入后，一路向下，顺着接连不断垂直落差从几米到几十米的岩溶地缝石壁一直下行到恋桥。中段前半程无撤离地点，不能返回，有几百米呈“S”形切割，必须使用头灯。到恋桥后地形较缓，此后有多处可以撤离乌蒙大地缝。

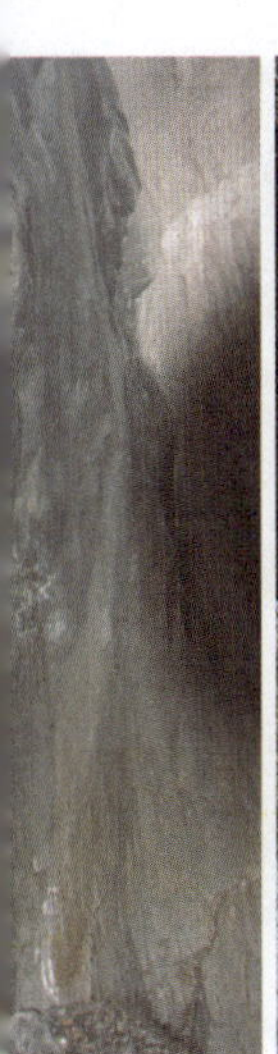

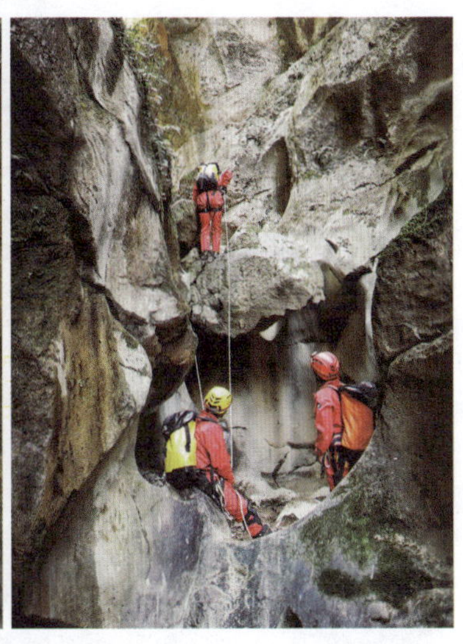

第三段从石鼓深沟至望龙坡，穿越结束。从石鼓深沟便进入乌蒙大地缝下段，此段也多是岩溶岩石，穿越起来比中段更为艰难，且全程无水源、无可撤离返回的线路。

自2004年由六盘水市户外运动协会首次穿越整条线路后，每年都有全国各地探险爱好者挑战穿越，下降及危险之处都有历次穿越爱好者留下的锚点挂片。

总之，乌蒙大地缝从大海子弯曲延伸至北盘江，地缝内如刀削斧劈，部分地缝段岩壁呈“S”状，终年不见阳光。上段只需简单携带绳索通过，中段、下段必须为经过培训、携带专业绳索设备的户外探险爱好者在经验丰富的向导指导下方能安全通过。因此，这是一条需要勇气、毅力、胆量、技术和体能的专业线路。

沿途景观：地缝及周边有以下主要景点。

吴王藏宝洞——位于地缝内石鼓深沟段。相传明末清初吴三桂攻打水西时，路过水城境内营盘乡，在此驻扎。由于战事紧迫，大军将不便行军携带的金银珠宝藏于大山之中，并设

石门封堵藏宝地。数百年中，不断有人寻访，试图开启此门寻宝，但都无功而返。

恋桥——又称“情人桥”，是位于乌蒙大地缝中段水城县营盘乡罗多与哈青的交界处的一座老桥，得名于一对恋人的真实爱情故事。20 世纪 90 年代末，一个退伍的军人骑摩托车去看望女朋友，经过这段坡陡弯急的路段时，冲到桥下不幸身亡。他下葬当晚，女朋友到坟头殉情。当地为纪念这段凄美、纯真的爱情，便将此桥称“恋桥”。

建议提醒：大地缝发育在断裂带上，上段地缝较缓，行程较容易，有简单的绳索器械即可，该段从上往下或从下往上均能穿越。中、下段地缝垂直切割深，均是在狭窄的绝壁乱石险滩行进，需专业人员携带专业下降装备从上往下穿越，难度较高。

进入之前须检查装备，绳索器械必须齐全。

切忌雨季进入地缝内，遇到大雨极易突发洪水，无法撤离，可能危及人身安全。

行进中应留意沿途落石，谨防发生危险。

由于地缝尚未开发，地形复杂，在进入该条线路进行徒步探险前，应有人知晓行程，以备不时之需。

除上段进口处有水源，中下段无水源，穿越行程用时较长，需带足个人所需用水及干粮。

供稿：六盘水市户外运动协会

图：李翔 / 郝德刚

文：吴洪举

水西硐隳话沧桑——行走阿扎屯

里程用时： 全程 17.3 千米，11 小时左右。
线路特点： 走水西古栈道，赏乌蒙风光。
累计上升： 546 米。
累计下降： 620 米。
海拔最高： 2033 米。
海拔最低： 1366 米。
线路等级：
难　　度：★★⯪☆☆
强　　度：★★★⯪☆
刺 激 度：★★★☆☆
舒 适 度：★★★☆☆
享 受 度：★★★☆☆
风　　光：★★★⯪☆

最佳线路： 苦蒜地—古栈道—严家卡子—石桅杆—杨家冲—蔡家寨—水母柱—盐井水库—召子沟—小屯卡子—玉马线—水黄公路锅圈岩隧道口

基本情况： 阿扎屯，又称“阿戛屯”“凌云屯”和“盐井屯”，位于水城县东南 26 千米阿戛镇盐井村，属于高原台地地形，最高海拔 2215 米，平均海拔 1800 米；东西长 30 千米、南北宽 12 千米，方圆 166.59 平方千米，居住着汉、彝、苗等民族约 18000 多人。屯上有许多肥沃的麻窝田土，屯下北有巴都河、南有巴浪河、东面是都仲河，四周为悬崖陡壁，地势险要。因地形原因，阿扎屯具有其他屯难以比拟的人力、物力基础，自古就是一个由彝族土司控制的军事要塞，沿屯四面环山修筑有古栈道，是“水西四十八屯”之首。这里历来为兵家必争之地，战事不断，著名的有清初吴三桂平水西之战和咸同年间的苗族农民起义等。

活动内容：徒步、登山、穿越、土司文化考察、地质考察。

线路描述：这是一条沿古栈道行进的中级徒步路线，既可锻炼身体，又可体验神秘的土司文化，还可以饱览贵州西部喀斯特风光。本线路难度适中，但对体力有一定要求，为初级徒步线路。从10月中旬到次年的4月中旬最适合徒步，无论从哪个方向进出，都是上山、下山。可以在屯上扎营。

清代以前，由于阿扎屯周边山高谷深、箐深林密，只有五条路可到达屯上。北为屯口和小屯卡子从仲河牛场直上；东为严家卡子，由通仲寨上；东南为阿戛卡子，由阿戛入口；西南为二道岩，从岩脚寨上。另外屯西北的马尾

河还有一条小路可通。

双水小广场乘坐农村客运至阿嘎镇苦蒜地，沿古栈道行至严家卡子登上阿扎屯，至石桅杆；再从杨家冲至蔡家寨、至水母柱、至盐井水库、至召子沟、至小屯卡子、至玉马线、至水黄公路锅圈岩隧道口，路程全长17.3千米。再从锅圈岩隧道乘坐农村客运返回市区。

沿途景观：此线风景秀丽，在卡子平台处看云海翻滚、山峦起伏。石桅杆营地视野开阔，朝看日出，晚看落日和繁星。秋季是最美时节。

石桅杆——是阿扎屯悬崖上分离出来的一个独立石柱，直径10多米，高40多米，是这条徒步线路的核心景点。这里可以俯瞰100平方千米的发德坝子，同时也是徒步线路中一个

极佳的宿营地，缺憾是此处缺少水源。

古驿道——阿扎屯作为“水西四十八屯”之首，历来就是贵州最重要的军事屯堡之一，历经明清两代近五六百年的修建。环屯驿道均为2米多宽，由石条构筑而成，是连接普安到水西、郎岱驿道的咽喉驿道。徒步线路中挑选了其中两条进出阿扎屯古驿道，其余古驿道因现代交通的发展和人迹罕至等因素均湮没在灌木丛林之中。自水西建立政权以来，这里见证了历史上无数刀光剑影和商旅往来，驿道上至今仍有清晰的马蹄印、人们休息的石墩、解渴的水井、光滑的石板等历史痕迹。

石砌券洞门——位于阿扎屯屯口上，过去发生战事时，这里是攻守双方争夺的重要节点。洞门门高2.3米、宽2米，现周边尚存少许残墙和一个单拱石桥。

小屯卡子——是明清进出阿扎屯的一个重要关卡，也是现存最完整的古驿道关卡，现仍有残存的石墙和屯门。站在这里，可以远眺西至蟠龙、东至吊水岩长达20余千米的水黄公路全景。在卡子平台处还可以看翻腾的云海和起伏的山峦。

盐井水库——是1958年盐井乡百姓自发投工投劳、肩挑手抬修建的一座水库。附近有村寨和人家，可作为徒步时的休息和补给站。

建议提醒：由于该古驿道均为明清时期人工修建，现人迹罕至、丛林密布，途中有一些大小不一的小坑（麻窝），卡子平台观景点没有围栏，存在着安全隐患，行走和观景时一定要注意安全。

沿途无饮用水补给，需徒步人员自行背负。

这里山高风大、四周无遮挡，夜间宿营时，营地气温会很低，注意保暖。

供稿：六盘水市户外运动协会

图：谢伟 / 周梅

文：周梅

夜郎遗踪何处寻——环行老王山主峰

最佳线路：

D1：牂牁村大坪子组—天马山—何家寨—大坪子组扎营

D2：大坪子组—栈道—老王山—犀牛洞—大坪子组

基本情况：老王山山脉北起威宁，经水城县、六枝特区，南达紫云县、望谟县，在韭菜坪与乌蒙山主脉相连。长约 200 千米，呈西北 - 东南走向，是北盘江与三岔河的分水岭，海拔一般为 1300—2600 米，地势自西北向东南逐渐降低，到毛口小河与北盘江交汇处为最低，海拔为 609

米。这一山脉脉络清晰，切割强烈，相对高度达 700 米以上，山高坡陡，岭谷平行相间。

本线所述的老王山即“郎山”，是过去所称的乌蒙山东南支，又称“老郎山”，其主峰地处六枝特区牂牁镇、郎岱镇、中寨苗族彝族布依族乡交界处，据《安顺府志》记载：六枝特区旧称郎岱县，郎岱之名源于朗山和岱山；古“夜郎”一名来源于普安州（今盘州市）境的夜山和郎岱厅境内的郎山……郎山即为现在的老王山。

此山山体雄峙北盘江东岸，方圆逾约 40 平方千米，由数百个大小山头组成，主峰海拔 2127 米，每年至少有一半时间是被云雾笼罩着。其南部边沿是一弧形绝壁，下临梯子峡和牂牁镇，由 12 座犬齿状山峰组成。从江边仰视，酷似一顶巨大的王冠。主峰东侧绝壁上有一形如偃月的天然溶洞，是当地有名的月亮洞，传说夜郎王及妃子葬于洞中。

由于老王山主峰十分险峻，四面多为崇山峻岭、悬崖峭壁，峰顶现建有方形观景台。伫立山顶，疾风猎猎；俯视东南诸峰，小如泥丸，好似俯伏在主峰的面前，十分震撼。据说天气晴朗时，还可眺见普安、晴隆、关岭诸县县境。关于老王山，民间流传着很多传说，如传说毛口为夜郎时期的旧都城，还有关于王子坟、月亮洞以及夜郎王多同的种种传说故事……

沧海桑田，夜郎国早已湮没在历史的烟尘中，但是夜郎国的高山大泽至今犹在。

活动内容：徒步、登山、夜郎文化考察、地质考察。

线路描述：这是一条集雄、奇、险、峻、秀为一体的中级环山徒步线路，行程为两天一夜，难度不大，但对个人体能有一定要求。

乘车经打铁关、板亭村，至牂牁村大坪子组，由此开始徒步。

D1：从牂牁村大坪子组出发，环山一圈，有小路途经天马山。翻过天马山后步行向下，途经何家寨歪梳苗寨，再翻过一个垭口下山，回到大坪子组扎营。

D2：从大坪子组出发，登老王山，环山栈道能够远眺晴隆县，俯瞰牂牁江、九层山，还可到犀牛洞口游玩。然后沿原路返回大坪子组。

沿途景观：老王山是国家生态型多梯度

运动训练基地，自然和人文风光十分独特，颇具看点。

犀牛洞——位于老王山西南面，有两个向内凹进的洞口，洞口形似牛鼻子，洞垂直深度280米，洞口有一座坟，坟后为长约20米洞道。洞道墙壁被烟火熏黑。据说以前天旱时，该洞是当地老百姓祭祀求雨的地方，

天马山——位于老王山南面，主峰酷似马头，长约5千米的山脊如马背。远远看去，天马山如一匹在白云缭绕的天空中奔驰的骏马。据当地居民称，每当天气晴朗时，在山上还可眺见普安、晴隆、关岭诸县。

歪梳苗寨——老王山犀牛洞下约1千米处有一个名为何家寨的歪梳苗寨。这里民风淳朴，服饰独特，民族风情浓郁，是途中不可多得的原生态民族村寨。可在此落脚休息，提供补给。

老王山栈道——于2016年7月动工修建，设计总长6852.39米，其中玻璃栈道总长180米，距山脚的大坪子组垂直高差约800米，栈道基本都在绝壁上修建，下面就是悬崖与深渊。此栈道以垂直高度高、风景视野好、险峻程度高，堪称贵州之最。栈道北望打铁关，东望九层山，南眺牂牁湖，还可以俯瞰山脚下的牂牁江景区，一览牂牁湖沿岸奇峻风光。栈道中设置有休息平台和观景台，既可节省行人体力，也能形成收放有度的空间景观，增加游赏的趣味性。

打铁关——位于老王山东北面的郎岱镇境内，直线距离约9千米。这里四面均为崇山峻岭、悬崖峭壁，唯有形似布袋口的打铁关一条路，大有“一夫当关，万夫莫开”之势。打铁关除

了是古代的军事要冲外，也是清雍正年间鄂尔泰上书修建的滇黔古驿道上的重要关隘，历来都是兵家必争之地。关隘之下一处悬崖上，刻有浑厚苍劲的“岩疆锁钥”四个大大的繁体字。因打铁关地势险要，清廷长期在打铁关口驻军，形成了今天关隘旁的一个叫打铁寨的村子。嘉庆二十四年（公元 1819 年）夏天，林则徐奉旨去云南，从郎岱古城路经打铁关，在其旅行日记《滇轺纪程》中说，打铁关“行十五里过打铁关……陡险，下临无地”。现在的打铁关周边，山间的神庙、山顶的烽火台只剩残破遗址，现今仍残存着至牂牁湖西林古渡的古驿道。

九层山——在老王山东面直线距离 5 千米处，闻名遐迩的滑翔伞起飞场就设在九层山，山下是国家队的皮划艇训练基地。这里还是六枝著名的茶产业基地，所产的翠芽质量上乘。

此外，与晴隆县隔江相望的毛口渡口古称“西林古渡”，旧时为郎岱八景之一。

建议提醒：第一天环山线路，除何家寨苗寨外沿途无人家，无水源补给，应带足饮用水和路餐。因道路险峻、落差大，在环山徒步时必须高度重视安全问题。

第二天走的玻璃栈道路段，分内外两侧，内侧为水泥栈道，外侧为玻璃栈道，有恐高症及心血管疾病患者慎重选择。

供稿：六盘水市户外运动协会

图：李翔 / 宋文光 / 张羽飞

文：李翔

安顺市

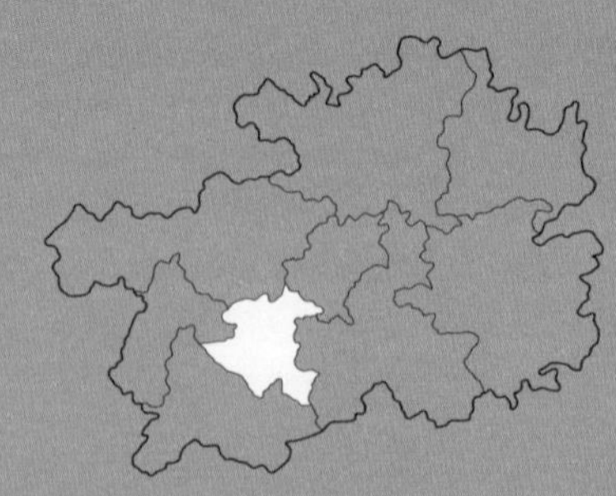

信息速览

英文名称	Anshun
面　　积	9267 平方千米
人　　口	236.36 万（2019 年，常住人口）
方　　言	西南官话贵州话昆贵片方言
行政区划	地级市
下辖地区	2 个区、1 个县、3 个自治县及 2 个管理区
政府驻地	西秀区市府路
机　　场	安顺黄果树机场
火 车 站	安顺站
电话区号	（+86）0851
车牌代码	贵 G
邮政区码	561000
地理位置	云贵高原中东部，贵州省中西部
高等院校	安顺学院、安顺职业技术学院、贵州民用航空职业学院
市　　树	香樟
市　　花	桂花

概览

安顺，寓意“国泰民安，风调雨顺”，拥有“中国瀑乡”“屯堡文化之乡”“蜡染之乡”“西部之秀”的美誉，辖2个区（西秀、平坝）、1个县（普定）、3个自治县（镇宁布依族苗族自治县、关岭布依族苗族自治县、紫云苗族布依族自治县）和黄果树风景名胜区、安顺经济技术开发区 2 个县级派出管理机

构。安顺素有“黔之腹、滇之喉、蜀粤之唇齿”之称，是贵州高原经济开发较早的中心区域，是古代黔中文化的发祥地。早在春秋战国时代，这里就是古西南夷地先后出现的两个神秘的少数民族地方政权——牂牁和夜郎国的发祥地。元代，这里开始形成集镇和乡场；至明代徐霞客来到西南游历时，这里已是“城垣峻整，街衢宏阔……城楼跨街，市集甚盛”。清代，地方工商业逐步发展，形成了“黔中商埠”，“商业之盛，甲于全省”。

今天的安顺市，是黔中经济区重要增长极、黔中城市群重要中心城市，是贵州省历史文化名城，拥有穿洞文化、夜郎文化、牂牁文化、屯堡文化等独特的历史文化遗存。

气候

安顺气候凉爽湿润、空气清新、太阳辐射低。空气质量优良率常年保持99.8%，是天然的“大氧吧”；年平均气温14.2℃，没有35℃以上的高温纪录。冬无严寒、夏无酷暑，全年舒适期长达8个月，是天然的“大空调”。因此，一年四季都适合来安顺，按季节增减衣物即可。

地貌

安顺市地处长江水系乌江流域和珠江水系北盘江流域的分水岭地带，平均海拔高度在1102—1694米之间，全境海拔高度560—1500米，是世界典型的喀斯特地貌集中地区。

自然生态

安顺市境内海拔差异较大，立体气候明显，适宜多种动植物生长。2019年，安顺森林覆盖率为56.73%，获得了“国家园林城市”“国家

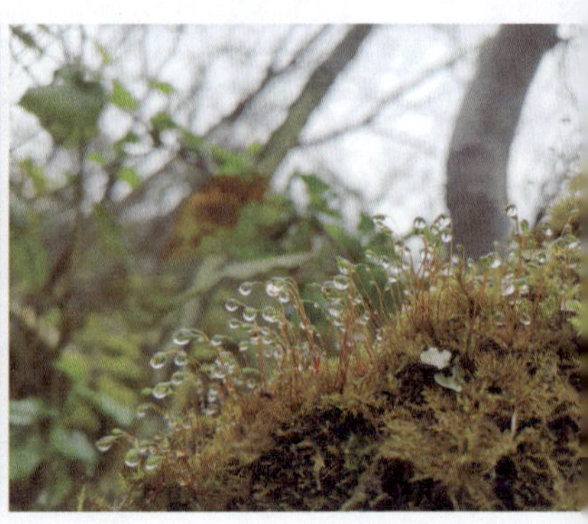

生态修复试点城市”等称号。境内已查明有药用植物 2000 多种，其中全国统一普查的 456 中重点药材中，安顺有 406 种，占 89%。

交通

航空：安顺黄果树机场（位于西秀区宋旗镇），为 4C 级民用运输机场，距离市中心 6 千米，开通的航线有至北京、青岛、昆明、重庆、济南、广州等城市 10 余条航线。

铁路：贵昆铁路贯穿安顺全境，京、沪、渝、穗、昆、筑列车均在安顺停靠，并通过川黔、湘黔、黔桂铁路与省外各地相连。沪昆高铁在安顺设有平坝南、安顺西、关岭 3 个站点。

安顺火车站（位于南华路），离汽车南站很近。停靠 Z、K 字头和普快、普客等列车。

安顺西站（位于幺铺镇大屯村），为沪昆客专贵州西段第一大车站，贵州省内每天有旅游高铁专列直达。停靠 G 字头列车。

公路：安顺交通便利，已建成西秀区为中心的环城高速公路网，境内县县通高速、乡乡通油路；沪昆高速公路横贯东西，从贵阳经安

顺直达黄果树，仅需2个小时。此外，安紫、织普等多条高速公路穿境而过。

安顺客运站主要有汽车西站（塔西路公安大楼旁边）和汽车南站（南华路黔东大厦对面）。

购物

在安顺市，汽车站门口和市区的很多地方都有不少小店，经营具有安顺特色的土特产。各处景区内还有各式旅游纪念品出售，到处都可以看到具有贵州特色的工艺品，如蜡染制品、安顺三刀、地戏面具、朵贝茶、木雕、镇宁波波糖、布依地毯、牛角梳、根雕、平坝牛干巴、“牛来香”牛肉系列产品等。不同季节还能买到如金刺梨、关岭红心火龙果、上关六月李等时令特产。

饮食

安顺是明初征云南大军的屯兵之地，是贵州开发较早的地方。饮食文化因此具有地域性强、品类丰富、江南风味浓郁、烹饪技艺多样、

制作讲究等特点。香辣是其主要的特色，其火锅自成特色，做法多样，蘸水讲究。西秀区集中了安顺市境内的众多美食，如安顺一锅香、炒寡蛋、旧州鸡辣子、花江狗肉、平坝全牛席、布依鸡八块、腊肉血豆腐、安顺山药系列菜、酸笋鸡等许多当地有名的佳肴在这里都能找到；在安顺最老的美食街——儒林路上，夺夺粉、素剪粉、安顺破酥包、麻饼、干鸡块粉面、卤粉、松糕卜粉、冲冲糕、裹卷、豆腐圆子、小锅凉粉、白糖饺、水晶凉粉、烤肉串、腊肉血豆腐、荞凉粉皮等各种风味小吃琳琅满目。

活动节日

安顺市是一个五方杂处、多民族聚居的地方，汉族人口占大多数，布依族次之，苗族人口居第三位，除此之外，还有回族、仡佬族、彝族、侗族等民族。安顺虽开发较早，但保留着浓郁的民族风情和地域文化，其中以被称为“老汉人”的安顺屯堡人的服饰、建筑和风俗习惯最具特色，平时可以到屯堡寨子观赏安顺地戏；时间允许，还可以参与苗族跳花节和“三月三”“四月八”、布依族六月六、仡佬族吃

新节、屯堡村寨“抬汪公”等传统民俗节日活动。

景区景点

安顺市景区景点众多，境内有被誉为“亚洲文明之灯”的普定穿洞古人类文化遗址、千古之谜关岭红崖天书、世界唯一的明代屯堡古村落、“中国戏剧活化石”安顺地戏、中国共产党老一辈无产阶级革命家王若飞同志故居等人文景观；还有国家级重点民族村寨3个，省级重点民族村寨300个，省级艺术之乡5个；国家级、省级、市、县级文物保护单位达115处。自然景观有5个国家级风景名胜区（黄果树、龙宫、夜郎洞、格凸河、红枫湖），1个国家级森林公园（九龙山森林公园），1个国家级地质公园（关岭化石群国家地质公园），3个省级风景名胜区（关岭花江大峡谷、普定梭筛、平坝天台山—斯拉河）和3个市级风景名胜区（安顺屯堡、安顺宁谷天落湾、镇宁普里山）以及众多的尚未纳入规划的景观多处。

图：秦刚 / 贺芝华

文：潘浩

大明屯堡古韵存——**健走屯军山**

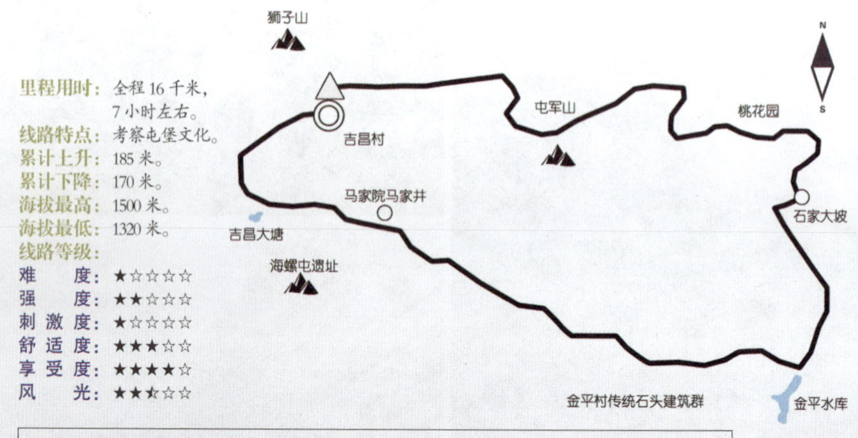

里程用时： 全程 16 千米，7 小时左右。
线路特点： 考察屯堡文化。
累计上升： 185 米。
累计下降： 170 米。
海拔最高： 1500 米。
海拔最低： 1320 米。
线路等级：
难　　度：★☆☆☆☆
强　　度：★★☆☆☆
刺 激 度：★☆☆☆☆
舒 适 度：★★★☆☆
享 受 度：★★★★☆
风　　光：★★⯪☆☆

最佳线路： 吉昌村—屯军山—桃花园—石家大坡—金平村—马家院—吉昌村

基本情况： 屯堡文化系明代从江南地区随军或经商到滇、黔的军士、商人及其家眷生活方式的遗存，自成一格，不同于当代汉族文化和附近的其他民族文化。在这里，随着岁月的变迁，安顺一带的屯堡人仍奇迹般地保存着600 年前江南人的生活习俗，其民居、服饰、

语言、饮食、民间信仰、娱乐方式无不具有600年前的文化因子，这种屯堡文化为古代汉民族的研究提供了丰富的资源。如：屯堡人的语言是明代的官话（相当于今天的普通话），多带卷舌音，发音快，透着军人的阳刚之气。在服饰上，屯堡妇女依旧穿着宝蓝色的长衣大袖和尖头的绣花鞋，精致的花边体现了江南刺绣的神韵，已成为研究明代服饰的活资料。

活动内容: 健步走、穿越、历史文化考察。

线路描述： 本线路为成熟的环行线路，技术难度为入门，基本为健步走和登山。路况良好，为部分山路加耕道，难度不高，适合大多数户外爱好者参加。四季可行，最美的时节为春节后至五一节期间。

起点从西秀区大西桥镇吉昌村出发，在村前田耕道左转进入小道，沿着山间田耕道上行，春季沿路可看漫山遍野的油菜花。到达屯军山下，从小道开始爬山约 1 小时，可到达山顶。这里既可踏访屯堡文化遗迹，也可俯瞰屯堡村寨将大片的油菜花田尽收眼底。

沿途景观：走本线，一是感受明朝汉文化风情，二是赏油菜花，三是游玩天龙屯堡古镇。因此历史人文景点较多，每年春季和七八月是最美时节。

屯军山——是吉昌村具有代表性的明代屯军遗址，位于吉昌村东面1.5千米，海拔1539米，整个石头建筑12万立方米。山顶古城墙环绕三道围墙，全长1200米，宽1.5米，高8米，有垛口、观察孔、射击道。城墙内有178间石屋和一座大殿遗迹，总占地面积120亩，城墙上有走道、石梯和两道悬空大门。山上有三口水井，有教场坝、打铁洞等古代军事设施，可屯军千余人。在考古清理遗址时，这里曾发现了大量古瓷片、古盔甲片等军事器物，有的还印有“成化年制”字样。

油菜花田——阳春三月，春光明媚，大西桥镇吉昌村油菜花悉数开放，行走在田间地头、溪河两岸、山峦腰间、村寨周围，到处都是金灿灿的油菜花，与屯堡民居、远处的群山构成了一幅美丽的田园风景画。

天龙屯堡古镇——元末明初，朱元璋调兵平定云南元梁王把匝剌瓦尔密之乱，史称“太

祖平滇”，又称“调北征南”。元梁王平定后，明廷命征南将士全部留在安顺一带屯田戍边。这些戍边军人及其家属就形成了今天所说的屯堡人，其居住的村寨就是屯堡村寨，天龙屯堡就是其中之一。天龙屯堡古镇位于平坝区，这里地处西进云南的咽喉之地，在元代是顺元古驿道上的重要驿站，名“饭笼驿”。600余年来，这里的文化自成一格，不同于贵州其他地方的汉族文化,也不同于安顺本地的少数民族文化，是相对封闭的明代文化遗存。这里的建筑，大多沿袭了具有江南水乡风韵的石头村落建筑形式；生活在其中的屯堡人，其语言、服饰、宗教信仰、风俗习惯等仍坚守着600年前的汉族文化。

如果不尽兴的话，可以把线路延伸至周边云峰八寨、天台山等景区。

建议提醒：天龙屯堡需购票进入。

感受600年前的大明文化，吃正宗屯堡农家饭菜和特色小吃，喝屯堡人家秘制大碗驿茶和屯堡自酿酒，观“中国戏剧活化石”地戏，购屯堡人家手工制作的工艺品和有机绿色产品。

供稿：安顺市徒步协会

图：贺芝华／徐丰山／陈正军

文：徐国强

欢烟摇曳访古村——从高荡村至石头寨

里程用时： 全程约 14 千米，7 小时左右。
线路特点： 布依文化发现之旅。
累计上升： 379 米。
累计下降： 287 米。
海拔最高： 1250 米。
海拔最低： 1112 米。

高荡村
梭罗桥
桂家河
石头寨
黄果树镇
陡坡塘瀑布
黄果树景区
黄果树瀑布
N
S

线路等级：
难　　度：★☆☆☆☆
强　　度：★⯪☆☆☆
刺 激 度：★⯪☆☆☆
舒 适 度：★★★☆☆
享 受 度：★★★☆☆
风　　光：★★★⯪☆

最佳线路： 高荡村—梭罗桥—石头寨—黄果树景区

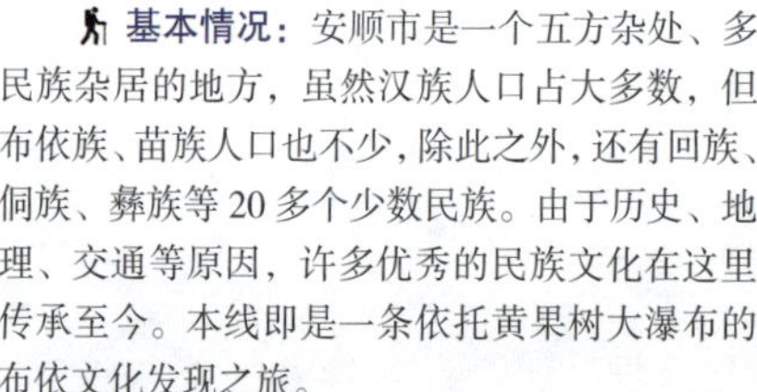

基本情况： 安顺市是一个五方杂处、多民族杂居的地方，虽然汉族人口占大多数，但布依族、苗族人口也不少，除此之外，还有回族、侗族、彝族等 20 多个少数民族。由于历史、地理、交通等原因，许多优秀的民族文化在这里传承至今。本线即是一条依托黄果树大瀑布的布依文化发现之旅。

活动内容： 徒步、溯溪、登山、串寨、风土民情考察。

路线描述： 这条线路无技术难度，但要求有一定体力，四季可行，适合大多数徒步者，为入门级徒步线路。本条线路全程徒步穿越，起点为镇宁布依族苗族自治县高荡村，穿过村庄行至梭罗桥，然后走山路翻山到河边，沿着

河边下行至石头寨，最后可到国家 5A 级重点风景名胜区黄果树游玩。

沿途景观：这条线路一路皆景，山清水秀，风景秀丽，民族风情浓郁。

高荡村——千年布依古寨高荡村，是一个原汁原味的布依族村寨，位于镇宁布依族苗族自治县县城西南 12 千米处，处于黄果树大瀑布和龙宫两个国家 5A 级风景名胜区之间，由原高荡、旧苑、元总、贡寨四个村寨合并而成，是一个有着近千年历史的布依族古村落。因寨子坐落在崇山峻岭之中，犹如碧绿的群峰上托着一口锅，布依语叫“翁座”，汉语称为“高荡”，故而得名。近千年来，当地传统的布依族石头建筑几乎未被破坏过，因此高荡村也成为了目前保存最为完好的布依族村寨之一。在高荡村，由于附近多石山和水层页岩，提供了天然的石料资源，历代布依族能工巧匠们就地取材盖成了寨内的石木结构干栏式石板房，不仅造价低廉，节约木材，不怕火灾；而且舒适耐用，冬暖夏凉，还不用挖土烧砖瓦，节约了土地和能源。除此之外，村里随处可见石门、石桥、石缸、石堡、石碑……人们世世代代伴石而居，远离尘世的喧嚣，如一幅绝美的山水画，给人一种岁月静好的感觉。高荡村因人文景观和自然景

观双枝并秀，曾先后被国家多部委列入“中国传统村落名录”“中国少数民族特色村寨”和“全国文明村寨”，是省级文物重点保护单位。

梭罗桥——是一座位于高荡村约2千米处的石拱桥。这座梭罗河上的古桥据说已有近600年历史，是当年南北贯穿永宁州的古驿道的咽喉，南来北往的人都必须从这座石拱桥上经过。虽然时间久远，但该桥保存完好，桥面平整，至今仍在使用。

石头寨——石头寨也是具有浓郁布依风情的石头建筑村寨，距黄果树大瀑布约6千米。寨子依山傍水，里面几乎所有的建筑，都是由石头和石板建造而成，所以叫做“石头寨”。寨里人家以伍姓为主，传说600年前，有伍姓祖先到此定居逐步繁衍成寨，现在全寨共有200户人家，1000多口人。石头寨依山傍水，四周有秀丽挺拔的群山，寨前田连阡陌，寨后绿树成荫，寨边有宽阔的石头河，河水清澈见底，常见游鱼成群，互相追逐。河上有一座30多米长、5米宽的五孔石桥，石拱与倒影连成一个个圆的洞门，对岸绿水青山，映在圆洞里，如五幅不同画面的山水彩屏。竹林、果树相间的岸边石屋村寨，在阳光辉映下，如片片白云，散落在青山绿水间，美不胜收。

建议提醒：在高荡村和石头寨，浓郁布依特色的节日很多，有“三月三”“四月八”“六月六”和尝新节等,其中最隆重的要数“六月六”。这一天，村里男女老少盛装艳服，载歌载舞，欢庆节日。如果遇到这些日子，千万别错过。

进入黄果树国家重点风景名胜区需要购买门票。

供稿：安顺市徒步协会

图：贺芝华 / 张羽飞 / 国栋

文：徐国强

万山辐辏水环潆——三岔河至塘约村穿越

里程用时： 15千米，6小时。
线路特点： 感受喀斯特地貌，美丽乡村。
累计上升： 250米。
累计下降： 400米。
海拔最高： 1500米。
海拔最低： 1100米。

N
S
引子渡水库
三岔河
尖山口
丫口田
大土村
谷掰寨
塘约村
姑娘田

线路等级：
难　　度：★☆☆☆☆
强　　度：★★★☆☆
刺 激 度：★★☆☆☆
舒 适 度：★★★☆☆
享 受 度：★★★☆☆
风　　光：★★☆☆☆

最佳线路： 姑娘田——大坡林场—三岔河尖口山——丫口天—大土村—谷掰寨—塘约村

基本情况： 本线路在平坝区西南部乐平镇境内，乐平镇森林覆盖率达到42%以上，曾获国务院颁发的“全国造林绿化百佳乡镇”荣誉称号。

活动内容： 徒步穿越、爬山、民俗。

路线描述： 这条线路为成熟线路，全程徒步穿越，穿越丛林、河谷、山崖等，里程在15千米左右，难度不高，为入门级徒步线路。起点一般为乐平镇姑娘田，进入林场，行至三岔河尖口山，顺河行走至塘约村。

沿途景观： 本条线路全程山路，一是丛林穿越，二是感受高山湖泊、高山盆地等喀斯特地貌，三是欣赏美丽乡村，感受改革开放和脱贫攻坚、乡村振兴的新面貌。

斯拉河——是乌江上游南源三岔河的下游的一段，全长32.9公里，位于平坝区西北部的乐平镇和齐伯镇，与毕节市织金县接壤，为安顺市平坝区境内的一个省级风景名胜区。21世纪初，在斯拉河北端格孜河谷修建了装机容量36万千瓦的引子渡水电站。引子渡水电站作为

西电东送的主力电站之一，建成了一座高 130 米、宽 1 公里的大坝，形成了一个库长 27 千米、面积 17.9 平方千米、库容量 5 亿立方米的高峡平湖。这里生态环境优良，湾多、鱼多、奇峰多，林海幽深，瀑布成群，加之众多的溶洞、山泉、暗河等，构成一幅集高原湖泊、峡谷风光和民族风情为一体的风景长卷，有引子渡主湖区、斯拉河峡谷、多缤洞、苗族棺葬洞、桃花苗族风情村、天然温泉等景点。其中，又以齐伯镇桃花湖村的平坝苗族棺葬洞最为著名，出土的宋代彩色鹭纹蜡染百褶裙被国家相关部门定为一级文物。

塘约村——地处平坝区乐平镇，由十个自然村寨组成，是全国闻名的乡村振兴示范村。这里群山环绕，染布河从村前潺潺流过，森林覆盖率达 76.4%，别致的民居错落有致地镶嵌在绿树丛中，显得生机盎然。作为安顺市第一个农村综合改革发展试点和首批全国农村社区建设示范单位，塘约村实现了从国家级二类贫困村向“小康示范村”的巨大嬗变，成为新时期中国农村改革奇迹的缩影。曾经的穷山恶水已变成今日的绿水青山，被评为全国文明村镇、首批全国农村社区建设示范单位，并入选首批全国乡村旅游重点村落名单。

时间充裕的话，可以顺道看看乐平镇附近的苍劲古老的大屯银杏树、建筑古朴的乐平文昌阁等景点。

建议提醒： 本条线路可以选择在塘约村食宿，可体验当地的民俗风情，感受新农村建设的成果。

图： 贺芝华
文： 徐国强

安顺市

溪静鸟喧青峰里——穿越王二河

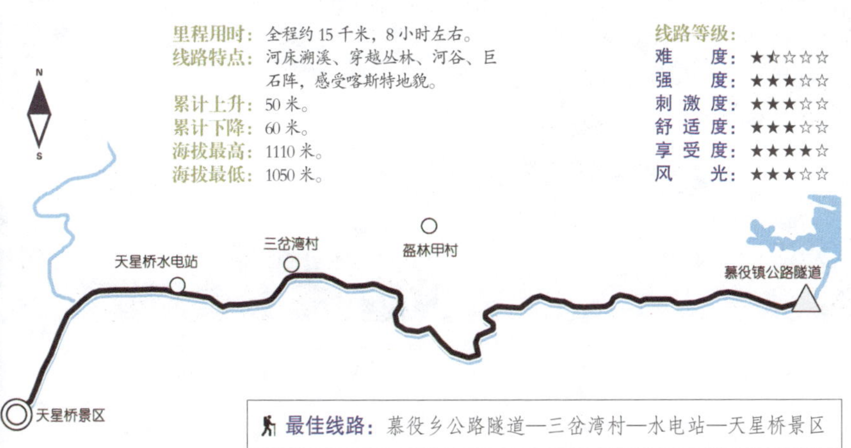

里程用时：全程约 15 千米，8 小时左右。
线路特点：河床溯溪、穿越丛林、河谷、巨石阵，感受喀斯特地貌。
累计上升：50 米。
累计下降：60 米。
海拔最高：1110 米。
海拔最低：1050 米。

线路等级：
难　　度：★★☆☆☆
强　　度：★★★☆☆
刺 激 度：★★★☆☆
舒 适 度：★★★☆☆
享 受 度：★★★★☆
风　　光：★★★☆☆

最佳线路：慕役乡公路隧道—三岔湾村—水电站—天星桥景区

基本情况：这条线沿着镇宁布依族苗族自治县境内的王二河行走。王二河是北盘江下游的北岸支流打帮河的东源，被现代水文确认为打帮河正源；打帮河西源可布河下游白水河段就是天下闻名的黄果树大瀑布。王二河发源于西秀区林哨，至募役盆地后转西流，与西源可布河汇合后称打帮河。王二河长 85.9 千米，流域面积 776.8 千米，落差 314 米，河口多年平均流量 15.6 立方米 / 秒。流域范围内石灰岩分布广泛，多洞穴、井泉、峰丛和洼地。

活动内容：徒步、峡谷穿越。

路线描述：这条线路为溯溪和丛林穿越初级徒步线路，行程两天一夜。全程基本为山路，必要时需要开辟徒步道路（长年无人行走，需清理杂草）。全程难度适中，天星桥风景区可休闲游。

起点一般为镇宁布依族苗族自治县慕役乡公路隧道，过桥后右转进入小道，沿着河床行至天星桥水电站，从水电站出来，步行 5 千米到达天星桥景区。

沿途景观：该线路由于地处岩溶发育区，形成了多峰丛洼地和河间峡谷等天然景观，植被茂盛，一路皆景，春、秋两季是本线路最美时节。

王二河峡谷——长约 15 千米，由于河谷深切和河水冲刷以及上游修筑的王二河水库蓄水，使之形成了以陡峭的崖壁、怪异的山岩、深切的河谷、复杂的地貌、大小不等的水塘为特征的喀斯特中山峡谷地貌，集山峰、峡谷、峭壁、断崖、跌水、钙华、溪泉、奇石、喀斯

特森林于一峡，纳奇、秀、野、幽为一体，风光旖旎，景象万千。

天星桥景区——为线路的终点。天星桥景区位于黄果树大瀑布下游7千米处，石笋密集，植被茂盛，集山、水、林、洞为一体，为国家5A级黄果树风景名胜区所辖的一个富有特色的景区，由天星盆景区、天星洞景区、水上石林区三个连接的片区组成。

建议提醒：此线路春末夏初涨水季节水量较大，上游水库可能放水，不能穿越。

露营可在三岔湾村，不建议在河边露营，如上游下雨或水库放水，可能会暴发山洪，十分危险。

行程安排上，建议第一天徒步露营，第二天游览天星桥风景区，但需购买门票。

供稿：安顺市徒步协会

图：贺芝华　**文：**徐国强

洞在清溪何处边——登镇宁山

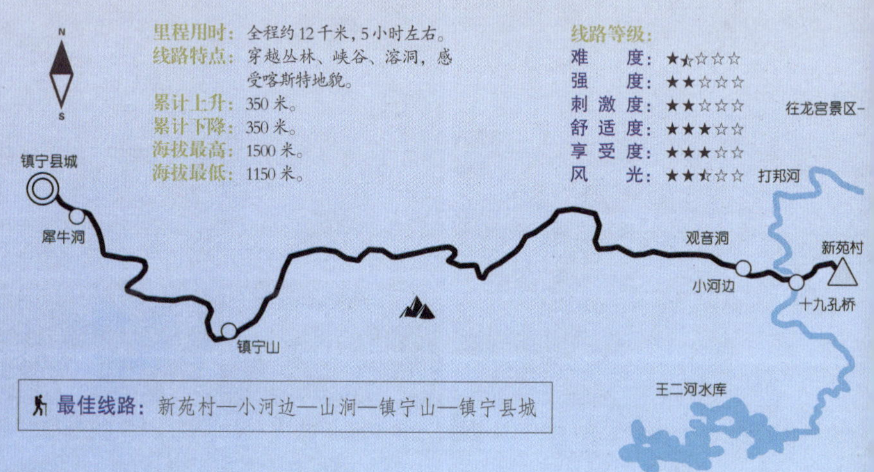

基本情况：镇宁山位于镇宁布依族苗族自治县城东1千米，又称“东坡山”。此山自东向西波浪般蜿蜒起伏，连绵数十里，是镇宁县城的最高峰，自古为镇宁城的主要屏障。山下有镇宁师范学校，可称一县之文脉。以县城

的名字来命名一座山，足见镇宁人对这座山的景仰。

活动内容：徒步、登山、串寨、地质考察。

线路描述：全程山路，穿越丛林、峡谷、溶洞、山崖等，一些路段长年无人行走，必要时需要开辟徒步道路。技术难度不高，但要求有一定体力，四季可行，适合大多数徒步者，为初级徒步线路。

从新苑村出发，过村后从一家农家乐旁沿河床行走，进山沿山间小道前行，沿途会看到溪流和各种喀斯特地貌形态，风景优美。

沿途景观：此线风景秀丽，植被茂盛，主要为喀斯特地貌景观。春秋两季是最美时节。

龙宫景区——位于贵州省安顺市西秀区境内，为国家5A级风景名胜区。景区集溶洞、峡谷、瀑布、峰林、绝壁、溪河、石林、漏斗、暗河等多种喀斯特地质地貌景观于一体，包括龙宫中心景区、油菜湖、漩塘、群芳谷、蚂蟥箐等片区，是喀斯特地貌形态展示最为全面、集中的景区，堪称“喀斯特博物馆”。龙宫景区拥有几项世界基尼斯之最：最大、最多的水旱溶洞群、天然辐射率最低的地方等。

新苑村——是朵卜陇乡所辖的一个布依族村寨，地处黄果树、龙宫两个5A级风景名胜区之间，王二河水利工程形成的黄龙湖穿村而过，成为连接两个景区的水上通道。一座建于清道光年间的十九孔桥横跨湖面，湖边山上还有观音洞，逢年过节当地人在此祈福。

犀牛洞——坐落在县城东大街尽头处的镇宁山上，原名“伙牛洞”，早在清代就已闻名。1975年修建地下提水站时，在洞内挖出牛骨化石，遂改名犀牛洞。洞长1000米、高40—60米，宽5—7米，主要景观有观音殿、擎天柱、琵琶潭、宝塔林等。

沿途特产：镇宁波波糖、六马桐油等。

建议提醒：本条线路露营要注意夜间保暖。建议行程分两天，第一天游览龙宫风景区（需购票进入），小河边露营；第二天徒步。

供稿：安顺市徒步协会

图：贺芝华　**文：**徐国强

关山初度路犹长——**行走关索岭**

里程用时：全程约 16 千米，9 小时左右。
线路特点：走古驿道，观瀑布，赏天书。
累计上升：407 米。
累计下降：127 米。
海拔最高：1050 米。
海拔最低：648 米。

观景台
滴水滩瀑布
鸡公背古道
周西成墓
坝陵河大桥
过河处
关索岭
御书楼
二道城门
马刨泉
关岭电视台
断桥
关索岭古道
晒甲山
红崖天书
N
S

线路等级：

难　　度：★★☆☆☆
强　　度：★★★☆☆
刺 激 度：★★★☆☆
舒 适 度：★★★☆☆
享 受 度：★★★★☆
风　　光：★★★⯪☆

最佳线路：关岭县电视台—古驿道—断桥—滴水滩瀑布—红崖天书

基本情况：关岭布依族苗族自治县位于红水河上游的盘江流域，这是一块神奇而古老的土地。县城东北面有一座关索岭，是乌蒙山的支脉，势极高峻，周围百余里。王士性在其《广志铎》中记载“关索岭，贵州极高峻之山，上设重关，挂索以引行人，故名关索。”又据说

三国时，诸葛亮曾率兵在云贵高原一带征战。《关岭县志》中记载，因为诸葛亮率兵劈山开岭为关，开辟了翻越安顺关岭的西南驿道，又命汉寿亭侯关羽之子关索屯兵留守，所以当地人就把这座高大险峻的山脉称之为关索岭，现称“关岭”，县也因岭而得名。

关岭一带在尧舜时代为梁州黑水之滨，商周时期为鬼方之属，春秋则为牂牁古国、夜郎故都，秦汉以降，羁縻于中原，宾叛不一。明朝贵州建省后，称永宁州。县境处于云贵高原东部脊状斜坡南侧向广西丘陵倾斜的斜坡地带，

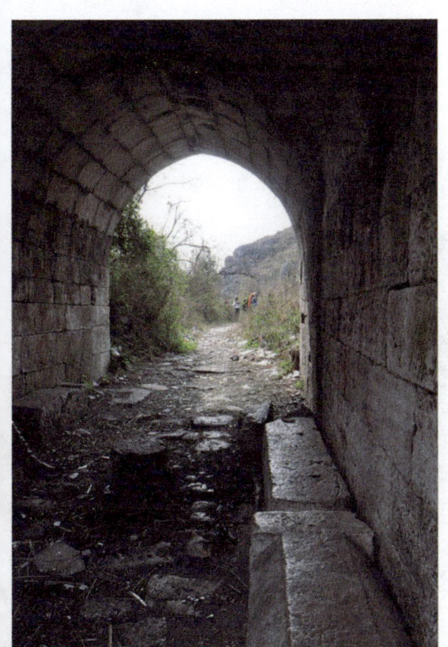

地势西北高、东南低。境内山脉属乌蒙山系，大部分地区海拔高度在 800—1500 米之间，山体绵延起伏，碳酸盐岩分布广泛，喀斯特地貌发育强烈。

由于交通区位优越和地形特殊，这里自古就是中原通往云南边疆古驿道上的重要节点。其中，关索岭因地势险峻，连绵逶迤，有“上走云南十八站，下进京城七十二天”的之说，历来为兵家必争之地。清代康熙皇帝称其为“滇黔锁钥”，并题匾挂在关索岭古驿道的御书楼上。

活动内容：徒步、登山、穿越、溯溪、地质和文化考察。

线路描述：本线多为山路、古驿道和乡道，一些路段长年无人行走，必要时需清理杂草开辟道路。全程穿越丛林、河谷、山崖等地貌，对体力有一定要求，为中级徒步线路。

建议行程为两天一夜，第一天走古驿道、红崖天书，第二天走滴水滩瀑布玩水。

沿途景观：本线路沿途风景绝佳，喀斯特地貌形态千姿百态，石芽、竖井、漏斗、洼地、谷地、盲谷、丘峰、峰林等到处可见，溶洞、暗河、地下廊道比比皆是。遇到天气晴朗时，可远眺矗立在云海中的坝陵河大桥。

古驿道——是滇黔古驿道保存得较为完整的一段，在关岭县城东面，现在仍在使用。在全长约 5 千米、宽 3—4 米的路面上，古旧光滑的铺路石块在下雨的日子里仍然散发着美丽的光泽。据说这段古驿道最早是诸葛孔明南征时开辟的，《徐霞客游记》载：“索为关公子，随蜀丞相诸葛南征，开辟蛮道至此。”现存的古驿道在明初就整修成形，依山就势，以整块

毛石砌就，坡地路面为阶梯形，蜿蜒曲折，为滇黔古驿道陡峻险要的一部分，具有“一夫当关，万夫莫开”之气势。沿古驿道上山，会看到一座破旧的古建筑，这里就是悬挂清康熙皇帝题写“滇黔锁钥”四个大字的御书楼。可惜楼已坍塌，只留下了残破的石柱和石头地面连接古建筑的前后部分。御书楼的下面有一个圆形的城门洞，而古驿楼就从此间穿过。古代从云南过来的商旅马帮载着货物穿过这里，去镇远、往兴义，至今仍存马蹄痕迹。明代大旅行家王士性和徐霞客都曾经此驿道赴滇，并分别在其著作中有所记录和描述。现在，坝陵河峡谷那边的群众如果要行走到县城，这条古道仍是必经之路。从历史到今天，这条古道依旧承载着山里人对生活的无限憧憬，至今仍有不少关于蜀汉南征时的历史地名，诸如孔明塘、关索洞、马刨泉、刀把泉、孟获屯、诸葛营、哑泉等。

断桥——有“关索桥”“灞陵桥”“八里桥”等名称，《徐霞客游记》又称“关岭桥”。位于关索岭山脚断桥镇坝陵村坝陵河上，是关索

古驿道的开端，过去走滇黔古道必走此桥。桥为石质，长 40 米、高 20 米、宽 5 米，中空 4 洞，架石为梁。过去桥两端各长有粗大黄桷榕树一株，高五六丈，人称“骑桥双树”，两株黄桷树被誉为“天构凉亭”，为永宁州八景之一。清道光六年（公元 1826 年），桥右端的大树倒于河中，桥倒塌一半。道光十六年（公元 1836 年），知州黄培杰主持补修。1936 年，滇黔公路经过桥上，做了最后一次修补。抗日战争期间，日行车辆数千辆（次），成为大后方运输的重要节点。1949 年，国民党败军炸毁桥一洞，不能通行，故成“断桥”。

滴水滩瀑布群——从鸡公背沿公路顺峡谷下行不远，就能看到挂在对岸山崖上的滴水滩瀑布群。瀑布群挂在关索岭大山上，由三个大瀑布和几十个中小瀑布和跌水组成，上为连天瀑布，中为冲坑瀑布，下为高滩瀑布，总落差 410 米。水量虽不及黄果树瀑布大，但呈三段飞泻而下的瀑布总高却是黄果树瀑布群中最高的。这里两山对峙，东为大坡顶，西为关索岭，

中间是深达700米的坝陵河峡谷，气势雄浑。在丰水季和枯水期时，滴水滩瀑布景色不一、各具风姿。

周西成衣冠冢——在古驿道鸡公背丫口旁。这里是民国初期贵州著名历史人物周西成的衣冠墓，尚存100多米的精石修建的圆弧形外墙、拜台及圆形衣冠墓。周西成是当时的贵州省政府主席，掌握了贵州的军政大权。1929年，由于周西成与蒋介石不和，蒋指使云南军阀支持贵州另一军阀李燊与之开战。周西成亲自赶赴鸡公背一带督战，激战中周西成中弹负伤，落水身亡。后来，李燊被蒋介石扶为贵州省主席，却只当了18天就被赶走，留下了“民国十八年，贵州十八子，省长十八天”的笑谈。事后，当时的贵州省政府及其妻将尸体搬回桐梓安葬，将血衣葬于鸡公背丫口前的作战故地，并修建了这座规模宏大的衣冠冢。

红崖天书——又称“红崖碑”“诸葛公碑”等。在断桥镇龙爪树村坝陵河峡谷东岸有一个叫晒甲山的地方，传说是诸葛亮部下晒甲晾盔之地。在长100米、高达30多米的半山一段略凹入的岩壁上，有非镌非刻、非阴非阳的数十

个大小不等的神秘方形符号和图案。这些符号和图案形如古文遗迹，似篆非篆，若隶非隶；横不成列，竖不成行；大者如斗，小者如升。在绿色山峦中格外耀眼。在这段岩壁上顶，有一个长约 30 厘米至 60 厘米、厚约 30 厘米伸出来的岩石层面断头，像屋檐一样挡住山水对其的冲刷。这就是红崖碑，亦称“红崖天书”。从明弘治《贵州图经新志》首记“红岩山”算起，络绎不绝的访碑求碣者登山陟岭、剔藓扪岩，只为破解“红崖天书”。人们绞尽脑汁，有说为三危禹迹，有说为殷高纪功，还有说是诸葛碑文、苗文古书等；也有人认为非人工所为，乃自然生成之石花……迄今尚无定论，被称为“南中第一奇迹”。20 世纪 90 年代，当地政府更是悬赏百万破译“天书”，但至今仍无定论。

建议提醒：本线路晚上露营地点别离河床太近，须提防上游下雨突发山洪。

供稿：安顺市徒步协会

图：贺芝华 / 张羽飞 / 肖凤

文：潘浩 / 徐国强

迢递关河峻无极——**从罗秧河至北盘江**

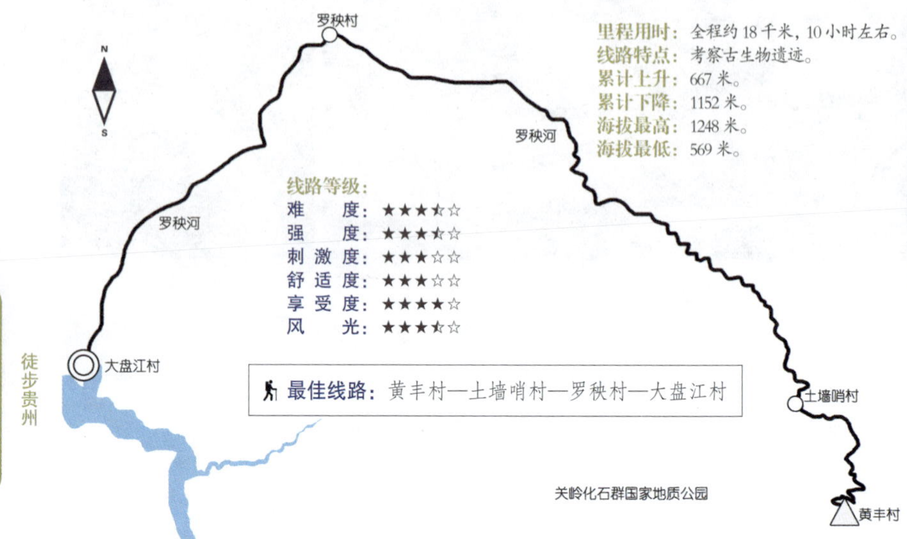

里程用时： 全程约18千米，10小时左右。
线路特点： 考察古生物遗迹。
累计上升： 667米。
累计下降： 1152米。
海拔最高： 1248米。
海拔最低： 569米。

线路等级：

难　　度：★★★☆☆（3.5）
强　　度：★★★☆☆（3.5）
刺 激 度：★★★☆☆
舒 适 度：★★★☆☆
享 受 度：★★★★☆
风　　光：★★★☆☆（3.5）

最佳线路： 黄丰村—土墙哨村—罗秧村—大盘江村

基本情况： 在关岭布依族苗族自治县岗乌镇和新铺镇交界处，绵延在整个郎岱、岗乌的乌蒙群山在这里骤然收尾，与新铺对峙的群山形成了一道幽邃的峡谷。罗秧河静静在峡谷之中流淌，在跌落到北盘江的狭窄处，形成了非常独特的峡谷景观，峡谷里水清、石奇、树怪，让人心向往之。

20世纪40年代，在新铺乡卧龙岗一带，

发现了距今2.2亿年前的海百合化石；90年代后，又相继发现了鹦鹉螺、海龙、鳍龙等海生爬行动物化石群。关岭发现的各类化石保存数量巨大、形态精美，为全球同期地层所罕见。

关岭化石群是全球晚三叠世独一无二的海洋生物化石库，它的发现，对于研究晚三叠世的古生物学、古生态学、古海洋学、古埋藏学和地层学等具有非常重要的科学意义。此外，关岭化石还具有很高的观赏价值。

活动内容：峡谷穿越、绳降、地质考察、古生物考察。

线路描述：这条线路沿关岭化石群国家地质公园周边进行科考的户外徒步线路，四季可行，但地势险峻，道路艰难，是安顺市内较

有挑战性的一条高级峡谷穿越徒步线路。本线路道路开始和结束时为山路、机耕道，进入峡谷后就在河床上行走。在这里，可徒步、溯溪、绳降和露营。

除夏季雨水较多、河床涨水为水线外，其他时候基本为河谷徒步。因此，夏季跟其他季节是两种截然不同的风景，可根据季节选择徒行方式。其他季节，尤其是冬季为枯水期，峡谷中气温要高 3℃左右，所以徒步在河谷之中，不会感到寒冷，是很适合徒步的温度。夏季时为丰水期，因河床涨水，线路就变为了涉水线，道路比较险峻，溯溪时有一定的难度，需要带齐溯溪装备，并有一定的户外经验和技术。

线路分为两段，起点一般为新铺镇黄丰村，沿山路下山至土墙哨组溪流边，行走在河谷中较为平缓。第二段顺溪流沿河谷下行至罗秧村，由此顺着罗秧河下游往北盘江方向行走，到达终点北盘江村，这一段相对陡峭。

沿途景观：本线路沿途风景绝佳，喀斯特地貌形态千姿百态，每个季节都有不同的风景，不同的徒步体验。

关岭化石群国家地质公园——在线路起点附近的关索镇外环路文化中心旁，2006 年 9 月 28 日正式对游客开放。规划面积 26 平方千米，保护区 200 平方千米，核心区 0.94 平方千米。关岭化石群内埋藏的古生物化石形成于距今 2.2 亿年前（晚三叠世）的海湾环境。关岭古生物化石，主要包括鱼龙、鳍龙、楯齿龙等海生爬行动物化石及海百合、菊石、双壳类、牙形石、鹦鹉螺、腕足类、鱼类和古植物化石。

罗秧河峡谷——当地人称其为“手扒岩峡谷”。这里的大山土壤，极为贫瘠，只能生长低矮的野草和灌木，山石因雨水冲刷而裸露在外，呈石漠化状态，其生态环境相对脆弱。地面除了白色的河沙就是大小不一的石头，这些石头因为溪水长久冲刷而圆润光滑。峡谷里，沟壑纵横，峭壁林立，巨石垒叠，人迹罕至。虽景色奇美但几乎无路可寻，只有在峡谷里摸索可以穿行的路。行至危险至极的绝壁，那就迂回绕过；遇到湍急汹涌的激流，那就穿过旁

边石缝匍匐越过；面对深不可测的水潭，那就借助安全绳索渡过；有时还要翻越数米高光滑的石壁，然后跳入齐腰深的潭水中……

小壶口瀑布——是罗秧河下游峡谷的一道风景，为季节性瀑布。每年雨季过后，瀑水从高10余米的喀斯特岩石河床上穿过石隙分两路骤然泻入水潭中，水流不大，显得十分温柔，瀑水如丝绸般，没有震耳欲聋的瀑声，也没有让人望而却步的气势，人可以静静伫立在她的面前，聆听她、抚摸她。枯水期时，河水断流，岩石完全裸露出来，又是另外一种感觉。

海百合化石——“海百合”是一种大约生活在2.2亿—2.3亿年前的古生代棘皮动物。它的花朵是捕捉虫子的网，它的茎也是用来捕捉和运送食物的。在花朵底部是它的口器，当它吃饱了，它会垂下它的花朵。这种动物一般在水深约200—500米的海洋中生活，由于当时关岭一带沉积环境宁静，海百合和水生爬行动物、鱼类、大量的无脊椎动物在这里被完好地保存下来，经后期地质作用和石化，形成了这一世界罕见、形态精美的景观。

附近景点有岗乌上甲布依族千年古榕树、花江大峡谷等景点，时间允许，不妨去看看。

沿途特产：花江剪粉、关岭达尔粑、断桥煳辣椒、板贵花椒、永宁油豆豉等。

建议提醒：本线可分为一天线和两天线。一天线从罗秧村到大盘江村；两天线可以先游览关岭化石群国家地质公园后走完全程。

安全第一，夏季雨水较多，要注意天气变化，以防河水突然暴涨，形成山洪。如果要在山谷中露营，地点须远离河谷，在高处扎营。

在峡谷底部溯溪而行时，时而在水中穿行，时而翻越巨石，路滑、崴脚、摔跤等情况很常见，因此登山杖、溯溪鞋等装备和一些跌打损伤药品必备。进入山谷后无人居住，无补给地方，需自带干粮和1升以上饮用水。

除了脚印，其他都别留下；除了垃圾，其他都别带走！

供稿：安顺市徒步协会

图：贺芝华 **文：**徐国强

云峰水畔好风光——**环行噜嘎**

平寨
噜嘎村
旧院
噜嘎水库
鲁羊
三叉河
羊架河
N
S

里程用时： 全程 15 千米，7 小时左右。
线路特点： 考察民族文化和喀斯特地貌。
累计上升： 289 米。
累计下降： 260 米。
海拔最高： 1150 米。
海拔最低： 900 米。

线路等级：
难　　度：★★⯪☆☆
强　　度：★★★☆☆
刺 激 度：★★☆☆☆
舒 适 度：★★⯪☆☆
享 受 度：★★★⯪☆
风　　光：★★⯪☆☆

最佳线路： 噜嘎村—噜嘎水库—噜嘎村

基本情况： 本线路位于紫云苗族布依族自治县境内的麻山地区，这里地处贵州高原向广西丘陵过渡斜坡地带，沉积岩和碳酸盐岩体形成众多壮观的溶洞群和高山峡谷，是典型的

喀斯特地貌。过去这里是贵州省少数民族聚居地区中喀斯特地貌发育最典型、最贫困的深山区、石山区，也是中国境内石漠化最严重的喀斯特地区。随着国家脱贫攻坚政策的实施，这里发生了翻天覆地的变化，人民生活蒸蒸日上，生态环境得到全面恢复。此外，在线路附近苗族村寨发现并挖掘的苗族英雄史诗《亚鲁王》，入选第三批国家级非物质文化遗产名录。

活动内容：徒步、登山、涉水、串寨。

线路描述：本线路为中级徒步线路，全程道路为山路和机耕道，线路有大部分属于丛林穿越，有一定强度，有些地段需要绳索通过；还有一段需溯溪而行，借跳蹬过河。该线四季可行，秋天是最美季节。

从噜嘎村出发，溯河流而上，向西南行不远到达噜嘎水库，沿着水库行至水源尽头，开始穿越丛林，行至水库上游羊架河，溯溪而上，穿越丛林，返回噜嘎村。

线路描述：本线山清水秀、风景秀丽、植被良好，民族风情浓郁。

噜嘎村——是一个传统布依族村寨，位于四大寨乡东北部，距县城 28 千米，四红公路穿

村而过。这里民风淳朴，风情浓郁；周边森林覆盖率高，冬暖夏凉，是个避暑的好地方；还盛产金秋梨、蜂糖李、中药材等土特产。

噜嘎水库——在噜嘎村西南，长2.7千米、宽30—500米，呈长条带状蜿蜒在山谷间。水库水质清澈，呈翠绿色，像一颗镶嵌在群山之中的绿宝石，是一个“春天有花开、夏天有水玩、秋天有果尝、冬天有菜摘”的乡村旅游胜地。

建议提醒：徒步结束后，可以到“集喀斯特山、水、洞、石、林组合之精髓，融雄、奇、险、峻、幽、古为一身”的格凸河国家4A级风景名胜区游玩，这里已被列入国家自然与文化双遗产名录，还是省级攀岩运动基地，并连续成功举办多届“攀岩节”“丛林穿越挑战赛”等赛事活动。此外，附近宗地镇一带的苗族村寨能听到当地流传至今的苗族英雄史诗《亚鲁王》和相关传说故事。

供稿：安顺市徒步协会

图：贺芝华　**文：**徐国强

山岛竦峙水澹澹——丰林火焰山考察

N
S
上丰林
丰林村
火焰山
上补锅
冷蛋冲
下补锅

里程用时： 全程约 7 千米，4 小时左右。
线路特点： 穿越丛林，环行丰林火焰山。
累计上升： 387 米。
累计下降： 465 米。
海拔最高： 1780 米。
海拔最低： 1320 米。

线路等级：

难　　度：⯪☆☆☆☆
强　　度：★⯪☆☆☆
刺 激 度：★★☆☆☆
舒 适 度：★★☆☆☆
享 受 度：★★★☆☆
风　　光：★★★⯪☆

最佳线路： 下补锅—冷蛋冲—上丰林—下补锅

基本情况： 这条线路位于普定县坪上苗族彝族布依族乡丰林村，全村辖上丰林、下丰林、上补锅、下补锅 4 个自然村寨，平均海拔 1800 米，属全乡海拔最高区域。全村森林覆盖率达 89.37%，为县内森林覆盖率最高的村寨。这里鸟语花香，人与自然和谐相处，空气清新，是生态科考和休闲度假的好地方。

活动内容：登山、徒步、生态科考。

线路描述：本线路为入门级环山徒步线路，全程道路大部分为山路，部分为铺装路面。全程徒步登山、穿越丛林等，强度不高。该线四季可行，春秋两季是最美季节。

从丰林村进入，沿山路蜿蜒向上，下补锅沿着规划线路登山，经冷蛋冲到达上丰林，然后环行至下补锅返回。

沿途景观：本条线路四周山峦起伏，群峰竞秀，林木茂盛，幽静深邃，野趣横生，是一个天然森林公园。清澈的溪流迂回奔腾，林间小鸟啼啭，溪边山花点点，蝴蝶伴舞，自然情趣遍布其间。

火焰山——属普定县第二高峰，海拔高1783.8米，年平均气温14.20℃，冬无严寒、夏无酷暑。这里林草茂密，是安顺市仅存的原生植被区。每年3至4月映山红绽开，整个景区火红一片；11月上旬至次年1月上旬，方圆5平方千米的满山枫叶染红了层层树林，远看就像一片熊熊燃烧的火焰，颇为壮观，火焰山由此而得名。

夜郎湖——位于县城北部，是乌江上游南

源三岔河上的普定水电站蓄水形成的湖泊，湖区全长42公里，环绕坪上乡15个村。蓄水4.2亿立方米，山映碧水，水抱群山，构成上百个半岛、岛屿和湖湾。两岸高山对峙，形成“三湾十岛”，湖光山色与当地的苗族风情相得益彰。

周边其他景点还有丰林村、落水岩瀑布、龟山、枫溪、云山等处。

沿途生物：火焰山是安顺市辖区内保存得最完好的原始植被群落，乔、灌、藤、草等植物层次分明，有银杏、铁杉、红豆杉、粗榧、青钱柳、领春木、香果树、润楠、水青树、樟树、山冈子、毛果柿、野八角等国家二、三级保护的珍稀植物；火焰山药用植物资源丰富，品种繁多，约在300种以上，著名的常用中药有天麻、杜仲、黄连、三七、蛇莲、一枝蒿、八不金等。树林中有斑鸠、红腹锦鸡、画眉、箐鸡、猴面鹰、杜鹃、穿山甲、黄鼬等数十种野生动物。

建议提醒：山上露营地点很多，但温差较大，注意保暖防湿。

供稿：安顺市徒步协会

图：贺芝华　**文：**徐国强

毕节市

信息速览

英文名称	Bijie
别　　名	毕城
面　　积	26848.5 平方千米
人　　口	937.76 万（2019 年，户籍人口）
方　　言	西南官话贵州话黔北片方言
行政区划	地级市
下辖地区	1 市辖区、7 县、1 管委会、1 新区
政府驻地	七星关区碧阳大道 518 号
机　　场	毕节飞雄机场
火 车 站	毕节高铁站、织金北站、草海站、大方站、纳雍站等
电话区号	（+86）0857
车牌代码	贵 F
邮政区码	551700
地理位置	贵州西北部
高等院校	贵州工程应用技术学院、毕节职业技术学院、毕节医学高等专科学校、毕节幼儿师范高等专科学校
市　　树	银杏
市　　花	杜鹃花
市　　鸟	黑颈鹤

概览

毕节市位于贵州省的西北部、川滇黔三省交界、乌蒙山腹地，是川、滇、黔、渝结合部区域性中心城市，也是乌江、北盘江、赤水河发源地，为长江、珠江之生态屏障。毕节市还是一个多民族聚居、历史文化灿烂、资源富集、神奇秀美、红星闪耀的地方，全国唯一一个以“开发扶贫、生态建设”为主题的试验区，也是西南地区区域性重要综合交通枢纽，珠三角连接西南地区、长三角连接东盟地区的重要通道。

毕节市辖 1 个区（七星关区）、6 个县（大方县、黔西县、

金沙县、织金县、纳雍县、赫章县）、1 个自治县（威宁彝族回族苗族自治县）、1 管理区（百里杜鹃管理区）和 1 个新区（金海湖新区）。

毕节市历史文化悠久。秦时为蜀郡属地，两汉为益州所辖，晋属益州、朱提郡，唐代置牂牁、乌撒部，宋代置罗氏鬼国辖乌撒部、毗那部，元代、明代分属水西宣慰司等部，清置大定府（州）。新中国成立后，设毕节专员公署，1970 年更名为毕节地区行政公署，2011 年底撤地设市。1935 年 2 月，中央红军长征到达毕节市林口镇鸡鸣三省村，召开了著名的“鸡鸣三省”会议。1936 年 2 月，红二、六军团在毕节创建黔西北革命根据地，成立中华苏维埃人民共和国川滇黔省革命委员会，毕节市有 5000 多名热血青年踊跃参加了红军。长征期间，夏曦、钱壮飞、吴正卿等许多革命先烈长眠于此。

气候

毕节市夏无酷暑、冬无严寒，季风气候明显，降雨量充沛。毕节又有“贵州屋脊”之称，海拔相对高差大，立体气候突出。年平均气温 13.4℃，夏季平均气温 22℃，是大自然赐予的“天然大空调”。由于垂直气候变化尤为明显，山上山下冷暖不同，高原平地寒热各异。因此，夏季带一件防风保暖的外套非常管用；如果是冬天到此，更别忘了多带些御寒衣物。

地貌

毕节市地处滇东高原向黔中山原丘陵过渡的倾斜地带，境内多高山大壑，主要山脉有西部的乌蒙山、北部的大娄山、西南部的老王山。这里地质构造复杂，褶皱断裂交错发育，岩溶地貌形态多样。市内地势西高东低，山峦重叠，河流纵横，高原、山地、盆地、谷地、平坝、峰丛、槽谷、洼地、岩溶湖等交错其间。境内平均海拔 1600 米，最高处位于与六盘水市钟山区大湾镇交界的赫章县珠市彝族乡小韭菜坪，海拔 2900.6 米，是贵州省的最高点；最低处位于金沙县与仁怀县、四川省古蔺县交界的赤水河谷鱼塘河边，海拔 457 米。

自然生态

毕节市森林覆盖率达56.13%（2019年），冬无严寒，夏无酷暑，四季分明，气候宜人，享有“中国竹荪之乡”“中国天麻之乡”“中国皱椒之乡”“中国核桃之乡”“中国南方马铃薯之乡”“天然药园”等美誉。毕节市生物资源多样，动植物资源2800多种，珍稀动物在10种以上，国家一类保护珍禽黑颈鹤最为著名。畜禽种类多，黔西马和可乐猪驰名全国。

交通

毕节市现已实现全域县县通高速公路，杭瑞、厦蓉等高速公路和成贵、隆黄等铁路贯穿境内。通过航空、高铁、高速公路，毕节市2小时可融入成渝、滇中、黔中经济圈，是珠三角连接西南地区、长三角连接东盟地区的重要通道。

航空：毕节飞雄机场（位于距毕节市直线距离18千米的大方县响水乡飞雄村），为4C级民用运输支线机场。现已开通北京、上海、广州、深圳、成都、重庆、昆明、贵阳等全国23个大中型城市直飞航线，可通达全国16个省市区。

铁路：毕节市境内引入的铁路有成贵高速铁路、昭黔恩铁路、隆百铁路、毕水兴城际等铁路。

毕节站（毕节市金海湖新区梨树镇碧阳大道旁），是成贵高铁沿线10多个途经站中除成

都和贵阳外规模最大的车站，停靠D、G字头列车。此外，毕节市辖区内还有织金北站、草海站、大方站、纳雍站等。

公路：毕节市已建成连接黔西、大方、毕节实现“同城化”的环城高速公路网，已实现县县通高速公路，依托杭瑞、厦蓉两条国家高速公路的主架构，加上黔织、毕威、黔大、清织、贵黔、息黔、白黔等各条省级高速公路，毕节市成为川滇黔三省结合部西进东出、南来北往的高速交通枢纽。

毕节市内的主要客运站分布均匀，规模较大的有：毕节东客站（七星关区学院路与麻园路交汇处）、毕节汽车西客运中心站（七星关区威宁路与翠屏路交叉口）、毕节汽车北站（七星关区水西路）等。

购物

毕节市有许多丰富而颇具特色的农副产品。植物方面，盛产核桃、茶叶、生漆、油菜、辣椒、大蒜、天麻、杜仲、半夏、五倍子等农特产品和中药材，享有“乌蒙无闲草，夜郎多灵芝”的美誉，是中国天麻之乡、竹荪之乡、皱椒之乡、核桃之乡、樱桃之乡、高山生态有机茶之乡、贡茶之乡、漆器之乡、珙桐之乡、豆制品之乡、野生韭菜之乡、南方马铃薯之乡。动物方面，盛产可乐猪、威宁黄牛、贵州黑山羊、威宁绵羊、威宁鸡、乌蒙乌骨鸡等。其中，大方皱椒、金沙湾子辣椒、金沙贡茶、毕节椪柑、赫章樱桃、威宁黄梨、威宁苹果、织金皂角、毕节可乐猪、赫章黑马羊、织金白鹅11个产品

获农业农村部农产品地理标志登记。

饮食

毕节历史上为水西土司辖地，饮食在黔菜中别具一格，贵州土司菜风格浓郁。这里名优小吃众多，有毕节燃面、毕节羊肉粉、奢香玉簪、威宁小粑粑、织金发粑、冬包肉、擂茶糍粑、龙华粽香肉、烙洋芋、徐家太婆香豆花、毕节汤圆、夜郎八卦鸡、织金宫保鸡丁、威宁荞凉粉、纳雍猪米肠、纳雍燕麦炒面、大方骟鸡点豆腐、纳雍木梳粑、王傻子烧鸡、曾三兴家卤牛肉、赫章核桃糖、羊场茶食、威宁炒荞饭等。

活动节日

毕节民族风情浓郁，市境内居住着汉、彝、苗、回、白、布依、蒙古、仡佬等46个民族。其中，彝族火把节、苗族跳花节、白族山歌节等民俗活动别具一格，苗族蜡染、彝族剪纸等民族工艺古朴典雅，有许多民俗和民间艺术入选国家非物质文化遗产保护名录，如彝族戏剧《撮泰吉》被誉为“戏剧的活化石”，彝族舞蹈《铃铛舞》保持着完好的原生状态，苗族舞蹈《滚山珠》荣获多项世界级民族民间舞蹈奖项。

景区景点

毕节市被誉为“洞天湖地、花海鹤乡、避暑天堂”，旅游资源非常丰富，有“地球彩带”百里杜鹃、“地下天宫”织金洞、“贵州屋脊”赫章韭菜坪、“高原明珠”威宁草海、“中国岩溶百科全书”大方九洞天、“乌江第一漂”纳雍总溪河风光等。此外，毕节是个多民族的地区，因此感受这里的民族礼俗也成了来毕节徒步的一大亮点。毕节历史悠久，拥有奢香博物馆、可乐遗址（夜郎古都）、彝族大屯土司庄园、黔西观音洞遗址（旧石器时代）等全国重点文物保护单位和七星关城区中华苏维埃人民共和国川滇黔省革命委员会旧址、林口镇“鸡鸣三省”等红色旅游景点。

图：秦刚 / 曹经建

文：潘浩

杜鹃踯躅正开时——**环行百里杜鹃**

里程用时： 全程约 20 千米，10 小时左右。
线路特点： 杜鹃花海行。
累计上升： 700 米。
累计下降： 756 米。
海拔最高： 1738 米。
海拔最低： 1514 米。

线路等级：
难　　度：★★☆☆☆
强　　度：★★⯪☆☆
刺 激 度：★★☆☆☆
舒 适 度：★★★★☆
享 受 度：★★★★☆
风　　光：★★★★⯪

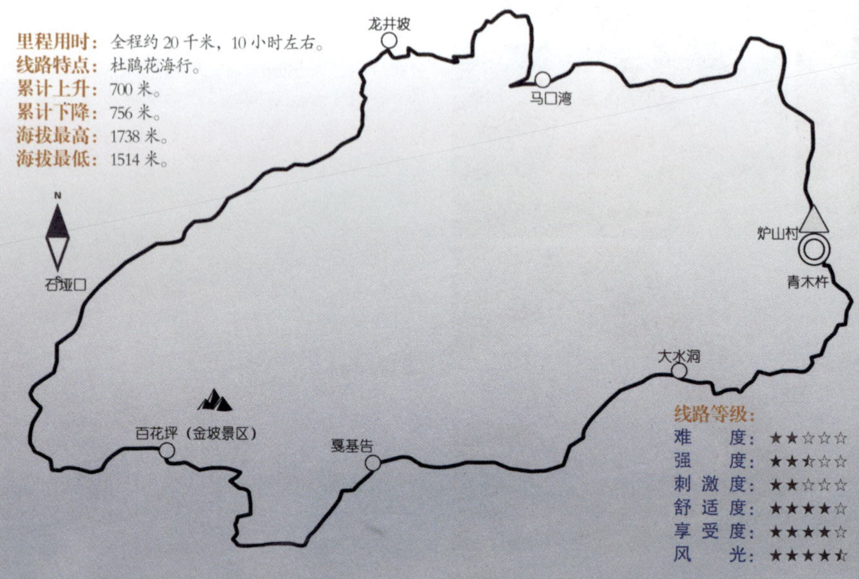

最佳线路： 炉山村—马口湾—龙井坡—石垭口—百花坪—戛基岩—大水洞—炉山村

基本情况： 百里杜鹃风景名胜区位于大方县与黔西县交界之处，花海宽 1—5 千米，绵延 50 余千米，总面积 600 余平方千米。享有“地球彩带、杜鹃王国、清凉世界”之美誉。是国家 5A 级旅游景区、国家生态旅游示范区，世界唯一的杜鹃花国家森林公园和国家自然保护区，也是亚洲 · 大中华区十大自然原生态旅游景区、世界上最大的杜鹃花园，是中国春观花、夏避暑、秋休闲、冬赏雪等生态旅游胜地。

活动内容： 徒步、穿越、休闲、赏花。

线路描述： 本线路为初级环行徒步线路，全程徒

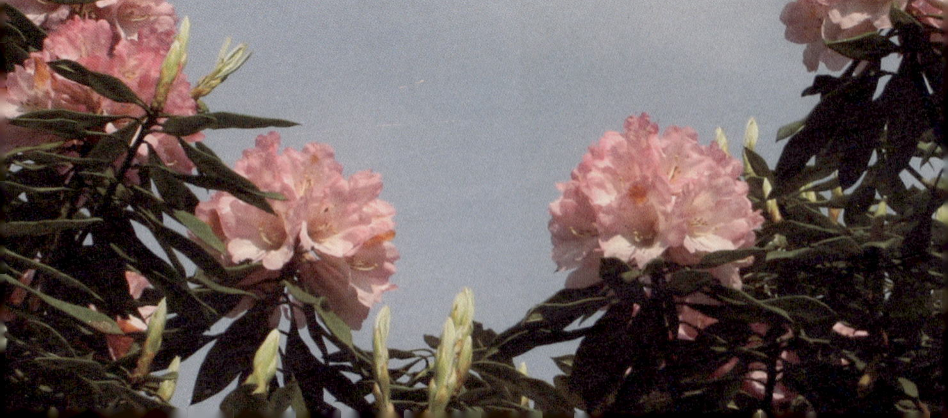

步登山、穿越丛林等，道路大部分为山道，部分为铺装路面。四季可行，最适宜徒步的季节是春季。

沿线主要景点分布较为分散，以一个个小的景点连接成为大的景区，春季百花盛开，基本在花海中行进。

沿途景观：“人间最美四月天，花开烂漫正当时”，每年3月下旬到4月上旬杜鹃花盛开时节，杜鹃花进入盛花期，行走在满山的杜鹃花丛林中，是最让人惬意的事情。普底、金坡两个主要核心景区是最不能错过的，其中又数五彩路、醉九牛、数花峰、百花坪、马缨林等几个景点最是经典。

五彩路——原来叫“五岔路”，因当地多煤矿，矿区道路纵横交错，在此刚好形成了五个岔路口，后来满山杜鹃花在凋谢后，五彩的花朵铺满道路，就改名“五彩路”。五彩路是杜鹃花品种比较集中、齐全的景点，红的有大红、深红、亮红、水红、肉红、粉红，白的有纯白、黄白、紫白、灰白、绿白，紫的有深紫、淡紫、红紫、深红紫、蔷薇色、玫瑰色，黄的有乳黄、鹅黄、浅黄、绿黄、棕黄等。鲜蔷薇色的是团花杜鹃，乳黄泛白的露珠杜鹃，淡红带紫的是迷人杜鹃，浅肉色的是皱皮杜鹃，玫瑰色的是锦绣杜鹃。此时如果你在五彩亭的长椅上小憩片刻，举目四望，你便会感觉到置身花海，涤荡凡尘，神清气爽。

醉九牛——名字来源于一个传说，明洪武

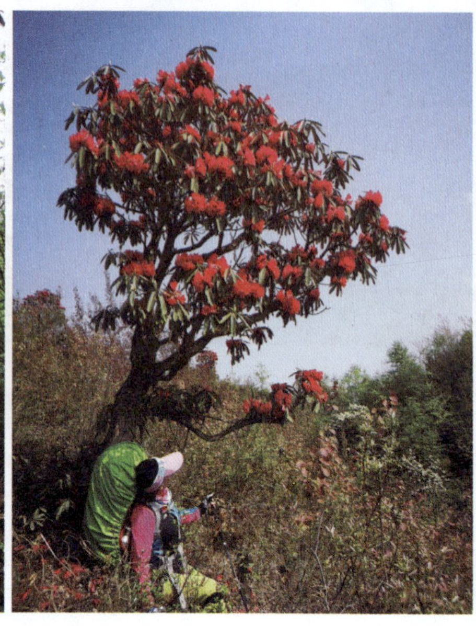

十七年（公元 1384 年），奢香夫人觐见明太祖朱元璋的贡品中，就有九头水西壮牛，但是当九牛走到这里，被色彩艳丽的杜鹃花迷住不肯走了，醉倒在杜鹃花林中。奢香夫人禀告朱元璋后，朱元璋说："就把那里叫醉九牛吧。""醉九牛"因此得名。时过境迁，九牛已化成石牛，凝固在这万花丛中。

红军广场——这里是百里杜鹃腹地，也是当年红军长征经过百里杜鹃时鏖战的主战场。长征回忆录《星火燎原》里，有普底黄家坝阻击战的记载。为了纪念这次战斗，1985 年，当地政府在数花峰半山腰修建了黄家坝阻击战纪念碑。2011 年，百里杜鹃管委会在战场遗址修建了红军广场。

百花坪——这里的杜鹃花品种繁多，开得五彩缤纷。此外，还有花神巨型雕塑、祭花神主题公园、花神庙。每年杜鹃花开时节，当地各民族百姓都会汇集到花神庙里祭祀，祈求花神保佑地方风调雨顺、国泰民安，杜鹃花越开越美丽。百花坪还是每年举办彝族花节、苗族跳花坡的地方，也是当地青年恋爱相亲之处。

马缨林——这里是马缨杜鹃最集中的地方。马缨，就是马头上悬挂的大红缨。过去，这里的煤炭都靠马驮出去，马帮从这里的林中穿过，马头上的红缨就如这些红如炭火的杜鹃花。马缨杜鹃树身高大，花冠浓密，多的一株

上有二、三百朵。花簇如团团烈火在枝头燃烧。

建议提醒: 建议按照两天的行程来设计，可以尽可能地欣赏百里杜鹃普底、金坡两个核心景区的精华。不过线路部分将行走在百里杜鹃核心景区，因此有门票支出。

山上可以露营，但山区昼夜温差大，注意防寒保暖。

图：胡强／潘浩 **文：**胡强／钱科宇

花漫云巅入梦来——徒步“二穿九”

里程用时： 全程约21千米，12小时左右。
线路特点： 领略高原草甸之美，感受挂壁致富路。
累计上升： 800米。
累计下降： 520米。
海拔最高： 2777米。
海拔最低： 2099米。

线路等级：
难　　度：★★★☆☆
强　　度：★★★★☆
刺 激 度：★★★☆☆
舒 适 度：★★★☆☆
享 受 度：★★★★☆
风　　光：★★★½☆

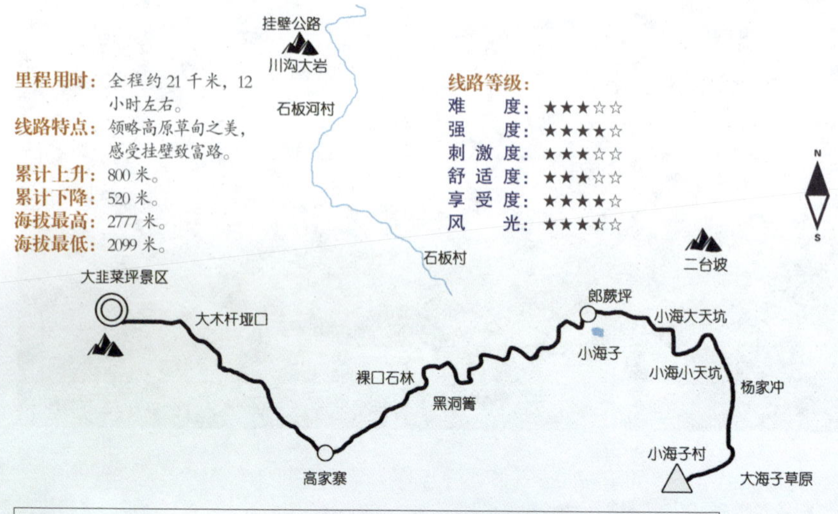

最佳线路： 小海子—二台坡—高家寨（营地）—大韭菜坪（云上花海景区）

基本情况： 赫章县境内的韭菜坪分为大韭菜坪和小韭菜坪，大韭菜坪位于兴发苗族彝族回族乡，海拔2777米，这里有世界上最大面积的野生韭菜花区，全国唯一的野生韭菜花保护区；小韭菜坪海拔2900.6米，位于珠市彝族乡与六盘水市钟山区大湾镇海戛村交界处，为贵州省最高峰。

活动内容： 徒步、登山、穿越。

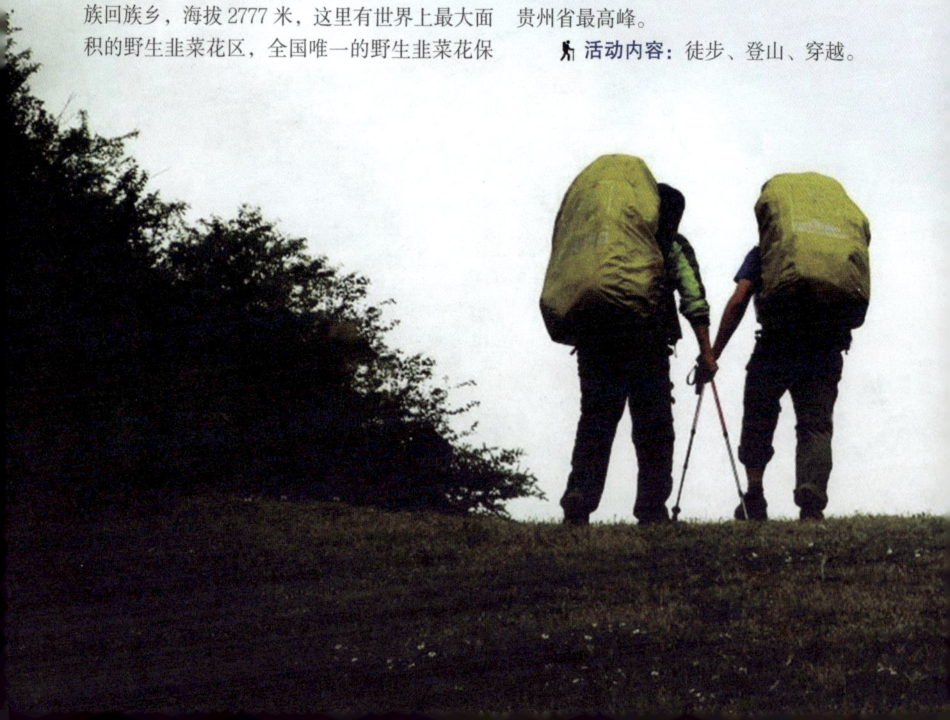

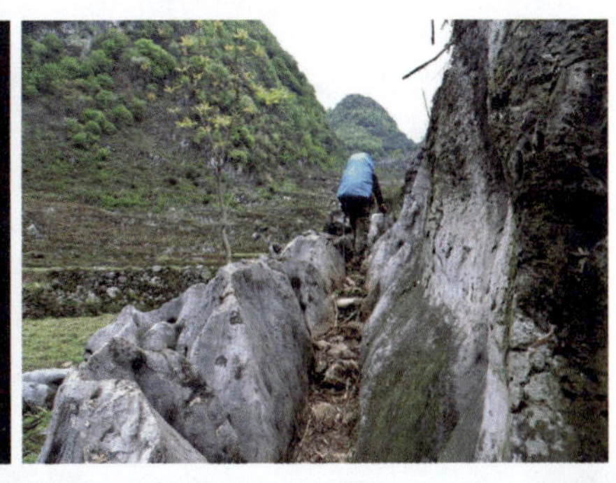

路线描述: 本线路为中级环行徒步线路，全程徒步穿越丛林、山谷、高山草甸等，道路大部分为山道，部分为铺装路面，对体力要求较高，建议行程两天一夜，在高家寨露营。四季可行，每年 9 月韭菜花盛开时是最美季节。

二台坡与大韭菜坪相邻 20 余千米，为高原草甸地貌。一般来说，韭菜坪徒步线路之精华就是二台坡 - 大韭菜坪穿越，徒步界俗称为“二穿九（韭）”。

穿越线路从小海子村出发，经高家寨最后到达大韭菜坪，欣赏云上花海。从韭菜坪景区穿越出来后可包小面包车至小海子村返程。返程时可以到石板河村去看看挂壁公路。

沿途景观: 这条线路地处苗族、彝族、回族“大杂居，小聚居”的地区，有浓郁的民族风情，为这片花海增色不少，让人更加向往。

二台坡大草原——因其分为高差 100 米的两个大平台而得名，又名“阿西里西大草原”。总面积 50 平方千米，最高点在兴发苗族彝族回族乡境内的天平梁子，海拔 2442.1 米；最低海拔 2100 米，平均海拔在 2300 米左右。其地形地貌比较复杂，凸起的山峰属喀斯特地貌类型，平坦的草原、天坑、沟壑属玄武岩地貌类型，形成了草原宽、山峰奇、天坑大、沟壑深、溶洞险、湿地广的地貌景观。这里的草原绵延百里，是阿西里西大草原的主体，主景区在威奢、兴发两乡，以南方少有的“风吹草低见牛羊”的草原景观为主。

大韭菜坪——又称“云上花海”，位于赫章县兴发苗族彝族回族乡、水塘堡彝族苗族乡、白果街道结合部，其景区东门坐落在兴发苗族彝族回族乡中营村。大韭菜坪山顶为10万余亩的高原平台，上面长满了郁郁葱葱的野生韭菜，是世界上同纬度地区面积最大的野生韭菜花带、全国唯一的野生韭菜花保护区。站在坪上，起伏的山丘四周是200余米高的悬崖，韭菜坪的万顷峰丛和群山沟壑尽收眼底，在蓝天下是一幅“万峰藏云下，人在云上行”的神奇画卷。这里原生态生长的野生韭菜花默默在这远离人间烟火的大山之巅，每年8月初至10月中旬韭菜花开的季节，登上大韭菜坪峰顶，头顶蓝天，放眼望去，起伏的山丘上数万亩野韭菜花竞相开放，漫山遍野的紫色球状韭菜花点缀在万亩绿色地毯之间，一眼看去，漫山遍野的紫色花海只觉美得不可方物。畅游花间，野韭菜花的

芳香扑面而来，从近处紫色的野韭菜花，到中间的绿色草甸，再到远处云蒸雾罩的黛青色山峦，完美地组合成了一幅油画。

中营村——位于云上花海（大韭菜坪）景区大门附近，居住着汉、彝、回、苗、白等少数民族，是一个典型的民族杂居村寨，被国家民委评为中国少数民族特色村寨，同时也是贵州省民族团结示范村。在这里，可以体验不同民族丰富多彩的文化和原生态的风情，一年一度的"韭菜花节暨苗族花山节"不要错过。如今，中营村全面发展了万寿菊、薰衣草、马鞭草等花卉种植，每年鲜花盛开时节，次第绽放，绵延不绝，将中营村装扮得姹紫嫣红，风景如画。

挂壁公路——在线路附近的白果街道石板河村，是往来该村的唯一途径。之所以得名"挂壁公路"，是因其修建在90度峭壁的悬崖上，远远看去像在川沟大岩绝壁上劈出来的一道裂

缝。1999 年，村民们自发开山辟路，在石山上凿了整整 3 年，终于打通了阻隔村民出行的大山，修成长约 470 米的挂壁公路，加上其余路段，共计长约 7 千米。2014 年，石板河村被纳入国家“村村通”工程计划。经过两年的建设，土路被改造成宽约 4.5 米的通村水泥公路。现在，挂壁公路已成了当地小有名气的网红打卡地，成为石板河村人自强不息、奋力拼搏、脱贫致富的“志气路”“致富路”。

此外，这里的岩壁风光、千年杜鹃、温泉漂流等，也属一绝。除了美丽的风景，贵州首个风能项目也在这里，屹立在坪上的高大风车，增添了几丝浪漫和灵气。

沿途生物：线路上有国家珍稀重点保护树种珙桐、红豆杉、香果树、福建柏、滇藏木兰等。

沿途特产：赫章核桃、玛瑙红樱桃、生漆、可乐猪、芸豆、燕麦、菜油、野生多星韭菜和半夏、天麻等中药材。

沿途美食：当地有二秀烙锅、杨家清真牛肉馆、苗家回锅肉、柴火烤土豆等地方美食。

建议提醒：此线路为高海拔地区，装备按冬季露营准备。夏季徒步时紫外线强烈，注意防晒，建议携带防晒装备。

图：胡强 / 肖凤

文：胡强

乌蒙磅礴走泥丸——从九洞天到梯子岩

线路等级：

难　　度：★★☆☆☆
强　　度：★★★☆☆
刺 激 度：★★☆☆☆
舒 适 度：★★★☆☆
享 受 度：★★★☆☆
风　　光：★★★★☆

里程用时：全程约 24 千米，15 小时左右。
线路特点：观九洞天自然美景，梯子岩战斗遗址。
累计上升：1043 米。
累计下降：1377 米。
海拔最高：1687 米。
海拔最低：920 米。

N
S
九洞天景区西门
九洞天
达那村
梯子岩
长麻窝
抵纳寨
手扒岩
枪杆岩村
青龙寨
化作新街
黑硐边
大山林
弯子头
安大垮村
化作乡
大营
起点
化作林场

最佳线路：化作—化作林场—大营—安大垮村—大山林—黑硐边—弯子头—青龙寨—抵纳寨—九洞天—梯子岩—达那村

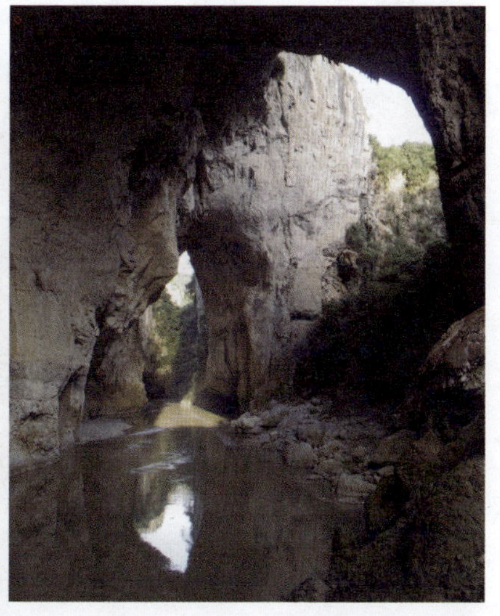

基本情况：线路位于纳雍县与大方县交界处乌江最大支流六冲河的上游上，区内平均海拔高度 1200 米，属高海拔亚热带气候，温暖湿润，年平均温度约为 19℃。六冲河发源于赫章县可乐彝族苗族乡罐子窑，流经七星关区和纳雍县，到纳雍县车戛村起当地称为“总溪河”。从总溪河下段起，河流自西向东流经两县，至黄猫寨岔河口是纳雍与大方界河，形成了上游总溪河景区，下游九洞天景区。

活动内容：徒步、登山、穿越、溯溪、长征文化考察、土司文化考察、喀斯特地貌考察。

路线描述：本线路为中级重装穿越徒步线路，全程徒步穿越丛林、峡谷、溶洞等，道路大部分为山道，部分为铺装路面，对体力要求较高。四季可行，建议行程两天一夜。

沿途景观：本线路是在九洞天和总溪河

风景名胜区区域内的一条徒步线路，该景区类型多、景观美、野趣浓，是科学考察、地质考察、度假疗养的理想场所。

总溪河——该河流在纳雍县城东北面维新镇、库东关乡、董地乡境内，有众多溪流在此交汇的意思。又名“总机河”“总已河”，因水西安氏四十八目之一的总机安文思居住于此得名。该河流集瀑布、秀水、奇山、洞府于一川；集古、秀、奇、险、幽于一河。河道蜿蜒曲折，水流时而平稳如镜，时而碧浪排空。从总溪河大桥（万寿桥）至下游一段，长约12千米，水面宽三四十米，水深二三米。总溪河两岸岩石以二叠系石灰岩为主，青山耸峙，峭壁入云，飞瀑鸣响。沿河岸边有大小洞穴数十个，有的高居山顶，横卧绝壁；有的半潜入水，轻披晶帘。这里的山岭被森林覆盖，面积达7万多亩，出产著名的“纳墨玉”。总溪河上有银湾子、五簸浪、迎宾峡、一线天、观猴岩、石龙、三级飞瀑、段家湾口、万寿桥、宣慰洞、彭家洞等自然和人文景点，还是乌江水系上游唯一能泛舟漂流的河段，是为数不多的“地质教科书”，有着“乌江第一漂”美称。

万寿桥——是连接毕节、纳雍古驿道的要津。始建于清道光十九年（公元1839年），桥头立有两块石碑，记载造桥始末：“总已河原有渡船，每遇水泛之期……对河两岸苦守水退，方能开渡，因此举念修造石桥。”该桥飞架于总溪河两岸悬崖峭壁之上，长56米、宽8.5米、高25米，是一座造型美观、设计独特、桥身坚固的单孔石拱桥。在这种偏僻的地方，能修出如此巧夺天工的桥，实属罕见。

宣慰洞——又名“玉家大洞”，在纳雍县董地苗族彝族乡青龙村北面、总溪河峡谷一线天段西岸悬崖峭壁上。是一个国内罕见的沿着岩层层面发育的、规模巨大的曲流状洞穴。洞口距水面150多米。据史籍记载，清康熙三年（公元1664年）吴三桂率兵征讨水西，贵州宣慰使安坤率部据洞扼守。吴三桂在此久攻不克，损兵折将，只能退兵。此洞因此得名。宣慰洞洞口开阔，洞长约2.5千米，洞内高、大、宽、深，岔洞众多，洞中有洞。洞中的钟乳石浑然天成，形态各异，姿态万千。

梯子岩——总溪河在地表出露流经约12

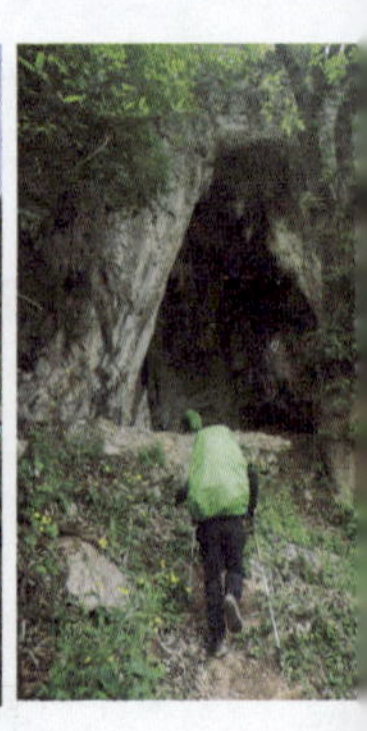

千米后，进入溶洞在地下伏流 2.5 千米。其地表上便是险峻的梯子岩，在纳雍与大方两县交界处的纳雍县化作乡境内。梯子岩上有一条古驿道，修建年代已无法查考，但道旁的一块立于清道光十三年（公元 1833 年）的功德碑上，记载了当地耗资三百多两白银重修这条古驿道的过程。在这条古驿道上，危峰突兀，壁如刀切，“一夫当关，万夫莫开”，是兵家必争之地，十分险要。1935 年中央红军四渡赤水后，为摆脱敌人的围追堵截，中央军委决定红九军团留在北岸活动，伪装主力牵制敌人，掩护主力红军南渡乌江。红九军团面对蜂拥而至的敌人，放弃了跟上主力红军的计划，向贵州西部进军。4 月中旬，红九军团在大方猫场被国民党军队及地方武装偷袭包围，在军团长罗炳辉、政委何长工指挥下，红九军团突破重围，与敌激战后攻克梯子岩并在此阻击敌人，使军团各部得以依靠梯子岩古驿道成功突围，进入纳雍境内后挥师水城。从此，“梯子岩”被赋予红色文化的内涵，成了方圆几十里名气最大的一个地名，至今还有许多关于红军的传说故事和革命遗址。现在的梯子岩曲曲弯弯地穿过绝壁，连接着山上和山下，驿道的每一级石梯都相当完好，但已光滑得看不到一丝錾凿的痕迹。

枪杆岩——是化作乡枪杆岩村旁的一座独峰，它形如枪杆，一柱擎天，所以命名为“枪杆岩”。同时，也蕴含有毛泽东同志“枪杆子里出政权”这一著名论断的含义。如今这里和梯子岩一起已经规划建设为枪杆岩红色文化旅游景区。

九洞天——河水出洞后，明流 1.5 千米，再次进入溶洞，形成第二段伏流。这段长约 7 千米伏流时隐时现，在纳雍县与大方县交界处形成了仙人洞、大穿洞等“九洞天”溶洞群。在伏流经过的山脊上，有九个巨大天窗洞口；泛舟河上，天空时隐时现，九洞天由此得名。九洞天是一个集水洞、旱洞、瀑布、伏流、峰林、峰丛、湖泊、绝壁、幽谷、峡谷天桥和地下溶洞电站为一体，有着湖泊、奇山、怪石、秀水、洞府于一川，集古、奇、秀、险、幽、趣于一河的喀斯特地貌风景区，景致极佳。九洞天内有栈道，乘船、步行均可游览。

沿途美食：总溪河鱼火锅、玛瑙红樱桃、火把鱼、彝家猪米肠、彝家刺梨酒等。

建议提醒：此线路适合四季徒步。进入九洞天需要购置门票。

图 / 文：胡强 / 潘浩

黔道崎岖九驿通——徒步奢香古驿道

古达
威奢大营
响水洞天坑
黄河
联营村
N
S
万峰林
阿西里西大草原
黑箐
奢香古驿擦耳岩遗址

里程用时： 36 千米，约 20 小时。
线路特点： 古驿道、高山草原穿越。
累计上升： 700 米。
累计下降： 920 米。
海拔最高： 2170 米。
海拔最低： 1500 米。

线路等级：
难　　度：★★⯪☆☆
强　　度：★★★★☆
刺 激 度：★★★☆☆
舒 适 度：★★☆☆☆
享 受 度：★★★★☆
风　　光：★★★★⯪

最佳线路： 威奢大营—黄河—擦耳岩—黑箐—联营村—古达

基本情况： 线路位于赫章县东南面的威奢乡和古达苗族彝族乡境内，是阿西里西大草原景区北部的一条徒步线路，和“二穿九（韭）”线不同，这条线除了多样的自然景观外，更有众多的人文景观。

威奢乡位于赫章县东南面，距县城25千米，居住着汉、苗、彝等民族，这里最高海拔2440米，最低海拔 1440 米，平均海拔 1650 米，森林覆

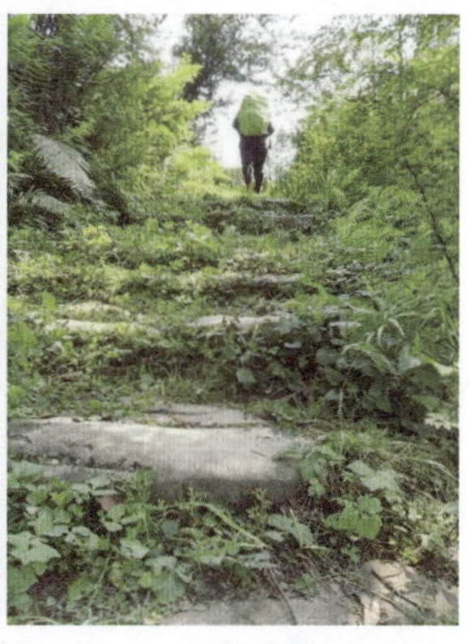

盖率达 46%，林草覆盖率达 76%。该乡境内峰峦起伏，沟壑纵横，垂直差异明显，喀斯特地貌突出，既是贵州最大的天然草原——阿西里西大草原的主要区域，又是贵州最多的山——“十万大山”（万佛山）的中心地带，还有渔塘苗族风情等。

古达苗族彝族乡距县城 37 千米，位于赫章县最低处的剎界河，享有“鸡鸣三县”的美誉。古达为彝语“格夺”（意为关隘）的音译，自古为乌撒部东北军事要塞，由古达安氏土目镇守。境内地势西高东低，最高海拔 2350 米，最低海拔 1230 米。古达山高坡陡，峰峦重叠，沟壑纵横，有着丰富的自然资源，如老羊坡百米飞瀑、杨青海峡谷、大狼箐、田坝渡、干河桥、三锅庄、小梵净、圆顶山、老虎洞、孔雀山、古驿道、元宝洞等，还有着厚重的历史文化、众多的文物古迹和多彩的民族风情。

活动内容：徒步、登山、穿越、溯溪、

历史文化考察、喀斯特高山地貌考察。

路线描述：这条线路为户外徒步中级线路，线路较长，难度适中，行程至少两天一夜。基本为高原山地、草原穿越，但路况较好，四季可行。春季、秋季风景是最美时节。

该线路从3月中旬到10月中旬最适合徒步，起点一般为赫章威奢、古达两个点，但最理想的是威奢大营。从威奢大营起步线路风景比其他方向好。

沿途景观：本线一是登高望远，二是体验贵州西部高山草原风光。这条线路一路皆景，风景秀丽。春有山花，秋有红叶，冬有雾凇。沿途有高山草原、原始森林、高山灌木林、高山箭竹、高山湿地、高山湖泊、高山盆地、高原洞穴、喀斯特峰林、古驿道等景观。

小黄河喀斯特地貌——位于威奢乡黄河村民组，一条小溪流过，四周皆为独立的山岩，植被丰富，其中有一处极像织金洞的“霸王盔”，十分漂亮。往前走200米，经过“天生桥”，就可看见一处“黄河溶洞”，洞口高约80米，宽60米，洞内十分宽敞。据当地老乡介绍，曾经有中德、中法洞穴探险队来此考察过。

古驿道——又名“奢香古驿道”，始建于明初，此驿道原为滇黔要道，上至毕节接四川，下至威宁连云南。道路修好后，对川盐入黔滇和滇黔山货入蜀起了很大作用。现存的这段古驿道总长在8千米左右，据说为奢香所建，以前有碑刻记录此事，可惜已经散佚。古驿道皆为青石板铺就，部分马蹄印清晰可见。初春时节，徒步此道，微风拂面，细雨贴发，四周碧绿青翠的山岗、潺潺流淌的溪水、五彩斑斓的野花……无不令人心旷神怡。

万峰林——是位于阿西里西大草原风景区内的一处高原喀斯特石林，近观小巧玲珑，钟灵奇秀；远眺起伏荡漾，云蒸霞蔚。环绕其中的一条条山间小道，宛如玉带缠腰，游龙戏海，颇为秀丽。

阿西里西大草原——穿过万峰林，走过古驿道，映入眼帘的是一望无际的高山草原，远处的蓝天白云，近处的绿草牛羊，让人的视野一下豁然开朗，起起伏伏的山峦，却又不会让人有高不可攀的感觉，只会让人有迫不及待投入草原怀抱的感觉。这里是最佳扎营点，绝对的五星级营地，晴朗的早晨，让你掀开帐篷就能看见日出、云海；细雨的时节，听雨点跟帐篷合唱的歌声，让人感觉是在仙境……

古达天坑群——古达天坑在返程路上，有若干大小不等的天坑，告诉你这里是典型的喀斯特地貌。秋色浓郁的时候，沿着天坑边的山路，欣赏洒满金黄的天坑，遥望一望无际的蓝天，美得让人流连忘返。

建议提醒：沿途注意补水，草原上峡谷地带通常会有山泉水，不过要仔细寻找。

此线路为高海拔地区，夏季徒步时紫外线比较强烈，注意防晒，建议携带防晒装备：头巾、遮阳帽、防晒霜等。

草原上扎营，注意保暖，建议携带冬季装备，尤其是睡袋建议用700克以上的。

徒步结束后，建议在古达街上品尝纯正的阿西里西大草原羊肉火锅、羊肉粉、羊肉汤锅，味道十分鲜美可口。

图：胡强

文：李卫军 / 胡强

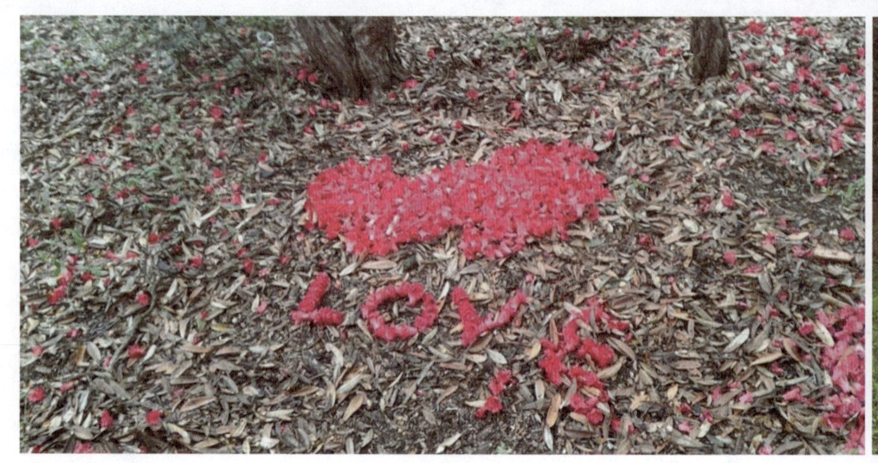

花瓣乱落如红雨——环行松林坡

里程用时： 全程约 8.6 千米，6 小时左右。
线路特点： 高原山地、原始杜鹃林穿越。
累计上升： 510 米。
累计下降： 700 米。
海拔最高： 2144 米。
海拔最低： 1916 米。

线路等级：
难　　度：★☆☆☆☆
强　　度：★★½☆☆
刺 激 度：★★★☆☆
舒 适 度：★★★☆☆
享 受 度：★★★★☆
风　　光：★★★★☆

最佳线路： 摸嘎—一窝树—杜鹃花海—洗沙沟—烂河坝—三窝树—摸嘎

基本情况： 本线路位于赫章县东南部，经兴发苗族彝族回族乡到松林坡白族彝族苗族乡环行，平均海拔 2000 米左右，年平均气温，12℃左右，雨量充沛，自然资源丰富。

各民族在此世代繁衍生息，形成了特色各异的民风、民情和民俗。每逢节日，各族群众

身着盛装，欢聚一堂，举行对歌、赛马、吹芦笙等多种多样、丰富多彩的活动，有苗族的跳花场、芦笙舞，彝族的对歌、酒礼、铃铛舞等。

活动内容：徒步、登山、穿越、赏花。

路线描述：这条线路起点和终点都在兴发苗族彝族回族乡摸嘎村，难度不高，为一条入门级环形徒步线路，基本为高原山地穿越，路况多为山路，四季可行。最佳穿越季节为每年4月初。

车行经板板桥水库到摸嘎村下车徒步，环行千年杜鹃花海。

沿途景观：本线主要是观赏有别于其他地方的原始高山杜鹃花海。

千年杜鹃花海——位于松林坡白族彝族苗

族乡三窝树与一窝树之间，是一个约6平方千米的高山杜鹃花海，因其生长有数百年乃至千年的杜鹃古树和漫山遍野的杜鹃林而得名，有大白杜鹃、映山红、暗绿杜鹃等杜鹃品种。这里面积虽没有百里杜鹃的面积大，但杜鹃花树形别具一格，由于是常年生长在高海拔、高寒气候条件下，每一棵杜鹃花树都犹如虬龙般的苍劲有力，造型各不相同。远看似虬龙遨游，近看像放大的江南树桩盆景，加上树下一片片的鲜红的落英，美不胜收。

板板桥水库——是板桥水库别称，因水库北岸的板板桥村得名。水库位于兴松公路左侧，是赫章县唯一的中型水库，水域面积260亩，蓄水700万立方米，周围群山环抱，绿树成荫，是小韭菜坪和千年杜鹃花海间的一片开阔水域。天晴时，在这里可以极目远眺贵州省最高峰小韭菜坪，十分漂亮。此外，该水库不但调节了此地气候，而且所发的电从一定程度上弥补了两个民族乡用电的不足。

摩崖石刻——在松林坡白族彝族苗族乡喜鹊村对面，有“威服仁怀”四字的石刻古迹，书法苍劲雄浑，摩崖横宽12米，每字约2平方米。相传明洪武年间，征南大将军傅友德率步骑30万征讨云南元梁王把匝剌瓦尔密，统一了中国西南地区。大军经过此地时，傅友德命石工削平石壁镌刻纪功而成。

此线路沿途还有高山草场、风力电站、原始森林、高山灌木林、高山箭竹、高山湿地、高山湖泊、高山盆地、高山瀑布、苗寨风情、梯田风光等景观。

建议提醒：扎营点在千年杜鹃花海三窝树边（现为景区服务中心），这里有一个大草坪，视野十分开阔，附近有水源，还有遍地的野花……天气晴好时，可以掀开帐篷观云海、日出，远眺贵州屋脊韭菜坪。

如果露营，营地早晚温差大，即使是夏天也会很冷，建议携带冬季装备。

图：李卫军 / 潘浩

文：李卫军

为有牺牲多壮志——行走乌江山峡

里程用时： 全程约 23 千米，10 小时左右。
线路特点： 行走乌江山峡，缅怀长征英烈。
累计上升： 545 米。
累计下降： 614 米。
海拔最高： 1009 米。
海拔最低： 576 米。
线路等级：
难　　度： ★★☆☆☆
强　　度： ★★⯪☆☆
刺 激 度： ★★★☆☆
舒 适 度： ★★★★☆
享 受 度： ★★★★☆
风　　光： ★★★★★

N
S
钱壮飞烈士陵园
烂田沟
幸福村
岩石
大塘渡
乌江大桥
后山镇
贵山村
梯子岩渡口
毛家林
水淹凼
苦李槽
黄荆树
大塘渡口
合心村
大塘坪子
桥上
学堂
红旗渠
岩脚
垦池

最佳线路： 大塘渡口乌江北岸—岩石—幸福村—贵山村—毛家林—水淹凼—苦李槽—合心村—垦池—岩脚—学堂—大塘坪子—黄荆树—梯子岩渡口

基本情况： 后山镇地处金沙县东南部的乌江库区北岸，距金沙县城 72 千米，是一个以汉族为主的多民族乡镇。境内分属乌江流域和三丈水流域两大水系，呈半岛型，乌江库区沿岸线长达 36 千米。这里气候宜人，境内植被保存较好，森林覆盖率达 45%。青山绿水中，遍布奇花异石、高山峡谷、暗流瀑布、溶洞悬崖等自然景观，与天灵古刹、杨氏牌坊、联盟大

沟（红旗渠）等历史文化以及钱壮飞烈士陵园和事迹陈列馆融为一体。

活动内容：徒步、登山、涉水、野营、红色文化考察。

路线描述：这条线路起点和终点都在乌江北岸的大塘渡口，难度适中，为一条山水风光皆备的环形徒步初级线路，地形基本为高原山地和河谷，路况多为沿江山路，四季可行。

该徒步路线从大塘渡口上面乌江北岸江岸边出发，经岩石、幸福村、贵山村、毛家林、苦李槽、合心村、垦池、岩脚、大塘坪子、返回起点。全程 23 千米，露营营地在垦池。

沿途景观：本线是一条山水风光和革命传统教育相结合的徒步线路，有很多看点。

钱壮飞烈士陵园——位于后山镇政府所在地贵山村，陵园占地面积 8 亩，分为钱壮飞烈士墓区和事迹陈列室、铜像区两部分。园内绿

树成荫、花草遍地、苍松拥翠、绿竹成林，一派庄严肃穆景象。钱壮飞（1895—1935 年），本名钱北秋，又名钱潮，浙江湖州人，1926 年加入中国共产党，1929 年底打入国民党中央组织部党务调查科任特务头子徐恩曾的机要秘书。1931 年 4 月 25 日，他及时将顾顺章叛变的绝密消息告知党中央，使当时在上海的中共中央机关得以及时转移，为保卫中共中央机关的安全做出了巨大贡献。1934 年 10 月他参加长征，遵义会议后被任命为红军总政治部副秘书长。1935 年 4 月初，他随军到达金沙县，于梯子岩一带失踪，后判定为牺牲，新中国成立后被追认为革命烈士。钱壮飞是中国共产党早期隐蔽战线斗争的光

辉代表，周恩来总理曾把他与李克农、胡底并列为党的情报工作“龙潭三杰”。周总理在战争期间和新中国成立后多次满怀深情地说起钱壮飞：“如果没有钱壮飞同志，我们这些在上海工作的同志早就不在人世了。”2009 年 9 月 14 日，钱壮飞被评为 100 位为新中国成立作出突出贡献的英雄模范人物之一。钱壮飞烈士陵园现为“国家安全教育基地”和“贵州省爱国主义教育基地”。

红军南渡乌江三大渡口——即 1935 年 3 月 28 日至 4 月 1 日长征时，中央红军 3 万余人南渡乌江时经过的梯子岩、大塘、江口三个乌江沿岸的渡口。红军在这三个渡口和沿江地区与敌人展开了大小十余次激烈战斗，歼敌 1000 多人，有近 200 名红军在这里献出了宝贵生命。三大渡口位于金沙县与贵阳市息烽县之间乌江南北两岸，两岸在这一带地势不同，南高北低，南陡北缓，渡口与渡口之间相距 2 千米左右。现在这里是重要的红色旅游遗址，可重温 1935 年 3 月红军攻破蒋介石重重设防的乌江天险的

壮举。

联盟大沟——又被当地人称为“红旗渠”，始建于20世纪中叶，在哪杵河中段拦坝引水至原联盟大队，是在悬崖峭壁上全用人工开凿、历经10余年方才建成的工程。沟渠从悬崖上横穿而过，离岩脚乌江河谷150—200米，全程4.8千米，工程艰险，耗资巨大。沟渠建成后，双联村学堂、平义、和平、李家寨及合心村垦池组上千亩旱地变成了旱涝保收的良田，被誉为后山镇的“红旗渠”。

本线路附近，还有天灵古刹、东汉古墓群、杨氏牌坊、金钟寺等历史人文景观。

沿途物产：线路周边物产丰富，主要有金沙回沙酒、禹漠醋、湾子辣椒、清池贡茶、冠香坊调味食品等。

建议提醒：徒步结束后，可以到不远处的安底镇安底温泉休息。

图 / 文：胡强

玉簪花海惹人醉——徒步绿峰梁子

里程用时： 全程约 20 千米，10 小时左右。
线路特点： 高山玉簪花海穿越。
累计上升： 997 米。
累计下降： 1116 米。
海拔最高： 1850 米。
海拔最低： 842 米。
线路等级：
难　　度：★★☆☆☆
强　　度：★★☆☆☆（两星半）
刺 激 度：★★☆☆☆
舒 适 度：★★★☆☆
享 受 度：★★★★☆
风　　光：★★★☆☆

最佳线路： 永丰社区—金江村—绿峰梁子—太阳坪—白沙村—金星村—老鹰屯水库

基本情况： 金沙玉簪花是一种生长在 500 至 2400 米海拔山区的多年生草本植物，叶丛生，呈卵形或心脏形。每年夏季到秋季开花，其花茎从叶丛中抽出，未开时如簪头，盛开时花色如紫玉，清香怡人，为总状花序。这种野生的金沙玉簪花分布于大娄山脉西起点的岩孔街道永丰社区、上山社区接合部绿峰梁子，和遵义市播州区洪关苗族乡接壤，总面积 3 万余亩，是目前全世界已发现的面积最大的野生玉簪花带。

活动内容： 徒步、登山、赏花、野营。

线路描述： 这条线路为一条赏花为主的环形徒步初级线路，行程两天一夜，地形基本为高原山地，道路为山路、砂石和铺装路面，

路况良好，四季可行。

沿途景观：本线路主要是登山欣赏高山玉簪花海、云海、日出、灿烂星空。山顶上是一片绵延起伏数万亩的野生玉簪花海，每年7月中旬到8月下旬，蓝天白云下，漫山遍野紫色的玉簪花，灿烂地开放在这一片山峦之上，蔚为壮观。

绿峰梁子——位于永丰社区、上山社区结合部的最高点，平均海拔1400多米，山脉呈东西走向，南坡缓长，北坡陡短，大部分为绿茵似毯的草山，间有箭竹和杜鹃花丛。绿峰梁子西部为白云山，海拔1633.8米，迥然高于群峰之上，岭脉绵延，山体宏大，为四周群峰簇拥，峰上有峰，岭外有岭。淡淡的白云不时从山顶掠过，人立于山顶如同腾云驾雾。登上山顶向下俯视，岩孔万亩大坝、金沙县新老城区和开

发区尽收眼底；向远处眺望，数百里风光尽入眼帘，群山延绵犹如万马奔腾，美不胜收。每年玉簪花盛开的季节，恣意盛开的紫色花束和20多座高大的风力发电机组相映其间。清晨，看旭日东升，云海悠悠；正午，看天高云淡，重峦叠嶂；夜晚，看星空点点，银河璀璨。

芦苇长城——位于玉簪花海旁边，有连片无际的芦苇长城，抬眼望去，宛如一排排列队的士兵，护卫着这一片圣洁的花海。

老鹰屯水库——因湖的形状形似弯月，此水库又名“月亮湖”，是玉簪花海里唯一的湿地水源。月亮湖旁边是一片青翠的松林，松林旁边有一片碧绿的草坪。潺潺的流水从这片高山松林脚下流出，水质清澈甘甜。草坪和水源，使这里成为扎营的最佳场地。

苗族风情——环山而居的苗族同胞们三五户自成一寨，星罗棋布地散居山麓的上山村，由于地域偏远，这些苗族同保留了许多黔北苗族文化，如金沙上山苗族芦笙滚牛皮、花苗刺绣等。

罗马田、太阳坪——如果错过了玉簪花开的季节，也可以沿着山涧中的步道，徒步经过罗马田，到达播州区洪关乡的太阳坪，沿途有高山草坪、山涧溪流、高原灌木。要是每年四月中旬徒步这条线路，漫山遍野火红的高山小杜鹃，美丽壮观。

此外，线路经过地岩孔大坝是金沙油菜主产区，每年春季3月，万亩油菜花如金色海洋，现为金沙县最好的油菜花景区。

沿途美食：玉簪花叶子在当地是美味佳肴，可以作为野生蔬菜直接煮食，也可以腌制成酸菜清炒等。每年夏初时节，生活在附近的群众有采摘玉簪花叶梗备过冬菜的习惯，一些农家有以此制作的菜肴。玉簪花还可以泡茶，甚至还可以提取精油用作化妆品。

岩孔街上的凉拌蹄髈十分美味。

建议提醒：在老鹰屯水库边扎营，取水洗漱都很方便。

图 / 文：彭世强 / 李卫军

石林异境晚知名——穿越石仓山

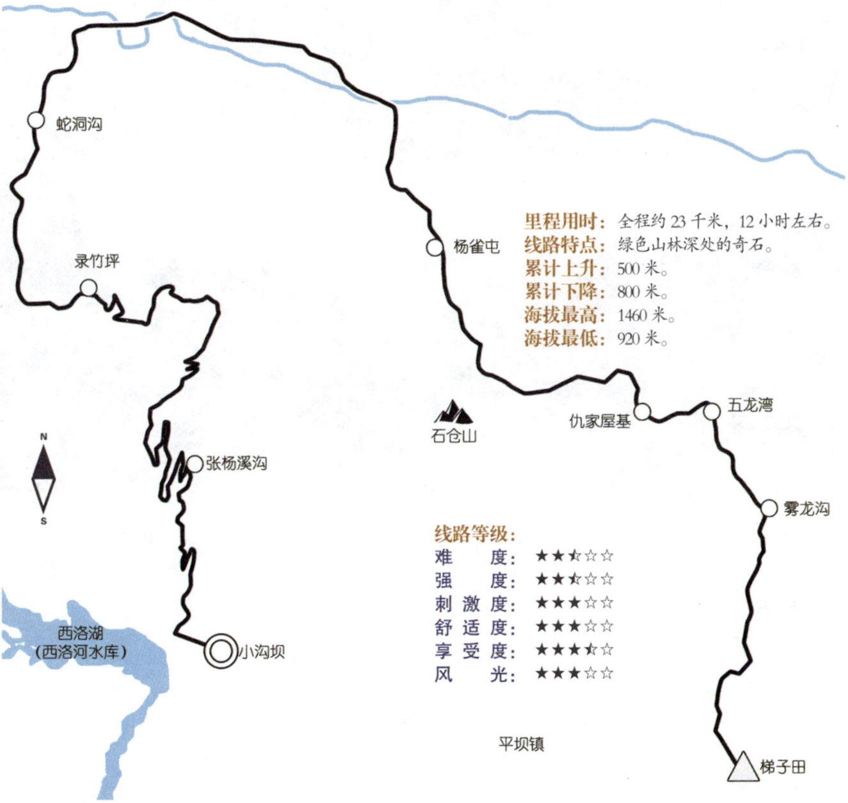

里程用时： 全程约 23 千米，12 小时左右。
线路特点： 绿色山林深处的奇石。
累计上升： 500 米。
累计下降： 800 米。
海拔最高： 1460 米。
海拔最低： 920 米。

线路等级：

难　　度：	★★⯪☆☆
强　　度：	★★⯪☆☆
刺 激 度：	★★★☆☆
舒 适 度：	★★★☆☆
享 受 度：	★★★⯪☆
风　　光：	★★★☆☆

最佳线路： 梯子田—雾龙沟—仇家屋基—杨雀屯—蛇洞沟—录竹坪—张扬溪沟—小沟坝

基本情况： 石仓山在离金沙县城西北方向 15 千米的平坝镇西洛湖畔，又名石仓林场，是 1953 年成立的国有林场。石仓山是岩孔街道、平坝镇、桂花乡之间乌蒙山系向大娄山系过渡延伸山脊上的山脉，东西长 18.5 千米，南北宽 2.6 千米，平均海拔 1460 米，与山麓平地相对高差 520 米。这里的森林面积多达 13600 余亩，是金沙最大的林场。由于森林茂密，山中负离子含量高，平均气温较金沙县城低 3℃—5℃，是避暑度假的圣地。石仓山最大的特点还数山

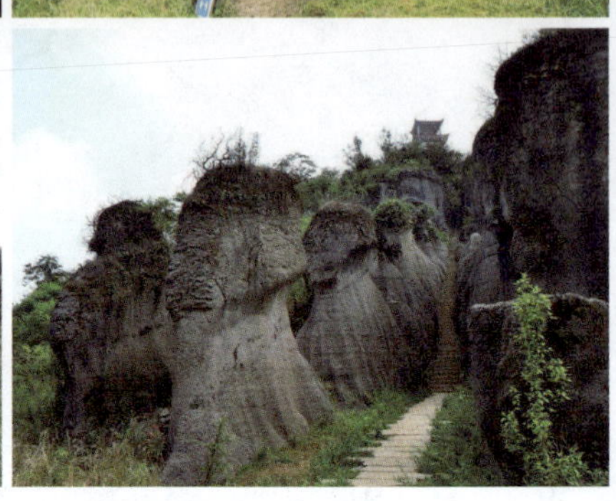

林深处林立的无数奇石，形似石笋、石屯、石峰、石剑、石菇、石伞、石鼓、石钟，故名曰“石仓”。

活动内容： 徒步、登山、观石林、野营。

线路描述： 这条线路为一条观赏石林和考察自然生态为主的初级户外徒步穿越线路，道路为山路和铺装路面，路况良好，四季可行。行程建议两天一夜，难度适中，春季、秋季是风景最美的时节。

徒步穿越石仓山，一般出发点选择在平坝镇梯子田，经五龙湾、仇家屋基、杨雀屯、蛇洞沟、录竹坪、张扬溪沟，最后到小沟坝结束。

沿途景观： 石仓山植被茂密，气候凉爽，徒步石仓山，就像在一个天然的大氧吧中观赏原始森林、高山灌木林、高山箭竹、高山湿地、高山湖泊、高山盆地、高原瀑布、喀斯特石林、湖光山色等自然景观。这里四季景色不同，春天吐绿，百花齐放；夏天荫翠，重装抹彩；秋天红叶似火，野菊浮金；冬天山顶积雪，银装素裹。

大石仓月亮台——这里是石仓山最高峰，站在此处，瞭望远山，层峦叠嶂，烟岚浩渺，郁郁葱葱；近观万亩林涛，如碧浪翻滚，尽收眼底。凌晨时可观日出，傍晚时可赏夕阳。

五龙湾——发源于石仓山麓的一条清澈山间小溪，周边植被茂密，鸟语花香，景色十分怡人。

杨雀屯——是一片比较开阔的森林中的盆地，高大的松林、低矮的灌木相映其间，这里最为舒适的是林间小道，铺满松针、落叶，行走在小道上，心情特别舒适，脚步也轻松许多。

录竹坪——是这条线路的核心景点，也是金沙县国营石仓林场场部所在地。这里的奇石林立，形态各异，山岩突兀，怪石峥嵘。进入石林，映入眼帘的是各种天然喀斯特石笋、石屯、石峰、石剑、石菇、石伞、石鼓、石钟……最奇的是石人，有的形似如来，双手合十；有的像列队的士兵，等待检阅；有的如智利复活节岛上的石像，翘首望天……石林中各种奇石高耸林立，惟妙惟肖。

西洛湖——即西洛河水库，是1958年建于西洛河上游白石溪沟河和两岔河汇合处的一座均质土坝水库，距平坝乡政府2千米，有金沙至石场的通乡油路经过，交通十分方便。库区四周青山环抱，生长着松树、柏杨、柏树、梧桐等多种树木，山清水秀、鸟语花香，环境十分清幽。特别是湖中央有一座5000平方米的

河心小岛，岛上松柏高低相间，给西洛湖增添了别致的自然景观。

此外，沿途山体两侧多悬崖绝壁和瀑布。有飘水岩瀑布、滴水岩瀑布、毛稗丫瀑布、白岩洞瀑布等。每逢雨季瀑水奔泻而下，最高的瀑布落差达 200 余米，景象十分壮观。

沿途生物：石仓山动植物资源丰富，有国家一级保护植物 3 种、二级保护植物 12 种。哺乳动物 50 种，鸟类 100 多种，其中国家一级保护动物 1 种，二级保护动物 11 种。

沿途物产：线路周边盛产葡萄、雪梨、杨梅和奈李等水果。

建议提醒：此条线路水源丰富，不必刻意备水。

此条线路由于要穿越林区，严禁烟火。鉴于该线路位于植被丰富、生物多样性较好的地方，既要注意保护生态环境，野营时也要注意防范野猪、蛇、豹子等野生动物。

石仓林场场部和西洛湖周边有农家乐解决吃饭问题。

图 / 文：李卫军 / 胡强

仙宇屯上观奇景——溯溪油杉河

两岔河
后河
仙宇峰
大岭岗
曾家寨
响水河

里程用时： 全程约23千米，12小时左右。
线路特点： 原始森林、河谷穿越。
累计上升： 550米。
累计下降： 400米。
海拔最高： 1427米。
海拔最低： 937米。
线路等级：
难　　度： ★★★☆☆
强　　度： ★★★½☆
刺 激 度： ★★★☆☆
舒 适 度： ★★★★☆
享 受 度： ★★★★☆
风　　光： ★★★★★

最佳线路： 响水河—大岭岗—两岔河—后河—仙宇峰—曾家寨

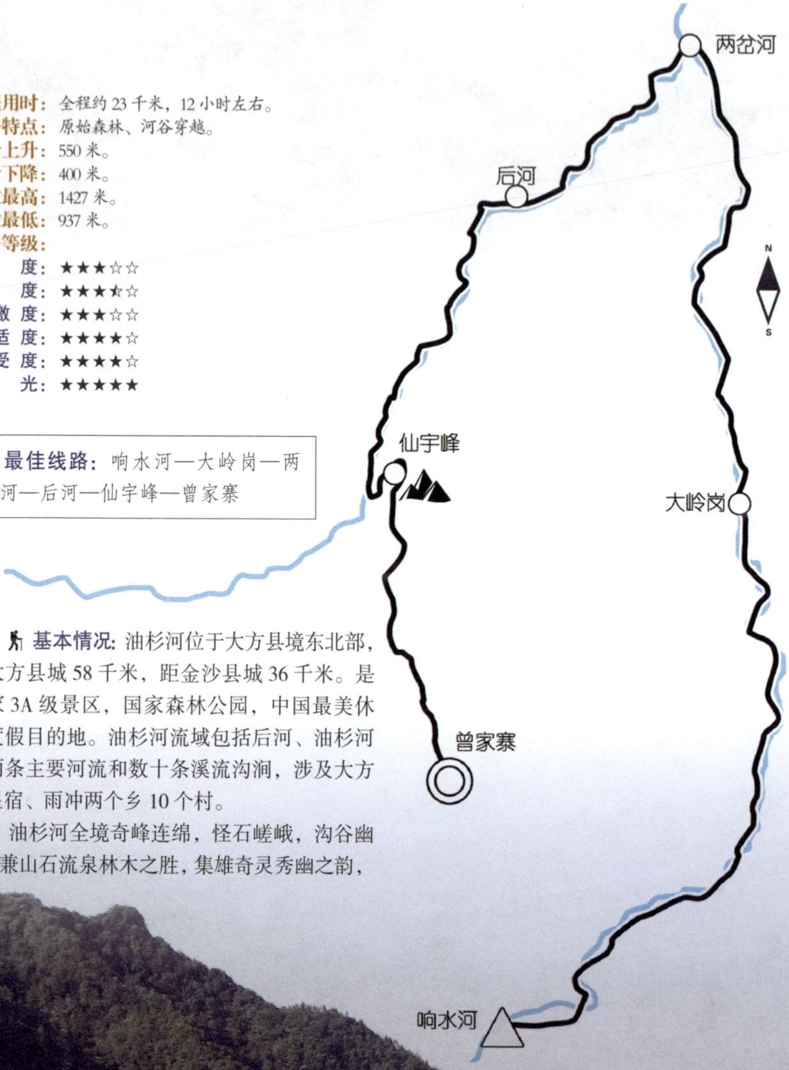

基本情况： 油杉河位于大方县境东北部，距大方县城58千米，距金沙县城36千米。是国家3A级景区，国家森林公园，中国最美休闲度假目的地。油杉河流域包括后河、油杉河等两条主要河流和数十条溪流沟涧，涉及大方县星宿、雨冲两个乡10个村。

油杉河全境奇峰连绵，怪石嵯峨，沟谷幽深，兼山石流泉林木之胜，集雄奇灵秀幽之韵，

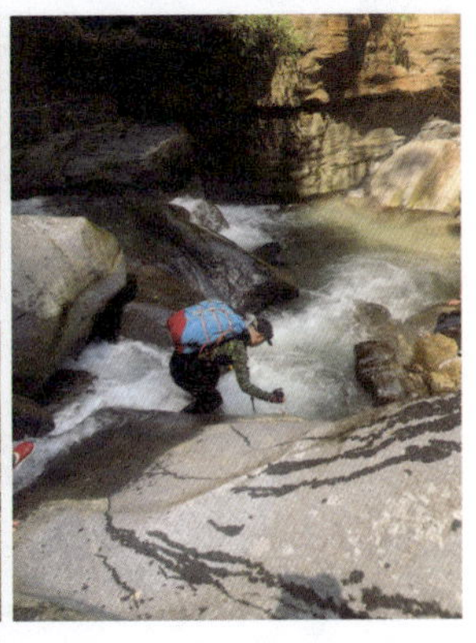

令人叹为观止，不仅有如诗画、如玉宇仙境般的真山真水，还有保存完好的原始生态植被和种类繁多的野生动植物。这里的空气负氧离子含量均值为每立方厘米 3 万个，大大超出世界卫生组织公布的清新空气的标准（每立方厘米 700 至 1500 个），居全国前列，可谓“天然氧吧”。

活动内容： 徒步、溯溪、穿越、野营。

线路描述： 这条线路为峡谷溯溪的中级线路，地形基本为高山峡谷，四季可行，难度不高，但需要有一定体力，行程建议两天一夜。

起点原在金沙县箐门乡玄心店，由于 2016 年开始修建油杉河水库，玄心店开始修筑水坝，不具备徒步出发条件，所以现在一般都以大方县雨冲乡响水河作为出发点，而油杉河流域最经典、最漂亮的路段就在响水河。

沿途景观： 本线主要是徒步、溯溪穿越原始森林、河谷地带，从后河源头举目眺望，依次可观赏到以天然佛像、南天门、神笔峰、夫妻岩、望夫石、鲤鱼跃龙门、飞来石等为代表的奇异山石，栩栩如生。这种奇峰怪石、碧水净土、多种生物共生的环境，让人叹为观止。

响水河——响水河一段因水量大、落差大，导致河水声音较大，故得名“响水河”。这是油杉河流域风景最精华的一段。经典的景点有“金沙滩”“跳蹬石”“小三峡”“莲花台”“洄龙潭”“大瀑布”“点将台”“骑马上青天”“一夫当关石”“冲浪台”和巨型红豆杉、阴沉木等。

两岔河——真正的油杉河是从两岔河开始，包括三岔河、野猪潭、湾角塘，一直到金沙箐门乡玄心店。这一段为典型的喀斯特地貌峡谷，极其狭窄，水流湍急，多处呈现一线天景象，空间变幻明显。

后河——从两岔河出发，往仙宇峰方向，这一河段名叫后河，一路怪石嶙峋，河潭满布，

水质十分清澈，风景绝美。

仙宇屯——沿着后河逆流溯溪8千米左右，映入眼帘的就是大名鼎鼎的油杉河第一名山仙宇峰了。此山三面环水，平地拔起，顺看如擎天一柱，侧看如巨大屏风，远看是孤峰一峦，近看则壁立千仞。仙宇峰是油杉河的象征，也是油杉河著名的地标。仙宇峰顶上是一块近百平方米的平地，有一座建于清乾隆年间的观音庙，旧称“仙宇屯”。这里四周皆为悬崖绝壁，万丈深渊,只有一条细小的青石小道通往山顶。虽地处偏远，庙中却一直香火不断。2019 年，在仙宇峰半山腰处，修建了一条玻璃栈道。

南天门——南天门就像坐落于后河河段上通往天宫的大门，是这里最具观赏价值的景观之一。从门洞内往外看，对面的夫妻岩犹如一对年轻夫妇闲游园中，与周边山水合璧成一幅绝佳的天然山水画。

在线路附近的雨冲乡白果组，有一个古银杏林，因林中有古银杏树 40 余株而得名。其中一株主树，是一株明成化年间的“御赐银杏”，高 40 多米、胸围近 8 米，其余植株围绕主树层层向外蔓延，形成一座树的“山峦”，也成为

了远近闻名的“神树”。林中胸径 100 厘米以上的银杏树达 11 株，树龄长达数百年。这个古银杏林创造了中国银杏的“四最”，即：株数最多、规模最大、季相最明显、造型最壮观。时间充裕，可以乘车顺路看看。

沿途生物：野猪、云豹、野岩羊、野麂子和各种蛇类等。

建议提醒：每年端午节后至十月中旬都适合穿越，秋季最好。鉴于这条线路是原始森林、河谷地带，没有老驴带领，切忌自行穿越！穿越时一定要做好功课，尤其是天气预报。沿途有许多地方需要渡水溯溪，带上防水装备。

沿途补水、取水很方便。扎营点在位于响水河、后河交汇点的两岔河营地。两河在此交汇后称“油杉河”，是油杉河流域最开阔的一段河滩，因此比较适合扎营。由于每年河水流量的不同，河床、河滩也有不同的变化，有的年份河滩是细沙滩，有的年份又变成卵石滩。但是，都适合作为扎营首选地。

徒步结束后，可以到雨冲河一带品尝当地农家美食。

图 / 文：潘浩 / 李卫军

铜仁市

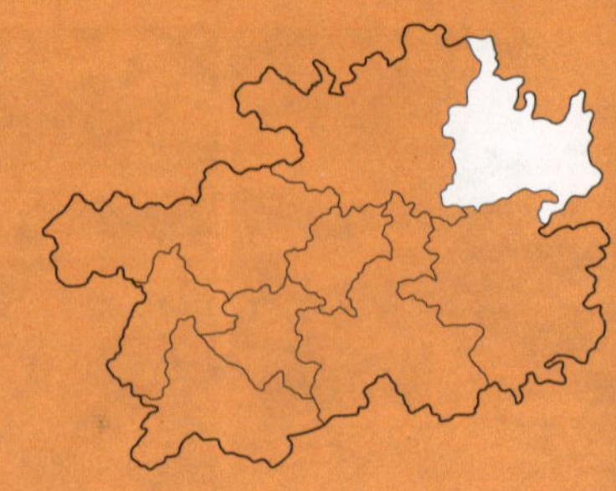

信息速览

英文名称	Tongren City
别　　名	武陵之都
面　　积	18003 平方千米
人　　口	446.38 万（2019 年，户籍人口）
方　　言	西南官话贵州话岑江片方言和西南官话岷江片方言
行政区划	地级市
下辖地区	2 个市辖区、4 个县、4 个自治县、2 个开发区
政府驻地	铜仁市碧江区花果山中路 8 号
机　　场	铜仁凤凰机场
火 车 站	铜仁火车站、铜仁南站等
电话区号	（+86）0856
车牌代码	贵 D
邮政区码	554300
地理位置	贵州省东北部
高等院校	铜仁学院、贵州工程职业学院、铜仁职业技术学院、铜仁幼儿师范高等专科学校
市　　树	桂花树
市　　花	紫薇花

概览

铜仁市地处黔、湘、渝三省市结合部、武陵山区腹地，是西南地区连接中部和东部的桥头堡，自古就是贵州省东部的水旱码头，素有“黔东门户”之称。这里铁路纵横，公路网布，航道通畅，交通便捷。全市辖碧江区、万山区、松桃苗族自治县、

玉屏侗族自治县、江口县、石阡县、印江土家族苗族自治县、思南县、德江县、沿河土家族自治县、大龙开发区，以及铜仁高新技术产业开发区；聚居着土家、汉、苗、侗、仡佬等29个民族，少数民族占总人口的70.45%。

铜仁城区被直下洞庭的锦江穿城而过、一分为三，三地之间以众多桥梁连接。锦江支流大小江交汇处，江心一巨石突兀而起，如中流砥柱，为市内一大自然奇观。相传元代有渔人在江中拾得三尊铜佛，置于石上，谓之“铜人”，“铜仁”之名由此而来。

铜仁人文历史绵长厚重，湘楚文化、巴蜀文化在这里相互浸润融合，29个民族长期和睦相处，造就了绵长厚重的人文历史，其生态文化、民族文化、红色文化、佛教文化，内涵丰富，独具特色，与武陵山脉主峰梵净山和穿境而过的乌江、锦江合称“一山两江四文化”。

气候

铜仁市属中亚热带季风湿润气候区，热量丰富、光照适宜、降水丰沛。大部分地区温和湿润，山间、河谷气候垂直变化明显，有“一山有四季，十里不同天”的气候特征。

全市冬无严寒，夏无酷暑，雨热同季，润物宜人。因此，由于垂直气候差异明显，户外活动尤其登山时要注意保暖防雨。

地貌

铜仁市地处云贵高原向湘西丘陵过渡的斜坡地带，最高海拔2572米，最低海拔205米，地貌以海拔500—1000米的中低山原峡谷和低山丘陵为主，占63.62%；其次为中山、高中山和河谷盆地、坝子。海拔高度的差异，使不同

海拔高度上的森林植被分布表现出多样性。

铜仁市雨量充沛，河网密布，水资源非常丰富。全市河流均为山区雨源型，径流主要靠地表水和地下水补给。境内河流分属长江流域的沅江水系和乌江水系，以梵净山至佛顶山山脉为分水岭，主要河流均沿地势向东、北东、和北三面分别迂回流入湖南省和重庆市。

自然生态

铜仁市森林覆盖率为65.19%（2019年），位居全省第二，辖区内有野生动物400余种，列为国家一级保护动物的有黔金丝猴等6种，二级保护动物有大鲵、黑熊、黑叶猴等29种。有以植物“活化石”珙桐、珍稀的贵州紫薇以

及梵净山冷杉等为代表的木本野生植物资源600余种。此外，还盛产天麻、杜仲、银杏、金银花等药用植物2000多种。

交通

航空：铜仁凤凰国际机场（贵州省与湖南省的交界处的松桃苗族自治县大兴高新区），为4D级民用运输机场，距铜仁市城区21千米，距凤凰县城34千米，现已开通贵阳、长沙、广州、北京、上海、深圳等航线，

铁路：沪昆铁路穿境而过。经渝怀铁路北上可直达重庆，南下可直达广州。

铜仁火车站（碧江区清水北路1号），又

叫“玉铜高铁站”，是渝怀铁路一个重要站点，距离市中心繁华区 2 千米，停靠 G、D 字头列车和 K 字头和普客列车。

铜仁南站（铜仁市大龙高新区一心村）又称铜仁高铁站，是沪昆高铁进入贵州东部第一个大站，停靠 G 字头列车。

公路：铜仁市境内现已修建成 320、326 国道和 201、302、303 省道相互交错、与玉屏至大龙高速公路段组合成的铜仁市交通公路运输网，使铜仁市客运、货运得到强有力的保障。沪昆、杭瑞、铜大、安江、思剑等高速公路穿境而过。全市已经实现县县通高速、乡乡通油路、村村通公路。市内的主要客运站有：铜仁客运站（铜仁市碧江区东太大道与鹭鸶岩路交汇处附近东南）、铜仁旅游客运站（铜仁市碧江区锦江明珠大酒店附近）等。

购物

铜仁市购物点有新世纪购物中心、紫林商场等地，此外，碧江区西门桥的桥东、解放路一段的步行街、市下辖各县的中心街道和梵净山脚下的店铺里也可以购买到地道的铜仁特产。铜仁的特产有江口豆腐干、江口牛干巴、玉屏箫笛、土家族麻糖酒、傩面具、思州石砚、紫袍玉带工艺品、梵净山绿茶、石阡苔茶、德江天麻等土特产。

饮食

铜仁市饮食文化受相邻的湘、鄂、渝影响较大，具有地域性强、种类丰富、烹饪技艺灵活、制作独特、历史传承性和多元复合性强等特点。地方佳肴有铜仁社饭、红烧板栗鸭、辣椒炒猪耳、酸扎鱼、猪米肠、铜仁卤菜、苞谷酸辣子、青辣童子鸡、蕨菜炒腊肉、渣辣面、德江板鸭等，风味小吃有铜仁锅巴粉、绿豆粉、马打滚、沿河糯米包子、江口豆腐干、花甜粑、怪噜饭、怪噜粉、棉菜粑、薯粉、米豆腐、油粑粑、油茶等，别具浓郁的地方特色。

活动节日

铜仁市为多民族聚居地，境内有汉、土家、

苗、侗、仡佬、羌、回等29个民族。这里的民族文化绚丽多彩、独具风格，如土家族的摆手舞、肉莲花、薅草锣鼓等；苗族的花鼓舞、狮子舞、巫舞以及上刀山、下火海绝技等；侗族的山歌、屯锣等；仡佬族的情歌、踩堂舞等。其中，苗族的花鼓舞和上刀山、下火海等绝技蜚声海内外；土家族的摆手舞、“肉莲花”两次获全国少数民族传统体育运动会表演金奖。此外，铜仁各民族的傩戏表演艺术被称为“中国戏剧的活化石”。铜仁的民族节日也丰富多彩，如土家族的过赶年、苗族的四月八、侗族的赶坳、仡佬族的敬雀节、羌族的过羌年等。

景区景点

截至2019年底，铜仁市有国家级自然保护区2个，国家级风景名胜区3个，省级风景名胜区9个，国家矿山公园1个，国家级喀斯特地质公园1个。其中，梵净山有联合国“人与生物圈”保护网成员、世界自然遗产、国家级自然保护区、中国佛教名山·弥勒道场、中国傩文化发源地、中国十大避暑名山、国家5A级旅游景区七大桂冠，植被极好，负氧离子每立方厘米高达6万—12万个，大鲵、珙桐等众多珍稀濒危动植物在这里繁衍生息，有“动植物基因库”之称。乌江穿越石阡、思南、德江、沿河四县，形成“百里乌江画廊”。被誉为戏剧“活化石”的傩戏，古朴神韵的苗家四面鼓、土家摆手舞、侗族大歌，惊险绝伦的苗族绝技绝活，是民族文化瑰宝。铜仁是著名的革命老区。1934年，贺龙、关向应等率红二、六军团在铜仁创立了黔东革命根据地，是红军长征前全国八大红色根据地之一，有周逸群故居等国家级文物保护单位，黔东特区革命委员会旧址、枫香溪会议会址等省级文物保护单位。

图：曹经建 / 乔啟明 / 肖凤 / 李恬

文：潘浩

万壑千峰一揽收——梵净山东西线穿越

里程用时：全程约 33 千米，约 8—12 小时。
线路特点：登山观景，观赏四大天象。
累计上升：1500 米。
累计下降：500 米。
海拔最高：2370 米。
海拔最低：510 米。

净山西大门
棉絮岭
十月怀胎树
金刀峡
滴水崖
普渡广场
万宝岩
回香坪
鱼坳
索道站
铜矿厂
观音瀑
梵净山东大门
N
S

线路等级：
难　　度：★★✯☆☆
强　　度：★★★✯☆
刺 激 度：★✯☆☆☆
舒 适 度：★★★☆☆
享 受 度：★★★★☆
风　　光：★★★★☆

最佳线路：梵净山东大门—龙泉寺—观音瀑—铜矿厂—索道站—鱼坳（登山步道 0 步处）—回香坪—万宝岩—普渡广场—滴水崖—金刀峡—十月怀胎树—薄刀岭—棉絮岭—护国寺（梵净山西大门）

基本情况：“武陵第一峰”梵净山，是贵州的佛教名山、生态王国、风景胜地，更是一方净土。位于铜仁市印江土家族苗族自治县、江口县和松桃苗族自治县交界处，是云贵高原向湘西丘陵过渡斜坡上的第一高峰，不仅是乌江与沅江的分水岭，还是横亘于黔、渝、湘、鄂四省（直辖市）的武陵山脉的最高主峰。其最高峰——凤凰山海拔 2572 米，朝拜地——老金顶海拔 2494 米，新金顶海拔 2336 米。全境山势雄伟，层峦叠嶂；坡陡谷深，群峰高耸；溪流纵横，飞瀑悬泻；古老地质形成的特殊地质结构，塑造了这里千姿百态、峥嵘宏伟的山

岳地貌景观。

唐朝以前，梵净山称“三山谷”“辰山”“思邛山”等，明代以后称“梵净山”。“梵净”乃“梵天净土”之“佛教净界”，自古以来自然生态保持良好，现存于梵净山金顶的两块道光十二年（公元1832年）由贵州巡抚和按察使分别发布的告示石碑上刻录“灵山重地，严禁伐木掘窑，以培风水脉事”“大小两江发源，思铜数郡保障，粮田民命风水攸关，自应培护，不容擅自伤毁”等内容。1956年召开的第一届全国人民代表大会第三次会议上，竺可桢教授等提出要在全国重要的生态系统区域划定天然林禁伐区的建议，此后有关部门曾多次研究和提议加强对梵净山天然林的保护。1956年10月，梵净山天然林区被国家林业部划定为天然森林禁伐区（自然保护区），这是梵净山第一个具有自然保护区特征的身份。现在，梵净山被认定为世界上同纬度保护最完好的原始森林，10亿—14亿年前的古老地层之上繁衍着2600多种生物，其中不乏7000万至200万年前第三纪、第四纪的古老动植物种类，成为地球上同纬度难得的生态王国。1978年贵州省设立梵净山自然保护区，1986年成为首批17个国家级自然保护区之一，被联合国教科文组织列入“世界人与生物圈”保护区网络成员，是中国第四个加入该网络的

国际生物圈保护区。2018 年 7 月，梵净山成功列入世界自然遗产名录，使贵州成为我国世界自然遗产最多的省份。国际天文学联合会小行星命名委员会将编号为“215021”号的小行星，永久命名为“梵净山星”。同时，梵净山还是国家 5A 级旅游景区，是中国十大避暑名山。

活动内容：徒步、登山、穿越、观光。

线路描述：本线路为传统观光线路，从梵净山东线上山西线下山，路况较好，为中级原始丛林穿越线路。基本在观光游览石板山道上行走，四季可行。该线路爬山路段约 6 千米，技术难度不大，但体力要求较高。

从江口县境内的梵净山南大门（黑湾河），平时也称“梵净东”处上山。从大门口徒步 9.5 千米至鱼坳，开始攀登上山步道，至普渡广场后沿梵净山西线朝山步道下至棉絮岭（此段较为平缓），再沿观光车道徒步 7 千米，进入印江县地界，到达梵净山西大门（护国寺）结束。

沿途景观：本线路穿越梵净山核心景区，体现出一种原始洪荒的景观特征。全境山势雄伟、层峦叠嶂，溪流纵横、飞瀑悬泻。这里四季景色不同。冬末春初有冰雪雾凇，雪景禅意；4—5 月中旬则满山点缀着高山杜鹃，迎风飞舞着白色的珙桐花；10—11 月树叶变红，色彩斑

斓。梵净山还是“空气罐头”发源地，空气中负氧离子含量高达 3000 多个 / 立方米，一路吸氧洗肺，徒步结束后虽然一身汗水，肌肉酸疼，但全身毛孔打开，十分舒爽。

峡谷风光——梵净山有 99 条溪，一半汇入锦江，一半流进乌江，水资源品质高、山间溪水均可直接饮用。从梵净山东大门到达鱼坳 9.5 千米路程一直沿着黑湾河逆行，整个峡谷基本为乔木林带，古树参天，溪水清澈，其中在龙泉寺、君子客桥、观音瀑、铜矿厂、鱼坳几个地方都可以下河玩水。

万步云梯——即著名的梵净山 8000 级台阶步道，是以前的朝山佛道，被誉为“通往佛国的天梯”。从梵净山脚索道下站走 2—3 分钟到“鱼坳”，这是徒步登山的起点，到金顶 8800 台阶的 0 步。这一登山段高差达 1600 多米，非常壮观，运气好能看到黔金丝猴。但这段路对人的毅力、耐力和身体素质是一大考验，让无数前来朝拜者望而却步。而想要登上金顶，上山下山只有一条路，稍不注意打滑，后面就

是万丈深渊，更需沿着绝壁上凿出的狭窄石缝手脚并用、借助铁链才能完成。虽说从山脚登上金顶过程艰难，路途险峻，但是攀上峰顶后一览美景，是人生难忘的一段记忆。

金顶——新、老金顶是梵净山胜景的主要集中地。新金顶海拔 2336 米，是其中较险的一座孤峰。因晨间常被红云瑞气环绕，故被称为红云金顶，有“鸿运当头”的寓意。远眺新金顶，状如巨笋出土，似玉龙啸天，直指苍穹。大自然的鬼斧神工又将新金顶峰一劈为二，古人建天桥将两峰相连，并于两峰之上各建一小殿，营造极乐天宫之感，与不远处老金顶燃灯殿遥相呼应。老金顶海拔 2493 米，是梵净山最高峰。登上这里，万卷书崖便赫然映入眼帘，山体层层叠叠，势如卷帙浩繁的古代典籍层层堆放于云天之中，气势宏伟。

蘑菇石——梵净山标志景观之一。蘑菇石高约 10 米，位于老金顶之下，由两块锋利的方形巨石叠加而成，是由风化侵蚀后残留的层积岩所构成。因其上大下小、状似蘑菇而得名。

其形状貌似摇摇欲坠，实则岿然不动、屹立不倒。在山顶经年数月的风霜雨雪中，蘑菇石已傲然矗立了10亿年以上。

明清古迹——梵净山承恩寺、护国寺都在此条线上，另可见梵净山老金顶之上的燃灯殿、新金顶上的释迦殿、弥勒殿。还可近观贵州省重点文物保护单位之梵净山敕赐碑、梵净山摩崖、果然古寺等。

赐敕碑——明万历四十六年（公元1618年）奉万历皇帝圣旨而建，当时的户部郎中李芝彦撰写，对梵净山的地理位置、山形地貌、名胜古迹、历史传说、佛教兴衰等都作了记载。碑文记载梵净山为“古佛道场”，是“天下众名岳之宗”，是“上之穹隆接天、下之厚重住地”、“崔巍不减五岳、灵异足播千秋”，是名震京师，吸引王公大臣、黎民百姓涌来朝拜的“极乐天宫”，此碑现为贵州省重点文物保护单位。

棉絮岭——棉絮岭海拔2000米，在西线徒步路上可以看到，新金顶、老金顶、凤凰山一览无余。在此可以看到梵净山自然奇观万米睡佛。

四大天象——梵净山的四大天象奇观佛光、幻影、云瀑、禅雾，为梵净山添上了神秘的色彩。

佛光：实为一种环状彩虹。每当在雨后晴天旭日东升或夕阳西下时，在金顶一带，在斜

射阳光映照的云雾上常可看到七彩相间的巨大光环，神奇绚丽，被人们称为“吉祥之光”。

幻影：一般出现在佛光产生前后，短则几十秒、长则几分钟的时间内，自己的身影被放大若干倍，反射在天空云层中，影随人动。夜晚有时候当闪电划亮天宇时，茫茫的云雾中也会出现幻影。

云瀑：梵净山终年云海茫茫，因山势陡升和瞬间风向的变化，使得积聚在万米睡佛山后的云层像潮水般泻入山前的牛尾河谷底。这时，云流突然间从高天跌下深谷，云波澎湃，诸峰竦峙，气吞万里，人们把这壮丽的奇景称为“瀑布云”或“云瀑”。

禅雾：梵净山终年多雾，俗称“禅雾”。一丛丛、一阵阵的薄雾自山谷袅袅腾起，随风上下翻滚。雾起处无论季节，不管晦明，来无定向，去无定时，一切时有时无，自在自然。

其他梵净山著名景点还有：万卷经书、九龙池、凤凰山、灵官殿、龙头石、观音洞、报恩石、金刀峡、定心泉、老鹰岩、月镜山等。

沿途生态：作为国家级自然保护区、世界自然遗产地、“世界人与生物圈”成员的梵净山，山形复杂，环境多变，由此形成了全球为数不多的生物多样性基地。保护区总面积42863公顷，森林覆盖率96.91%，是以保护原始森林生态系统和物种多样性为主的自然保护

区，主要保护对象有特有物种黔金丝猴、珙桐和梵净山冷杉等珍稀濒危野生动植物。保护区生物多样性极其丰富。据科考资料，区内现有植物 2000 余种，国家保护植物 31 多种，有珙桐林、铁杉林、水青冈林、黄杨林等 44 个不同的森林类型。原始森林里栖息着 800 多种野生动物，国家保护动物 20 多种，如：黔金丝猴、藏酋猴、云豹、苏门羚、黑熊等。其中黔金丝猴被誉为“地球的独生子”，仅存 800 余只，是中国 4 种金丝猴中最濒危的，仅分布于梵净山自然保护区。此外，梵净山尚有众多低等动物、无脊椎动物类群。因保存了数量众多的珍稀动植物，梵净山被誉为“地球绿洲”“动植物基因库”“地球和人类之宝”。

沿途特产：牛干巴、翠峰茶、藤茶、铜仁珍珠花生、紫袍玉带石制品。

建议提醒：不论从东、西哪个方向进入梵净山，必须凭实名制购票。过去从松桃苗族自治县冷家坝、印江土家族苗族自治县石板寨等地有古代朝山小路可达梵净山金顶，因自然生态保护的需要，整个核心区不再允许任何与科研无关的人士穿越，所有原始线路全部封闭，只能从游道行走。

要想徒步登顶又当天下山的话，请一定要在梵净山脚住宿，第二天早起爬山。

为了保护梵净山生态和游人安全，现规定“每日 14 点到次日 7 点期间，禁止游客徒步上下山”，下午 6 点后景区保安将进行清场。因为要防止夜间山里的蛇虫野兽伤人。山上现已谢绝住宿，所有客栈、招待所全部停业，也不允许露营。

梵净山大门到鱼坳 9.5 千米的路段沿途可以取水，鱼坳到山顶 8800 台阶中途有几处歇脚的店子，有食水供应，可以做补充站。不过建议需带足水和干粮，下午 5 点后，山顶所有小店关门，买不到任何东西。

该线路也可以反方向穿越以节省时间，这样对体力要求会降低大半。即从西大门（印江方向）进山，沿棉絮岭徒步到达梵净山金顶，这样走山路平坦好走，一般 2—2.5 小时可到达金顶，再从东线万步云梯下山，到达鱼坳，坐观光车从东大门出。

图：曹经建／肖凤／龙正乔／冉景丞／徐丰山

部分图片供稿：铜仁网站图片频道

文：杨一／潘浩

青山不老水长流——行走太平河

里程用时： 全程 17.5 千米，约 8—9 小时。
线路特点： 原生态文化考察、溯溪玩水、休闲健身。
累计上升： 105 米。
累计下降： 248 米。
海拔最高： 529 米。
海拔最低： 361 米。

线路等级：
难　　度：★☆☆☆☆（1.5星）
强　　度：★☆☆☆☆
刺 激 度：★★☆☆☆
舒 适 度：★★★☆☆
享 受 度：★★★☆☆
风　　光：★★☆☆☆（2.5星）

最佳线路： 黑湾河—盘溪—寨沙—冲底—溜沙湾—云舍

基本情况： 太平河旅游徒步步道，修建于 2002 年，全长 26 千米，起点在江口县城郊的曾加港东岸的云舍，终点梵净山黑湾河口。步道取材于沿河两岸的山石、鹅卵石、沙砾建成，老少皆宜，是一条集休闲、徒步、观光旅游、团队培训的多功能步道。

活动内容： 徒步、穿越、溯溪、观光、民俗考察。

线路描述： 本线路为健身观光入门级徒步线路，基本在铺装路面上行走，难度不大。

本条徒步路线沿太平河畔步道徒步，太平河东侧是陡峭的群山、石峰、山泉、跌水，两岸是美丽的村庄农田，一步一景。从梵净山黑湾河风雨桥出发，沿太平河东岸旅游步道徒步经寨沙侗寨至冲底户外大本营后，在农家中餐，然后到云舍。

沿途景观: 本线可以了解当地民俗民风，在美景中享受大自然带来的馈赠，在慢节奏中释放生活的压力。

太平河——发源于梵净山麓的松桃苗族自治县，从梵净山脚流到江口县，全长30千米。主要以姿态各异的山、古树林木以及田园风光组成。太平河周边森林植被茂密，大气、水体均未污染，生态环境良好。河水水流湍急，但多为浅滩，沿途"三星伴月""三狮拜象"等山体景观可供观赏，还有生态植物园、梵净山佛教文化苑（内有世界最大金佛）等人文景观。现在以太平河沿线为基础建成的太平河国家湿地公园占地总面积661公顷，从江口两江交汇后的锦江坝址沿河向上的太平河流域，止于与梵净山国家级自然保护区交界处的寨沙太平河小桥，湿地率41.8%。公园山清水秀，风景优美，生物多样性丰富，集自然风光、民族风情与佛教文化于一身，是休闲娱乐的好去处。

云舍村——位于太平河畔的江口县太平乡，源于土家语，意为"猴子喝水的地方"。全村总面积4平方千米，439户1717人中，98%的村民都是杨氏后裔，是江口乡村第一大寨，云舍土家族仍然保留着自身民族的风情习俗，因此，云舍土家民俗文化村又被称为"中

国土家第一村”。村落沿太平河河谷而建，太平河穿村而过。古时为防山贼，云舍建村以巷道迷宫为主：寨内青石小巷连接全村，各个筒子楼之间相互串联，构成一体，巷道相通；展现出错落有致、聚散相交的分布情况。村内神龙潭有着一项特色功能，能够凭借水位涨落来预报天气。在云舍，除了可以看神龙潭、龙塘河、轰鸣泉等景点，还可以感受土家族的风情习俗，以及土家筒子屋、古法造纸坊等景点。云舍现被列入第一批中国传统村落名录、全国乡村旅游重点村名录、国家森林乡村名单。

寨沙侗寨——寨沙侗寨位于梵净山脚，距离县城27千米，紧邻梵净山佛教文化苑。寨门、广场、鼓楼、吊脚楼为寨沙的典型建筑，寨前太平河碧水如画，寨后青山似黛，河畔古树参天。整个寨子青山环抱，掩映在茂林修竹之中，犹如世外桃源。因寨沙举办了几次全国驴友晚会，其知名度大增。

建议提醒：如果3点之前到达云舍村，可观看土家风情表演，体验拦门酒、挂红蛋吊坠等民俗，用餐时听劝酒歌。

图：龙正乔 / 杨一 / 徐丰山

文：杨一 / 龙云清

柳暗花明又一村——踏访鱼粮溪

闵孝镇
下广寨
鱼粮溪河口
拦水坝
鬼拍门
千亩草地露营地
鱼粮溪老寨
万丈岩
茶叶山

里程用时： 来回约 20 千米，6 小时左右。
线路特点： 亲水溯溪、古寨探秘、露营狂欢。
累计上升： 21 米。
累计下降： 92 米。
海拔最高： 595 米。
海拔最低： 415 米。
线路等级：
难　　度： ★★☆☆☆
强　　度： ★★☆☆☆
刺 激 度： ★★☆☆☆
舒 适 度： ★★★☆☆
享 受 度： ★★★★☆
风　　光： ★★★½☆

最佳线路： 下广寨—鱼粮溪河口—拦水坝—鬼拍门—千亩草地露营地—鱼粮溪老寨—万丈岩—茶叶山

基本情况： 鱼粮溪位于江口县闵孝镇与民和镇交界处，距江口县城 12 千米，距梵净山景区东大门 25 千米。据说这里盛产黄颡鱼（当地俗称“角角鱼”），过去村民有以鱼代粮上交皇粮国税的传统，一直沿袭到清朝末年，故得名“鱼粮溪”。

鱼粮溪风光旖旎，以溪、瀑、峰、岩、洞、桥、崖的雄奇险峻而驰名。沿着清澈的溪流上溯而行，穿过狭窄的峡谷口，复行数十步，里面地势豁然开朗。宽阔的田园，依山而建的屋舍，蜿蜒如带的溪水，“有良田、美池、桑竹之属”，像极了陶渊明笔下《桃花源记》中为人们展现的世外桃源。

活动内容： 徒步、穿越、溯溪、民俗文化和风情考察。

线路描述： 本线路为成熟线路，单边里程 10 千米左右，为健身观光初级溯溪线路，道

路起伏不大，基本为山道或蹚水而行。溪水不深，小孩可抓鱼洗澡戏水。路况较好，四季可行，夏季是最佳玩水避暑时节。

本线路徒步起点从闵孝镇鱼粮溪村下广寨入口开始，沿溪流徒步到达万丈岩后即可。可以选择露营第二天沿路返回，也可以当天返回。

沿途景观：鱼粮溪峡谷由地层断裂、褶皱、切割等地理原因形成，面积很大，整个峡谷由多个不规则的“Z”字形和“S”形联贯组成，最宽处约有 8 千米，最窄的夹谷处则仅为 20 余米宽，峡谷内分布着双鸡崖、前鬼门、不二门、后鬼门、鱼粮寨、翻天印、二洞沟、孔雀开屏、仙女浴、万丈岩等景点。鱼粮溪峡谷两边原生树林、竹林保存完好，自成景观。沿溪峡行进，可以欣赏石屏、石嶂、石峰等构成的许多奇石景观，溪水清澈见底，溪流终年不断，河床平缓，风景迷人。

鱼粮溪峡谷——峡谷的风光由三个部分组成。第一部分是位于闵孝下广寨的溪门口到栏杆坳下面的马树这一段，路程大约 3 千米，这里溪流潺潺，峡谷深深，眼看路已走到尽头，突然又豁然开朗，给人以“山重水复疑无路，柳暗花明又一村”的感觉。第二个部分是马树到鱼粮溪寨上这一段，长约 1.5 千米，为广袤的田园，由两个坝子和一个寨子组成。第一个坝子的溪河两岸就是大块的农田，估计有 600 来亩，但因寨中劳力基本外出打工，现已无人耕作。举目望去，两岸芳草萋萋，田园平平整整，好一个户外大本营。从第一个坝子到鱼粮溪寨上，是一处九曲十八弯的峡谷风光。这里峡谷

很窄，水流湍急，加上两侧山上瀑布飞流直下，使这里瀑水飞扬，声震十里。从这里辗转几个小湾，趟过几道小河后，就来到了鱼粮溪寨上。整个寨子围墙斑驳，河柳婆娑。小寨依山而建，寨前是一畦稻田，再前面是溪水绕寨东流。沿溪而上，寨子过后又是一片碧绿的稻田，比下面的坝子要宽一些。这里是坡上拖船沟、泡木山和鱼粮溪的粮仓。溪流两岸，古树婆娑，碾坊、古码头昭示着这里的悠久历史。第三部分是最精彩部分，从犀牛洞到万丈岩，约 2 千米。从这里起，有犀牛洞、出水洞、穿洞、龙宫、落水洞等十多个形态各异的溶洞和几道四季长流的瀑布，以及一些形状各异的山峰。

万丈岩——鱼粮溪最有名的景点，万丈岩高约 240 米、宽 500 多米，表面平整，偶尔有一些草药黄连顽强地生长在岩缝中。万丈岩悬崖 70% 以上的地方有一条石缝将其一分为二，石缝中栖息着许多蝙蝠。

建议提醒：该线路为原生态线路，没有任何费用。

线路为峡谷溪流风景，天气变化大，因此峡谷溯溪时要注意当地天气预报。雨具、凉鞋必备。溯溪时准备防水袋、泳衣泳裤和溯溪鞋。

雨季时尽量别在峡谷里露营，以防夜里涨水。峡谷宿营，千万注意安全用火，所有垃圾必须清理填埋或者带走。峡谷内通信网络信号较差。

该线路全程步行，自带干粮、水果，沿途可随时补水。行程中无任何交通工具，如选择一日返回，请合理安排行程。

峡谷尽头的鱼粮溪古寨有 10 来户世居于此的农家，均为古色古香的传统建筑，可在农家吃农家饭。

峡谷中段和尽头分别有一个很大的草坪，适合大型露营，开展拓展游戏、篝火晚会等活动。每年都有上千人次周边地区户外爱好者来此溯溪露营。

图：杨一 / 徐丰山

部分图片供稿：铜仁网站图片频道

文：杨一

古柏青青贯古今——从木黄到苏家坡

里程用时： 全程约 40 千米，16 小时左右。
线路特点： 考察自然生态，感受红色文化。
累计上升： 1445 米。
累计下降： 1189 米。
海拔最高： 1459 米。
海拔最低： 722 米。
线路等级：
难　　度： ★★☆☆☆
强　　度： ★★★⯪☆
刺 激 度： ★★★☆☆
舒 适 度： ★★☆☆☆
享 受 度： ★★★☆☆
风　　光： ★★★☆☆

木黄镇
三甲村会师柏
N
S
芙蓉村
桃家湾杜鹃花海
石板寨（杜鹃山庄）
亚盘林（林湖山庄）
苏家坡红军战斗遗址
团龙文化村
梵净山景区西大门
梵净山

最佳线路： 木黄镇—三甲村—芙蓉村—石板寨—杜鹃花海—亚盘林—团龙村—苏家坡—梵净山西大门

基本情况： 木黄镇原名“木王”，地处梵净山西麓，是印江土家族苗族自治县、松桃苗族自治县、重庆市秀山土家族苗族自治县三县交界地，素有“印江东大门”之称。在这以土家族为主的山区小镇，古树参天、环境优美、生态良好、文化厚重，是全国精神文明城镇、红色风情小镇、贵州省文化艺术之乡。木黄属于喀斯特地形地貌，发源于梵净山的涓涓细流汇聚为蔡家河、金长河、新民河交汇于木黄河，更有丰富的溶洞水形成的三大神泉。

明洪武年间，朗溪苗民起义，朝廷派沱江宣抚使田儒铭（号尚贤，元代思南宣慰使田谨珍之子）率军征讨，随后建立朗溪蛮夷长官司，

隶思南宣慰司，木黄一带成为田氏土司统治的区域。清康熙九年(公元1670年)又因苗民起义，朗溪土司衙门迁住木桷寨(今木黄镇盘龙村)，朗溪副土司衙门迁住木社寨(现新业乡木良村)，这里成为田氏土司统治的政治、经济、文化中心。

1934 年 10 月 24 日，贺龙、关向应、夏曦领导的红三军与任弼时、萧克、王震率领的红六军团在印江县木黄镇胜利会师。党中央特致电祝贺，并决定红三军恢复红二军团的番号。10 月 28 日，红二、六军团主力向湘西挺进，开辟创立湘鄂川黔新苏区，有力地策应了中央红军长征。长征途中，红二、六军团受命正式组成红二方面军，成为中国工农红军三大主力之一。木黄会师，是中国红军史上的一件大事，把来自不同战略区域的两支红军组成了一股强大的革命力量，为后来开创湘鄂黔革命根据地、策应中央红军长征做出了不可磨灭的贡献，也为红二方面军的形成奠定了坚实的基础，在人民军队征战史上谱写了新的篇章。今天，木黄会师已载入史册，成为中国工农红军第二、六军团会师圣地和国家级爱国主义教育基地。

活动内容：长征文化考察、民俗考察。

线路描述：本线基本沿县道行走，技术难度不高，行程建议两天一夜，四季皆宜，4、5月是最美季节，为初级户外徒步线路。

先从木黄镇场口，即将军山下沿步道徒步攀登将军山，没有任何岔路，线路明确，到达纪念碑处，即可瞻仰会师纪念碑也可俯瞰木黄镇全景。到木黄镇参观木黄会师纪念馆，出馆后步行50米左右参观木黄红三军政治部旧址和木黄红六军团政治部旧址。

从木黄镇沿公路到达五甲村三甲村民组的会师柏，经石板寨后到杜鹃花海；从此处走山路到亚盘林到达团龙村，然后从团龙村到苏家坡红军坟凭吊先烈，最后到达梵净山西大门。

沿途景观：全程森林密布，溪沟纵横，山地、河谷、坝子处处是美景，红色文化和土司文化遗迹和遗址遍地皆是，历史文化厚重。

木黄会师纪念碑——在木黄镇左侧的将军山山腰，前临木黄河。纪念碑于1979年7月1日落成，占地面积771平方米，坐东北朝西南，系砖石结构；碑为军旗形，寓意两军会师；碑高14.26米，寓意1934年红二、六军团；碑身正面镌刻着王震将军题写的“中国工农红军第二、第六军团木黄会师纪念碑”19个大字楷书及落款。2006年5月25日，国务院公布黔东特区革命委员会旧址为全国重点文物保护单位，纪念碑成为其中组成部分之一。

木黄会师纪念馆——位于木黄镇水府宫。水府宫为木结构建筑，始建于清嘉庆二十三年（公元1818年）。中轴线上有门墙、戏楼、前天井、前厅、后天井、后殿，占地838平方米，建筑面积为525.6平方米。1934年夏，贺龙、夏曦、关向应等率领中国工农红军第三军进入黔东，建立了黔东特区革命委员会。同年10月24日，任弼时、萧克、王震等率红六军团抵达木黄镇与红三军（会师后恢复红二军团番号）胜利会师，两军领导人在红三军军部水府宫内开会，决定两军团统一行动。为纪念这一具有重要历史意义的重大事件，1977年7月，当地党委、政府在木黄镇水府宫建立会师纪念馆，由萧克将军题写馆名，馆内以文物实物、照片、美术作品、固体雕塑及多媒体等展陈方式展示这段光辉历史。纪念馆周边还有木黄红三军政治部旧址、木黄红六军团政治部旧址等革命历

史遗迹。现在这些革命历史遗迹和木黄会师纪念碑、会师柏等一起成为进行革命传统教育和爱国主义教育基地。

会师柏——位于木黄镇五甲村三甲组的公路旁，树高 24 米，胸围 8.2 米，树冠约 158 平方米，树龄约 1300 年，被当地群众奉为神树。1934 年 10 月 16 日，红二军团在此迎接红六军团时，这里是两军团首长相会休息的地方。1983 年 7 月 3 日，萧克将军视察印江时，将这棵树命名为“会师柏”。1987 年，老红军陈靖将军重走长征路到此，欣然为“会师柏”挥毫。

芙蓉兴隆桥——位于梵净山西麓木黄镇芙蓉村，横跨在蜿蜒如带的芙蓉河上，系河两岸陆、谢两姓先祖所建的土家族风格的凉桥。始建于清道光十三年（公元 1833 年），重建于清光绪三年（公元 1888 年），系双檐小青瓦、阁顶木结构的木板桥，全长 33 米、宽 5.6 米、凉亭高 6 米、矢高 2.4 米。桥的两端为双檐牌楼式，题书“兴隆桥”三字，以期国运之兴隆。兴隆桥集桥、廊、亭、塔、楼、阁的建筑特色于一体，桥面铺以木板，两桥墩抵河岸，桥的长廊两边还设有长凳。在此凭栏望去，远景、近景自成一幅山水画。1934 年 10 月底，红二、六军团在木黄会师后，新组建的黔东独立师经此处进

抵梵净山坚持革命斗争，师长王光泽、政委段苏权曾在桥上研究对敌战略战术。

万亩杜鹃花海——位于梵净山环山公路沿线上，属于梵净山花海度假区的核心区域，包括芙蓉、石板寨、亚盘林等景点。这里森林苍翠，云雾飘渺，生态良好，空气负氧离子含量极高。每年4—5月份，自北至南长约10千米的范围内，满山遍野的红色、白色、粉色等天然杜鹃花竞相绽放，争奇斗艳，美不胜收。夏季时，沿线气候凉爽宜人，是户外旅行的好地方。

石板寨——又名“杜鹃山庄”，位于坪所村境内，寨内木房房顶盖石瓦搭建，一条生态旅游步道穿行在森林、茶园、枫林、山岩间。这里有松涛、风吟、鸟啼、泉鸣、蝉唱，可以观赏长号唢呐、土家花灯、薅秧采茶歌等土家族、

苗族民间歌舞活动。

亚盘林——原名“亚船林”，位于梵净山环线公路西北山峰间的紫薇镇豆凑林村，是花海度假区内的核心度假村，因其地形像一艘航行在原始林海的小船而得名，原为梵净山中海拔最高的一个古村，田氏土司后裔曾迁徙至此居住。村后一座山像古代官帽而得名“顶子山”。山下有一池碧水，被称为“梵净山天池”。两条发源梵净山原始丛林的小溪从村庄穿越而过，溪流两岸翠竹掩映。亚盘林像与世隔绝的桃花源，四周森林苍翠，气候凉爽，空气清新。春季漫山怒放杜鹃花，美丽壮观；夏季满山翠绿，凉爽宜人；秋季层林尽染，恬静怡然；冬季雾凇挂枝，美轮美奂。

团龙村——位于梵净山西线山脚紫薇镇，是国家3A级旅游景区，中国少数民族特色村寨。这里完整保留了土家吊脚楼、风雨桥等土家民居建筑，汇聚了过赶年、傩堂戏、花灯、女儿会、山歌对唱、摆手舞等土家民俗活动，被称为“露天土家民俗博物馆”。团龙人喜饮灌灌茶，所产的绿茶明清时期即为贡品。村里生长了600年的古茶树至今枝繁叶茂，团龙村及周边所产的“梵净山翠峰”茶多次获全国金奖，获全国原产地保护。团龙村良好的自然生态，

使这里有很多百岁老人，历来有“长寿村”之称。在这里，住一栋土家木楼、看一场土家花灯、听一曲土家山歌、饮一杯梵净佛茶、过一段闲暇时光、做一回飘逸长寿的团龙人，是无比舒爽的事。

苏家坡红军坟——位于梵净山脚下紫薇镇大园址村南 1 千米。1934 年 11 月，红二、六军团根据党中央指示转移，留下黔东独立师驻梵净山一带。敌人派重兵围剿，独立师与之激战于苏家坡。战后，群众将牺牲的红军战士就地安葬于此。

沿途特产：团龙贡茶、梵净山翠峰、土家腌菜、手撕牛肉、绿壳鸡蛋等。

沿途美食：豆腐大宴、野菜全席等。

建议提醒：本线海拔高差的原因，早晚温差较大。部分山路崎岖，路途较远，羊肠山道处两侧荆棘较多。

山地气候明显，应带好雨伞防止雨天，同时注意防滑。

终点是梵净山景区西大门，从这里徒步直上梵净山，既节省时间，又节省体力。

供稿：印江县文体广电旅游局

图：甘述华 / 左禹华 / 程祖栋

文字整理：车文兴 / 潘浩

青山苍茫云海间——岩屋坪穿九龙洞

九龙洞
恶滩
苗江溪
茶坪
太平坑
毛扣
甘溪坪
小东云
棚井坳
桐木坪
岩屋坪
N
S

里程用时： 全程约 25 千米，7—10 小时。
线路特点： 穿越原始竹林，赏自然奇观，寻找丹砂遗迹。
累计上升： 1568 米。
累计下降： 1452 米。
海拔最高： 1102 米。
海拔最低： 214 米。

线路等级：
难　　度： ★★★☆☆
强　　度： ★★★☆☆
刺 激 度： ★★★★☆
舒 适 度： ★★★★☆
享 受 度： ★★★★☆
风　　光： ★★★★☆

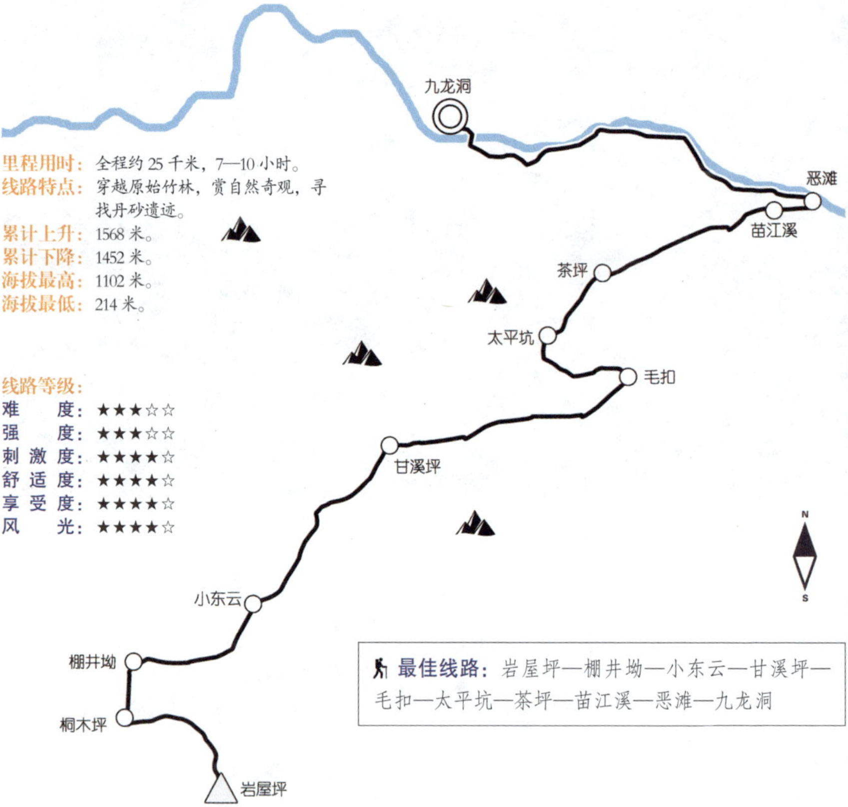

最佳线路： 岩屋坪—棚井坳—小东云—甘溪坪—毛扣—太平坑—茶坪—苗江溪—恶滩—九龙洞

基本情况： 铜仁市境内有两大户外资源富集地，一是梵净山国家级自然保护区，二是六龙山国家级风景区。六龙山位于碧江区东南部，属于武陵山脉子峰，是梵净山的姊妹山。方圆 120 余平方千米，山顶海拔 1173 米，年均气温 14℃，常年云雾缭绕，年均降雨量 1317

毫升，森林覆盖率达86%以上。山体呈橄榄形，由纵横深切的大峡谷和气势磅礴的高山峻岭组成。这里悬崖峭壁气势恢宏，溪水潺潺中有连串飞瀑，山中竹林成海，岩顶松柏参天；百种野生动物在其间繁衍生息。良好的自然生态和旖旎风光，使六龙山被当地户外爱好者称为“徒步天堂”。

六龙山区降水充足和空气湿润，加上山上茂密的森林竹海，又使六龙山蕴含着丰富的地下水，涌泻出无数的林间清泉、高山溪流。发源于六龙山有名的溪流就有鸭江溪、苗江溪、骂龙溪、溪头河、虫腊溪、韶溪、牙溪、苗寨溪、瓮慢河、老坪溪等。由于这里水质良好、甘甜清洌，为从山脚下流过的锦江河补充了优质的水源。因此，六龙山还被农夫山泉矿泉水选作取水点之一。

六龙山还被称为“铜仁市后花园”，气候温和凉爽，其森林密布的巨大山体，像天然氧吧向铜仁市城区着输送优质空气，调节着铜仁的气候。

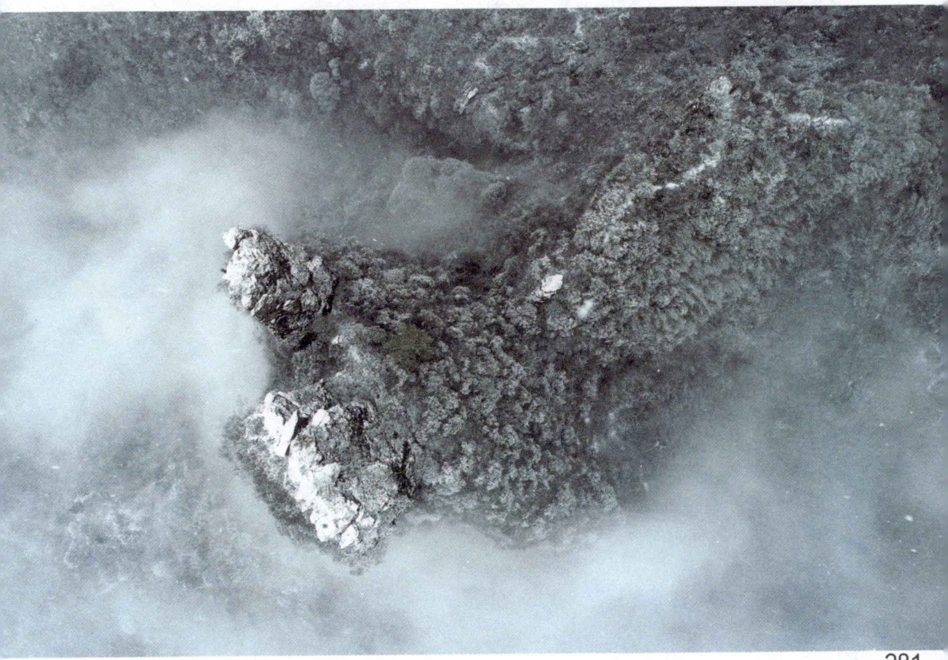

汞矿晶体

活动内容：登山、徒步、溯溪、科考、探洞。

线路描述：这条线路为集登山、徒步、探洞、穿越原始竹林、汞矿遗迹考察于一体的中级线路，有一定难度，要求有一定体力保证。地形基本为高山峡谷，四季可行，线路除少部分为旅游步道外，其余均为土石山道。本线离市区较近，可当天往返；但建议行程两天一夜，山上有多处可以露营。

从岩屋坪出发，沿乡道上至棚井坳，过小东云，至甘溪坪，上行毛扣，左进太平坑，下至茶坪，沿苗江溪峡谷出，抵恶滩，乘舟过锦江，步行到甲洲（九龙洞景区）。

沿途景观：本线沿途风光旖旎，文化厚重，民风淳朴，有很多值得一看的东西。

岩屋坪汞矿遗址——因旧时有山民曾居住于六龙山一个半山大岩洞中，岩屋坪因此得名。岩屋坪过去属于万山汞矿管辖，古代时就是中国最大的朱砂产地之一，出产世界上最好的朱砂，因此，万山素有中国“汞都”之称，在唐

代时即以“光明丹砂”为皇室贡品。这里自然出产的朱砂通常是粒径在1—5毫米的细小晶体，大的朱砂极其稀有。1980年在岩屋坪发现了一块朱砂，其晶体长达65.4毫米，短径35—37毫米，重237克。质地纯正无瑕，颜色鲜红明亮，菱面体形如鱼鳍，晶体完整，五彩缤纷，瑰丽奇特。现在这块朱砂珍藏于北京地质博物馆，是迄今为止世界上已发现的最大的天然朱砂矿物晶体，有“朱砂王”的美誉。1982年，国家邮电部发行“T73矿物10分辰砂”纪念邮票将这块朱砂收入其中。21世纪后，随着汞矿资源逐渐枯竭，汞矿生产日益萎缩。2002年5月，万山汞矿实施政策性关闭。延续两千多年的朱砂水银故事戛然而止，而岩屋坪作为汞矿社区，目前留存有矿洞、竖井、矿道和厂房等遗迹遗物，是研究中国汞矿矿业史的珍贵实物资料，具有很高的历史价值和文化价值。

龙王沟——关于龙王沟，当地有一个传说故事。很久以前，山中久旱，山民在这里向龙王求雨祈福，于是龙王显灵，赐山泉涓流滋润大地，从此风调雨顺，龙王沟因此而得名。龙王沟峡谷全长约 4 千米，不仅是一个幽深的峡谷，更是一道天然的生态画廊。以水柔、山雄、峰险、景幽、岩峋著称，峡谷中奇峰壁立、洞壑幽深、竹海碧波、古树参天。谷底飞瀑跌水、溪流潺潺、清泉碧池相映成趣，人行其中，一步一景，人移景换，犹如进入了美丽而神秘的世外桃源，令人心旷神怡。

狗拉岩——位于腊洞坪下不远处，是旧时上山主要捷径，以道路险峻闻名。当地有两种说法，一是狗至岩下不敢上行，非拉而不得上；另一说法是人至崖下，登径时须四肢并用，状若犬行。

棚井坳——现又称为“老龙头景区”。行

到此处俯瞰大溪沟，翠竹劲松、远山近峦、崖壁洞穴、深涧幽谷，尽收眼底。山涧中有数峰突兀耸立，峻峭嶙峋。百米高的老龙头石柱，耸立在六龙山空旷山间，石柱如鹤立鸡群，巍峨雄伟，气势恢宏。相传这个山洞原有石桥构连，仙人常往来于斯，某日有犬流连于桥上，仙人以为有碍观瞻，恼怒断桥，至今残石仍置于峰上，千年危而不坠，取名“仙人断桥”。

六龙山云海——六龙山海拔800—1100米，但年降雨量却有1317毫米，这主要得益于山上湿润的云雾。六龙山上空的水流在空中冷却凝结成大量的水滴和冰晶组成可见聚合体，悬浮在山巅，形成了为人们所称道的六龙山云海。远远望去，岫出白云，雾锁山腰，烟峦霞岭，

蔚为壮观。

九龙洞——是铜仁市众多溶洞中最早开发的一处大型天然喀斯特溶洞，也是贵州省首批确定的十大风景名胜之一，现为九龙洞国家级风景名胜区的中心景区。该溶洞位于六龙山北端骂龙溪右侧观音山山腰，溶洞背靠更高的六龙山，面临青碧秀丽的锦江河，四周山势雄奇险峻、漫山翠竹，绿意盎然。洞内则空间高大恢宏，平均宽 70 多米，最宽处达 210 米左右；高 30—110 米不等。现已探明部分洞长 2258 米，总面积约 7 万平方米。洞内有 7 个大厅，已开放 3 个大厅共 12 个景区。洞内钟乳石林立，五光十色，晶莹剔透，千姿百态，妙趣横生，各种石花、石笋、石幔、石鸟、石兽栩栩如生。洞中单是石柱、石笋就有数百根之多，其中 30 米以上的石柱有 8 根、20 米以上的有 6 根、10 米以上的有 18 根，还有一根高达 44.71 米、直径约为 16.4 米的“天下第一柱”。另外，还有一个竖井状的天厅和一条地下暗河。各洞厅里洞中有洞，洞内厅厅相连，石笋、石柱、石花、石幔等遍布各厅各洞，各具特色，千姿百态，景象万千。

双风洞——距九龙洞 1.5 千米处，有天然生成有两个小洞，咫尺之间，两个洞口却冷热相存，阴阳交错，实为世间罕见。

沿途生态：六龙山中繁衍生息着野猪、刺猬、野山羊、红腹锦鸡、野鸡、竹鸡、竹鼠以及各种蛇类等上百种野生动物。

沿途特产：红薯粉丝、珍珠花生、黄豆沙面糖糍粑、野生牛肝菌、葛根精粉等。

建议提醒：进入九龙洞景区时，需要购买门票。

线路上部分路段山势峻拔陡峭，山道难行，注意安全，小心滑坠。夏季前往登山，五步蛇、银环蛇、竹叶青等毒蛇出没，一定要小心防蛇，建议携带相关药物。

棚井坳、甘溪坪、茶坪附近有平地，取水方便，是扎营的好地方。

山区天气变化大，雨具必备；需自带干粮，沿途可以随时补水。

山中宿营千万注意安全用火，垃圾清理填埋或者带走。

图：刘凤坤 / 王旭飞 / 龙云清 / 向文清

文：刘凤坤 / 向文清

白云生处藏文脉——从寨桂至落箭坪

里程用时： 全程约 20 千米，7—12 小时。
线路特点： 穿越原始竹林，赏自然奇观，历史人文怀古。
累计上升： 1568 米。
累计下降： 1452 米。
海拔最高： 1102 米。
海拔最低： 194 米。

落箭坪
老堰塘
寨桂村
大坪
茶园山
溶溪
岩牛
大坳
冬瓜坨
分水坳
鲫鱼塘
龙塘
天花洞
桃树寨
甘溪坪
地波啰

线路等级：
难　　度：★★⯪☆☆
强　　度：★★★☆☆
刺 激 度：★★★☆☆
舒 适 度：★★★★☆
享 受 度：★★★☆☆
风　　光：★★★★☆

最佳线路： 寨桂—冬瓜坨—分水坳—地波啰—鲫鱼塘—甘溪坪—龙塘—大坳—溶溪—岩牛—大坪—茶园山—老堰塘—落箭坪

基本情况： 本线为六龙山的一条文化考察线路。由于六龙山山高林密和地理位置特殊，新中国成立前，官府的管理鞭长莫及，成为法外之地。明清时期在中原被驱赶来的苗民，一部分在这里找到栖身之地，后被官府血腥杀戮，残余逃向黔东南凯里地区，留下许多遗址和悲壮故事；六龙山还是各路英豪啸聚的乐园，黔东历史上一些有名的土匪曾盘踞于此，与官府对抗，许多颇具传奇色彩的故事在民间流传。新中国成立初期，铜仁匪患猖獗，解放大军挺进大山，衍生出许多可歌可泣的六龙山剿匪系列故事。

此外，秦朝方士徐福第 59 代嫡孙、明代

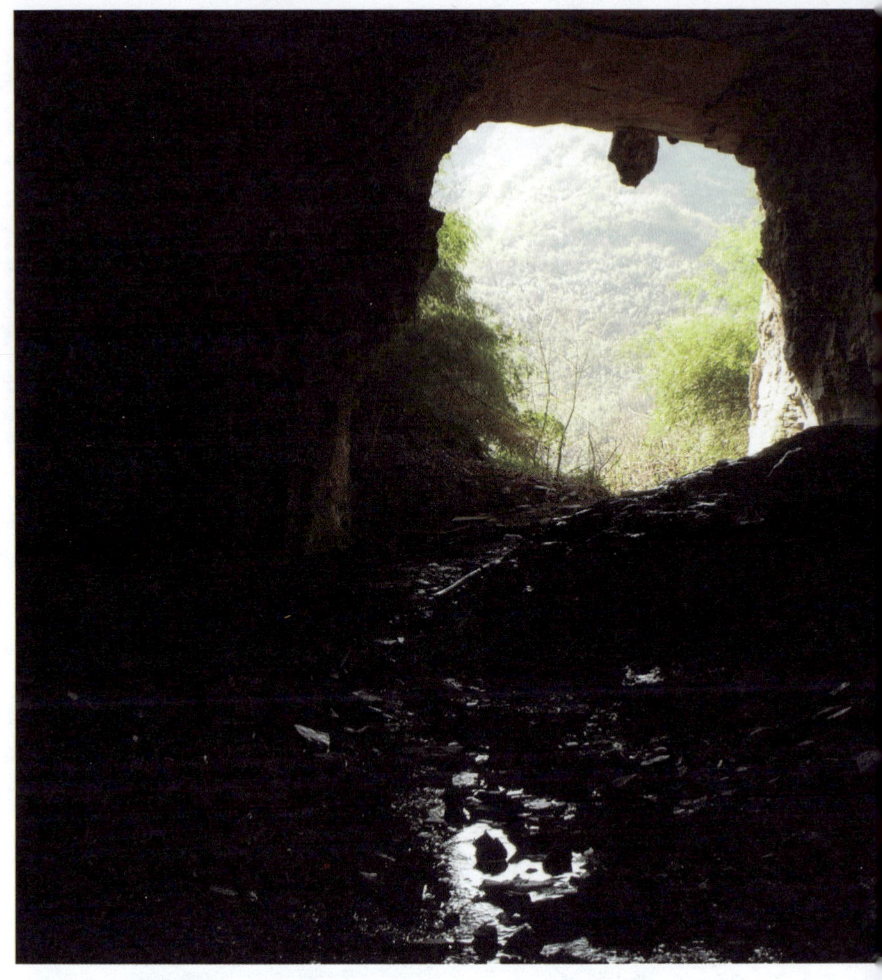

遗臣徐以暹，在西南地区反清失败后，为避祸携族人隐居于六龙山中，兴修茶园山庄，大兴儒学，开创了黔东“耕读文化”，影响传承至今。

由于明代多次战争和民族大迁移，使得现在的六龙山上已无苗族居住，只有侗族和土家族山民。由于交通闭塞，这些山民至今仍保持原始古朴的民俗民风，保持着铜仁市最大最完整的侗、土家吊脚木楼村寨，保存着铜仁市最大最完整的宗族祠堂。傩戏、金钱杆、霸王鞭等传统技艺是乡民自娱自乐的节目；人们还保持着浓厚的湘音楚调，这种生活常用语言，有些甚至令附近的铜仁市居民也听不懂。

活动内容：登山、徒步、科考、怀古、民俗。

线路描述：这条线路为集登山、徒步穿越、溯溪、观光怀古、民俗体验于一体的中级线路，有一定难度，要求有一定体力保证。地形基本为高山峡谷，四季可行，线路均为土石山道。建议行程两天一夜，山上有多处可以露营。

从寨桂出发，登山上至冬瓜坨，经分水坳，左走鲫鱼塘，右走地波啰，经甘溪坪，下龙塘，穿越原始竹林峡谷，经大坳走溶溪、岩牛，抵大坪，下甘溪坪，右走老堰塘，下落箭坪，乘舟过锦江，全程结束。

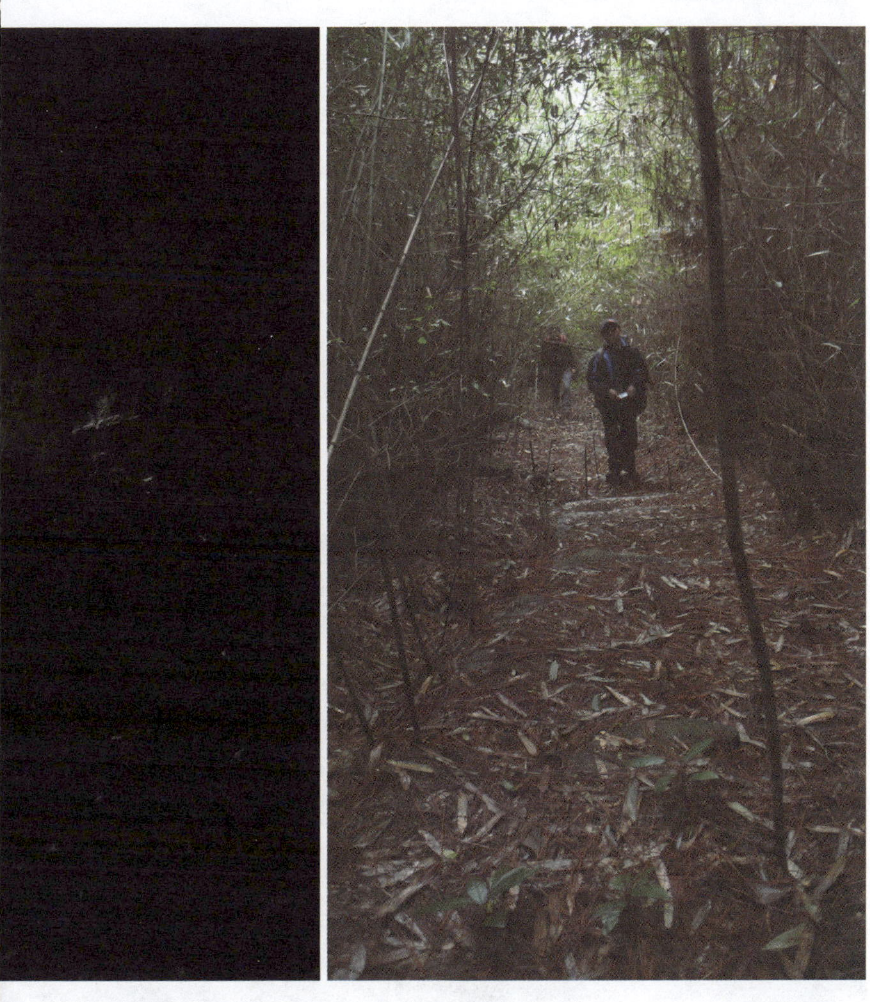

铜仁市

沿途景观：本线沿途风光旖旎，文化厚重，民风淳朴，有很多值得一看的东西。

地波啰——这里海拔 1100 米，是线路上的最高点。站在此处，可观日出日落、观云海升腾，有以犀牛洞、响水洞为主的溶洞群，有当地俗称的六龙聚会、将军放箭、孟姜女望天、霸王别姬、白象崖、一线天、轿顶山、西山红岩等景观，还有 3 平方千米左右的枫树林。

七股水峡谷——“七股水”是这里一个瀑布的名字，其水源来自甘溪坪的数十条溪流山泉，当这些水流至村前的山脚时，东转进入地下潜流数千米，突然从观音山山腰中的七个孔洞奔涌出来，于 30 多米高的空中直坠而下，喷散的雾在水形常在太阳的照射下，形成美丽的霓虹，蔚为壮观。大小山泉的坠落时，在封闭的峡谷中轰鸣回响，如同在深山开法会道场，钟鼓铙钹同时奏响。冬天，七股水四周的悬崖上经常挂满巨大的冰柱，在峡谷里错落排列，晶莹剔透、冷光袭人。七股水瀑布冲出峡谷后，流经贺家、杨家、官洲、花园，最后汇入锦江河。这一路长达 10 多千米，一路或崇山峻岭、或田园阡陌，美不胜收。由于水质优良，“农夫山泉”在这里建厂，使六龙山优质的山泉水走进了更多的家庭。

甘溪坪——溪头河从发源地毛扣流出后，在六龙山山巅盘旋流淌，是山顶最长的溪流。因其泉水清冽甘甜，其上游又称“甘溪”。这里是六龙山的中心，是一块山顶平地，旧时六龙山中匪患猖獗，山民常避祸于此，有石砌水池、堡坎、山门遗址。新中国成立后，成为原六龙山侗族土家族乡政府所在地。在离此4千米处有川岩长廊，古人建有古道通往翁曼，纵横十余里，又称“十里长廊”。崖壁下内凹，形成空穴，状若长廊，宽窄不均，宽约数十米，窄处不足米，还有溶洞若干。廊外是陡坡悬崖，雄奇险峻。穴内石壁怪石峥嵘，钟乳石悬吊，形状各异，似怪兽探首。立于绝壁，可极目远视，群山起伏，漫山翠竹，绿意盎然。

龙塘——甘溪沿六龙山山腰由东向西蜿蜒流出数百米，在海拔800米处遇到一壁山岩后，便绕了一个弯转向北流。绕弯处汇而成塘，人称“龙塘”。

天花洞——六龙山上一个奇异的洞，藏在山中腹地，洞内终年有水流出，并与阴河相连，当地村民还说下面还有湖泊。据说早年有胆大的村民打火把往里走，三天也未走通。洞内有一数百平方米的洞厅，高十余米。洞顶上有多处钟乳石花，凌乱的线条、暗晦的色彩、恐怖的故事，使人心底发怵。这曾是民国时期六龙山匪首杨保常住的地方，如同座山雕的威虎厅。那时，这里的土匪主要靠打劫湖南的商船为生。天花洞成为土匪们的集结和分赃的地方。据当地传说，这些土匪平时并不骚扰山民，但有一次的匪首杨保外出时，县保安团来到这里，发

现这有人活动的痕迹，团丁便进洞把洞中劫掠的女人和财物收罗一空。杨保回来后见状十分愤怒，认为是附近的龙塘山民告发所致。一个月黑风高之夜，他带着手下包围了龙塘村寨，杀死村民 32 人。从此龙塘没人敢居住，原有的屋场和耕地全部废弃。

溶溪——民国时期，曾在这里置矿业局，设场立市，一度商贾云集，是湘黔边界最大的矿石交易市场。现在废弃多年，仅残存碉楼遗址。

大坪——村口有两块石竖石，当地人叫“围子”，用来固定旗杆。古代科举时，当地族人中有人考中进士便在村口竖旗，以光宗耀祖。清代这里曾出过武举人一名，并在外省任武官。

茶园山——明代以前，六龙山是苗族人民的居住地。明代时，实行“赶苗拓业”政策，万历四十年（公元 1612 年）秋，驻扎铜仁的明军精锐冒雨沿小路攀登上六龙山，将山上苗寨焚烧一空，此即史称的所谓“将军一夜破六龙”。苗族人民家园被毁，只好向江口的黄柏山、水银山一带迁徙。60 多年后，秦朝方士徐福第 59 代嫡孙、明末重臣徐以暹在西南地区从事反清斗争，失败后率族人来到山中隐居，在苗寨废墟上建起了一个庄园，种竹栽花、引泉移石，并在山庄左侧山坡上种有大量茶树，故而得名“茶园山”。过了几代后，其后人又以谐音称呼为“察院山”。铜仁城夏季是贵州省有名的火炉，茶园山庄却是这一带最好的避暑山庄。山庄过去曾遭两次大火，原有楼宇已毁，但山墙、阶沿、石级、院坝大部尚存。徐氏家族向来坚持“立品行”“正风尚”“课子弟”“尊师道”

徐福山庄

等传统美德，世代以耕读传家，家家读书，户户耕织，成为中国家族文化史上的一个奇迹。徐家历代嗜书如命，即使家道中落，仍以书为贵。藏书之多、之精，冠于黔东。更为可贵的是，《铜仁徐氏宗谱》自秦代徐福以下至今 72 代述记完整，为史家提供了可贵的考证资料。由于带来中原文化，不仅为其书香门第奠基，而且为贵州的文化发展做出了重大贡献。据记载，徐家在外做官的有十余人，其中徐如澍晚年曾主编道光《铜仁府志》，其子徐桼诗文、词赋、书法无不精通，著述甲于黔东。当时的整个黔东几乎是文化荒漠，这个文化族群的突然到来，备受当地山民崇敬。清代，茶园山产生了当时社会所需要几乎全部文化人才，除了科考入仕的官员，还有教书先生、讼师、账房、风水先生等；清末到民国初年，培养文理工科大学生包括留学近 20 人，产生了 86 名诗人、35 位书画艺术家。其中许韵兰是贵州历史上最早有诗集刊行于世的女诗人。抗战期间，铜仁第一座跨越锦江河的东门桥就是徐家后裔设计建造的。由于徐氏家族人才辈出，那时盘踞六龙山上的土匪虽与茶园山的徐氏家族共居一山，他们对这文曲星似的家族视为天人，礼敬有加。

落箭坪——传说唐末五代诚州首领、人称“飞山公”的杨再思的第六子杨六郎镇守边关时经过此处，在此扎营。那时正值深秋，有雁南飞，雁声凄怆，唤人思乡，军心骚动。六郎遂援弓引箭，弦响雁落，众皆欢呼，士气复振。雁箭分离时，箭落之地取名为“落箭坪”，雁落之地称“落鹅”。

建议提醒：线路上山势峻拔陡峭，山道更为难行，注意安全。

鲫鱼塘、大坪、茶园山庄地势较平缓，取水也方便，是扎营的好地方。

夏季前往登山，要注意防蛇。

山中容易遇到野生动物，不要打扰它们的同时，注意保护自身安全并建议携带相关药物。

山区天气变化大，雨具必备；需自带干粮，沿途可以随时补水。

图 / 文：刘凤坤 / 向文清

黔东门户展画卷——响水洞连穿红石林

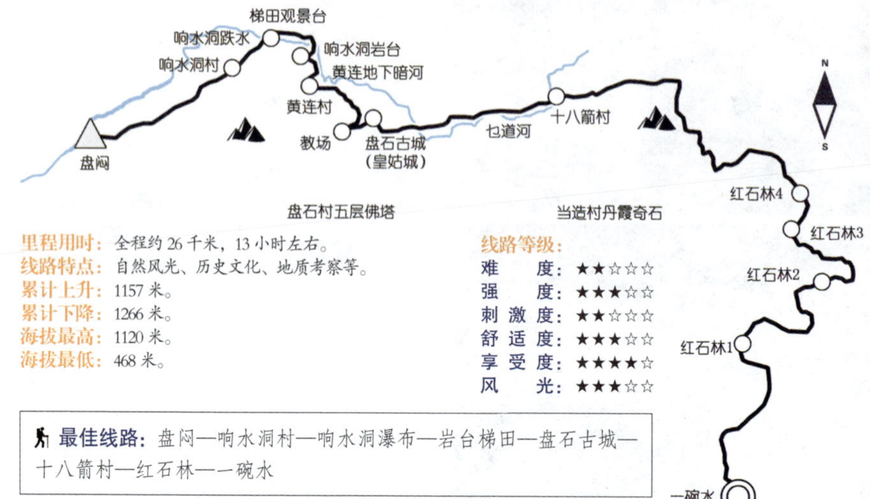

里程用时： 全程约 26 千米，13 小时左右。
线路特点： 自然风光、历史文化、地质考察等。
累计上升： 1157 米。
累计下降： 1266 米。
海拔最高： 1120 米。
海拔最低： 468 米。

线路等级：
难　　度：★★☆☆☆
强　　度：★★★☆☆
刺 激 度：★★☆☆☆
舒 适 度：★★★☆☆
享 受 度：★★★★☆
风　　光：★★★☆☆

最佳线路： 盘闷—响水洞村—响水洞瀑布—岩台梯田—盘石古城—十八箭村—红石林—一碗水

基本情况： 本线路在松桃苗族自治县东大门盘石镇境内，喀斯特地貌明显，地形以高原、山地为主，地势东北高，西南低，平均海拔在 900 米左右，低洼处为坝子，是主要农作物产粮区，也是人口较为集中的地方，这里特产“红米”及优质白米古代曾为皇室“贡米”。

盘石镇是一个多民族聚居的地方，历史悠久，文化多元，世代传袭着“苗歌”“傩戏”“上刀山”“下火海”“舞龙”“舞狮”等 100 余种民族民间绝技绝活，“四月八”是一年一度的传统节日，世代相传着苗族服饰、刺绣、印染、挑花、雕刻、银首饰加工等民族工艺。

活动内容：徒步、穿越、民俗考察、地质考察。

线路描述：本线难度不高，四季皆宜，为初级户外徒步线路，建议行程两天一夜。

徒步起点为山顶观景台，沿途看响水洞出水口、响水洞苗寨、岩台梯田、岩台瀑布等景观。

活动内容：徒步、穿越、洗肺吸氧、民族风情和历史文化考察、地质考察。

沿途景观：本线周边景点较多，四季可游，雄伟壮丽的响水飞瀑，错落有致的千亩梯田、碧绿葱翠的黔东草海、形态各异的红色石林、保存完好的古城垣，让人目不暇接。

响水洞村——是一个至今完整保留苗族语言、传统的服饰、原汁原味的生活习惯的古老苗寨村落。这里民俗风情浓郁，苗族刺绣、八人秋千、打棒棒猪活动、苗族傩戏和高桌舞狮等仍然保留着原汁原味的民族特色。现响水洞村已被列入中国少数民族特色村寨之列。

响水洞——为松桃苗族自治县八大景观之一，古称“响水泉飞”。位于响水洞村境内省道线铜仁路段与松古干线交汇处，北面的粑粑山和东面的岩台各有一个出水洞，泉水终年奔涌。北面粑粑山峭壁间涌出的泉水，飞流直下形成跌水。飞泉旁一大型溶洞与之毗连，洞内宽敞幽深，石柱、石笋琳琅满目，形态万千。洞底有潜流，闻其声，难见其形，“响水洞”因此得名。水流数十米，有巨石阻挡，泉水夺路分成数股喷泻而下。到约有 40 米落差的陡坡

时，受峭壁阻挡，泉水时分时合，时小时大，回绕穿泻，随地势的变幻，在绿野中飘动。东面岩台出水洞中流出的泉水，在洞口分成两股，小的一股流向梯田中央，大的一股流向右边峡谷。小的这一股流经梯田坝后，到落差约200米的悬崖时，泉水如一匹白练腾空而下，美不胜收。秋冬雨水减少时，水流从半空如细丝般随风下坠洒落潭中。天气晴好的早上，万道阳光照射在瀑水上时，站在岩科寨的观虹台上会看见彩虹。随后，两股溪水再次汇集，流下悬崖，形成了落差约70米、宽约20米的响水洞瀑布。瀑布气势雄伟，数里之外能听到响声。由于高低落差大，这里现已建成三座梯级电站。

岩台梯田——在响水洞东面岩台出水洞口，这片梯田远看是一个山坡，实际是一个经年累月形成的松软、巨大的莲花平台状的石灰岩钙华体，“岩台”因此得名。据地质考证，几百万年以前，洞口外面是一个喀斯特断层崖壁，从洞中山流出来的富含碳酸钙的水流，顺着岩壁流淌下来。流水里的钙离子与空气中的氧离子充分结合，在水流经过的地方凝结成钙华，水流从钙华厚的地方，改道到薄的地方，如此反复流淌、凝结，经年累月，便“浇注”成了这个莲花状的大平台。岩台梯田季节不同，景观不同。春天，注满水的梯田，在夕阳映照下，犹如一面闪闪发光的镜子；夏天，稻花飘香，绿浪翻滚，瀑布飞花；秋天，成熟的稻田一片金黄，犹如一张黄色的枫叶；冬天，大雪过后，一片洁白，又成一块白花花的银元宝。由于这里水质好、土地肥沃、气候凉爽、阳光充足，出产的大米以粒满质优、油脂丰富、洁白如雪、食之清香等特点而闻名。明清时期，响水贡米每年都要专程运往京城，作为珍品进贡皇室。2013年，梯田被评为贵州十大梯田风光之一，被誉为“中国南部的普罗旺斯”。

盘石古城——登上黄连坳，就到达盘石古城。该古城又名“盘石营”“皇姑城”，古城建于明武宗正德八年（公元1513年），后经多次改修和扩建，成为一个结构完整、四周牢固的营盘要塞。城墙上有360个垛口供士兵把守，四周有东、南、西、北四个城门和炮台。城内有六尺宽的沿墙路，以及衙门、营房和集市等设施；城南有迎接官员的接官亭；城西有宽敞

的演武场。盘石古城是明王朝在苗疆的一个重要政治、军事中心，清代乾嘉苗民起义期间，古城成为苗民抗击清军的战略要地。此后，为了加强对苗疆的统治，清王朝重新扩建和加固这座古城，并于南门立“重建盘石古城碑”。

十八箭村——位于距盘石镇约4千米的腊尔山下。这里家家种红米，奇怪的是出了这个村，红米就种不出来。因此，当地有“响水洞的白米，十八箭的红米”的说法。这里盛产红米的原因，源于其特殊的地理和山区气候环境。在十八箭，两股桶大的泉水从山脚岩洞间汩汩涌出，清澈可鉴，终年不息，滋养十八箭及其周围数千亩良田，旋即流进黄连寨，注入消水坑，几经周折后，便成了响水洞瀑布的主要水源。因此，红米生产局限在十八箭水源头至以下约3千米，宽约0.7千米的狭长地段。这种红米米色皮红有花纹，内质呈半透明状略浸暗红；米粒大小均匀，油质丰富，丰满光滑；含有人体所需的多种微量元素。做饭其口感清香可口，“不用菜也要吃三碗”；用于加工米豆腐、锅巴粉，绵韧性和香味更高出别的大米一筹。十八箭红米价格自古就比别的稻米价格高，还供不应求。清嘉庆年间，十八箭红米连续十年被列为贡米；新中国成立后，该米曾多次被农业部门评为优质大米。

松桃红石林——又叫“腊尔山红石林”，位于盘石镇当造村与湖南省交界处的腊尔山主峰左侧。这座山以前是红土覆盖着，后来经人工挖掘出来，目前已开发出近四千亩。规模宏大的红石林形状非常独特，有的像蘑菇，有的像猛兽，有的像千层饼，有的像宝塔……雨后天晴时，红石林色彩特别鲜艳，是最美时刻。冬季遇见下雪，晶莹透亮的冰雪与层层叠叠的红色岩石相互映衬，更显其美丽壮观。红石林是全球唯一在寒武纪形成的红色碳酸岩石林，据地质专家考证，红石林岩石的形成大约有5亿年历史，当时这个区域是一片大海，海底沉积了大量混合泥沙的碳酸盐物质，经地壳运动和侵蚀、溶蚀作用，形成了这片美丽壮观的地质奇观。

沿途特产：十八箭红米、响水洞贡米、板栗、核桃、枣、黄梨等。

建议提醒：响水洞周边景点有人工步道和木质栈道，可以在栈道上扎营，但要注意用火安全，并带走垃圾。

红石林进入需购买门票。建议雨后游览，此时的颜色特别鲜艳。

图：龙骧 / 龙正乔

文：龙骧

故垒潇潇芦荻秋——从水竹村到苗王城

最佳线路： 水竹村铜松公路口—桐木坪—空桐村—西波屯—夯来苗寨—薅菜峡谷—苗王城

基本情况： 松桃苗族自治县湘黔边界上腊尔山高原台地，是云贵高原的延伸部分武陵山区的范围，总面积 333.23 平方千米，一般海拔在 800 米左右，台地边缘的腊尔山海拔 1200 米，是台地上的最高峰。这里自古就是湘、黔、川（渝）边区苗族人民聚居区，明清时期，这

铜仁市

里的苗族人民自称为“果雄”，官府却称他们为“武陵蛮”“五溪蛮”。由于民族矛盾尖锐，历史上,这里多次发生苗民起义,载入史册的“清朝中衰之战”——乾嘉苗民起义的导火索就是从这里点燃。明清时期，朝廷修建中国南方长城（又名“苗疆边墙”），就以这里强悍的苗族人民为最主要防御对象。

腊尔山高原台地的中部，有一个苗族石头寨群落。这里每一栋房屋都用坚厚的石墙围砌起来，并设置有若干层次的寨门和纵横交错的巷道，有的石墙有 3 米多高，墙体厚实。一些建筑远远看去，高大雄伟，颇像城堡，但这其实只是普通的民房，里面的木房结构与其他地方的苗族建筑也没有大的区别。不仅村子里的巷子、堡坎和房屋是用石头砌成，山上的田坎土坎也都做得非常整洁美观。这些村寨共同的特点每一个村寨都有一至数条精品巷道。有的高大雄伟，由地面直达屋顶；有的绵长幽深……具有很强的军事功能，村里房屋的朝向、门洞开启的位置、村寨巷道的走向等，都是根据有利于战争防御和进攻的功能而布置，与周边村寨的讲究阴阳五行和青龙白虎等传统建筑理念

有很大的区别，这其中最著名的便是苗王城。

在这片苗疆之地，由于山峦、悬崖、林箐、溪涧、岩洞等皆可作为屏障，苗族村民得以生存繁衍，致使人们认为，崖是“神崖”，山是“神山”，树是“神树”，洞是“神洞”……总之，一切自然物都值得崇拜，都应该保护，从而世代苗族人民将本是“穷山恶水”的荒山野岭建设成为山清水秀的“世外桃源”，至今森林覆盖率仍在 80% 以上。在苗寨，几百上千年的古树随处可见，在寨门寨中寨后守护着这片土地上的子民。

活动内容：徒步、穿越、登山、溯溪、观光、民俗考察。

线路描述：本线路为以文化考察为核心的高级徒步线路，四季皆宜，基本在山路中行走，部分为铺装路面，难度较高，要有一定的体力。由于溯溪时部分路段无路可行，有一定挑战性。

从水竹村铜松公路口下车后开始徒步，沿乡村公路经桐木坪到空桐村，由空桐村沿走田坎路上山，看到片石堆砌的残墙后，顺着残墙有一条被草木掩盖的小路爬山到西波屯屯顶（此处可露营），这段路程长约 10 千米。然后沿屯

后斜坡上的青石板小路朝北面地容村方向下山，即可到屯下的官舟河溪谷中。沿溪谷逆流而上，到夯来苗寨后，溯薅菜峡谷到达水坝后进入苗王城（此段溯溪线路较为艰难，基本无路，枯水期时可泅渡或者河床上涉水行走；也可沿峡谷上的山间小道行走）。

沿途景观：本线集山水、崖洞、泉瀑、峡谷、森林、竹海、原始村寨、军事巷道、苗族风情为一体，地势险峻、山水秀丽，不仅有美丽的自然景观与人文景观，而且有深厚的历史文化遗产，民风民俗保存得相当完整。

空桐村——是一个苗族石头寨，分为大院子和小院子两个部分。大院子苗语叫“寨奆”，吴家寨的意思，居民多姓吴；小院子苗语叫“寨芈”，龙家寨的意思，居民多姓龙。这里几十幢木屋依山而筑，鳞次栉比；石墙和堡坎保存完整，有两条主巷道，巷道两边石墙高达四五米，由地面直抵屋檐，修得非常整齐。巷道两边的院落非常宽敞而气派。院落之间都有小门和小巷相连。由此可见，这个寨子里曾居住着一群勤劳讲究的人们。

西波屯——西波屯传说是当年苗王龙西波

修筑的一个临河高耸的军事营盘。这里草木茂密，山路被竹丛和刺蓬所遮蔽，竹丛深处的残墙是营盘的范围。营盘面积有500亩左右，位于屯顶后面的斜坡和屯边的几片开阔地是当年的屯军营房，其遗址上横七竖八地躺着一些巨石。站在屯上的小山坡（据说是瞭望哨所）举目四望，视野极为开阔，远处田园阡陌、村寨炊烟、山川起伏，一目了然。屯下是幽深的河谷，确实是一个易守难攻好撤退的屯防之地。屯后下山小路都铺有青石板。据说小路是通向空桐、夯来、代两、龙塘等方向的古道，过往商旅都必须由西波屯的下面经过。显然当年苗王龙西波选这里作为营盘，自有其道理。

夯来苗寨——位于苗王城核心景区下游大约3千米处的官舟河畔，“夯来”是苗语音译，“田家寨”的意思，又称“薅菜”，是正大镇薅菜村的一个自然村寨，村中居住的全是田姓苗族。寨中建筑大半建于明清时期，最早的已有500多年的历史，这里的石巷、寨墙、卡门、木屋还有精致木雕窗花记载这个古老村寨曾经的风雨与沧桑。一条石板主巷道贯穿全寨，高3米多的石墙堆砌得高厚整齐。与主巷道相连的十多条石板支巷，上上下下、弯弯曲曲，步行其间，如入迷宫。分别连接着一组组院落，各家各户的木屋都被石墙围护在其中。院落与院落之间，又有一些小门和暗巷相通。如果发生战争，村寨的外围被外敌突破，进行巷战的时候，从任何一座院落里都可以对巷道中的敌人发动攻击，而从巷道里向任何一处院落发动攻击又都非常不容易，因为所有攻击的有利位置都是在巷道两边的院落里。如果某一座院落被突破，里面的人又会从某个隐蔽的小门里转移往另一院落，或者一批战士悄悄从另一个院落潜来突袭麻痹大意的敌人。此外，寨子周围还建有寨墙，墙外掘有战壕，构成一个完整的防御体系。

官舟河——是松桃苗族自治县第二大河，发源于湖南省凤凰县西部腊尔山区，称“苏麻河”；到松桃苗族自治县盘信镇新桥村后始称“官舟河”，经苗王城，到代两村附近有茶园河汇入；之后叫“河界营河”，过大兴镇大峡谷后又叫“天生桥河”，流入铜仁小江。河流呈北南走向，沿途地下水补给较多，植被茂密，常年流量稳定。河流所过之处，如刀一样在莽莽大山割出一道峻峭的峡谷，河岸陡直，高差达50米以上，

冲积阶地较少。河床上泥沙沉积少，河水清澈。河流下游，著名的铜仁大峡谷就是其中一段。

苗王城——原名“新寨”，是正大镇薅菜村的一个苗族村寨，21 世纪初期更名为苗王城，是各代苗王居住地，也是明朝嘉靖年间的龙西波和吴黑苗起义发生地，被誉为“千里苗疆第一寨”。现在，这里是著名的苗歌之乡、苗鼓之乡、民间绝技之乡、影视拍摄基地，国家 4A 级景区，还是湘、黔、渝边界上至今保存较好的集政治、经济、文化、军事和建筑为一体的苗疆古城堡。苗王城初建于明洪武年间，经石各野、龙达哥、吴不尔、龙西波和吴黑苗等历代苗王的长期经营形成如今的规模。苗王城地处腊尔山腹地官舟河峡谷的两岸，由三个苗寨组成，面积约 4 平方千米。分为东城和西城，四周有城墙环绕，长 2000 余米，有 4 个城门。墙体用片石干砌而成，有高有矮，有宽有窄。墙上还留有一些不很规范的射击小孔，有的位置高，有的位置低。城内有 11 条巷道，巷道内有 11 道寨门，每个巷道共用一道大门，大门用厚实的木板镶成，大刀、斧头、长矛无法劈开；胡同内每家每户各自拥有自己的龙门和后门，

并且相互连通，可步步为营、层层把关，酷似一个八卦迷宫。那里地势险峻、山水秀丽。鳞次栉比的吊脚楼、“歪门斜道”的建筑不仅具有战争防御能力,而且体现了较高的建筑水平。官舟河河水在深切的峡谷中弯弯曲曲地穿寨而过，河岸的两边又各有卡门和哨口。古代战事爆发的时候，河谷的左侧战败，可退往右侧；右侧战败，又退往左侧。其地利之妙，体现了“既能攻，又能守，也能退”的思想，是一个具有相当军事构筑工事水平的古城堡，从其建筑结构、军事巷道，可以品读几百年前波澜壮阔、血雨腥风的历史。

吴黑苗之墓——由新寨沿河而下 300 米左右，在河的中间有一高约 15 米的小岛，岛为圆柱形，直径不足 5 米；岛身由参天大树覆盖，色浓如黛，浑然一体。岛的中央有一座坟，就是明朝苗王（苗族起义领袖）吴黑苗之墓。

悬棺葬——在新寨北侧沿河而上，有一面绝壁，绝壁上分布着六七个长方形又非长方形、似岩洞又非岩洞的山洞，这里就是就悬棺葬遗址。唐代张鷟在《朝野佥事》中记载：“五溪蛮，父母死，于村外搁其尸，三年而葬。打鼓踏歌，亲属饮宴舞戏，一月余，尽产为棺，于临江高山半肋以葬之，自山上悬索下柩，弥高者以为至孝，既终身不复祀祭。”新寨历史上属五溪蛮地，其棺葬与《朝野佥事》记载的葬俗相同，都属于一种“二次葬”，这是我国西南地区部分少数民族的古老葬俗。

沿途节庆：每年的农历四月八是松桃苗族最为隆重的“四月八”节日，又叫“亚努节”。源于苗族祭祀活动，祭天地、祭祖先、祭英雄、祭神灵，是苗族人民最隆重的聚会。每逢这天，苗族群众都将盛装欢聚苗王城，举行盛大隆重的祭祀及联欢活动，有拦门酒、上刀梯、下火海、打苗鼓、赛苗歌、玩龙灯、耍狮子等民俗表演。平时，苗王城内也有苗族歌舞及上刀梯、下火海等表演。

沿途购物：苗家米酒、松桃绿茶、松桃苗绣、松桃卤鸭、松桃牛肝菌、松桃桐油、紫薯等。

沿途美食：锅巴粉、苗家酸鱼、烂煳桥米豆腐、蒿菜粑等以及农家乐家常菜。

建议提醒：苗王城景区需购票进入。徒步结束后可乘车参观苗王城万亩茶海，这里的“松桃翠芽”“松桃春毫”等绿茶唐代即以茶芽入贡而久负盛名，在此品茶小憩很是惬意。

峡谷溯溪时要注意当地天气预报，下雨天严禁穿越。溯溪时准备防水袋、泳衣泳裤和溯溪鞋。别在峡谷里露营，以防夜里涨水。

图：龙云清 / 乔啟明 / 徐丰山

文：龙云清 / 乔啟明

云卷千峰万壑开——行走佛顶山

里程用时： 全程约 25 千米，16 小时左右。
线路特点： 原生态风情体验、原始森林穿越、珍稀动植物考察、古代宗教遗址等。
累计上升： 1537 米。
累计下降： 1382 米。
海拔最高： 1843 米。
海拔最低： 691 米。

山顶
羊圈营地
佛缘谷
大塘上坡
陈家屋基
王家坪
上园
N
S

最佳线路： 上园—陈家屋基—佛缘谷—羊圈营地—晒金石—佛堂—塘上坡—王家坪

线路等级：
难　　度：★★⯪☆☆
强　　度：★★★⯪☆
刺 激 度：★★☆☆☆
舒 适 度：★★★☆☆
享 受 度：★★★★☆
风　　光：★★★☆☆

基本情况： 佛顶山位于石阡县西南缘，面积大约 200 平方千米，地跨黔东南苗族侗族自治州施秉县、镇远县和遵义市余庆县，是贵州东部仅次于梵净山的第二大高山，有“梵净山的姊妹山”之称。佛顶山位于石阡县境内的主峰海拔 1869.3 米。历史上地方政府非常重视保护佛顶山森林资源，清道光年间，官府便为佛顶山颁布了禁砍竹木令，天庆寺禁砍竹木令碑如今尚存。现在的佛顶山是世界上同纬度除梵净山国家级自然保护区以外，保存较好的中亚热带常绿阔叶林区，有“动植物基因库”之称。2014 年底，佛顶山晋升为国家级自然保护区。2009 年 11 月 10 日，中国国家地理杂志社发布了“寻找中国十大‘非著名山峰’”榜单，

佛顶山最终入选。

活动内容：徒步、穿越、洗肺吸氧、历史文化考察、生态考察。

线路描述：佛顶山有两条线路可以进入，一是从石阡县进入，以仡佬族文化和红色文化为主；一是从施秉县进入，以自然生态和佛教文化为主。本线路为科考、探险、佛教文化线路，基本为原始丛林穿越，春、秋两季最是美时节。徒步穿越佛顶山这条线路难度适中，为中级登山徒步线路，建议行程两天一夜。

佛顶山山势雄伟，河流切割强烈。上佛顶山须从马溪行程 1 千米到上园，沿着林荫小道攀越步佛顶山庄，沿途看佛缘谷、黄金树、陈家屋基、垂帘飞瀑、晒金石、佛堂、金顶云海、

万亩杜鹃等十多个景点。

沿途景观：本线以森林山地景观为主体，景观类型多样，最美的是佛顶山郁郁葱葱的森林景观和千姿百态而又丰富多彩的植物景观。佛顶山由于垂直高差达1100米以上，山地景观具有拔地冲天的高峻形象，山体主脉脊薄如刃绵延十余千米，悬崖绝壁连绵不断，高旷山地斜坡上层状地貌发育，具有“一层地貌一重天”的大山神韵。在这里徒步，树木遮天蔽日，花香鸟语，树影婆娑，幽雅寂静，风气凉爽，给人一种难以用言语形容的爽快感觉。

田园风光——佛顶山自然景观之美源于水，其两侧的甘溪河和包溪河河谷宽阔平坦，其间清流萦回曲折，田园村寨依山傍水，景色

秀美怡人，源于大山森林深处的条条溪流，河谷狭窄深邃，瀑布跌水川流不息，散发出大自然的清新气息。

佛顶梵钟——为佛顶山著名景观之一。佛顶山中曾经寺庵密布，古刹林立。地方古籍这样描述："其山高大，形如佛顶，古刹建其上，晨钟撞动，若出云表……高耸云际，上有平田数亩，清泉出其间……行驶旅过之，闻钟梵之音，莫不徘徊仰止。"现在虽已无僧侣撞钟，但其情其景仍能想象。

佛缘谷——位于陈家屋基旁，是佛顶山水库的源头。佛缘谷穿越全长约3千米，为原始森林所覆盖，其中有10多道美丽的瀑布，有巨石阵和古树，较为险峻，偶有采药人涉足。该段是本线最刺激的部分，风景最佳。

黄金树——又称"金龙树"，位于佛缘谷下游小岗河边，此树据说仅此一棵，当地无人识得是何品种。树高约20米；树径约0.7米，笔直挺拔，通体金黄，叶绿发亮。目前仅在佛顶山和梵净山有所发现。逢年过节，当地人常来树下祭祀。

垂帘飞瀑——位于佛缘谷上部，为变质岩断层瀑布，一股清泉从崖顶飞出，跌入崖下深潭中，游人从水帘经过，浑身透凉。

佛顶山周边自然景点星罗棋布，有金顶云海、飞凤朝阳、叮咚坡、九大金盘、古藤岭、古树群、野生杜鹃，还有贵州仡佬第一村——石阡县坪山乡尧上民族文化村和坪洋寨，以及红军长征中著名的甘溪遭遇战遗址和红军烈士纪念碑等，集自然山水风光休闲、红色文化教

育与民俗文化体验于一体。

沿途生物：佛顶山是一个植物的王国、动物的乐园。区内野生动植物资源十分丰富，各类生物总量达 3198 种。其中植物 2392 种，动物 806 种。已鉴定命名的脊椎动物与昆虫有 119 科 417 种。列入国家一、二级重点保护植物有珙桐、鹅掌楸、香果树、伯乐树、穗花杉、金钱槭等 16 种；列为国家重点保护野生动物有云豹和猕猴、林麝、白颈长尾雉、穿山甲、苏门羚、大灵猫、红腹角雉、鸢、鸳鸯等 32 种。最值得一提的是，佛顶山是珙桐分布最为集中的地区之一，在佛顶山神秘莫测的林海里，生长着约 500 株珙桐。世界其他地区几乎绝迹的珙桐，在佛顶山的深山里竟如此的分布广、数量多，不得不令世人惊叹大自然的奇妙。

沿途特产：佛顶山香猪、野阳荷、板栗、野蜂蜜等。

建议提醒：佛顶山从施秉和石阡方向都有路进入，岔路很多，有的地方容易迷路，需沉着应对。

山中可能会遇到野生动物，不要打扰它们的同时，注意自身安全并携带相关药物。

山区天气变化大，雨具必备；需自带干粮，沿途可以随时补水。山中宿营千万注意安全用火，所有垃圾必须清理带走。

图：胡强 / 龙骧

文：龙骧

两岸猿声啼不住——探访麻阳河大峡谷

里程用时： 全程32.7千米，16小时左右。
线路特点： 观自然生态，与黑叶猴亲密接触。
累计上升： 712米。
累计下降： 3230米。
海拔最高： 1050米。
海拔最低： 320米。

线路等级：
难　　度：★★★☆☆
强　　度：★★★☆☆
刺 激 度：★★★★☆
舒 适 度：★★★☆☆
享 受 度：★★★★☆
风　　光：★★★★☆

最佳线路： 思渠—凉桥—天生桥—国画屏—水电站—大河坝观猴—龙清潭—锯齿山林场

基本情况： 麻阳河国家级自然保护区位于大娄山脉北东，沿河土家族自治县西北部和务川仡佬族苗族自治县东南部的接壤处，区内海拔800—1000米以上地段地势开阔，800米以下则多为峡谷，向下侵蚀作用强烈。保护区内主要河流为乌江一级支流麻阳河与洪渡河，麻阳河是乌江西岸较大的一级支流，其下游凉桥至暗溪口（海拔290米）段又称“暗溪河”，麻阳河干流从河口暗溪至上游28.6千米河长两岸峡谷地带，均属于保护区范畴，麻阳河在保护区内相对高差878米，全长26.5千米。洪渡河从务川境内自西南向东北流经保护区内12.75千米，于洪渡镇（海拔264米）汇入乌江。

这里是以保护黑叶猴等珍稀濒危物种及其自然生境为主要保护对象的中型野生生物类自然保护区。保护区始建于1987年，总面积31113公顷，内有76群730多只的黑叶猴和少量的猕猴，是全球黑叶猴种群分布最为集中、

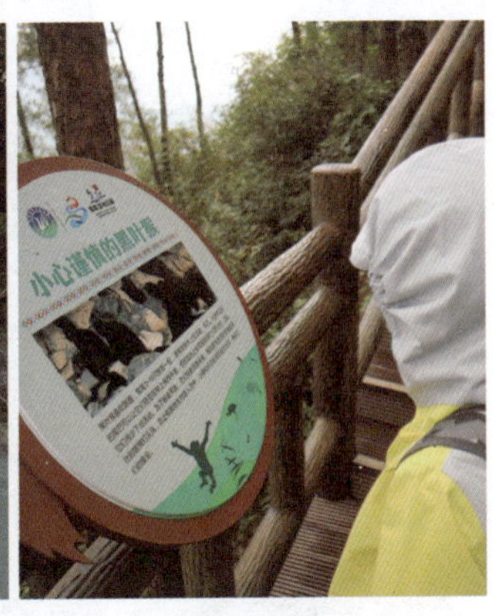

种群数量最大的地区。麻阳河谷底溪流不断，地下水丰富，大多数区域地表径流稀少，峰丛、洼地、漏斗、溶洞、陡崖、石峰等溶蚀地貌及崩塌地貌发育强烈，景观奇特壮美；其中心区域地理切割很深，数十里无人烟。因此，保护区内保存有较完好的森林生态系统，有大面积的河流湿地景观。自然风光险、奇、幽、秀，景观、景点随处可见，更有野外观察黑叶猴的天然优势，被称为“黑叶猴王国”，是科学考察、科普教育、登山探险的理想地方。2003 年被国务院批准为国家级自然保护区，2004 年被纳入中国“人与生物圈”保护区网络。

活动内容：徒步、溯溪、穿越、生态考察。

线路描述：这条线路为峡谷溯溪的中级线路，地形基本为高山峡谷，四季可行，难度不高，但走完全程需要有一定体力。

从思渠镇入口到凉桥有约 6.7 千米，凉桥到大河坝有约 6 千米，从大河坝沿着麻阳河逆流而上约 20 千米，溯溪行程约 7—8 小时。

从沿河县城出发，还可以选择从县城乘船穿过乌江山峡景区到达思渠镇，然后联系镇上社会车辆或转乘保护区科考船进入保护区。

沿途景观：麻阳河兼有典型的喀斯特地貌景观和独特的峡谷地貌景观，地貌独特，风光旖旎，集山、水、洞、峡谷、溪泉、河流、珍稀野生动植物等为一体。

老鹰岩——是保护区内有名的观猴点，位于锯齿山麻阳河岸，因半山腰突起一岩，形若鹰嘴而得名。这里周边保存着完好的原始森林，风景绚丽壮观。

龙清潭——顺着麻阳河逆流而上，河谷越来越窄，两山越来越高，行走 15 千米后便到了一个被笔直山崖环绕、呈凹形的天坑状地方，这便是传说中的中寨乡龙清潭了。这里从河底

到山顶最高处有 400 多米，坑底有上、下两个绿色的深潭，上潭位于崖谷底，瀑水从山顶处的崖缝流出，直泻崖底的潭内。瀑布下水潭约有 20 多平方米，潭水深绿，深不见底，也看不到潭水流出。下潭位于上潭下游 10 米处，潭面比上潭稍大，潭水清澈见底，这里最为独特的是从潭边近300米高的悬崖上飞流洒下的瀑布，瀑水从崖顶滑下，一部分形成水雾飘飞在半空中，一部分落在潭边的岩石上，分散成碎沫洒进潭水，景观非常壮美。潭水常年不涸，因很少被阳光照射，四周青苔密布，杂草丛生。龙清潭是麻阳河国家级黑叶猴自然保护区的核心

区，人们习惯说它是黑叶猴的老家。由于极少有人到过，也很少有人提起，才使国家一级保护动物黑叶猴得以生存和保护下来，所以有人说“没有龙清潭就没有麻阳河”。

蚀余景观——保护区内碳酸盐岩分布，岩溶地貌发育，由于长期受溶蚀侵蚀，形成各种蚀余景观，有的群岩叠嶂如刀削剑斩，有的峭石独秀似玉簪螺髻。

峡谷风光——麻阳河、洪渡河两条河流合计长 63 千米，其中峡谷地带占 85%，约有 54 千米长，峡谷高 120—350 米，宽 20—60 米，峡谷两侧陡峭，坡度多在 70 度以上，部分成垂直状形成箱式峡谷。特别是石牌峡谷、老鹰岩峡谷、岩头关峡谷、锯齿山峡谷等，谷底幽深，空气清馨，流水潺潺，冬暖夏凉，气候宜人。峡谷两侧森林密布，由于树种不同，开花结果，季节各异，黑叶猴穿梭在森林、峡谷、河滩之中，更显其保护区峡谷风景的惊、险、奇、幽、秀、壮的特点。

溶洞探奇——保护区内有朱家洞、游龙洞、浑洞、干洞、姐妹洞、龙清塘洞等地下溶洞，这些溶洞中，随处可见的石芽、石笋、钟乳石，千姿百态。有的溶洞洞中有洞，纵横交错，上下重叠，错综复杂，神秘幽深。

森林风光——麻阳河、洪渡河两岸，随处可见鹅耳枥、润楠、槭树、乌冈栎、青冈栎、栓皮栎、化香、木荷等常绿植物，随着季节的变化有一定的色调变化；锯齿山、红丝河、大土一带的山脊部，分布着四季常绿的马尾松；贵阳坝、岩头关等地分布着枫香、响叶杨、猴欢喜、化香等混交林，季节变化丰富多彩。

线路周边还有天生桥、凉桥十八洞、三面旗、月亮石等景点。

沿途生态：保护区野生动植物资源种类繁多，植物有 365 科 1005 属 2454 种，其中列为国家一级重点保护的野生植物有红豆杉、南

徒步贵州

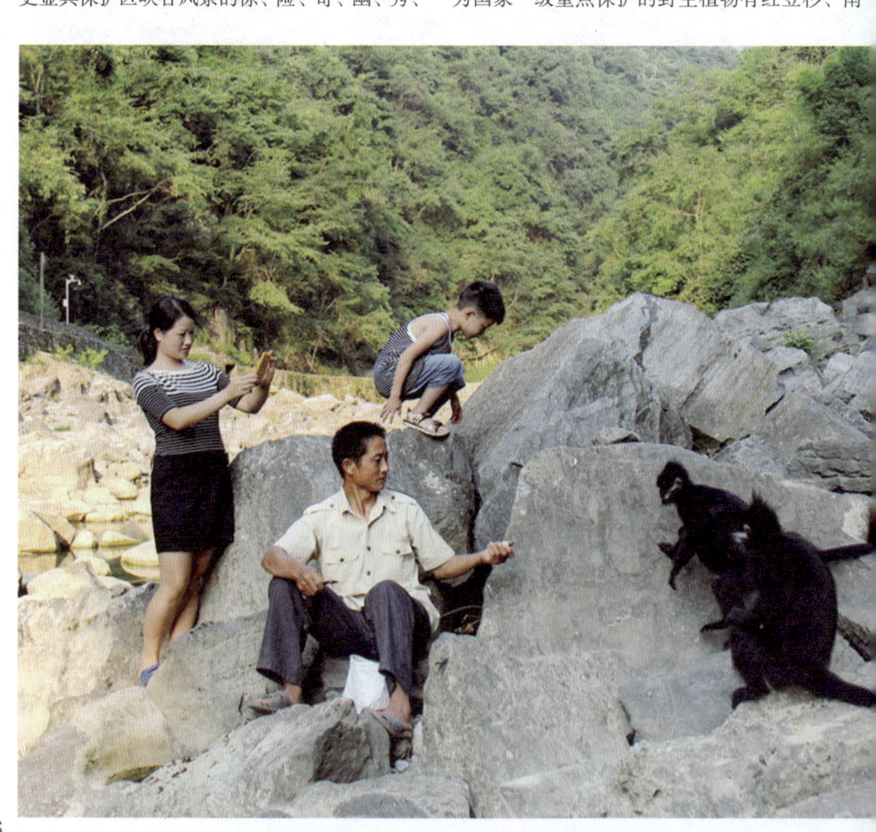

方红豆杉、银杏 3 种；列为国家二级重点保护的野生植物有苏铁蕨、黄杉、三尖杉、穗花杉、香果树、楠木、香樟、伞花木、榉木、润楠、十齿花等 12 种；有春兰、寒兰、白芨、虾脊兰、石斛、天麻、独蒜等珍稀兰科植物 20 余种。动物有 253 科 966 属 1583 种，其中有国家一级重点保护野生动物黑叶猴、豹、林麝 3 种；国家二级重点保护野生动物黑熊、大灵猫、猕猴、斑羚、穿山甲、白冠长尾雉、红腹锦鸡等 27 种。

沿途食宿：目前保护区的食宿接待数量和条件都有限，主要在思渠镇上的客栈、凉桥的农家乐和大河坝的麻阳河宾馆，也可在这些地方露营，第二天穿越麻阳河峡谷。思渠的乌江鱼、凉桥的火炕农家饭、大河坝的洞穴餐厅都很有特色。

建议提醒：麻阳河国家级自然保护区管理严格，在重点区域即凉桥、大河坝均设有检查站，一般社会车辆和人员严禁进入。要进入这些特定区域，需向保护区生态体验基地申请报名并办理相关手续后，经检查站许可进入。所有活动均以 5 人以上团队方式进行（不足 5 人要拼足 5 人），且每团必须由保护区配专人引导专人管护，否则不能进入。

保护区目前没有门票，但参加生态体验需要收取服务费，费用标准不一，具体可向保护区咨询，也可关注“麻阳河生态旅游”微信公众号查询。

峡谷中天气变化大，雨具、凉鞋必备；需自带干粮，沿途可以随时补水。峡谷宿营，千万注意安全用火，所有垃圾必须清理填埋或者带走。

供稿：麻阳河国家级自然保护区管理局

图：吴娇 / 刘松 / 瞿六一 / 刘孔根 / 田茂昌

文字整理：吴安康 / 谭亮

黔东南苗族侗族自治州

信息速览

英文名称	Miao and Dong Autonomous Prefecture of Qiandongnan
简　　称	黔东南州
面　　积	30282.34 平方千米
人　　口	484.73 万人（2019 年，户籍人口），少数民族人口占 81.5%
方　　言	西南官话贵州话黔东南与黔南片方言和岑江片方言，苗语，侗语
行政区划	自治州
下辖地区	1 市 15 县及 10 个省级经济开发区
政府驻地	凯里市北京东路 21 号
机　　场	黎平机场、凯里黄平机场
火 车 站	凯里站，凯里南站，镇远站等
电话区号	（+86）0855
车牌代码	贵 H
邮政区码	556000
地理位置	贵州省东南部
高等院校	凯里学院、贵州电子信息职业技术学院等
州　　树	红豆杉
州　　花	杜鹃花

概览

黔东南苗族侗族自治州位于贵州省东南部，东与湖南省怀化地区毗邻，南和广西壮族自治区柳州、河池地区接壤，西连黔南布依族苗族自治州，北抵遵义、铜仁两市。全州辖凯里市和麻江、丹寨、黄平、施秉、镇远、岑巩、三穗、天柱、锦屏、黎平、从江、榕江、雷山、台江、剑河 15 个县，凯里、炉碧、金钟、洛贯、黔东、台江、三穗、岑巩、锦屏、黎平 10 个省级经济开发区。境内居住着苗、侗、汉、布依、水、瑶、壮、土家等 44 个民族，是中国苗族、侗族人口最集

中的地区，也是中国少数民族自治州中人口最多的自治州。黔东南州自然、旅游、民族文化、历史文化等资源十分丰富，被誉为“歌舞之州、森林之州、神奇之州、百节之州”。

气候

黔东南州属亚热带湿润季风气候，冬无严寒，夏无酷暑，四季分明，雨水充沛，立体气候明显，年平均气温14.6℃—18.5℃。天气少有极端气温，夏天最高30℃左右；冬天最低一般不会低于0℃，最好备上一件羽绒服。黔东南州总体上较为湿润，尤其在5—10月间，雨水较多，所以到黔东南旅行，雨具必不可少。秋季是到这里旅行的最佳季节，降水不会像夏季那样频繁，气温不会像冬季时那么寒冷。

地貌

黔东南州地处云贵高原向湘桂丘陵盆地过渡地带，地势是北、西、南三面高而东部低，沟壑纵横，山峦起伏，有“九山半水半分田”之说。中部雷公山区和南部月亮山为中山地带，西部和西北部为丘陵状低中山区，东部和东南部为低中山、低山、丘陵、盆地。境内平均海拔500—1000米，最高点雷公山主峰黄羊山海拔2178.8米，最低点黎平县地坪乡井郎村水口河出省处海拔137米。境内有三条主要河流，即清水江、㵲阳河和都柳江，平行贯穿中、北、南部，是长江、珠江上游地区的重要生态屏障。

自然生态

黔东南森林资源丰富，是中国南方的重点集体林区之一，森林覆盖率达67.98%（2019年），有“杉乡”“林海”之称。这里生物种类繁多，有各种植物3623种，其中，有国家重点保护野生植物红豆杉、珙桐、钟萼木、异形玉叶金花、篦子三尖杉、厚朴、香樟、秃杉、鹅掌楸等42种；有野生动物有脊椎动物5纲31目104科557种，豹、云豹、林麝、白颈长尾雉、中华秋沙鸭等5种动物为国家一级重点保护野生动物；国家

二级重点保护野生动物更是多达 40 种。

交通

航空：州境内目前有 2 个机场。

黎平机场（黎平县高屯镇），为 4C 级民用运输支线机场，毗邻湘、桂两省（区），距县城 20 千米。目前已开通直达贵阳、上海、昆明、长沙、福州、张家界等城市航线。

凯里黄平机场（黄平县东坡村），为 4C 级民用支线机场，距离黄平县城 12 千米，凯里市 54 千米，已经开通至北京、杭州、昆明、桂林、济南、海口、广州等城市航线。

铁路：境内有株六铁路复线、黔桂铁路和贵广、长昆快速铁路穿境而过。长昆高铁有凯里南站和三穗站，贵广高铁有榕江站和从江站。

凯里站（凯里市清江路 88 号），株六铁路复线上的重要站点，主要停靠 K、Z 字头和普客列车。

镇远站（镇远县西秀街八组），株六铁路复线上的重要站点，主要停靠 K、Z 字头和普客列车。

凯里南站（凯里市金汇大道），是沪昆客运专线、贵阳至铜仁市域快线主要途经站，停靠 G、D 字头列车。

三穗站（三穗县八弓镇高寨），是长昆客运专线沿线的车站，停靠 G、D 字头列车。

从江站（从江县洛香镇），是贵广高铁沿线的主要途经站，被誉为“贵州出海第一站”。停靠 G、D 字头列车。

榕江站（榕江县十二号路古州镇小堡村），是贵广高速铁路沿线的主要途经站，停靠 G、D 字头列车。

公路：黔东南州实现了县县通高速，100% 建制村通沥青（水泥）路，100% 的建制村通了客运，形成了以凯里为中心连接各县（市）行政中心的 2 小时交通圈，高速公路基本覆盖全州 3A 级以上旅游景区及部分乡镇，连接公路枢纽、铁路枢纽、机场等重要交通运输枢纽及重要的产业基地。州府凯里市陆路交通发达，市内客运站众多，既有发往贵阳等省内城市和全州各地的短途客车，也有发往广东、浙江等

外省的长途班次。凯里市主要汽车客运站有：凯里汽车站（凯里市文化北路25号）、凯里城南客运站（凯里市迎宾大道）、苗都客车站（凯里市环城北路358号）等。

购物

主要分布在所辖市县的中心街道和景区景点的店铺里。当地名优特产品种类很多，农产品有：丹寨锌硒米、榕江锡利贡米、天柱脐橙、榕江塔石香羊、剑河藠头、永乐辣椒、旁海生姜、麻江蓝莓、黎平香禾糯、岑巩文旦柚、三穗麻鸭、剑白香猪、下司犬、从江小香鸡、施秉头花蓼、黔东大花猪、榕江冰糖柑、从江沙田柚、镇远道菜、凯里红酸汤、台江金秋梨、香菇、木耳、台江重阳酒、天柱蛇酒、丹寨毛尖茶、雷山银球茶、台江苦丁茶、思州绿茶、黎平雀舌茶、岑巩桐油、三穗竹器、瓦寨斗笠、卡拉鸟笼、湾水马尾斗笠、苗族银饰、苗族刺绣、侗家腌鱼、镇远陈年道菜、凯里香醋、旧州豆腐干、精制茶油、思州石砚、苗绣壁挂、绣花围腰等。

饮食

在黔菜中，黔东南州以民族菜肴著称，是“吃酸”的故乡。日常生活的家宴、宴会、红、白喜事中，酸食无处不有。凯里的酸汤鱼、酸汤牛肉、酸汤猪脚、腌鱼、腌肉、酸菜等酸食名声在外，是必尝的美食。黎从榕一带的牛（羊）瘪、鸡稀饭、卷粉、香猪和台江苗族三色糯米饭、苗家鱼冻、天柱血浆鸭雷山永乐鱼酱酸、炒香虫等十分有名。其他还有三穗灰碱粑、台江渣辣子、锦屏凉拌米豆腐、香煎荞粑粑、施秉绿豆粉等小吃也是必尝之物。此外，在村寨中旅行，都是吃住农家和乡村旅社，村民们还会邀请客人一起喝自家酿制的米酒。

活动节日

黔东南州是一座巨大的民族风情博物馆，居住在这里的苗、侗等各民族保留着魏晋遗风、唐代发型、宋代服饰、明清建筑……是“芦笙的故乡”“歌舞的海洋”，这里

情丝万缕的芦笙曲，悦耳动听的苗族飞歌、侗族大歌，精彩激烈的斗牛场面，风情别致的苗家吊脚楼，堪称民族工艺一绝的苗族银饰、挑花、刺绣、蜡染等，无不闪烁着东方文化的光芒。

黔东南州有“百节之州”的美称，一年四季节日活动连绵不绝，异彩纷呈，如凯里舟溪甘囊香苗族芦笙节、台江苗族姊妹节、雷山苗年、麻江仫佬年、麻江河坝瑶族隔冬节（瑶年）、黎平黄岗侗族抬官人、榕江三宝侗族萨玛节、三穗寨头苗族祭桥节、空申超短裙苗族茅人节、麻江卡乌苗族翻鼓节、镇远报京侗族播种节、青山界四十八苗寨歌会、双江侗族摔跤节、飞云崖“四月八”苗族集会、镇远端午赛龙舟、台江施洞苗族独木龙舟节、剑河稿午苗族水鼓节、锦屏瑶白侗族摆古节、岑巩注溪土家族娃娃场、黄平谷陇苗族芦笙会、从江侗族大歌节等。

景区景点

秀美迷人的山川、天人合一的生活方式、源远流长的古朴民风、绚丽多姿的民族歌舞、盛大热烈的民间节庆、催人奋进的红色印迹，

共同构筑起“各美其美、美美与共”的大美黔东南。这里被誉为“歌舞天堂、节日海洋、文化千岛”和“民族生态博物馆”，是“返璞归真、回归自然”全球十大旅游胜地之一。

黔东南州现人类非物质文化遗产1项（侗族大歌）；世界自然遗产地1处（施秉云台山）；国家级风景名胜区3个（㵲阳河、黎平侗乡、榕江苗山侗水）；国家级自然保护区1个（雷公山自然保护区）；国家级森林公园4个（雷公山、㵲阳湖、黎平、台江）；国家地质公园1个（苗岭国家地质公园）；中国历史文化名城1座（镇远）；中国历史文化名镇2处（黄平县旧州镇、雷山县西江镇）；中国历史文化名村7处（锦屏隆里、榕江大利、黎平肇兴、黎平堂安、黎平地扪、从江岜沙、雷山郎德）；国家级非物质文化遗产有53项72个保护点，国家级传统村落409个，数量均排名全国市州级第一位；国家级重点文物保护单位20处；中国特色小镇1处（雷山西江）。

图：陈正军 / 秦刚 / 曹经建 / 龙骧

文：潘浩

四时烟雨半山云——雷公山主峰穿越

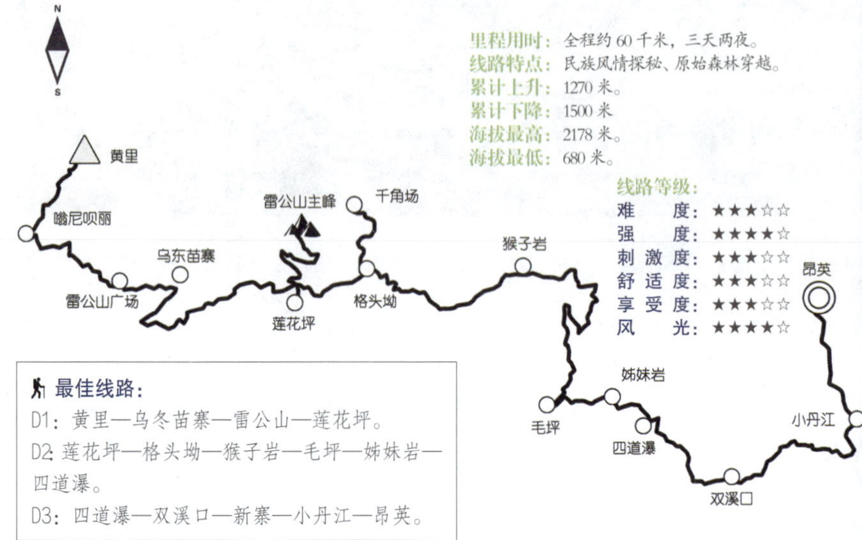

里程用时：全程约 60 千米，三天两夜。
线路特点：民族风情探秘、原始森林穿越。
累计上升：1270 米。
累计下降：1500 米
海拔最高：2178 米。
海拔最低：680 米。

线路等级：
难　　度：★★★☆☆
强　　度：★★★★☆
刺 激 度：★★★☆☆
舒 适 度：★★★☆☆
享 受 度：★★★☆☆
风　　光：★★★★☆

最佳线路：

D1：黄里—乌冬苗寨—雷公山—莲花坪。

D2：莲花坪—格头坳—猴子岩—毛坪—姊妹岩—四道瀑。

D3：四道瀑—双溪口—新寨—小丹江—昂英。

基本情况：雷公山位于黔东南苗族侗族自治州东南部，地处雷山、榕江、剑河、台江四县之间，面积 71 万亩。雷公山主峰黄羊山位于雷山县东部，距县城 28 千米，海拔 2178.8 米，是全自治州的最高点。雷公山常年雨量充沛，天然植被生长繁茂，属典型的亚热带自然生态

徒步贵州

系统，大片原始森林遮天蔽日，有多类多属的动植物。山中有各类生物近2000余种，列入国家保护的珍稀、濒危动植物有43种，其中，这里有全国面积最大、数量最多、保存最完整、原生性最强的植物“活化石”、中国特有一类保护树种秃杉，是中国亚热带唯一的天然秃杉研究基地。雷公山不仅是国家级自然保护区和国家级森林公园，而且是人类宝贵的自然遗产和中华民族的绚丽瑰宝，被联合国教科文卫组织称为“当今人类保存最完好的一块未受污染的生态文化净地，是人类返璞归真、回归大自然的理想王国,是世界十大森林旅游胜地之一”。

雷公山还是苗族人民心中的圣山，是苗族文化的发祥地和传承地，是品味和了解苗族文化的殿堂，是触摸苗族历史脉搏的秘境。因而，徒步贵州，就不能避开雷公山，就不能避开那些镌刻在雷公山里的苗族先民开拓出来的丛林小径。

活动内容：徒步、登山、穿越、民族文化、历史文化和自然生态考察。

线路描述: 这条线路为社会调查、科考、探险线路，经过雷山、榕江交界的林区，有人说这条道路是“黔东南所能见到的最能打动人心的徒步道路”。耗时三天两夜，在雷公山腹地的深山林莽和苗寨梯田间穿梭，难度适中，由土石山路、旅游公路组成，如行走全程，对体力要求较高，为中级登山徒步线路。春秋季最是美时节，特别是秋天，满山红叶，沿途有猕猴桃、覆盆子、五味子、八月瓜、野板栗等野果，八月笋直到初冬都还有。四季皆宜，春秋最佳。

D1：黄里—乌冬苗寨—雷公山—莲花坪。

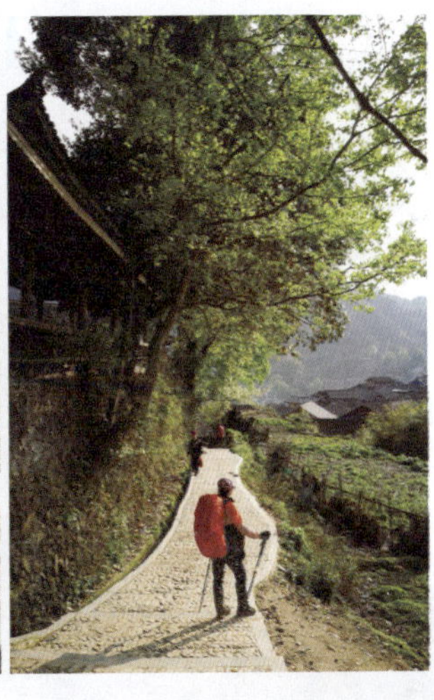

早上从黄里出发，沿途观看雷公山麓苗寨梯田、民俗古风、雷公山之巅、带状植物分布、原始丛林及瀑布等风光。扎营仙女潭。

D2：莲花坪—格头坳—猴子岩—毛坪—姊妹岩—四道瀑。为雷公山东坡下山路线，沿途欣赏原始森林、峡谷瀑布、珍稀植物等。扎营在四道瀑河滩或木栈道上。

D3：四道瀑—双溪口—新寨—小丹江—昂英。主要观赏雷公山南麓田园风光、民俗风情、稻田文化等。小丹江、昂宿和昂英均有广场和风雨桥扎营。

沿途景观：走既有原生态村寨、梯田、

历史遗迹，又有原始森林和峡谷溪流，四季山花不断。

嗡尼呗丽——意为开满映山红的山坡，黄乌公路 2 千米处的一座农家乐，适宜观赏、拍摄雷山县城、陶窑苗寨、白岩苗寨、梯田、茶园和雷公山落日等景观，雨后或深秋常见云海山岚，云卷云舒，气象万千。

乌东苗寨——乌东苗寨位于雷公山主峰西面，从主峰上流下来的三条小溪在这里交汇，苗寨依山临水，错落有致，犹如一幅山水画。溪边的水碾房布满青苔，咿咿呀呀转动不停，自古以来，一直为村民辛勤碾米。乌东苗寨还是《花样年华 2》的拍摄地。

雷公山之巅——位于黄羊山最高点，有公路和旅游步道到达山顶，沿途可看“千年神树”“杜鹃花海”“穿衣树”等奇观，偶尔可遇“佛光”。随着海拔的变化，能清晰地看到“针叶林—阔叶林—灌木林—箭竹林—高山草甸”植物分布带。登上山顶，顿觉“离天三尺三”，可北望雷公坪，东瞰千角场，南见冷竹山，西眺乌鸦坡，千沟万壑尽收眼底。

千角场——位于雷公山主峰东麓，与主峰最高点直线距离约 3 千米，是清咸同年间苗族起义军最后的营地。据当地传说，在起义军大本营雷公坪失守后，张秀眉趁山里突然弥漫的大雾把主力部队万余人转移到这里。最后突围鏖战之前，在营地里支起 12 面铜鼓，跳了三天三夜的芦笙舞。因跳舞的义军女兵及家眷有 500 多人，头戴的牛角银饰共有“角”千余只而得名“千角场”，今存“大元帅府”“藏谷洞”等遗迹。

莲花坪——位于雷公山主峰西南面，古称“莲花落”，因九个簇拥的山头，状如莲花而得名，曾是清末苗民起义军的营地，为我国独有物种雷山髭蟾的繁殖地。仙女潭瀑布亭亭玉立，隐于丛林峡谷中，犹如“养在深闺人未识”的苗族少女。遇仙桥长满青苔，栏杆上的松萝随风飘拂，别有一番风味。仙女潭旁的农家乐热情好客，是露营的好地方。

格头坳——位于雷公山主峰东南面，是翻越雷公山最重要的关口，前往格头、方祥、迪气、毛坪、交腊等地的古道在坳上分路。垭口旁边的小砖房，是 20 世纪末通公路之前，存放上述

村寨上缴公粮的地方。

猴子岩——位于 803 县道 32 千米处。是一处陡峭的岩壁，雷公山猕猴群常栖息于此。猿啼声在山谷中此起彼伏，不绝于耳。

姊妹岩——位于毛坪河谷公路外侧，由两尊并立的巨石组成，外形酷似穿着苗家长裙的两姊妹。这巨石有一个反对包办婚姻、追求恋爱自由的美丽传说。过了姊妹岩，就进入榕江县的地界。

四道瀑——位置在榕江县小丹江村与雷山县毛坪村交界处原始森林之中的毛坪河峡谷中段上，因峡谷内藏有四道美丽瀑布而得名。从公路边步行到四道瀑有 339 级步道，由“苗女琴台、苗人脚印、龟藏水帘、天女散花”组成四级瀑布景观，瀑布两壁山谷险峻，藤蔓交错，古树参天。远看山崖水破山开，清冽透亮的水流从数十米高崖上跌落，飞珠溅玉、声音如雷。水流经过的河床石板上布满众多奇异的石窝，如一个个人的脚印。这里浓荫蔽日，鸟语花香；崖上生长着闽楠、单亲木莲、大果马蹄荷、青钱柳、福建莲座蕨等野生珍稀植物，还有几处珊瑚兰、蜜蜂兰和石豆兰群落；空气中负氧离子高，盛夏时节气温不超过20℃，是休闲、亲水、科考、避暑的理想地。

双溪口——位于毛坪河、桥歪河汇合处。两条从雷公山密林中流出来的小河，在这里汇合成一片沙滩和一个深潭。深潭清澈见底，游鱼成群，常有当地苗族村民于此徒手抓鱼（当地禁用渔网、渔竿等捕鱼工具，只许徒手抓鱼），是夏季戏水的好地方。

小丹江苗寨——苗语叫“昂切”，意为沙子寨，位于毛坪河和昂英河交汇处的山脚小坝上。寨子四面环山，小河绕寨而过，周围原始森林郁郁葱葱，苗族风情浓郁古朴，适合徒步者在此休憩、“发呆”。2014年被国家民委公布为首批“中国少数民族特色村寨”。

昂英苗寨——地处雷公山和八万山之间，是剑河县最偏远的村寨，村寨中有夫妻树、白秃杉、千年红豆杉等。此寨是苗族第五次大迁徙的集散地，唐末宋初时期，三苗部落入黔，后移居此地。境内散落着大量的远古农耕文明。据苗族古歌传唱，至少在宋代以前，今昂英村驻地为一堰塞湖区，周边布满村落，俗称“七十二寨”。当时，该地区商贸发达，为周边市场集散地。苗族古歌云“九千地产粮，七万寨产棉”，为昂英鼎盛时期写照。昂英苗语古称“西化”，意为特别向往的地方。现存龙坟、古井、九山、九千地等古迹，每年秋天的“抓鱼节”极具特色，充分展现苗族古老的农耕文化。

沿途生物: 楠木、秃杉、红豆杉、大杜鹃、木莲、蛇菇、猴头菇、八月瓜、猕猴、野猪、黑熊、云豹、森林蛙、髭蟾、蝾螈、竹叶青、五步蛇等。

建议和提醒: 本线路珍稀动植物较多，徒步时要遵守相关法律法规，不要采摘、挖掘或捕捉。

旅游步道和溪谷中湿滑，最好套防滑袜。

进入村寨，入乡随俗，与当地人交往，以诚相待，尊重当地村规民约和风俗习惯。

图：龙骧 / 肖凤 / 潘浩

文：龙骧

战地红花分外艳——凭吊乌鸦坡古战场

里程用时： 全程约 15 千米，8 小时左右。
线路特点： 古战场凭吊、民族风情探秘。
累计上升： 750 米。
累计下降： 700 米。
海拔最高： 1404 米。
海拔最低： 730 米。
线路等级：
难　　度： ★★☆☆☆
强　　度： ★★½☆☆
刺 激 度： ★★★☆☆
舒 适 度： ★★★☆☆
享 受 度： ★★★☆☆
风　　光： ★★★☆☆

金泉湖
小高山
N
S
高泉
长田
乌鸦坡
牛角坡
山坳
徒步营地
第一道防线
大营盘
里禾大寨
舟溪镇
里禾水库
小营盘村

最佳线路： 小营盘—大营盘—山口—牛角山—乌鸦坡—高泉—长田—小高山—金泉湖

基本情况： 在贵州战争史乃至中国战争史上，有一座非常著名的山峰——乌鸦坡。清代史籍《苗疆闻见录》这样记载：“乌鸦坡在凯里南境，山势雄峻，迤逦约二十里，牛角坡、里禾寨附之……”清末同治十一年（公元 1872 年）农历三月五日到二十二日，以贵州历史上最大的一次农民起义——张秀眉苗族起义的队伍为主体，加上李文彩率领的翼王石达开残余部队，以及少数的侗、汉、水、布依、瑶等各族义军，在这里与朝廷专办贵州军务席宝田率领的湘、黔、川、滇、粤等五省清军展开的一次规模浩大、惨烈异常的大决战。义军、清军

双方在战役中投入的总兵力达32万人左右，其中，义军军民25万人，清军8万人，前后鏖战17昼夜。此战义军牺牲7万余人（含饿死者），阵亡将领10名；清军阵亡6千余人，折将6名。张秀眉败走雷公山，李文彩往镇远、施秉方向突围后战死。乌鸦坡之战的失利，宣告长达十八年的咸同年间贵州各族人民反清大起义降下帷幕。此战还因有太平天国最后一支成建制部队、翼王石达开余部——李文彩部数千人马的参与，因而成为太平天国运动的尾声。

这场惊天动地的鏖战，其规模和死亡人数均为贵州历史之最，是迄今为止贵州战争史上规模最大、死亡人数最多、战斗最为惨烈的古战场（明代播州之役规模也不小，但当时播州属四川管辖），在中国近代史上，乌鸦坡既是苗族人民反清斗争的最后战场，也是太平天国运动的终结地，沉重地打击了清王朝的统治。

活动内容：徒步、登山、怀古、休闲。

线路描述：这是一条集怀古、观光、民俗于一体的初级线路，全程约15千米，难度一般，交通方便而游人稀少，风光秀丽而文化厚重。适合一日游，也适宜露营。

从里禾水库或小营盘村出发，沿乡村古道往大营盘村向上爬，再从大营盘往山坳走，先爬左边的牛角山，再爬右边的主峰乌鸦坡，最后翻越山坳经高泉、长田到小高山微波站下山，到金泉湖结束。

主要景点：这条线路风景壮丽，民风淳朴，沿途除考察、凭吊古战场外，还能欣赏苗寨、梯田、杜鹃林、里禾水库以及远眺大岭冈、香炉山、雷公山、凯里市等风景，若遇云海雾漫，朝霞晚夕，让人流连忘返。

乌鸦坡古战场——乌鸦坡海拔 1404 米，位于凯里市舟溪镇里禾村的西北面，属苗岭主峰雷公山之西麓山岭，由南北走向的乌鸦坡和牛角坡两个大坡组成。它北起鸭塘街道翁牙村背坡，南抵里禾水库；系舟溪、鸭塘与开怀之界山。因其斜缓坡面主要在舟溪方面，自古为舟溪所辖。乌鸦坡系南北走向，牛角坡为东西走向，后者东面紧连前者北端首部，呈巨大的“人”字形。两山互为犄角。因山的北、西、东三面皆陡峭绝壁，唯南面是斜坡，不仅易守难攻，而且便于大规模作战。同治十一年（公元 1872 年）春末，张秀眉率领的苗族反清义军据守在两座山头上，与席宝田率领的 8 万清军激战 17 天。至今这里还保存着不少当年的营盘

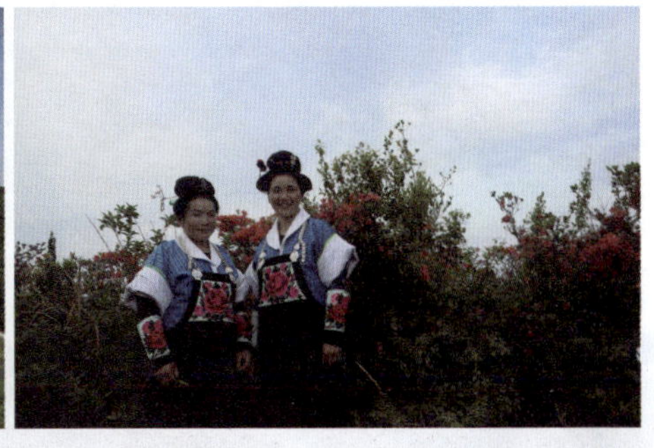

地基和壕垒、关卡遗迹。

营盘村——在乌鸦坡和牛角坡南侧半山上，由大营盘、小营盘和下寨三个自然村寨组成。乌鸦坡战役中，这里为苗族义军的驻地。战后，村寨毁于战火。如今的营盘村流水潺潺，梯田层层，生活其中的苗族群众至今仍然保留着苗族传统的服饰、建筑、生活传统，每年有芦笙节、爬牛角坡节、端午节、吃新节等节庆活动。

大营盘：清代同治之前汉名为“石板寨”，苗寨坐落于乌鸦坡西面、海拔约900米的半山上，坐东朝西，占地面积约600亩，为营盘村民委员会驻地，为营盘村第一大自然寨。乌鸦坡战役中，这里为苗族义军张秀眉大元帅府的驻地，为全战役的核心区。战后，清将苏元章在战场周边扎大、中、小三营时，将大营驻扎于此，故由“石板寨”易名“大营盘”。

乌鸦坡战场纪念碑——位于乌鸦坡顶，为青石横碑，上刻“乌鸦坡抗清战场主峰”，由原贵州省省长、苗族老领导王朝文同志题写。

藏宝洞——大营盘、翁堤、棉席、别牙、小高山等多处石灰岩洞穴，传说曾是义军储藏军火、财物的地方。

建议提醒：露营建议在山坳下荒土中，这里有一流的水源；也可以在大营盘村活动广场扎营，感受当年张秀眉“大元帅府”的氛围。

图：龙骧／潘平川

文：龙骧

青山不墨千秋画——穿越雷公坪

里程用时： 全程约 32 千米，14 小时左右。
线路特点： 民族风情探秘、原始森林穿越。
累计上升： 997 米。
累计下降： 1116 米。
海拔最高： 1850 米。
海拔最低： 842 米。

线路等级：
难　　度： ★★★☆☆
强　　度： ★★★★☆（半星）
刺 激 度： ★★★☆☆
舒 适 度： ★★★☆☆
享 受 度： ★★★★☆
风　　光： ★★★☆☆

南宫森林公园红阳景区
红阳营寨遗址
南刀
涨水坪
开觉苗寨
秀眉坡
西江千户苗寨
N
S
九眼塘
秀眉塘
玉龙潭
小雷公坪
雷公坪
陡寨
方祥乡

最佳线路： 涨水坪—玉龙潭—雷公坪—西江

基本情况： 台江、雷山两县交界处的雷公坪一带，因清咸丰和同治年间，苗族反清抗暴首领张秀眉、杨大六在此屯兵与清军周旋而见诸史籍并为外人所知。雷公坪位于雷公山苗岭主峰北部的高山之巅，中间一条小溪清澈见底，常年流淌到雷山县西江、台江县南刀等灌溉农田和供人畜饮用。坪上四面群山环抱，坪中宽阔平坦，溪流潺潺，古木参天，水草繁茂，奇花异草争芳吐艳、姹紫嫣红，鸟语虫鸣蛙声不绝于耳。由于是四面环山的高山盆地，周围

的高山挡了狂风，因而盆地里冬无严寒，夏无酷暑，气象万千；时晴时雨，时而雾罩满山，时而碧空如洗。

活动内容：徒步、穿越、登山、民族文化和自然生态考察。

线路描述：这条线路的里程在 32 千米左右，难度适中，雷公坪正好处在它的中部。本线路为成熟线路，基本为原始丛林穿越，但路况较好，四季可行，以春秋季最佳。从 10 月中旬到次年的 5 月中旬最适合徒步，此时蚂蟥、毒蛇、马蜂等危险动物较少。雷公坪为高山盆地，无论从哪个方向进出，都是上山下山。徒步时只要注意三个岔路口：秀眉塘从左上、玉龙潭坳对直下、玉龙潭往左上，不走错就能到达。

起点一般为陡寨苗寨、西江苗寨、开觉苗寨和红阳草场涨水坪四个点，但最理想的是红阳草场方向的涨水坪。从红阳草场起步线路比较平缓，且风景比其他方向好。

沿途景观：走本线一是吸氧，二是看景。这条线路一路有高山草场、风力电站、原始森林、高山灌木林、高山箭竹、高山湿地、高山盆地、高山瀑布、苗寨木楼，梯田风光等。

涨水坪高山湿地——位于雷公山第三高峰南刀坡东北，咸同年间（1855—1873）苗族反清抗暴首领张秀眉、杨大六的练兵场，因形似手掌而得名。其东面和北面为原始森林，人迹罕至，古树参天。湿地内的流水经原始森林向北汇积，形成了高约150米、宽约20米的高落差、瀑级众多、瀑状各异的白岩脚瀑布群。西面和南面是高山草甸，有终年放养的牛群和高耸入云的风力发电机点缀其间。

玉龙潭高山湖泊——又名“黑水塘”，海拔约1700米，年平均气温12.7℃，这里山、水、林融为一体，高山自然景观原始独特，有高山堰塘（连片大小水塘30余个）、高山草场、原始森林、水上森林、高山瀑布（最高约80米）、林中藤蔓、高山箭竹、奇石异树、珍稀动植物景观独特，四季有景，被称为“南国天山”。

小雷公坪——小雷公坪是雷公山东麓的一块台地，由三个小坝子组成，中间坝子曾经有一片梯田。现在，整个台地只剩下两口池塘和一片沼泽地了。上雷公坪的大路从北边坝子的池塘边经过，初冬时节，塘边的茅草、山果和树叶一片金黄，让人流连忘返。到达小雷公坪前，运气好的话会看到池塘里戏水的鸳鸯等水鸟，还有来这里饮水的其他野生动物。

雷公坪——雷公坪苗语叫“方孺”，意为雷公居住的地方，位于雷公山山脉中段，海拔1850米，面积有460多亩，是一个四面环山、只在西北角有个出水口的高山盆地。雷公坪又是一座历经1500年苗族古皇城遗址，据地方史志记载，西汉文帝时，蚩尤后代莫虎飞携族人25户来到雷公坪，在雷公坪上建“苗皇城”，开垦耕作、打猎谋生。城中有九条纵横交错的街道，非常气派。后因人口逐渐增多，高寒贫瘠的雷公山无法满足生活需要，城里的人便迁徙他乡。清咸同年间，这里成为张秀眉、杨大六苗族起义军屯兵地，当年的点将台、花街路、练兵场、军街、军井、石碓、断石碑、关卡、哨所、隘口、石墙等诸多遗迹至今犹存。当地人还曾在山中挖到战刀、铜鼓、石秤砣，以及大量已经碳化了的谷物。雷公坪现为省级文物

保护单位。

点将台——位于雷公坪西南角，是一个高3米、面积4平方米的人工垒砌平台，相传为张秀眉指挥义军练武和训话的地方。站在点将台上，仿佛站在了战争与和平的交融点上，历史的沧桑感油然而生。

九眼塘——是雷公山深处的一串美丽的高山山塘湖泊群，位于雷公山北麓掌水坪与雷公坪之间的山腰台地上。九眼塘中心为玉龙潭，是清雍正年间苗族包利、红银起义和咸同年间张秀眉起义的根据地。

西江千户苗寨——西江苗语叫“鸡讲”，清朝时“鸡讲汛”所在地，是清代咸同年间苗族起义中战场周边唯一幸免于战火的苗寨。苗寨由10余个依山而建的自然村寨相连成片组成，是目前中国乃至全世界最大的苗族聚居村寨，有“中国第一苗寨”之称。这里完整地保留了苗族传统文化和习俗，是观赏和研究苗族传统文化的大看台，也是领略和认识中国苗族漫长发展历史的首选之地。1300余户苗家木质吊脚楼依山而建，层层相叠，鳞次栉比。夜幕降临后，每家木楼檐灯齐放，像满天闪烁的繁星，勾勒出山坡的轮廓，宛如两座金字塔。西江鼓藏节、苗年，闻名四海。苗寨中的博物馆还收藏了来自雷公坪、至今无人破译的“天书”苗文碑。

沿途生物：沿途常见野生杜鹃、海棠、毛竹等，还有猕猴桃、覆盆子、五味子、八月瓜、野板栗等野果，八月笋直到初冬都还有。

建议提醒：上雷公坪基本带1升水就足够，沿途还可随时补水。玉龙潭、雷公坪的营地都很大，取水很方便。

山上宿营，晚上温差较大，注意保暖，至少要 -15℃温标睡袋。

本线路珍稀动植物较多，徒步时要做好对它们的保护和宣传，不要采摘、挖掘或捕捉，尊重当地民族风俗习惯，不要触犯国家有关法律法规和当地村规民约。

建议第二天可以到西江苗寨再玩一天，观赏西江苗寨夜景，进入西江苗寨需购买门票。

如果从西江苗寨出发，有一条水渠，顺着走就行。上到第一个垭口往左边走，然后就是一条上行的路了。

图：潘平川 / 肖凤 / 龙骧 / 陈正军

文：潘浩

楠木王的三个“120”——八万山生态行

里程用时： 全程约 15 千米，14 小时左右。
线路特点： 原生态文化体验、原始森林穿越、珍稀动植物考察。
累计上升： 811 米。
累计下降： 705 米。
海拔最高： 1000 米。
海拔最低： 850 米。
线路等级：
难　　度： ★★★☆☆
强　　度： ★★★⯪☆
刺 激 度： ★★★☆☆
舒 适 度： ★★★☆☆
享 受 度： ★★★☆☆
风　　光： ★★★☆☆

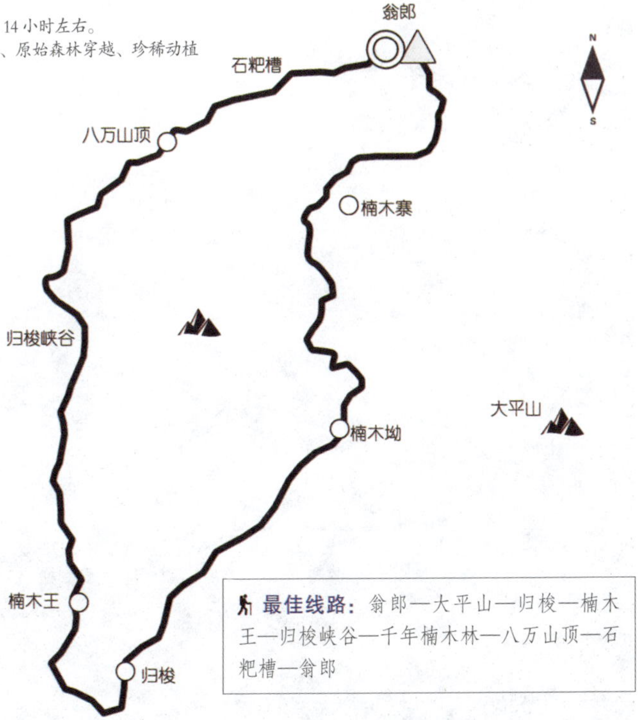

翁郎
石粑槽
N
S
八万山顶
楠木寨
归梭峡谷
大平山
楠木坳
楠木王
归梭

最佳线路： 翁郎—大平山—归梭—楠木王—归梭峡谷—千年楠木林—八万山顶—石粑槽—翁郎

基本情况： 八万山，位于剑河县西南部，与雷山、台江、榕江三县接壤，与雷公山自然保护区连成一片。八万山由无数山峰组成，峰峦层层叠叠，山峰雄奇壮观。这里森林覆盖率达到 92% 以上，森林面积达 2 万多亩，其中人工林 5000 亩、原始森林 14000 多亩，最高峰白

虾山海拔 1280 米。山中溪流潺潺，古木参天，原始森林莽莽苍苍，四季葱茏，是一座名副其实的“天然氧吧”。

八万山还是古代历次苗民起义的大后方，这里东接剑河、锦屏，南通榕江、黎平，西靠雷山、丹寨，北连台江、凯里，南哨河的三条支流翁密河、翁勇河、朗洞河从山下流过，地形复杂而水道便利，四通八达却易守难攻。所以，清雍正之前，这一带一直是不受朝廷统治的“生苗”之地。据史料载，榕江的红银和雷山的包利联合起义就以八万山为中心，与清军展开英勇顽强的斗争；张秀眉领导的苗族起义军也是以雷公山、八万山为根据地。据《平黔纪略》记载，同治十年（1872 年）二月初二日前沿阵地鸡摆尾大寨被湘军攻破后，“逋台拱南之南香废寨……”南香废寨，就是今天八万山林场上面的南香苗寨，因其隐秘、安全，便于义军休整和东山再起，于是成了失去清水江沿岸阵地之后的苗族义军转移有生力量的首选地，可见八万山战略地位之重要。

活动内容：徒步、登山、溯溪、生态考察。

线路描述：这是一条被绿色植物覆盖的生态中级徒步路线，四季可行，难度适中，对体力有一定要求。本线路既有原生态村寨、又有原始森林，一半爬山一半溯溪，春秋季是最美时节，特别是秋天，沿途有猕猴桃、覆盆子、

五味子、八月瓜、野板栗等野果，八月笋直到初冬都还有。

徒步穿越八万山这条线路，徒步起点一般为翁郎村，沿途看秃杉、楠木、苗寨、梯田等景点，但最令人震撼的是“楠木王”和千年楠木林。

沿途景观：区内森林密布，峰峦叠翠，风景秀丽，溪流潺潺，有林海日出、小桥流水、云涛滚滚、雾锁群峰等景观，时有珍禽谷中腾飞、珍稀动物穿梭林间，还有丰富多彩的美丽传说故事。这里春夏秋冬四季景色变化各有不同，让人陶醉。

翁郎苗寨——位于八万山北坡。“翁郎”是苗语音译，意思是一个深陷的水塘。相传，很久以前，九千寨（今昂英）的一位苗族青年到八万山上打猎，打了一整天却一无所获。太阳落山时，他又饥又渴，已无力翻山越岭回家了。这时，他的猎狗从北坡钻了出来，身上全湿，而且粘满浮萍。他断定这里一定有泉水，就顺着猎狗出来的方向去查看。果然，在半坡上发现一块平地，平地中央是一个深水塘，水塘旁边有一口清澈的泉水。他喝了泉水后，不仅饥渴顿消，而且浑身是劲。于是他便在水塘边结庐定居，久而久之形成了翁郎苗寨。前几年，寨子修建篮球场，把水塘填成了现在的篮球场，现只有水井还保留着。

楠木王和保护生态环境碑——楠木王生长

在归棱溪边的小山头上，东边是稻田，西边是溪流，阳光水分都非常充足，非常适宜长成参天大树。楠木王的胸径大约有2米，树冠像一把巨大的伞，一直遮到小溪的对岸，树下有古道、石凳、石祭台，当地人把楠木王当作神树，经常翻山越岭到树下来祭祀。楠木王旁边还有一块刻有保护楠木王及八万山原始森林的乡规民约石碑。凡盗伐楠木等珍稀树种、破坏生态环境的，除依法追究刑事、民事责任外，另罚“三个120”，即罚酒、肉、米各120斤，请全寨人吃饭表示认错。罚“三个120”是这里家喻户晓、人人皆知的村规民约，对保护八万山的楠木王、原始森林和生态环境具有非常重大的意义。

千年楠木林——千年楠木林位于八万山主峰西南侧海拔约1300米的一处山湾里，无路可

通，偏远隐秘。这里的树几乎全是楠木，大的需两三人才能合抱，小的也有柱子粗。不论大小，都长得笔直挺拔，郁郁葱葱。

沿途生物：有鹅掌楸、楠木、秃杉、红豆杉等名贵树种和各种珍稀药材，以及猕猴、野猪、森林蛙、尾斑瘰螈、黑眉锦蛇等多种野生动物。

建议和提醒：本线路珍稀动植物较多，徒步时要做好对它们的保护，不能触犯国家有关法律法规和当地“三个120”等村规民约。

图 / 文：龙骧

苗家山寨太平图——台江山乡徒步

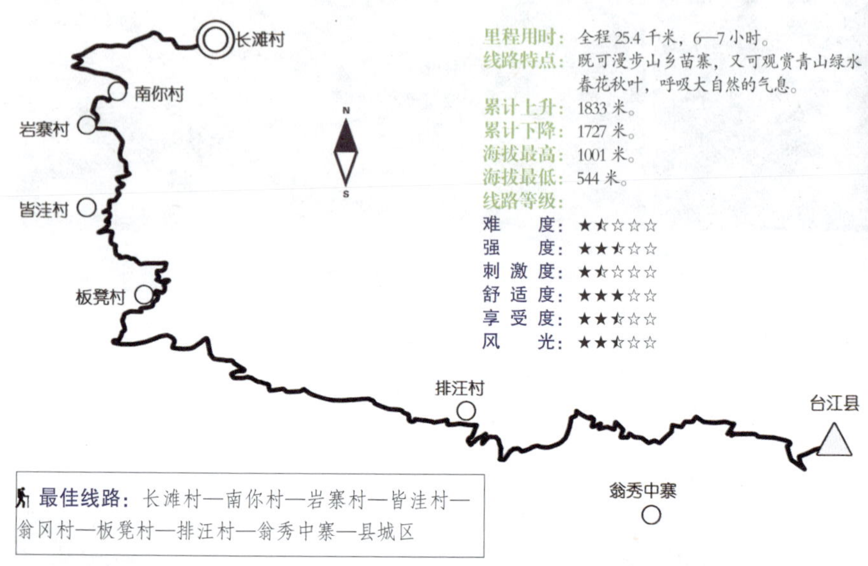

里程用时： 全程 25.4 千米，6—7 小时。
线路特点： 既可漫步山乡苗寨，又可观赏青山绿水春花秋叶，呼吸大自然的气息。
累计上升： 1833 米。
累计下降： 1727 米。
海拔最高： 1001 米。
海拔最低： 544 米。
线路等级：
难　　度：★⯪☆☆☆
强　　度：★★⯪☆☆
刺 激 度：★⯪☆☆☆
舒 适 度：★★★☆☆
享 受 度：★★⯪☆☆
风　　光：★★⯪☆☆

最佳线路： 长滩村—南你村—岩寨村—皆洼村—翁冈村—板凳村—排汪村—翁秀中寨—县城区

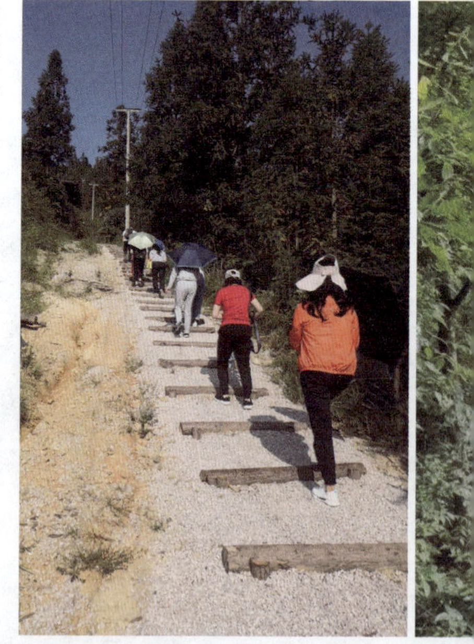

基本情况： 本线路主要行走在台江登山健身步道上，该步道是由法国 Frederic Moal 先生按欧洲标准进行规划设计、施工并现场监工的贵州第一条国际标准原生态步道，2019 年 11 月竣工验收。与传统意义上公园、城市中的步道有所区别的是，台江登山健身步道位于山林之间，尽可能地维持或恢复步道周围本来的自然环境，步道在原地势上开辟土路，平均宽度 1.5 米，最大程度减少对原生环境的影响，营造原生态的行走氛围；同时，又关注步道的健身属性，从运动科学的角度出发，步道内设有营地、停车场、休息点，以及各种环保、宣传、警示等路标路识导视系统（NTS）等附属设施，控制路线的坡度和难度，保障合理、安全的健身运动。

台江县登山健身步道，是发展体育旅游和全域旅游，实现乡村振兴的重要方式，由于步道经过的地方经济发展较为落后，贫困户所占的比重很高。为此，从步道的建设到维护、到以后的运营，通过建立利益联结机制，沿线村寨贫困户积极参与进来。步道运营后还可以带动沿线村寨民宿、农家乐等乡村旅游业态的发展，带动老百姓的脱贫致富，现被列为贵州省户外山地精品旅游线路。

活动内容：徒步、健身、休闲、民俗。

线路描述：本线路为兼具民族风情和自然风光的初级徒步线路，运动强度中等，全程没有技术难度，路况较好，四季皆宜。

从台江县老屯乡长滩村经南你村、岩寨村、皆洼村、翁冈村、板凳村、排汪村、翁秀中寨，最后到达县城，主要村寨为8个。

沿途景观：沿线有巴拉河、翁你河及其众多支流，穿过原始森林、野樱大道、峡谷田园，风光旖旎；漫步于长滩、皆薅、岩寨、皆洼、板凳、排汪等苗族村寨，风情浓郁。

长滩村——位于老屯乡南侧的巴拉河畔，苗语为“伞滩”，意为天梯散落的地方。长滩村有苗族独木龙舟冠军之乡、苗族刺绣动态博物馆和姊妹节文化博物馆的美誉。这里的苗家传统百年老屋和徽派建筑值得一看。

百年老屋：长滩村最早的房屋建于清代嘉庆年间，至今有210多年，目前全村百年以上、保存完好的26栋百年老屋中，大多高约5.1—5.7米，宽约2—5米之间，均为纯木质结构。

徽派古屋：徽派建筑是长滩建筑风格的另一种代表，100多年前长滩人通过水路到湘西南一带从事木材、盐、碗筷买卖，经商获利后把徽派风格的建筑引入苗寨。建造徽派建筑的目的主要是提高房屋防火、防盗的能力。全村现有徽派建筑3栋，最早建于清代光绪十五年（公元1889年），房高约10米、宽约13米、长约为13米。

板凳村——位于台江县台拱镇西北部，原名“翁岗”。村寨居于高山半坡或山脊上，民居依山而建、择林而居，错落有致。位于板凳村下寨东南部的古枫树群，古木参天，独具特色。寨中还有张秀眉故居、张秀眉练马道、张秀眉墓等古迹。寨中的节庆活动有农历十月、十一月期间的苗年、农历六月二十五日或七月十三日的吃新节、农历二月二敬桥节等。

排汪村——苗名“八湾”，村寨依山而建，坐落在两山腰之间，背山面田，形成三面围合的布局特色，布局严谨。寨子四周古树林立，集古楼、古屋、古巷、古桥、古井于一体，吊脚楼沿山而建，形成错落有致的建筑布局特色。

节庆活动——沿线经过的苗寨保留着探母节、敬桥节、姊妹节、敬牛节、龙舟节、吃新节、苗年等风情浓郁的民族节日。

敬桥节：是一年中最热闹的节日之一，每年农历二月初二举行。到了这天，当地苗族不分男女老少着盛装前往敬桥。儿童穿戴一新，胸前挂个盛着若干个染成彩色的鸡（鸭）蛋的网袋，因此敬桥节也被称作苗族的“儿童节”。

独木龙舟节：在长滩村境内的巴拉河上，每年农历五月二十四到二十六日，会举行盛大的独木龙舟节。参赛的独木龙舟用3根巨大杉木抠槽掏空捆绑制成，中间的一根称为母舟，长约25米，两边的两根叫子舟，长度在17米左右，平时分开搁置。竞渡时众人抬下水后，用麻绳或竹篾将两只子舟捆绑在母舟两旁。龙头用柳树精心雕琢而成，龙角则是用一对大水牛角制成。龙舟从制作、下水到竞渡，以及划桨者的姿势和装束，无不体现出浓厚的苗族文化气息。

吃新节：每年农历六月二十五日或七月十三日，各村的苗族人民都欢度一年一度吃新节（苗语称为“脑戛列”或“脑戛先”），节

日期间人山人海，昼歌夜舞，十分热闹。

苗年：沿线苗族最隆重的传统节日，过的时间从农历十月至十一月，各寨并不相同。节前，家家户户都要准备丰盛的年食，除了打糯米粑、煮酸汤鱼、杀猪杀鸡外，还要备足糯米酒。苗年下午，寨子男女老少都穿新衣服集中在大院坝踩鼓唱歌，载歌载舞，共庆丰收。

总之，在这条线上，你可以看到全木榫卯结构的苗族吊脚楼，可以听到音律和谐的苗族古歌、苗族飞歌和多声部情歌，可以尝到绝对正宗且原生态的苗家美食，更可以感受到苗家百姓发自内心的淳朴笑容。

沿途生物：长滩村百年黄檀树、百年皂角树。

建议提醒：该登山健身步道植被良好，环境优美、空气清新，交通便利。步道中途建有小岭营地，不仅可以作为途中休息地、补给点，还可品味到生态美食。

供稿：台江县文体广电旅游局

图：张桂源 / 张奎 / 欧德权

文字整理：潘浩

回首离天三尺三——穿越老山界

里程用时： 全程约 25 千米，15 小时左右。
线路特点： 原生态风情体验、原始森林穿越、红色文化考察。
累计上升： 800 米。
累计下降： 1100 米。
海拔最高： 1528 米。
海拔最低： 480 米。

线路等级：
难　　度：★★★☆☆
强　　度：★★★½☆
刺 激 度：★★★☆☆
舒 适 度：★★★☆☆
享 受 度：★★★☆☆
风　　光：★★★☆☆

最佳线路： 小九荡新村—小九荡—老山界—红军亭—九虎苗寨—南哨

基本情况： 小时候，学过老红军陆定一创作的一篇名叫《老山界》的课文，文中说“老山界是我们长征中所过的第一座难走的山”，于是对老山界非常神往。后来，听说贵州也有一座叫老山界的大山，也是红军曾经走过的，也很值得一看。

贵州的老山界属雷公山山脉尾系，起源于雷山县，经榕江绵延到剑河县境南偏西、与黎平县交界处，长200千米。老山界因原始森林茂密而得名，主峰位于剑河县南哨镇境内，海拔1528米，从山脚到山顶大约15千米，山顶面积约7平方千米，其山脊为长江流域与珠江流域分水岭，亦是黎平县与剑河县县界，因此气候复杂多变。老山界也是贵州省目前保护完好、面积较大的亚热带原始阔叶林区。

由于海拔原因，老山界植被垂直分布明显，山下以针叶林为主，半山以阔叶林和冷竹居多，海拔1400米以上地区为灌丛、草甸。其中，阔叶林与冷竹共生的半山地段最具生态特色，植物在这里生长有着明显的层次，高高的阔叶林与低矮的冷竹连为一体，旺盛的冷竹在阔叶林中密蔽成帘。冬季被冰雪压垮的树枝、竹枝随处可见。穿行其中，茫茫雾霭遮天蔽日、莫辨东西。

1934年12月底，中央红军第一方面军翻越老山界，在当地留下了不少可歌可泣的传说故事。

活动内容：登山、徒步、科研考察、长征文化考察。

线路描述：这条线路的里程在 25 千米左右，安排两天行程为妥。难度适中，为中级徒步环行线路。

徒步穿越老山界，起点一般为小九荡，沿途看原始森林、草坡、苗寨风情、梯田风光，听红色故事、苗族古歌和山歌等。

沿途景观：本线密林深处藏有“十里青山”“一夫峰”“龙角峰”“界板冷竹”“峡谷青峰”“峭壁飞泉”“绿色蘑菇”“龙角二柱”“龙须二束”等景观，现山顶建有老山界风电场，成为一道新的人文景观。

老山界——作为长江水系和珠江水系的分水岭，老山界巍峨雄峻，气势磅礴。山腰四周为原始森林环绕，界上山头林立，多茅草箭竹。老山界也是苗疆的第二座圣山。历届苗民起义，特别是包利、红银起义曾经以老山界为中心根据地，向剑河、黎平、榕江、台江等地活动。

红军纪念亭——黎平会议后，1934 年 12 月 21 日，中央红军第一方面军从黎平县进入剑河县翁座一带，然后翻越老山界，以迅雷不及

掩耳之势，占领南哨要津。在翻越老山界时，一江西籍年轻战士因身负重伤掉队，被南哨绅团杀害于九虎后山坳北坡水井边。当地苗族群众悄悄把这位红军战士遗体掩埋在小九当北面山坳上。现人们在山坳上建亭立碑纪念。

界板冷竹——位于老山界顶，由一片整块的石板和一丘冷竹林组成，石板长约 600 米，宽 400 米，其上茅草丛生，间有几十平方米裸露的光滑石板，石板边缘是冷竹生长区，其叶茂密，未经人工修葺。由于山下平时多为云雾笼罩，常呈云山雾海之景观。

沿途生物：老山界仅木本植物就达 370 多种，其中鹅掌楸天然群落最具保护和科研价值，另有三尖杉、马尾树、钟萼木、桂南木莲、凹叶厚朴等珍稀植物。

建议和提醒：老山界是冬天看雾凇的理想地，但要在山腰结冰之前上山，否则路滑危险。

山上宿营，晚上温差较大，注意保暖，睡袋要 -15℃以上。

图 / 文：龙骧

待到山花烂漫时——登龙泉山

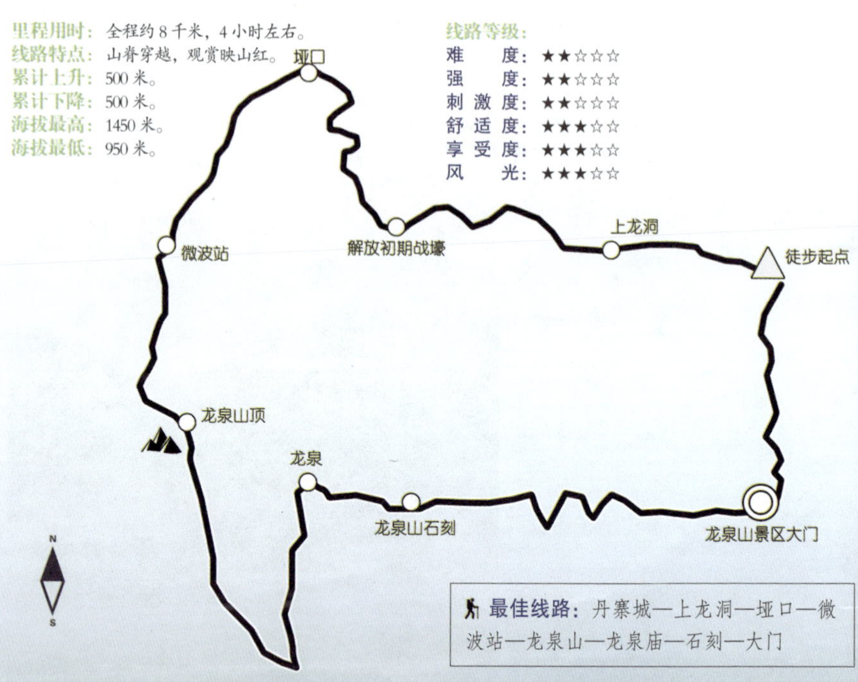

最佳线路：丹寨城—上龙洞—垭口—微波站—龙泉山—龙泉庙—石刻—大门

基本情况：龙泉山位于丹寨县城附近，为县城八景之首。此山位于县城西侧，海拔 1474.8 米，山势由西北而南，蜿蜒曲折，势如盘龙，故被称为称“蟠龙戏珠”。龙泉山是国内较大规模的成片映山红（杜鹃花的一种）林之一，每到四月中下旬，半山以上开满了映山红，尤以山顶花色花景最为怡人。从县城向龙泉山顶远眺，漫山遍野映山红红遍了整座山岭，给整座龙泉山都上了色。登上山顶上远眺，东面群山俯首，县城风貌、梯田小寨、东湖景色一览无余，苗乡风光尽收眼底。转首西望，山势苍茫，满眼皆绿。每年“五一”节前后，正是龙泉山一年中的颜值巅峰。这也使丹寨县成为了苗岭中著名的杜鹃第一城。

活动内容：登山、徒步、赏花。

线路描述：这条线路基本在旅游步道上行走，难度不高，为初级季节性观光徒步线路。

徒步穿越龙泉山，徒步起点一般为丹寨县城西郊，沿途看古战壕、映山红、龙泉山石刻、龙泉庙等景点，还可以在山顶，远眺丹寨城。

沿途景观：龙泉山万亩野生的映山红，每年的4月20日至5月10日是观赏的最佳时期。

999级步道——从山脚到龙泉寺庙有999级的步道，相传古人在修这条步道时已经定名为“步步登高”。由此盘旋而上，道路两旁野草葱茏，树木茂盛，山花芬芳，百鸟争鸣。山泉顺溪而下，穿越步道直流入古碾房遗址。

龙泉——走完盘旋而上的999级步道，山顶道路小庙左侧有一股清泉涌出，水流量很大，味甘而凉。传说龙泉与县城中的龙井、小井，远至十里外的高要梯田上的泉水相连，站在以泉为名的小庙前俯瞰，整个县城一览无余。

朝天洞——又名“龙洞”，位于龙泉山东北麓，洞口朝天，入口狭小，但进入溶洞后却豁然开朗。洞内最高20米，最宽14米，有许

多小岔洞，纵横交错，洞内到处都是钟乳石，景观奇异。洞口上方有一碑刻“精异冥通”。洞内有地下阴河，水从洞口涌出，浇灌良田千亩，还为丹寨县城提供饮用水源。

古战壕——位于龙洞村后山，战壕旁是丹寨至都匀的捷径，曾经是扼守八寨、丹江、清江、古州等厅与都匀府的咽喉要地，是清末柳天成、马登科等苗族起义军的据点。现存战壕数千米和多处关卡遗迹。

古营盘——龙泉山与附近的大登高山紧紧相连。在冷兵器时代，大登高山是天然的军事要隘，被视之为“都匀之要隘，丹江、清江、古州之咽喉”。清初，在山之东北及附近，分布着八寨厅、八寨汛、八寨卫、得禄汛，互为犄角，重兵驻守，管理苗疆，并修筑了越山的石径花阶通道，连通都匀、古州（榕江）。清朝末年，苗族起义军与清军在此曾多次激战。

古战场——位于龙泉山西侧的翁埳坳。民国以前，翁埳坳是都匀府通向苗疆腹地的必经之路，至今有花街驿道遗存。翁埳坳悬崖原呈鹰嘴状突起，完全遮蔽住驿道。鹰嘴岩下有一大洞可驻兵，有“一夫当关，万夫莫开”之险。雍正六年（公元1728年），清廷派兵进剿苗疆，数千苗族义军在此据险固守，半年未克。后清

军从都匀拉来大炮，将嘴嘴岩轰垮堵死洞口，将义军尽封洞中，方才攻克。

龙泉山万亩映山红——是龙泉山最有名的标志性景观，绵延不绝地生长在龙泉山顶部的山岭上，中无杂树。花开满山时，整个山顶被染成红色海洋，与流云霞光交相辉映，蔚为壮观。每年“五一节”期间，方圆百里内的苗族群众常上山赏花、对歌；农历五月五、六月六、九月九，人们也会络绎不绝登山“游百病”，采草沐浴、寻古探幽、登峰远眺、放歌抒情。

千年神龟——从龙泉寺沿步道登至峰顶，沿山脊环行时可以看到在一块巨石如天界下凡的“神龟”，据说它驻守在此已有千年，初心不改地守护着龙泉山。

云海荡舟——山顶另有一石峰，形如一叶扁舟，有古人刻字“云海荡舟”于其上。

建议提醒：本线路为旅游线路，每年花季游客较多，需尽早出发，赶在大批游客上山之前完成穿越。

如时间允许，建议去县城东湖湖畔的万达旅游小镇走一走，那里有很多让人眼睛一亮的东西。

图：潘浩 / 龙骧

文：龙骧

“七擒孟获”有遗篇——**穿越孔明山**

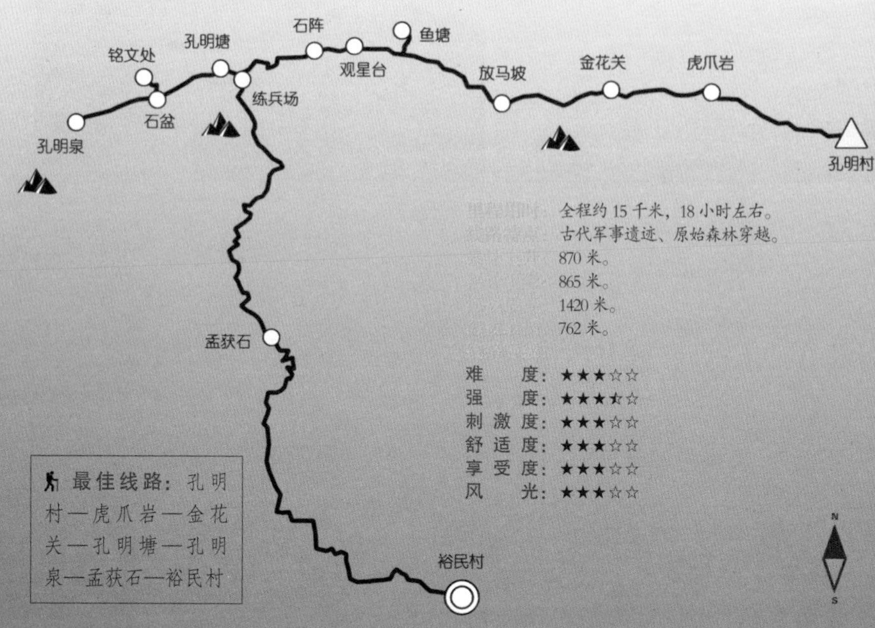

全程约 15 千米，18 小时左右。
古代军事遗迹、原始森林穿越。
870 米。
865 米。
1420 米。
762 米。

难　　度：★★★☆☆
强　　度：★★★½☆
刺 激 度：★★★☆☆
舒 适 度：★★★☆☆
享 受 度：★★★☆☆
风　　光：★★★☆☆

最佳线路：孔明村—虎爪岩—金花关—孔明塘—孔明泉—孟获石—裕民村

基本情况：孔明山位于月亮山腹地的榕江县境南部与从江县交界处，主峰海拔 1427.4 米。苗语叫“务振”或“窝振”，意为“古林密布的大山”；山顶名为“务祝”或“窝祝”，意为“森林中的古战场”。孔明山东西长 20 千米、南北宽 10 千米，以山脊为界，西面属榕江县计划乡加宜村，东面属从江县东朗镇。山顶计有百余座大小相似的山包，山包上箭竹野草横生，古木遮天蔽日，人行其间，极易迷途。清光绪《古州厅志》孔明塘词条载：“城南七十里为生苗蕨菜坪要路，其山高约十余里，上平坦，

螺峦列如八阵，有泉水泻出，数里皆成沮洳。又有奇树环根，各生枝干，虽土人有迷其途径者，相传系孔明驻兵所。”

很久以来，诸葛亮的故事就在西南各民族中深入人心，以至明朝万历年间一位名叫李元阳的诗人写了一首诗感慨：“孟获生擒雍闿平，永昌南下一屯营。棘人也解前朝事，立向斜阳说孔明。”一个封建统治者在两千年后还能受到不同民族这样深切的感念和崇敬，古今中外恐怕还很难找出第二个来。在孔明山中，和《三国演义》中“七擒孟获”的故事不同，孔明山一带流传的是“八擒孟获”的传说。相传，三国时期，务振山下的秀摆苗寨，出了个非凡的人物，苗名叫“莫薅”，汉人称他为“孟获”。他智勇双全、武艺高强，当地苗族拥他为王。孟获带领一支所向披靡的军队，东征西讨，打到蜀国边境。孔明为了稳定南方以便北伐，于是七擒七纵了孟获。孟获依然不服，对孔明说：“你打败我七次，都是在云南这边，是我不熟悉地形的缘故。若在我的家乡你都能打败我，我才服你。”孔明同意了孟获的请求。孟获回到家乡后，利用务振山一百多个相似的

山头，布下迷魂阵，不仅打败蜀军，还活捉了孔明。部下建议杀掉孔明，孟获说：“不！诸葛丞相放我七次，我也要放丞相一回。”孔明获释后，严禁泄露被孟获活捉的消息以稳定军心，并挑选几个聪明的士兵学习苗语、苗俗，然后打扮成苗族人混入孟获运送粮草的队伍，上务振山勘测地形。孔明根据士兵提供的情况，在务振山腰布下八卦阵，第八次生擒了孟获，使孟获真心顺服了蜀汉。此后，孟获请孔明到山上屯军练兵。当地人说，孔明的军帐就建在孔明塘中央，四周是水，只有经一座小桥才可进去。

现山上有古营盘、古花阶路、练兵场遗址和孔明泉、孔明碑、孟获碑、挡箭岩、将军岩、牛鼻岩、虎爪岩、孟获石等景观。半山腰分摆寨中王氏家族尚存一顶重 1.3 公斤、带护耳、前部可插羽毛的铁质头盔，据说其先祖系孟获手下头目，每年农历九月初九祭山节活动时，才让其族人后生穿戴出来绕山示之于人。

这里关于孔明的传说很多，其中就有孔明

教当地人铸造铜鼓跳芦笙舞、用牛打架解决矛盾的故事。过去月亮山区的村寨常因一些小事发生械斗，孔明来了之后，明令禁止这种行为。在孔明倡导下，村寨之间不管有什么矛盾，都用牛来一决雌雄，然后敲响铜鼓，一起跳芦笙舞，在娱乐中化解矛盾。因此，孔明山下的从江县东朗镇，有“斗牛之乡”的称号，这里非常盛行斗牛，斗牛规则齐全、斗牛文化深厚，据说是苗族斗牛风俗的发源地。

此外，1930 年 4 月李明瑞、张云逸率红七军一、二纵队从广西翻越月亮山长途奔袭榕江县城时，曾在孔明山过境，并在山脚的加宜苗寨附近宿营。由于军纪严明、严格执行党的民族政策，得到苗族群众的热情款待，至今流传着很多动人的红军故事。

活动内容：徒步、穿越、登山、考古、红色文化和自然生态考察。

线路描述：这条线路难度适中，全程多为山路，需要一定体力，也有一定挑战性，为中级登山徒步线路。部分路段岔路较多，需要边走边探路、定方向。一旦进入八卦阵山头迷路，也不要慌乱，选择正确的方向出来。

本线路为未通公路之前当地孔明村和加宜村村民走亲访友的线路，路迹明显。翻过虎爪岩垭口，跨过机耕道，沿输水管道行走约 1 千米后，在距离沟头取水点 300 米的冲里左岔上山，一直沿山脊往上走就到孔明塘。

沿途景观：本线路为自然风光、三国文化和民族文化兼顾的线路，秋、冬、春三季最佳。秋季有黄草红叶，是风景最美时节。

虎爪岩——位于孔明村后冲路旁，为高 1.5 米、宽约 2 米的方形巨石，岩顶平整，中间有凹痕纹路，状如虎爪。相传三国时孔明在山上练兵，驯一猛虎于石上把守路口，这凹痕据说就是猛虎所留。

孔明塘——位于孔明山山顶两峰之间的一块洼地上，面积比篮球场略大。水从塘心冒出，从南边山口溢出，丰水期有 2 米深。塘四周古树参天，刺竹密布。有巨木倒卧塘中，犹如游龙。传说诸葛孔明扎大帐于塘中央，手持蒲扇，指挥千军万马于塘边操练。

孔明泉——位于孔明塘西南 500 米处，水从岩缝涌出，成为溪流的源头。泉旁有一处石壁上阴刻“清心泉”三字。此泉原为天然喷泉，雨后喷水高达 2 米多。1958 年夏天，两位苏联地质专家来孔明泉考察，觉得泉眼太小，用钉锤扩大泉眼，泉眼被敲开后，喷泉顿时变成了涌泉。

挡箭岩——是在距分摆寨 10 千米的山坳边的一块凹状巨石，相传为孔明训练所部军队射箭凿成。

练兵场和指挥台——孔明塘西南部山丘中有一低缓平整坝子，可容千余人，故名“练兵场”。坝子西南为斜坡，弧形花阶石级隐约可见，一直砌至山腰，于一凸起处筑有石墙，像指挥台，相传为孔明练兵之地和铸造铜鼓、兵器的遗址。坝子中有一大石碑，上刻有无人辨识的“蚯蚓文”，相传为孟获所刻。

孟获石——位于孔明山南麓半坡崖壁上，形如一只站在崖顶的鸽子。巨石向山下倾斜，支点只有脸盆大，如同累卵，岌岌可危，但却十分坚固。相传为孟获使用法术，从山下的污牛河边搬运上来。

孔明山梯田——孔明山区里的各族人民，利用山高水也高的自然条件，在山麓开辟层层腰带状梯田。因水冷日照时间长等原因，梯田适宜种植高梗糯谷。秋天，稻谷成熟的时候，月亮山麓便披上一片一片的“黄金甲”，非常壮观。当地人把稻穗连梗一起采摘，一把一把地挂在寨子边的晾禾架上，不防鸟啄，无人偷盗，给人以穿越的感觉。

沿途生物：红豆杉、楠木、大果山茶花、竹叶青、脆蛇、小鲵、野猪等。

建议和提醒：本线路行程建议两天一夜。孔明塘处于山顶中部，孔明泉旁边有块草坪，面积都很大，取水方便，水质一流，适宜扎营。

从10月中旬到次年的5月中旬最适合徒步，此时蚂蟥、毒蛇、马蜂等危险动物较少。冬季农闲时，周边村寨民族节日很多，尤其以13年一次的鼓藏节最为有名。

去的时候建议从停洞进山，返回经加宜从八开出山，沿途饱览苗寨和梯田风光。

图／文：龙骧／潘浩

云天之上观山水——徒步加榜梯田

垭口
加页
彩色梯田
三家村
乌税山
山田
加榜梯田观景台
加车营地
加车苗寨
N
S

里程用时： 全程约 15 千米，14 小时左右。
线路特点： 苗族农耕文化考察。
累计上升： 630 米。
累计下降： 630 米。
海拔最高： 1450 米。
海拔最低： 820 米。

线路等级：
难　　度：★★☆☆☆
强　　度：★★★☆☆
刺 激 度：★★☆☆☆
舒 适 度：★★★☆☆
享 受 度：★★★☆☆
风　　光：★★★★☆

最佳线路： 加页苗寨—彩色梯田—乌税山原始森林—加车苗寨—梯田日出—三家村梯田

基本情况： 梯田是农耕民族为了利用好脚下的每一寸土地，在高山大壑中精心开垦出来的层层田地。人们开垦修筑梯田，是为了利用山体和土壤把水源、养分储存起来种植各种

农作物，防止水土流失。“山有多高，水就有多高”，贵州各地的梯田都是千百年来聚居在崇山峻岭之中的各族民众为了生存和发展，经过数十辈人的辛劳，一寸寸地拓垦而成。因此，梯田是人类开发自然、顺应自然、与自然和谐相处的典范之作，是人类能力与智慧的结晶。

位于从江县西部月亮山腹地的加榜乡东北面的加榜梯田，不仅规模宏大、气势磅礴，而且线条优美。无论从线条，还是整体形态来看，加榜梯田都吸取了天下梯田之精华，是中国最美、最壮观的梯田之一，是这里苗、壮、侗等各族人民世代耕耘留下的杰作。

从党扭村至加榜乡所在地梯田连绵 25 千米，总面积近 1 万亩，像玉带飘荡在那山水云天之上，梯田中还星罗棋布地散落着苗乡特有的吊脚楼。加榜独特的地形地貌决定了这里的梯田面积最大的不超过一亩，大多数田都是只能种一二行禾的“带子丘”和“青蛙一跳三块田”的碎田块，最小的只有簸箕大，往往一坡就有成百上千亩。由于梯田依山连片而筑，随

山势地形的变化而变化，层层叠叠，雄伟壮丽。代代相传的梯田不仅为当地苗族村民们提供了粮食和各种作物，更作为生存哲学的一部分，深深沉淀到当地人的集体无意识里。

活动内容：徒步、穿越、休闲、民俗考察。

线路描述：这条线路的里程在15千米左右，建议两天一夜行程，难度不高，为初级徒步线路。

徒步穿越加榜梯田，徒步起点加页村，沿途观赏彩色梯田、乌税山原始森林、加车河谷、加车苗寨、加榜梯田、三家村梯田、梯田云海、梯田日出、梯田落日等，其中以梯田云海、梯田日出风景最佳。

沿途景观：本线四季可行，春有水光梯田，夏有碧绿梯田，秋有金黄梯田，冬有民俗活动。

彩色梯田——加页后山梯田，以山中嫩树叶为肥料。树叶经田水浸泡，由于树种不同、

浸泡时间不同，呈现出红、蓝、绿、紫、黑等不同的色彩。在太阳光的照射下，五彩斑斓，非常壮观。

梯田云海——加车河谷自南向北流淌，温热的河水和梯田水，蒸发成气流，遇到山腰的冷空气，形成云雾，或填满河谷，如水波不兴，一片汪洋；或随风飘舞，似龙腾虎跃，气象万千。

梯田日出——每年的四五月是梯田注水的季节，注水之后梯田就会映射出银白色的光芒，如形状各异的镜子镶嵌在山间，倒映出天空的色彩。每当清晨日出，漫山遍野都披上黄金甲。

苗寨风光——这里的苗寨，远离现代文明的喧嚣，散落的村寨和苗家木屋像一个个孤岛，深藏在大山深处，镶嵌在一道道梯田边上。人类所居之处与大自然融为一体，更有一种人间仙境、世外桃源的感觉。

农耕劳作——苗族是“稻饭鱼羹”的民族。

月亮山的苗族非常勤劳，他们腰系弯笆篓，男的赶牛犁田，女的挑运肥料，把汗水挥洒在层层梯田里，换来秋天金灿灿的收获。

晾禾架——金秋十月的加榜梯田，由于海拔高低不同，同处于一座山坡的梯田，黄色由浅变深，形态各异，共同组成了一幅幅金灿灿的图画。这时，金色的田野里沉甸甸的稻穗便是《舌尖上的中国》里曾经提到过的糯稻。刚收来的糯稻水分含量高，很容易霉变。月亮山山高坡陡，没有地方晒谷子，聪明的山民在寨子边架起错落有致的晾禾架，把糯谷一把一把地挂上去。经过一段时间自然风干，然后收入谷仓慢慢享用。秋天挂满谷子的晾禾架，像一面一面黄色的墙，高高低低、错落有致，非常漂亮。晾禾架上的谷子，既不怕鸟儿来啄，也不担心别人来偷，呈现出一派人与自然和谐相处的景象。

沿途特产：这里的人自古以糯米为主食，在高山梯田里种植的传统从江香禾糯口味别具一格。其他还有稻香鱼、稻田鸭、从江椪柑、从江香猪、庆云茶油等。

建议和提醒：本线路四季可行，春、秋两季最是美时节。

离加榜乡不远的加鸠乡，未经开发，知晓的人不多，那里的梯田又是另外一种风韵。

由于梯田田埂较窄，行走时需特别小心，注意安全；同时注意不要踩踏农作物。

如果遇到赶场和民族节日，一定要积极参与，常会有让人惊喜的收获。

尊重当地风俗习惯，与当地人打交道要真诚礼貌。

图：王秀昌 / 龙骧 / 潘浩

文：潘浩 / 龙骧

江山如画云海绿——沿三板溪走青山界

里程用时： 全程约 25 千米，15 小时左右。
线路特点： 田园休闲、民俗体验、文化考察。
累计上升： 1010 米。
累计下降： 963 米。
海拔最高： 1233 米。
海拔最低： 470 米。

线路等级：
难　　度：★★☆☆☆
强　　度：★★★☆☆
刺 激 度：★★☆☆☆
舒 适 度：★★★☆☆
享 受 度：★★★☆☆
风　　光：★★★☆☆

最佳线路： 三板溪大坝—文斗苗寨—加池—河口—瑶光—青山界—裕河—瑶光

基本情况： 青山界位于锦屏、黎平、剑河三县交界处，主峰在锦屏县固本乡龙干山，海拔 1344.7 米，为锦屏县最高点。

青山界总面积3000多公顷，山势起伏波澜，土地肥沃，物产丰富，既有如诗如画的自然风光，又有丰富多彩的民族文化和长征文化遗迹。

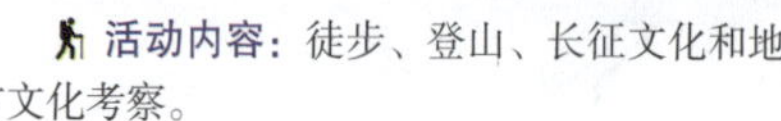

活动内容：徒步、登山、长征文化和地方文化考察。

路线描述：线路里程不含三板溪库区乘船的距离，徒步道路为山道和铺装路面。难度不高，但耗时较长，为初级徒步观光线路。

沿途景观：本线路为山、水、林等自然风光、民族风情、工程奇迹和长征文化完美结合的徒步线路，看点比比皆是。

三板溪水库——位于清水江下游锦屏县平略镇境内，是沅江干流15个梯级电站中的第二级，为沅江上唯一具有多年调节功能的龙头水电站。高峡出平湖，蓄水后形成的三板溪水库大坝高185.5米，为国内第二、世界第三高坝。其库区横跨锦屏、剑河、黎平三县，称“仰阿莎湖”，湖区回水后形成了一个山中有水、水中有山、千奇百怪、美不胜收的“山水生物公园”，主航道长达130千米，水面面积近85平方千米。湖区锦屏县境沿岸有文斗、加池、裕河、韶蔼、

瑶光、河口等民族村寨；湖区有乌下江风光、乌斗溪多级瀑布群、五溪原始森林及丰富的野生动植物。

文斗苗寨——文斗苗寨位于锦屏县清水江三板溪电站南岸，是清水江文书的发祥地，也是台湾苗族作家姜穆的故乡。寨子由400多栋木质吊脚楼组成，掩映于绿色的古树林中，一条青石板古道自清水江边蜿蜒而上，经过层层梯田，从红豆杉古树群下的寨门进入寨子。文斗苗寨是一个“看得见历史的地方”，寨中有十余处规模宏大的宅基和大院落残垣，寨子四周有石墙、哨卡等古代防御工事和古战场遗迹。著名景观有给明清朝廷提供优质木料的“皇木坳”、有“民族环保第一碑”之称的“六禁碑”，以及树洞能容纳一张桌子和十个人品茶饮酒的古银杏树。

清水江文书——又称“清水江民间契约文书”，主要指明末清初以来直至20世纪50年

代长达400余年的时间里，清水江中下游地区苗族、侗族林农为了经营混林农业和木商贸易而形成的大量民间契约和交易记录。锦屏县盛产木材，20世纪60年代以前曾被称为“木头城”。为了保障林木交易，清水江流域苗侗人民创造和保藏了一种民间文献遗产，最初称为“锦屏文书”“锦屏林契”。人们将这些世代相传的民间文献视为传家宝物，一般秘不示人，只在调解物权纠纷和其他重大场合时启用，至今仍然具有物权法律证据的功能。该文契忠实地反映了清水江流域各族人民在历史上对中国混农林业和人工营林业的重大贡献，被中外学者赞誉为“世界记忆”和“全球重要农业文化遗产”的代表作之一。2010年2月被列入《中国档案文献遗产名录》。

河口红军战斗遗址——位于清水江和乌下江交汇处，是一处“一渡两江三上岸”的地方。1934年12月18日上午，中央红军第九军团先头部队抵达河口镇。大败对岸瑶光守敌黔军杜肇华旅，跨过乌下江进入剑河县。这是红军入黔以来最为激烈的战斗，共歼击200多人，而红军也牺牲了几十人。遗址现已被水库淹没。

瑶光村——位于清水江与乌下江交汇处的陡岭上，当地人以其地势称之为“两水夹一龙”，的“龙头”，俯饮清江之水。由中寨、里寨、上寨、白泥坳、党艾、九项6个自然寨组成，民居木楼缘山而建，层层叠叠。寨内外的各主要道路均为青石板路，多是清乾隆至道光时期民众捐资建成，传说有18000余级。1934年12月，中国工农红军第一方面军长征经过瑶光。12月21日，中央红军总部从八里沿乌下江而下进驻瑶光寨，红军总部设在寨中间的姜家大

院，并将“瑶光镇苏维埃政府”牌子悬挂在姜家大门口上，周恩来、朱德等其他中央领导住姜家大屋。毛泽东住中寨李志熙家。2006 年 6 月中央电视台《我的长征》团队徒步重走长征路，特地至此参观并报道。

瑶光毛泽东长征行居——1934 年 12 月 21 日，随军来到瑶光寨的毛泽东主席因腹泻未愈，住在中寨私塾先生兼草医李志熙家，李先生给他治病调理。至今保存完好的李家大屋建于清代嘉庆和光绪年间，为三间三屋重檐结构吊脚楼，西侧配偏厦紧挨土坎，上盖小青瓦。毛泽东居住的二楼客房，陈设至今保持原样。

青山界——青山界有 5 万亩天然草场，点缀着许多高原山塘，俗称“九十九眼天池”，较大的山塘有白岩塘、海马朝天、培陇大塘、七星塘等。塘中清澈见底，睡莲点缀其间，鱼儿成群结队在水中游弋。漫步塘边，俯瞰山腰村寨梯田，在白云间忽隐忽现，仿佛天上人间。青山界以一年一度的四十八苗寨歌会最为热闹，每年土王戌日（立夏前十八天），山下锦屏、黎平、剑河、榕江各县的男女青年数万人，三五成群地聚在界上对歌，交流感情，寻觅意中人，颇有桑间濮上之古风。

沿途特产：酸汤河鱼火锅、腌鱼、腌肉、油茶、米花、炒米等。

建议提醒：本线路四季咸宜，冬季农闲时活动较多，为最佳徒步季节。从文斗渡口到文斗苗寨要爬山，需要一定的体力。库区乘船时不要随意走动，注意安全。

供稿：锦屏县文体广电旅游局

图：杨胜屏 / 彭泽良 / 欧一敏 / 潘浩

文字整理：潘浩

黔南布依族苗族自治州

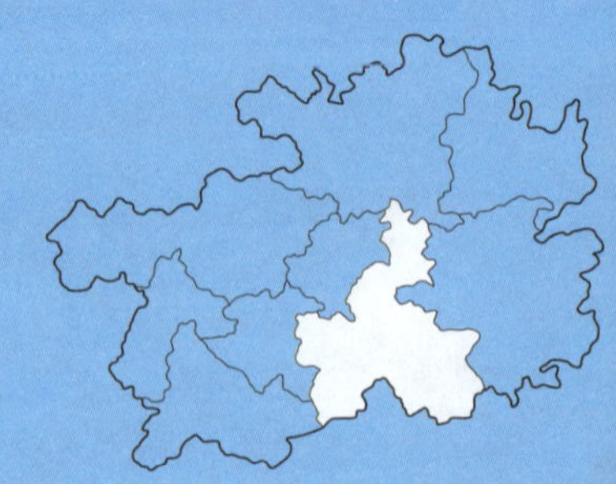

信息速览

英文名称	Buyi and Miao Autonomous Prefecture of Qiannan
简　　称	黔南州
面　　积	2.62 万平方千米
人　　口	426.65 万人（2019 年，户籍人口）
方　　言	西南官话贵州话昆贵片方言，苗语，布依语
行政区划	自治州
下辖地区	2 个县级市、9 个县、1 个自治县和都匀经济开发区
政府驻地	都匀市环东中路 117 号
机　　场	荔波樟江机场
火 车 站	都匀站、都匀东站、福泉站、贵定北站、贵定县站、三都县站等
电话区号	（+86）0854
车牌代码	贵 J
邮政区码	558000
地理位置	贵州省中南部
高等院校	黔南民族师范学院、黔南民族医专等
州　　树	枫香树
州　　花	刺梨花

概览

黔南布依族苗族自治州成立于 1956 年，既是贵州的南大门，又是贵州南下出海的最近通道，是国家“一带一路”和大西南地区连接华南、连接珠三角的重要节点。全州下辖都匀市、福泉市 2 个县级市和荔波、平塘、龙里、独山、瓮安、贵定、惠水、长顺、罗甸 9 个县及三都水族自治县和都匀经济开发区，州府驻都匀市。

黔南州自古就是多民族聚居的区域，明洪武年间，水东土司宋钦之妻刘淑贞联合水西土司霭翠之妻奢香共同演绎了一曲维护国家统一、推进民族团结的华章。在这片土地上，先后诞生了贵州第一部诗歌总集《黔风录》、贵州第一部戏曲剧本《鸳鸯镜》、贵州第一部编年史《黔史》、贵州第一部私家方志《桑梓述闻》等。

红军长征期间，曾六过黔南，沿途播下了革命火种。1930 年 4 月 16 日，转战于黔桂边区的红七军军长张云逸率二纵队与总指挥李明瑞率领的一纵队共 3000 多名将士会师于荔波县板寨，拉开了红军进军贵州的序幕。1934 年 12 月 31 日至次年元月 1 日，中共中央政治局在瓮安县猴场宋家湾召开扩大会议（史称“猴场会议”），作出了《中央政治局关于渡江后新的行动方针的决定》，为遵义会议的召开做好了前期准备工作，被誉为“伟大转折的前夜”。随后，中央红军在江界河强渡乌江，打开了向遵义方向进军的通道。

1944 年，侵华日军由广西经黔桂公路进犯黔南，妄图打通纵贯南北的大陆交通线，扭转战局。12 月初，日军侵占黔南重镇独山，制造了震惊中外的“黔南事变”。但日军铁蹄被黔南各族人民及爱国官兵斩断于独山城北 9 千米处的深河桥，迫使日军败退出黔境，被誉为“抗日战争的转折地”，史称抗战“北起卢沟桥，南止深河桥”。

气候

黔南州属典型的亚热带湿润季风气候，年均气温 16.7℃，冬无严寒、夏无酷暑，雨热同季，空气清新，负氧离子浓度高。全州气温自北向南，自西向东，逐渐递增。温度“一低三高”，地势偏高、位置偏北的瓮安为低温区，南部河谷低地的罗甸和东部三都以及东南部的荔波为高温区。年均降雨 1355.6 毫米，每年 4—9 月为多雨期。夏秋两季是徒步旅行的最好时节。

地貌

黔南州处于云贵高原向广西丘陵过渡的斜坡地带，西北高，东南低，平均海拔 997 米。全州最高点斗篷山海拔 1961 米，最低点罗甸红水河出境处海拔为 242 米，高低相差 1719 米。全州以山地高原为主，地貌分为高中山、中山、低中山、低山、丘陵和盆地等 6 种类型，苗岭横贯东西，碳酸盐类岩分布面广。岩溶地貌在全州各地广泛发育，占全州面积的 70%—80%，使黔南州拥有世界上同纬度仅有的保存完好的喀斯特森林地貌，多峰林、溶洞及伏流等类型复杂多样的地表、地下岩溶景观，以惠水、平塘、独山、荔波等县分布最为集中。州内有红水河、都柳江等河流，地表河和地下河交织，形成了忽明、忽暗和明暗相间的独特水系形式。

自然生态

黔南州境内自然条件优越，适宜多种动物、

植物生长，森林覆盖率达 65%（2019 年），森林蓄积 7300 万立方米，有野生植物 1860 多种、野生动物 570 多种。州内有国家级自然保护区 1 处、国家湿地公园 8 个、国家森林公园 7 个，全国森林旅游示范县 4 个，全国生态文化村 8 个，全国森林康养基地试点建设单位 4 个。

交通

航空：荔波樟江机场（荔波县玉屏街道），又名为黔南机场，为 4C 级民用运输支线机场，毗邻黔桂两省（区），距县城 13 千米。目前已通航至西安、南宁、贵阳、重庆、广州、长沙、深圳、海口等国内多个主要城市。

铁路：黔桂铁路、湘黔铁路、沪昆铁路（株六复线）、贵长（贵阳－长沙）快速铁路、贵广（贵阳－广州）快速铁路过境，从贵阳发往南宁、湛江和柳州方向去的列车均在都匀站停靠。

都匀火车站（都匀市小围寨镇王家司村），停靠 K 字头和普客列车。

都匀东站（都匀市经济开发区匀东新区境内），是贵广高铁线上的21个客运站之一，停靠D字头列车。

贵定县站（贵定县昌明镇栗山堡），是贵广高铁线上的第三个客运站，停靠D字头列车。

贵定北站（贵定县环西线与铜宝路交叉口东200米），是沪昆高铁上的火车客运站，停靠G字头列车。

龙里北站（龙里县冠山街道），是贵广高铁的一个火车客运站，停靠D字头列车。

三都县站（三都县普安镇），是贵广高铁的一个火车客运站，停靠D字头列车。

公路：黔南州建成了以厦蓉、兰海、沪昆三条高速和多条国道互联互通的便利交通网络。贵新（贵阳－新寨）、厦蓉（贵州段）、贵广（贵阳－广州）、贵百（贵阳－广西百色）、马武（马场坪－重庆武隆）和独山至平塘、贵阳至瓮安、瓮安至江口、瓮安至道真等高速公路等交通路线连接全州和全省各地，实现了县县通高速、村村通沥青（水泥）路。州府都匀陆路交通发达，市内客运站众多，既有发往贵阳等省内城市和全州各地的短途客车，也有发往广东、浙江等外省的长途班次。都匀市主要汽车客运站有：都匀客运总站（都匀市剑江北路138号）、都匀汽车南站（都匀市G210剑江南路）、都匀汽车东站（都匀火车东站东侧）等。

购物

位于都匀市广惠路中段斜坡上的石板街，有不少经营民族手工艺品和土特产的店面。在各县中心街道也有不少旅游商品店，可以购买当地土特产。黔南州名优特产品种类很多，都匀毛尖、贵定云雾茶、瓮安青山茶、罗甸上隆大叶茶等在国内享有盛名。此外，还盛产桐油、生漆、核桃、香菇、木耳等，以及荔波蜜柚、长顺绿壳鸡蛋、龙里刺梨、罗甸火龙果、罗甸艾纳香、独山“三酸（盐酸、虾酸、臭酸）”、三都九阡酒、惠水牛肉干、惠水黑糯米酒、龙里鸡辣椒、凯口桂花腊肉、猕猴桃汁、魔芋粉丝、刺梨饮品、姜粉等多种名优产品，牙舟陶器、水族马尾绣、罗甸玉、水族剪纸、荔波藤（竹、芒）编制品等工艺品。

饮食

传统的黔南州菜肴多为黔菜中的民族菜，制作方式以火锅、腌制为主，多为酸辣味，重在保持食材的原汁原味。火锅有龙里肉饼鸡火锅、惠水马肉火锅、独山虾酸火锅、罗甸黄豆鸡、罗甸萝卜羊、长顺广顺青椒鸡、平塘布依坛子鱼、贵定角角鱼、都匀酸汤牛杂、墨冲角角鱼等，特色菜肴有鱼包韭菜、盐酸扣肉、酸汤扣肉、

糯米生肉、烤香猪、豉油瑶山鸡、布依鸡八块、绿壳鸡蛋灌肠、糯米鸡血饭、白果炖乌鸡、白果炖猪脚、白果酸汤鱼、血灌肠、素酸汤等，小吃有都匀肉卷粉、荞灰豆腐、五色花米饭、合叶粑、玉米粑、清明粑、血肠粑、都匀太师饼、冲冲糕、罐罐鸡、狗绷肠等。

节日活动

黔南是一个多民族聚居区，主要有布依族、苗族、水族、瑶族、毛南族等世居少数民族。黔南人民热情好客、注重礼仪，酒醉人、歌醉人、情醉人，走进黔南就走进了欢乐的海洋。黔南州民族文化丰富多彩，生活习俗各具特色，布依族好花红、苗族长衫龙芦笙舞、水书习俗、水族剪纸等 14 项非物质文化遗产列入国家级名录，“三都水族马尾绣”成为贵州首个获得地理标志产品保护的刺绣类产品……

民族节会丰富盛大，民族服饰五彩缤纷，有布依族的“三月三”“六月六”“更建节”（小年节），苗族的“四月八”、吃新节、苗年，水族的端节、“卯节”“敬霞节”，毛南

族的火把节，瑶族的“盘王节”等等，节日期间，人们身着盛装，载歌载舞。还有斗牛赛马、吹芦笙、踩铜鼓、划龙船、玩龙灯、打陀螺、唱民族习俗戏等活动。

景区景点

黔南是长江和珠江上游的重要生态屏障，山峦起伏、层林叠翠、奇峰竞秀、万水争流，生态环境宜居、宜养、宜游，是“大氧吧”“大空调”和“大公园”。州府所在地都匀市是“中国优秀旅游城市”“全球绿色城市”和“中国毛尖茶都”；荔波县是世界生物圈保护区成员和世界自然遗产地，享有“地球腰带上的绿宝石”美誉。黔南有大小河流 117 条，清溪迂回、瀑布成群，是休闲戏水圣地。全州拥有国家级森林公园 7 个、省级森林公园 3 个、国家级湿地公园建设试点 8 个……随着世界最大 500 米口径球面大射电望远镜建成运行，中国天眼成为黔南又一张亮丽的名片。

图：秦刚 / 曹经建 / 潘浩 / 陈正军

文：潘浩

为有源头活水来——穿越斗篷山

里程用时： 全程约 20 千米，10 小时左右。
线路特点： 森林吸氧、文化遗迹考察。
累计上升： 770 米。
累计下降： 870 米。
海拔最高： 1931 米。
海拔最低： 1160 米。
线路等级：
难　　度：★★⯪☆☆
强　　度：★★★⯪☆
刺 激 度：★☆☆☆☆
舒 适 度：★★★☆☆
享 受 度：★★☆☆☆
风　　光：★★★⯪☆

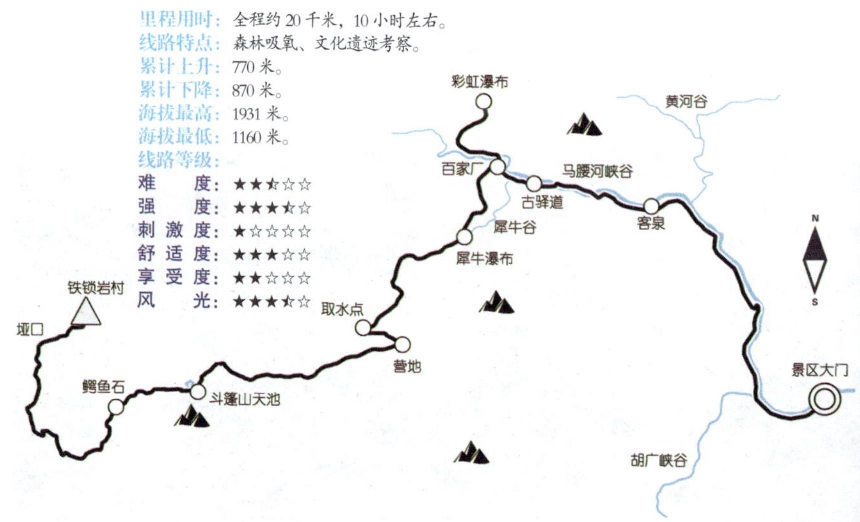

最佳线路： 铁锁岩村—鳄鱼石—天池—营地—犀牛瀑布—谷底—百家厂—垭口—终点

基本情况： 斗篷山位于都匀、麻江、贵定三市县交界处，与梵净山、雷公山齐名。由于离都匀市城区很近，且森林覆盖率近 90%，被称为“国内距离城市最近的原始林区”。斗篷山面积约 100 平方千米，因山体形如斗篷而得名。主峰海拔 1961 米，是苗岭山脉中段云雾山最高峰，也是黔南最高峰，沅江和都柳江的发源地，长江和珠江水系的分水岭。其山体岩石由泥盆系白云岩和石英砂岩构成，经过千万年的剥蚀，形成了斗篷山峭拔耸秀、巍峨奇峻

的山势和森林、峡谷、溶洞、溪流、跌水、草甸、天池及瀑布等景观，其中海拔1800米的高山台地上，有原始森林近百公顷，林木根部全部长在岩石缝隙之中，随处可见树抱石、石抱树、树搭桥等奇景。

活动内容：徒步、登山、健身、溯溪、遗迹考察。

路线描述：线路为中级登山徒步线路，多为山路，部分为旅游步道，难度不高，对体力有一定要求。建议行程两天一夜，可在胡广草原和天池露营,或在彩虹瀑布周边农家住宿。

攀登斗篷山有两条路径，一条是由景区大门购票走峡谷到彩虹瀑布，为传统旅游观光徒步线路。即从都匀市区出发，经过三江堰和斗

篷山脚下的阡陌田园，这一带村寨炊烟袅袅，河边垂柳拂岸，极富田园风光之美。从山脚可沿马腰河峡谷、胡广峡谷到达彩虹瀑布返回，行程大约 2.5 小时。这样基本可以彩虹瀑布下是露营的最佳地点。另一条就是传统的穿越天池的户外徒步线路。

沿途景观：斗篷山山高谷深、峰峦叠嶂、森林茂密、生态良好，是一处集森林、草坡、峡谷为一体的徒步理想地。四季可行，每年 3、4 月份繁花似锦，7、8 月份避暑玩水，11、12 月则秋叶红遍。

鳄鱼石——位于斗篷山顶南面草坡上，由上下两块巨石组成，向外突出的石块，犹如张开嘴巴的鳄鱼头，让人望而生畏。站在鳄鱼石上，向西而望，昌明、云雾等乡镇尽收眼底。

天池——位于斗篷山巅，是一个长约 30 米、宽 10 多米、深约 4 米的天然湖泊。池中水由南面岩层渗出，终年不枯不盈，清澈见底。池水自然分为几处出水口流泄，形成几条溪河的源头，分别注入长江和珠江水系。湖中有一小岛，岛上生一杜鹃树，春来花满枝头，倒影水中，如仙女梳妆，别有一番情趣。

胡广峡谷——沅江的源头，河水清澈透亮，孕育着多种野生生物。在峡谷的穿越中，高山流水、嶙峋怪石、奇花异草和树抱石、石抱树、树搭桥等奇景比比皆是，大自然的鬼斧神工让人目不暇接。

黔桂古驿道——明清时期，纵横贵州境内的古驿道不下 13 条，其中黔桂古驿道是贵州南下桂粤的主要通道，其走向与现在的贵新高速公路和 210 国道基本平行或相互交错，至今斗篷山中就有保存较完好的一段，仍可见宽 1 米、全长约 18 千米的石板路。这段古驿道下到都匀，上到昌明；沿着古道可登顶至胡广草原，那里天地空旷、芳草萋萋。然后由古道行走可达昌明，最终可达贵阳、昆明等远方。

犀牛瀑布——瀑布落差近 50 米，枯水期时秀美多姿；丰水期则瀑水暴增，从悬崖之巅跌落，凭高作浪，发出轰然巨响，捣珠崩玉，飞沫反涌，如烟雾腾空，气势壮观。

彩虹瀑布——瀑水从瀑顶的马腰河汹涌而出，上沿与下端地表的落差约 70 米，最宽处约 30 米，如一帘飞挂。夏季天气晴好的下午，阳

光照射在升腾的水雾上，幻化成美丽的七色彩虹，被誉为“彩虹满沟，珍珠满壁”，瀑布也因此得名。值得一提的是，瀑布的中段有一条小径，人可以从中穿过与瀑布亲密接触。

百家厂——位于斗篷山马腰河峡谷内，建于明朝初年。史载，明洪武年间傅友德率 30 万大军远征云南。由于军队补给困难，傅友德在沿途留下兵丁戍守屯田，开设工厂。军队和商贾利用驿道周边斗篷山的森林和矿产资源，开建烧炭、造纸、炼铁、榨油、蓝靛、陶瓷、石灰等工厂，号称“百家厂”，于明末清初达到鼎盛，此地便成为古驿道上的重要驿站。如今，驿站墙头上、院落中杂草、藤蔓、灌木丛生，尚存古屋宅基、残留的耕种地块、垒砌的石墙以及造纸的浆池遗址，还有 1.2 米高的方形拴马石，上刻“南无阿弥陀佛”六个大字……昔日的繁荣仍依稀可辨。

沿途生物：斗篷山作为原始次生林区，有植物 300 多种和动物 100 多种，植被完好，尚有五人环抱的千年古树以及珍贵的楠木、水杉、毛环方竹、马尾松、红花木莲、檫木、黄柏、三尖杉、红豆杉、香果树和多种兰花等，其中毛环方竹是斗篷山特有植物。这里的林木根部很多长在岩石缝隙之中，随处可见树抱石、石抱树、树搭桥的奇异景观。林中盛产多种中药材和野生花卉。山麓一带的清塘茶属高山云雾茶系，香醇爽口，回味持久。山中的野生动物繁多，经常有熊、云豹、藏酋猴、大灵猫、林麝、穿山甲、红腹锦鸡、野山羊等出没。密林中的溪流，是大鲵、水獭的栖息地。

沿途美食：彩虹瀑布周边均有民宿从事餐饮接待，有酸汤鱼、木姜鸡、野生鱼火锅和酸汤菜、盐菜扣肉、折耳根炒腊肉、蕨菜肉丝等当地家常菜肴，以及糍粑、香肠腊肉、菜豆腐、米豆腐等风味小吃。

建议提醒：线路中林中小径四通八达，有“迷路天堂”之称，曾发生过多次迷路求援事件，需注意辨别方向，沉着应对。

本线路大部分尚未开发，保持了原始状态，常有受保护的蛇类和野猪等野兽出没，注意保护野生动物的同时，也要注意自身安全。

图 / 文：范建国 / 龙骧 / 潘浩

疑是银河落九天——行走螺蛳壳

里程用时： 全程约33千米，20小时左右。
线路特点： 休闲健身、历史遗迹考察等。
累计上升： 1055米。
累计下降： 922米。
海拔最高： 1685米。
海拔最低： 1131米。

线路等级：
难　度：★★★☆☆
强　度：★★★☆☆
刺激度：★★★☆☆
舒适度：★★★★☆
享受度：★★★☆☆
风　光：★★★★★

最佳线路：

D1：旧寨—大槽—犀牛石—鹰嘴岩—小天落水—营地1

D2：营地1—金钟扑地—大天落水—营地2

D3：营地2—高炉—界坪上—毛竹冲峡谷—高寨水库—坪阳村

基本情况： 螺蛳壳又称“螺蛳壳山”，由于当地把水田里的田螺称为“螺蛳”，而此山山形酷似巨大的田螺壳而得名。螺蛳壳属苗岭山脉中段，巍峨耸立于都匀市市西15千米处，东西长约10千米，南北宽约6千米，总面积6.75万亩。螺蛳壳平均海拔1400米，最高海拔1738米，为都匀市第二高峰；与山脚的团寨、哨脚相对高差达800余米，为斗篷山的姊妹山。这里有大小溪流31条，汇集于邦水河、隔妹河、菜园河，最后流入马尾河。

螺蛳壳地势峻拔高旷，山体宏伟宽大，山峦连绵起伏。由于海拔高差大，这里常年气候

变幻无常，自然景观极为壮丽。晴天丽日时会突然变成漫天浓雾，高峻的峰巅会在刹那间变为漂浮的岛屿。沿线空气和水环境质量良好，空气中负离子含量高，具有低日照、低太阳辐射、湿润、低风速等气候特点。

螺蛳壳周边峡谷纵横深切，水量充沛，这里分布着苗岭山区切割最深的峡谷和黔南落差最大的瀑布，如高达120余米的小天落水瀑布，瀑底河谷蜿蜒，林木苍郁；深约300米的滚猪岩及杨家冲峡谷，崖壁如刀劈斧削、奇险无比；此外，还有天池、山顶沼泽、四方潭瀑布、总阳瀑布、毛竹冲峡谷等喀斯特地貌景观。

螺蛳壳林草繁茂，水源丰富，植被分为灌丛、稀树灌丛草坡、竹林和阔叶林带四个类型，以灌木林为主，植被覆盖率近100%。这里山顶台地平坦宽阔，有山巅草地1500余公顷，原始森林、原始次生林及竹林2000余公顷。其中，山巅草地莽莽苍苍，一望无际，在喀斯特山区

极为罕见。

螺蛳壳山顶至今尚存古堡和古驿道遗址，据相关史料记载，为唐贞观三年（公元629年）唐王朝所置羁縻小州——应州治所，传说是明朝建文帝、南明永历帝曾到过的地方，更是明清以来历次少数民族起义的活动据点。

螺蛳壳气候温润，雨量充沛，云雾缭绕，土壤肥沃，使得螺蛳壳成为都匀毛尖茶的主要产地。螺蛳壳因螺蛳壳山下有景色秀美的高寨水库、绿茵湖水库、毛尖茶园及古朴的民族村寨，集高山、峡谷、森林、草场、茶园等喀斯特自然风光为一体。

活动内容： 徒步、穿越、登山、溯溪、自然生态和文化考察。

线路描述： 本线四季可行，大部分为山道，部分为铺装路面，难度适中，为中级登山穿越徒步线路。

徒步螺蛳壳，有多条线路。本线路建议行程三天两夜，第一、二天行程为螺蛳壳徒步的传统线路。

D1：起点为旧寨，从大槽爬上小天落水顶部，沿溪到滴水岩水库水坝上，在水坝东面附近有平地可露营。在这露营除取水方便外，还可到螺蛳壳的最南面的悬崖和最东面的鹰嘴岩边欣赏风景，清晨可看云雾翻腾，晚上可远眺都匀市夜景。

D2：从水坝的坝上穿过，沿上坡的小路从山的背后绕行，经"金钟扑地"到达露营地。从此处翻过几个山坡，下坡走土路经一小溪时（这里可以去看大天落水瀑布），过小溪沿坡上不到百米处有几块平地也可扎营。这边除能欣赏大天落水瀑布外，十分清静。

D3：从营地出发后不久，沿建风电站修的公路爬上山顶，经山顶草场和茶场，到界坪上后走茶场小道向西下山可以下到毛竹冲峡谷，从峡谷中出来后，从坪阳村到高寨水库结束。

沿途景观： 螺蛳壳及周边人烟稀疏，保存了不少原生态景观，如原始森林、毛竹林、高山灌木、高山草甸、野猕猴桃林、可直接饮用的溪水等，属于原汁原味的野趣。

螺蛳壳高山草场——在螺蛳壳海拔1600米以上的山顶台地和低矮起伏的山坡上为万亩高山平台草场，因气候冷凉，潮湿多雾，形成了有机质含量特别高的山地灌丛草甸土，植被多为灌木、草本植物和泥炭藓。山顶周围为万亩高山平台草场，地势开阔、平旷。在草场上北可远眺斗篷山，近瞰秀丽的邦水坝子田园风光；向南、向西则绵延的山峦、蜿蜒的沟谷伸向远方，东面小龙山、蟒山、三层岩等诸峰一线排列，透过众山之间的隘口还能望见都匀城……春夏时节，四处芳草萋萋，一片碧绿，点缀着野菊花、杜鹃花、格桑花和各种野花；秋天之后，百草枯黄，整个螺蛳壳仿佛就是一张巨大的金黄色地毯，金色的草坡上星罗棋布的风车，令人心旷神怡。

小天落水瀑布——当地人叫“滴水岩”，位于旧寨对面，为多级瀑布，总高程约120米。小天落水瀑布堪称中国跌落级数最多、造型最美瀑布之一。从对面看去，瀑水从螺蛳壳山顶平台上飞流而下，一级级跌落，仿佛水从天上来，十分壮观；由于瀑布平时水量不大，水流较为纤细，流水滴答，故当地人取名“滴水岩”和“小天落水”。不过暴雨之后，水量陡增，非常壮观，又让人觉得“小”字似乎不太妥当。值得一提的是严冬时节，形成的冰瀑也很美。

犀牛石——位于上螺蛳壳小路的半坡上，石上有角上翘，状如犀牛；石下有缝如屋子大小，可遮风雨。

鹰嘴岩——位于小天落水瀑布左边悬崖

上，是一块向悬崖外突出的三角形巨石，又称“老鹰岩”“犀牛望月”。巨石面向都匀城，下面是万丈深渊。站在石上，远处可眺望都匀城郭村落，近处俯瞰山峦河谷，四周风光尽收眼底。站在上面，山风从崖下涌上来，衣袂飘飘，疑在仙境。

倒扑金钟——位于螺蛳壳中部，在一马平川的台地中央，凸起一个直径约50米、高约20米的圆山包，远看似口倒扑着的钟，更像一座帝王的陵墓。

大天落水瀑布——瀑水从山崖上跌入几十米高的凹形深谷中，震耳欲聋。听当地人说，这里因为四季流量均匀，水量比小天落水大而被称为“大天落水”。观赏大天落水瀑布不要过小溪，在临近小溪的路上有一条通向一小坡的岔路，沿该小路翻过小坡走不远可至瀑布上方。观赏瀑布的全景，需要沿瀑布北面的一不太明显的弧形小路到达瀑布对面崖顶由几块大石头及灌木构成的天然瀑布观景台，十分奇异。

都匀毛尖茶场——螺蛳壳地质地貌和气候，使得这里盛产中国十大名茶之一都匀毛尖。都匀毛尖属于绿茶，明代时即为贡茶，因其形似鱼钩，故名“鱼钩茶”。1915年，在巴拿马万国食品博览会上荣获优质奖。1956年，毛泽东主席品尝后亲笔命名为“毛尖茶”。在螺蛳壳，一行行茶树像一条条绿带把一座座山缠绕起来，

一座接一座的茶山像漂浮在绿海中的岛屿，形成了都匀市最大的有机生态茶基地。一年四季这里云雾弥漫，土壤主要为酸性，质地疏松，排水性好，土壤富含硒、锌、锶等微量元素。同时，苍翠欲滴的常绿针叶与阔叶乔木林为茶树生长提供了天然的生态屏障，形成空气湿润与多漫射光的优良环境。因而，这里的茶树生长健壮，持嫩期长，充分表现出芽叶茸毛多、肥厚柔嫩、发芽早、持嫩性强的特性，其鲜叶内含物丰富，保证了都匀毛尖茶的品质。近年来，开辟了单线长 25 千米的茶山游旅游线路，线路所经之地全是茶场、茶庄，茶乡旖旎秀美风光和浓郁的布依茶文化吸引了大量游客。

高寨水库——都匀市海拔最高的水库，地处螺蛳壳山腰的台地上，常年水雾缭绕，水库周围山头种满了茶树。站在观景台上，水库如蔚蓝色的玉带缠绕着绵延不断的群山，蜿蜒曲折，伸向远方，摇曳的树枝与花儿掩映下的山光水色，又是一种“江山如此多娇”的精彩。

界牌瀑布——位于江州村到摆忙村公路左侧路边，瀑布分两级向下流淌，高 10 米左右，上面一级较窄，宽度约 10 米；下面一级较宽，宽约 50 米，瀑布的水流从岩石间多个地方流下，丰水期时十分壮观。

毛竹冲峡谷——位于毛尖镇坪阳村毛竹冲组。这里四面环山，山头、溪谷、河床上到处生长着茂密的毛竹，如毛竹的世界，故取名毛竹冲。毛竹冲峡谷长约 3 千米，碧水在石缝中

潺潺流淌，清凉透明，形成三个大小不同的瀑布，瀑布或如小家碧玉，或如大家闺秀，美不胜收。因景色秀美，这里和大天落水瀑布被选为影视剧《陈情令》的外景地。

除此之外，螺蛳壳周边还有天池、山顶沼泽、四方潭瀑布、界牌瀑布、总阳瀑布、杨家冲峡谷等喀斯特地貌景观。

沿途生物：螺蛳壳主要有松、杉、樟树、柯木、槭树、毛竹、水竹、油竹等植物，还有熊、野猪、旱獭、林麝、大鲵、红腹锦鸡、穿山甲、小灵猫以及多种蛇类等野生动物，并盛产天麻、海花草等药材。

沿途特产：都匀毛尖茶、海花草、天麻、杜仲、黄连等。

建议提醒：本线路山高路陡，暴雨、凝冻等极端天气不宜。经过悬崖边时，一定要注意安全。

峡谷地段经常有蛇类出没，因此溯溪时注意安全。

这里的农户几乎每家每户都从事和茶相关的产业，春季可体验采茶、炒茶的乐趣。农户家中，都会泡好一大壶茶作为日常饮品，路过的时候可以尝尝。

图：刘德虎 / 卢桃 / 潘浩 / 龙骧

文：潘浩 / 龙骧

高山流水觅知音——徒步归兰山

里程用时：全程约8千米，约5—6小时。
线路特点：集民族风情和自然风光为一体。
累计上升：567米。
累计下降：558米。
海拔最高：1200米。
海拔最低：700米。
线路等级：
难　度：★★☆☆☆
强　度：★★★☆☆
刺激度：★★★☆☆
舒适度：★★★☆☆
享受度：★★★☆☆
风　光：★★★★☆

最佳线路： 毫店—乌卡—银合山口—鼻子岩脊背—大佛头顶—仙女石印—二级瀑布—八仙浴盆—九天飞瀑—缘溪幽径—大草坪—晒天楼

基本情况： 归兰山位于都匀市归兰水族乡境内，距离都匀城区约38千米，海拔1025米。2009年，在中国国家地理“寻找中国十大非著名山峰”活动中入选为“贵州十大非著名山峰”。“归兰”在水语中意思是圣洁、纯净、清澈的溪流，由此可知归兰山奇峰罗列，飞瀑流泉穿行其中。

活动内容： 徒步、穿越、爬山、露营、溯溪玩水、民俗体验。

线路描述： 本线路为兼具民族风情和自然风光的初级徒步线路，全程难度一般，但山势险峻，60度的陡坡是必经的上山之路，整个山体如刀削斧劈一般，山的另一面就是悬崖，因此对徒步者体力有一定要求。可在归兰山营地露营，四季皆宜。

都匀客运总站有前往阳和的班车，一个半小时的行程。在阳和下车后，走过阳和中心学校前的大石桥到毫店村，再沿着左手边的土路一直向前，前面到达的就是归兰山。

沿途景点：本线路从水族村寨中顺着山道缘溪而上，可观群山叠翠、奇峰雄伟、瀑布飞流等景观。

水族风情——山脚为水族聚居村寨，寨中多为依山而建的木质吊脚楼，安静古朴不单调。这一带的水族地区被称为“套头”，每年农历八月的第一个亥日，归兰水族作为“套头”大哥（水语“布隆”）是水族过“端节”的第一批“端”，又名“套头端”。此外，这里的水书文化、“接米魂”习俗、水族马尾绣、水族剪纸等非遗项目值得一看。

大佛头——又名“鼻子岩”，是归兰山代表性景观。这里成排连体山峰，横则成岭，侧则成峰，高耸挺拔，兀然屹立。造型酷似人像，鼻、眼、口俨然，因鼻子尤为突出，故名“鼻子岩”。其顶有采樵小径，走在上面如履鱼背，两边坡岭陡峭，望之心悸。若继续行至“人头”正顶，则有巨石，人登石上，则山风扑面，顿觉飘飘欲仙。此时远望峰峦如黛，绵延起伏，若滔天巨波，翻涌而来。若春秋两季天气晴朗之时，极目远望，可见百里以外的丹寨县龙泉山。鸟瞰脚下，则犹身在半空，都（匀）三（都）公路在河对岸的山腰间如一巨蟒蜿蜒蛇行，又似一长练，携青山绿水而去。

仙女石印和仙女浴盆——站在银合石丫口，下行百十步，即可观全貌。仙女石印乃几方巨石堆叠而成，状似石塔，高近 30 米。仙女浴盆则为谷中一个二级瀑布，瀑水从高处泉眼涌出，在山腰成溪往山下流淌。旁边山岩在瀑布前向内卷成桶状，遮去大半个瀑布。顺仙女

石印直下至瀑布潭底。立于潭边，水雾扑面。酷暑之时，至此亦觉凉意渗骨，沐浴潭中自有说不尽的清凉。沿瀑布边攀岩而上，则可达上一级瀑布，瀑下也有一自然生就的、造型别致的水潭，如一巨大石盆，深达二三米。当地传说，古时天上仙女到这里游玩，见瀑水清澈透亮，一时心动，遂脱衣沐浴于瀑下潭中。因恐凡人撞见拉两壁山崖为障，而成此景。

八仙浴池——是八个天然形成、错落有致的大石窝。晶亮的溪水流经此处，冲击成石窝，各石窝中注满清水。其石窝壁光滑无缝，形如浴盆状，恰够一人浴之，故得名。传说八仙一行云游到此，恰酷暑当头，见此处景色迷人，韩湘子提议在此一浴。八仙各显神通，辟出八个浴池。因何仙姑乃女性，故独往路下侧浴之。所以现在上路边近旁只有七个浴池；另一个在路下侧、有灌木花草掩其上，不易看见。以前进山劳作的乡民，往往在此处歇息泡澡。

九天飞瀑——从八仙浴池缘溪而上，两岸翠竹林立，树木葱茏，更兼泉水叮咚，淙淙潺潺。忽闻水声隆隆，如群马奔腾，声似春雷，“九天飞瀑”已现眼前。立于瀑脚仰望其顶，溪水从上翻飞而下，挟雷霆之势泻于潭中，丝丝凉气直浸肌肤。潭中布满碗大石卵，润滑光洁。瀑布后有一小洞，沿瀑旁岩壁层层而上可达。进得洞中，瀑水如帘，如到水帘洞中。

晒天楼——突兀而出，凌空绝顶，悬空而出，下为百丈悬崖。坐在上面恍如腾云驾雾，时时担心失足坠下，极具险状。

万级梯田——层层叠叠的梯田装饰了归兰山，依着山势，从山脚一直延伸到山腰。站在山顶俯瞰，大片的梯田在云雾笼罩下，如人间通往天堂的天梯，十分壮观。

建议提醒: 大佛头顶四周均为悬崖峭壁，十分危险，恐高者建议不登此段。

碧水是归兰山的精华所在。这来自于山上的泉水，水质清洌，看不到杂质，许多当地人直接当作饮用水。故保护水质，人人有责。

图/文：蒙富春/白贵东/龙骧

伟大转折的前夜——重温猴场会议

草塘安抚司衙署
草塘镇
猴场会议会址
太平寨
毛达寨
金龙村
桃子冲
各水坝
谷子坪
下坝
古道
擦耳岩
观塘村

里程用时：全程约 25 千米，15 小时左右。
线路特点：重走长征路，重温长征历史，感悟长征精神。
累计上升：576 米。
累计下降：512 米。
海拔最高：1130 米。
海拔最低：715 米。
线路等级：
难　　度：★⯪☆☆☆
强　　度：★★⯪☆☆
刺 激 度：★★☆☆☆
舒 适 度：★★★☆☆
享 受 度：★★☆☆☆
风　　光：★⯪☆☆☆

最佳线路：观塘—擦耳岩—各水坝—桃子冲—草塘古镇

基本情况：本线路位于瓮安县境内。瓮安县历史悠久，自唐武德二年（公元 619 年）置建安县（治所即今瓮安县草塘）以来，至今已有 1300 多年的历史。明洪武年间设有瓮水长官司、草塘安抚司。明万历二十九年（公元 1601 年）改土归流，瓮水长官司、草塘安抚司合置始建瓮安县。

瓮安县是革命老区，红军长征期间曾四过瓮安。1934 年 12 月 31 日至 1935 年 1 月 1 日，在瓮安猴场召开了彪炳史册的“猴场会议”，被誉为“伟大转折的前夜”。猴场会议后，中央红军于 1 月 2 日，强渡瓮安县境内的乌江江界河渡口，取得了强渡乌江战斗的胜利，使红军赢得了宝贵的休整时间，为遵义会议的召开创造了良好的条件。在瓮安期间，红军还建立了进入黔北后的第一个革命武装组织——珠藏

镇桐梓坡农会和桐梓坡游击队……

活动内容：徒步、穿越、登山、露营。

线路描述：这条线路沿当年中央红军长征过瓮安的线路徒步，难度不高，四季可行，为初级徒步线路。

线路起点为永和镇观塘村，沿古驿道上行攀登至擦耳岩，从擦耳岩到各水坝村，为山路；由各水坝沿柏油路行走到达猴场。建议行程两天一夜，途中可在擦耳岩山顶露营。

沿途景观：这条线路重温“伟大转折的前夜”的那段历史，体味红军“在路上”的艰难。除此之外，沿途还有古驿道、水东土司文化等历史遗迹。

擦耳岩红军战斗遗址——位于永和镇观塘村，是黄平至瓮安必经的古道隘卡。这里山势险峻，羊肠小道拾级而上，盘旋在陡峭的山崖上，不足米宽，狭窄处仅半米。人行其间，要耳贴石壁才勉强得以通过，故名曰“擦耳岩”。在交通不发达的年代里，该路段是四川过贵州入湖南最便捷的通道之一，新中国成立前，常有土匪在此险要关口设卡“关羊”（方言，即借机盘剥过往客商）。红军长征曾经两次通过擦耳岩关口，第一次是红军的先遣部队红六军团，1934 年 10 月 3 日由黄平进入瓮安境内，经过老坟嘴到达擦耳岩。红军红军在此智擒国民党瓮安团防队长及 10 名乡丁，占领擦耳岩。第二次是中央红军，1934 年 12 月 28 日，红三军团进入瓮安县老坟嘴，军委纵队 12 月 30 日在老

猴场会议会址

坟嘴宿营，31日晨天未明就朝着猴场方向进军。守关团丁迫于红军军威，弃关向猴场方向逃跑。军委纵队顺利通过擦耳岩。

草塘古镇——旧称“猴场”“响子场”，现隶属瓮安县猴场镇，是国家4A级旅游景区。草塘古镇位于瓮安县城东北19千米，位于古代贵州东部区域的交通要道上，自晋代就设有建制，元、明两朝设草塘安抚司，是一个有着千年历史的贵州著名商业重镇，历来都是商贾云集、繁华热闹之地，素有“黔北四大名镇”“贵州十大乡场”的美誉。境内有著名的奢香古驿道，是北连四川、东接湖南的商业重镇和交通中转站。商业的繁荣带给草塘的不仅仅是财富，也带来了文化上的变化。中原文化、巴蜀文化和草塘的本土文化交融在一起，形成富有特色的地方文化现象，涌现出傅玉书等一批文化名人，建造了一批以赣南风格、川南风格为主并兼容西藏风格的古建筑，明清遗存的古街坊、商铺、药号和民居院落，至今仍可见其踪迹。中国工农红军长征经过瓮安期间，曾在草塘召开了著名的“猴场会议”。境内现有猴场会议会址、猴场会议会址纪念碑、毛泽东行居、国民党瓮余湄“铁壁合围”剿匪司令部、十八革命烈士陵园等多处历史遗迹。民间逢年过节时，古镇有耍龙舞狮习俗，是贵州省“龙狮艺术之乡”、国家文化部授予的“中国民间文化艺术之乡”。

猴场会议会址——1934年的最后一天，中央红军伴随着漫天飞舞的大雪，长征到达猴场。这座繁荣的古镇到处洋溢着新年的欢乐气氛，但对于中共中央高层领导来说，红军怎样突破国民党重兵重重包围才是急需解决的问题。从1934年12月31日下午至次日凌晨，中共中央政治局在瓮安县猴场召开扩大会议，史称“猴场会议”，参加会议的有毛泽东、朱德、周恩来、王稼祥、张闻天、李富春、李德、博古、陈云、伍修权（李德翻译）。会议经过激烈争论，再次肯定了关于中央红军在川黔边建立根据地的战略方针，作出了北渡乌江向遵义方向前进的《中央政治局关于渡江后新的行动方针的决定》，彻底否定了博古、李德要中央红军去湘西与红二、红六军团会合的错误主张，实际上取消了李德对中央红军的指挥权，为遵义会议从思想上、军事上、组织上和政治上都做好了前期准

备工作。猴场会议后，中央红军于1月2日至4日从江界河、袁家渡、回龙场、茶山关各渡口突破乌江天险，取得了红军长征以来的第一个大胜仗，依次抵达乌江北岸，攻占遵义。猴场会议是继黎平会议后，中央政治局召开的又一次重要会议，为遵义会议的胜利召开奠定了思想上和组织基础，是遵义会议的前夜，在党和红军的历史上具有非常重要的地位。会址北侧，建有猴场会议纪念馆。2009年，“猴场会议”会址被授予“全国爱国主义教育示范基地”。

毛泽东行居——在位于猴场镇西北1千米处的下司社区傅氏宗祠里，与猴场会议会址隔河相望。这座赣派风格的傅氏宗祠始建于清乾隆年间，分为正殿、厢房和下厅，正面中间为高拱圆门，两边的圆门略小一些，进门是戏楼，分上下两层，耳房外廊与院内石砌天井相接，天井左边有古柏、紫荆，正殿后有花园。整个祠堂古朴端庄，工艺精湛。1934年12月31日，红军到达猴场后，毛泽东主席及其警卫员陈昌奉、吴吉青等曾在此居住。

草塘安抚司衙署——明洪武十七年（公元1384年），明朝廷在原旧州草塘等处长官司的基础上，添设草塘安抚司，级别上明显较长官司提升了一大步。此后，历代草塘安抚司长官均为宋氏土司担任。迄今依然保存完好并经过修复的草塘安抚司衙署是明代省城宣慰同知衙署之外，唯一的水东宣慰同知衙署，署内设土司古制、公堂实物、犹宋土官、奢香夫人与瓮安历史资料展室等。

草塘火龙——草塘玩龙已有600多年的历史，分布在周边各村寨，如陈家湾、下司、新川、甘巴寨等，但主要以草塘四大街为主。每年正月初九至正月十五，草塘都要开展玩龙灯活动，分出龙、玩龙和化龙三个阶段，祈求来年风调雨顺、接福纳祥。在这段时间内，草塘可谓是万人空巷，家家户户、男女老少纷纷走出家门观看龙灯。草塘火龙分为头、身、尾三部分，其扎制的形式为草塘所特有，加上燃放特制的烟花，增添了喜庆的气氛。

沿途美食：瓮安县饮食各具特色，品类繁多，草塘有苗家土菜、老坟嘴软骨鱼、猴场蒸笼、乌江鱼、珠藏灰豆腐、凉粉、酸大肠、豆油皮、五香豆腐丝、卤菜、松花皮蛋等特色美食；永和有糟辣鱼、香肠腊肉、泡菜、腌菜等佳肴。

图：张岳 / 秦刚 / 周厚平

文：邓太华

一山放出一山拦——考察茂兰喀斯特森林

旺牌山观景台
高旺
漏斗森林
野兰谷
槽谷森林
燕子窟
海荣
金狮洞
九洞天
神仙洞
黑洞
五眼桥
青龙洞
洞腮水碧
青龙瀑布
青龙潭
甲乙
上王同
尧所古桥
空穴谷
螃蟹沟
拉滩瀑布
黄杨沟
水中林
坡恒
下王同

里程用时：全程约 40 千米，16 小时。
线路特点：喀斯特地貌风光，喀斯特生态考察。
累计上升：414 米。
累计下降：345 米。
海拔最高：956 米。
海拔最低：479 米。
线路等级：
难　　度：★★☆☆☆
强　　度：★★☆☆☆
刺 激 度：★★★☆☆
舒 适 度：★★★★☆
享 受 度：★★★☆☆
风　　光：★★★½☆

最佳线路： 王同－三岔河检查站－水中林－螃蟹沟－拉滩瀑布－空穴谷－黄杨沟－尧所古桥－青龙洞－青龙瀑布－青龙潭－五眼桥－洞腮水碧－黑洞－神仙洞－九洞天－金狮洞－槽谷森林－野兰谷－漏斗森林－旺牌山观景台－高旺

基本情况： 茂兰国家级自然保护区地处云贵高原南缘荔波县境内，毗邻广西壮族自治区木伦国家级自然保护区。这里海拔 430—1078 米，平均海拔 880 米，面积达 212.85 平方

千米，森林覆盖率超过 91%。这里地处中亚热带季风湿润气候区，年平均气温为 15.3℃，年平均湿度 83%，具有春秋温暖、冬无严寒、夏无酷暑、雨量充沛的中亚热带山地湿润气候特点。保护区为典型的喀斯特地貌，锥峰洼地，层层叠叠，呈现出罕见的喀斯特峰丛漏斗和峰丛洼地景观，保存着中国乃至世界同纬度地区唯一的也是面积最大的喀斯特森林生态系统，其喀斯特漏斗森林景观尤其别具一格。

茂兰国家级自然保护区内居住着布依族、水族、苗族、瑶族、毛南族、汉族等各族群众 11000 余人，尧古村寨和布依族村寨、拉桥水寨等民族村寨散落其间，许多民族目前还保持和传承着多种多样的节庆活动，如布依族的过小年，水族的祭山神、过端节（庆丰收），瑶族的瑶山陀螺节……活泼诙谐的布依族婚礼唱

"朗外"、盛大热烈的水族"卯坡"对歌、纯朴自由的苗族婚恋、神秘古朴的瑶族凿壁谈婚和抢花带……打猎舞、矮人舞、板凳舞、角鼓舞、猴鼓舞、芦笙舞、赛陀螺、跳花灯、山歌对唱、吹笔管、打刷把、赛龙舟、爬刀山、瑶族"千席宴"……至今仍很好地传承。

由于人们尊重自然、顺应自然、保护自然、与自然和谐共处，茂兰喀斯特原始森林得以完好地保存下来，成为地球同纬度上一颗熠熠生辉的绿色明珠。如今，地球上广布的喀斯特地貌大多已失去森林植被覆盖，茂兰喀斯特森林是地球同纬度地区残存下来的一片面积最大、相对集中、原生性强、相对稳定的喀斯特森林生态系统，是世界上珍贵的喀斯特森林资源。茂兰的喀斯特地貌及其覆盖的森林，还把千姿百态的喀斯特景观与喀斯特森林翠绿多变的色

彩、复杂多样的形态糅合在一起，山、水、林、洞、瀑、石融为一体，组合成了水上迷宫、水上森林、漏斗森林、洼地森林等一系列绝妙美景，不但赏心悦目，而且包含着许多的科学道理。行走其间，在让头脑得到充实的同时，大口呼吸负离子满满的清新空气，神清气爽。

茂兰大面积喀斯特地貌及原始森林的存在，还为喀斯特地区珍稀动植物和地方特有动物生息繁衍提供了最佳场所，具有重大的保护和科研价值。1996 年 4 月，茂兰国家级自然保护区加入联合国教科文组织“世界人与生物圈”保护区网络（MAB），同年被中国生态旅游专

业委员会列为全国 22 条生态旅游线之一。2007 年，荔波茂兰喀斯特森林作为中国南方喀斯特的核心部分列入世界遗产名录，为贵州第一个世界自然遗产地；还被《中国国家地理》评选为“中国最美十大森林”之一，被称为“地球腰带上的一颗绿宝石”，中国最美丽的地方之一。

活动内容：徒步、穿越、爬山、露营、溯溪、玩水、探洞、生态考察。

线路描述：本线路四季皆宜，由于保护区山高谷深，植被丰富，穿越漏斗森林是一条经典的徒步线路。全程部分为山道，多为铺装路面，难度不高，但对徒步者体力有一定要求。

沿途景观：茂兰是一个户外爱好者的乐园，区内层峦叠嶂，溪流纵横，原生森林茂密，是地球同纬度地区和世界喀斯特地区绝无仅有的生态奇观。除了徒步穿越绿色的森林，还可选择在当地环境清幽的农家里住上几天，每日面对花鸟虫鸣……

峰丛森林——茂兰的主要地貌是“峰丛洼地”组合。圆锥状的喀斯特峰密集成丛状，这些喀斯特锥峰有共同的山体基座，峰高度相差较小，所以称为“峰丛”。在峰丛的包围中，有四周封闭、底部平坦的区域，称为“洼地”。要看峰丛森林，最佳地是茂兰的石上森林。沿1600级台阶登上海拔高度为956米的山顶观景台，被植被染绿的峰丛尽收眼底。万千峰丛中，散落着一个个坐落在峰丛间洼地的村寨和田园，恬淡宁静的田园风光如同一幅水墨丹青的画卷。

青龙潭、青龙涧、青龙瀑——这里是进入茂兰的必经地，过五眼桥前行几百米就到了青龙潭。这里集山、水、峡、洞、林、瀑、石为一体，浓缩了喀斯特地质地貌的各种生态奇观。青龙潭水面长约1000米，平均宽度约15米，最深处约20米，在景观上是地下河出露地表而成，因此潭水冰凉。过了青龙潭，顺着溪流的步道拾级而下，就是走青龙涧了。青龙涧其实

是一条小家碧玉般的峡谷，长约2千米，溪水源源不断地在灌木树丛中、绿草间、怪石上忽隐忽现地欢快迸流，涧中沟深林茂、树木婆娑、怪石峥嵘。最后水流在一处近10多米高的地方跌落，形成了水声如龙吟、水花漫天的青龙瀑。

漏斗森林——为森林密集的喀斯特峰丛漏斗，四周群山封闭，底部分有漏斗式的落水洞，状若深邃的绿色窝穴，漏斗底部至峰顶海拔高差一般在150—300米之间。

黄杨沟——位于茂兰西部的尧所村，是一条长1000米、平均宽20米的峡谷，因在河谷里集中连片地生长着上百年的小叶黄杨而得名。黄杨树全都生长在沟底的石头之上，黄杨树根有的穿越于石罅之中，有的盘曲在岩石之上，密密匝匝地簇拥相接，犹如天然的树桩盆景。在黄杨沟的下游的峡谷里，从黄杨沟流下来的水从峡谷谷底的地下河穿过，地底下传来“呜呜”的声音，使人感觉地底就像一个巨大的走廊，神秘莫测，因此得名“空穴谷”。

拉滩瀑布——是茂兰自然保护区内最大的瀑布，位于瑶所河到黄杨沟峡谷出口处，落差约70米、宽约15米。瀑布从绿荫覆盖的喀斯特陡壁上层跌落，水花飞溅，像万绿丛中的一条银白色的飘带。春夏之交水流量大时，拉滩

瀑布飞流而下，轰鸣山谷，甚为壮观。

螃蟹沟——起始点在三岔河检查站水中林旁，是一条长约300米的沟谷。因这里螃蟹很多，因此得名。螃蟹沟景色和小七孔水上森林类似，但景观更原生态、更清秀。这里石上流泉，泉间长树，水木交融，枝藤繁茂。沟中凉爽清冽的溪水从沟底的石板、石窝、石缝和灌木丛林中潺潺流下，深不过膝。水流量不大时，既可以沿着沟边的密林中石道溯流而上，也可以踏水而行，尽情体验一把原始野趣。

茂兰除了千姿百态的山光水景，还有许多奇幻瑰丽的地下溶洞景点，如黑洞、神仙洞、九洞天、金狮洞、燕子窟等，时间允许的话，可以尝试探洞。

沿途生物：茂兰独特的气候和地貌，使得生物资源丰富。保护区内主要保护对象为中亚热带喀斯特森林生态系统和珍稀濒危野生动植物。国家一级保护植物有红豆杉、南方红豆杉、单性木兰、掌叶木、硬叶兜兰、小叶兜兰、白花兜兰等200余种，因喀斯特地貌的特殊性和小生境的多样性，在茂兰形成了许多特有种，已发现40余个植物特有种，如荔波大节竹、荔波鹅耳枥、荔波球兰、短叶穗花杉等。除了珍稀植物外，这里保存有豹、蟒、白颈长尾雉、林麝等几十种国家一、二级保护野生动物。这里昆虫种类众多，蝴蝶品种就有500种左右。

沿途特产：荔波风猪、水蕨菜、血桃、蜜柚、荔波水族马尾绣、荔波布依族土花布等。

沿途美食：荔波酸汤鱼、布依五色花米饭和荔波臭酸、酸肉等。

建议提醒：茂兰因为是自然保护区，商业化程度很低，因此原生态景观保留完好，是户外爱好者的天堂。但进入保护区需要购买门票。作为其核心的必达森林，更是值得细细品味。

由于靠近黔桂两省（区）边界上，这里的气温相对于贵州其他地方要高些，夏天较热，冬天温度也在10℃以上，一年四季都适宜徒步。

进入保护区自觉爱护生态环境，禁止乱丢垃圾，严防火灾。

资料提供：荔波县文体广电旅游局

图：陈正军 / 秦刚 / 乔啟明 / 冯瑞钊 / 潘浩

文字整理：潘浩

大贵州滩奇景多——大小井穿打岱河天坑

里程用时： 全程约 32 千米，24 小时左右。
线路特点： 喀斯特天坑、洞穴等地貌，喀斯特森林。
累计上升： 1018 米。
累计下降： 916 米。
海拔最高： 1040 米。
海拔最低： 430 米。

线路等级：
难　　度：★★★½☆
强　　度：★★★½☆
刺 激 度：★★★★☆
舒 适 度：★★★☆☆
享 受 度：★★☆☆☆
风　　光：★★★★☆

最佳线路： 大小井—兵工厂洞—干毛坪—小牛角—豆芽冲—打岱河—老山—底榜村

基本情况： 贵州喀斯特景观分布最密集的地方就是大贵州滩，这是隐藏在黔南州一片崇山峻岭中令中外地质学界瞩目的地质奇观。大贵州滩原名“板庚滩”，位于平塘、惠水、罗甸三县地带，由中国地质学界于 20 世纪 60 年代命名，曾在世界地质学界引起轰动。从 1988 年开始，经过三年的考察，中国地质学界又将在贵州发现三叠纪动物群化石的地层、地带和板庚滩连在一起，冠名“大贵州滩”。

大贵州滩是三叠纪时期耸立在深海盆地中的孤立碳酸盐台地，同时也是世界上最大的三叠纪孤立碳酸盐台地。大贵州滩东西长约 40—50 千米、南北宽约 30—40 千米、面积约 1500 平方千米。在此范围内，洞穴密布，暗河纵横，

漏斗竖井天坑成群，锥状剑状奇峰无数，集中体现了喀斯特地貌的所有特征。它从早三叠纪出现至中三叠纪末期结束，持续时间约 2200 万年。在这个台地上保留了各种完好的地质遗迹，是全球三叠纪时期最大、持续时间最长、各类地质遗迹保留最全和最好的孤立碳酸盐台地，是研究二叠纪生物集群绝灭及三叠纪生物复苏的理想地区。

三叠系“大贵州滩”中发现的化石，其间暗藏着破解地球历史上最大一次生物灭绝事件的密码，为研究地球历史中二叠纪末 90% 以上地球生物为何突然灭绝以及当前的地球环境变化是否会发生类似灭绝、三叠纪生物为何在短期内复苏和繁荣等课题，提供了丰富的素材，有着极大的研究价值。

活动内容：徒步、穿越、登山、探洞。

线路描述：这是一条带有“自虐”性质的地质科考高级穿越线路，沿途风光极为壮观，四季皆宜，建议行程至少三天两夜。全程技术难度不高，但基本在高低起伏的石头山路上行走。尤其是从罗甸大小井穿越到平塘打岱河的途中，山高坡陡、植被较为稀薄、水资源缺乏，属典型的“九山半水半分田”石漠化喀斯特山区，道路多为上坡下坎的碎石山道；为了恢复生态和脱贫，沿途很多山民已生态移民，不易找到水源，基本没有购物的小店。炎热的夏季，在喀斯特石山中徒步是一种煎熬、考验和挑战。

徒步起点一般为罗甸县大小井。大小井为打岱河的出水口，海拔 430 米，可以先游览大小井地下河出水口风光，主要景点有月亮洞、响水洞、大小井特大桥等；中途干毛坪补水休息点，海拔 1030 米；营地打岱河天坑底部 500 米左右。

沿途景观：贵州省地处中国西南喀斯特中心地区，是中国石漠化分布面积最大、危害最严重的省份。此线行走的部分路段是贵州省石漠化最严重的地区之一，可以让人深刻地理解国家综合治理石漠化、脱贫攻坚工作的必要性，更好地理解构建长江和珠江上游生态屏障的重要性。这些工作的推进，是贵州和西南喀斯特山区生存环境与社会经济可持续发展的客观需要，更是世界同类型地区生存环境与社会经济可持续发展的客观需要。沿途还有喀斯特峰丛、洞穴、伏流、天坑、漏斗等各种地貌，以及喀斯特森林、亚热带兰科植物，以及缺水地区的古代民居等。在考察喀斯特自然生态之余，大自然的雄奇伟力和塑造的奇景令人震撼。

大小井地下河出水口——在罗甸县沫阳镇境内，为省级风景名胜区。大小井是打岱河地下水系的出水口，这条地下河水系与打岱河天坑群及周边的溶蚀洼地、峡谷、地表河流有着直接的联系，是珠江水系上红水河的重要支流霸王河的源头，长达85千米，是黔南州境内最长的地下河，其地下水系规模堪称亚洲之最。出水口右边为大井，左边为小井。大井可乘船进去，里面有一个叫月亮洞的天坑；小井可以从半山腰山洞进去，里面有水碾房和一个心形小天坑。两条地下河出来后，在坝子中央汇合，形成山环水绕、错落有致的田园风光。在坝子中，

清澈碧绿的河水、遮天蔽日的古榕树、青翠欲滴的凤尾竹、郁郁葱葱的森林、葱绿似毯的草地、淳朴浓郁的布依族风情，加上远处的大小井特大桥点缀，不失为一处人间仙境。1985年，中、法两国联合考察队考察大小井风景区后，称之为“东方洞穴博物馆”。

打岱河天坑群——在龙凤山周围20余平千米范围内，以打岱河为中心，呈阶梯状、串珠状分布着打岱河、夏家坨、道坨、安家硐、猫底坨、瑶人湾、音洞、打赖坨、八角等21个规模宏大、气势磅礴的天坑，坑口面积均达10万平方米以上，深度都在280米以上，是世界上最大的天坑群。天坑群中原始生态保护完好，自然景观独特。天坑四周悬崖绝壁，原始森林繁茂；天坑底部草木丰盛，珍稀动植物繁多，具有重要的科学考察和旅游价值，被地质专家

称为自然“天坑博物馆”和“世界岩溶圣地”，堪称世界奇观。2007至2010年中法洞穴探险队多次在这一带进行科学考察，天坑群从此为外人所知，现已成为贵州省旅游地学研学基地、旅游地学科普基地。

打岱河天坑：是天坑群最大的天坑，也是目前世界已知的最大单体天坑。位于平塘县西部塘边镇龙凤山上，是“大贵州滩”的核心地带，距克度镇的大窝凼洼地“中国天眼”仅20多千米。亚洲最大的地下暗河流经天坑底部，天坑南北最长约2100米，东西最宽约1800米；坑口最高海拔1137米，坑底最低海拔548米，相对落差589米；坑底面积超过99平方米，容积约12亿立方米，坑口最高海拔1137米；呈不规则形状。有安家硐、猫底坨、道坨、瑶人湾、音洞、白马洞等12个天坑与打岱河天坑相连，喀斯特地貌发育较为完善，洞内大小溶洞相互交错，洞重洞，洞穿洞，洞内钟乳石分布均匀，洞中有水，水上有滩，洞底有河，构成庞大的地下溶洞群。天坑四周悬崖峭壁，只有东南角和东北角有羊肠小道到达天坑底部。天坑底部四周为原始森林、竹林，中间是绿茵茵的草地；清澈见底的打岱河，犹如神龙不见首尾，呈西北—东南方向从天坑底部蜿蜒而过，给天坑带来肥沃的泥土和一片洁净的沙滩。这片沙滩是一处难得的营地。夜晚躺在这里仰望闪烁的星星，有一种呼吸通帝座、脉搏连地心的感觉。

沿途生物：各种热带兰花、喀斯特灌木、禾雀花、游蛇、飞鼠、洞穴生物等。

建议提醒：本线路为半成熟线路，适宜

在春、秋、冬三季进行。秋季风景是最美时节，沿途满山黄草红叶；冬季温暖干燥；春天一路桃李，运气好还能吃到野柚子、野枇杷等水果。

从9月到次年的5月中旬最适合徒步，此时蚂蟥、毒蛇、马蜂等危险动物较少。

打岱河天坑为塌陷型天坑，仅在东南、东北两个方向有小路可下去。东南角的小路较陡，适合下行，东北角小路较缓，中途有一段平路，适合上行。

打岱河天坑毗邻长冲等天坑，必须在豆芽冲找到下天坑的入口，否则只能环天坑绕行或下到其他天坑去，无法到达打岱河天坑。打岱河天坑底下河流左右各有一条小支流，要沿主河道向上游走，才能到达沙滩营地。营地温暖无风，用春夏睡袋即可，夜间须注意雨量大小和水位变化。线路沿途缺水，每人必须备足4升以上的饮用水。

打岱河发源于贵阳市高坡苗族乡南面，源远流长、积雨面大，发洪水时入水量大而出水口排水不畅，坑底往往形成积水，建议夏天和雨季勿入。

打岱河天坑与平塘"天眼"的直线距离约8千米，位于"中国天眼"电磁波的中间区。根据《贵州省500米口径球面射电望远镜电磁波宁静区保护办法》规定，禁止携带和使用对讲机等无线电通信设备，手机必须调成飞行模式，请严格遵守规定。

资料提供：平塘县文体广电旅游局

图：代传富 / 龙骧 / 卢桃

文：龙骧 / 田茂刚

冰臼奇观浓墨画——穿越甲青大裂谷

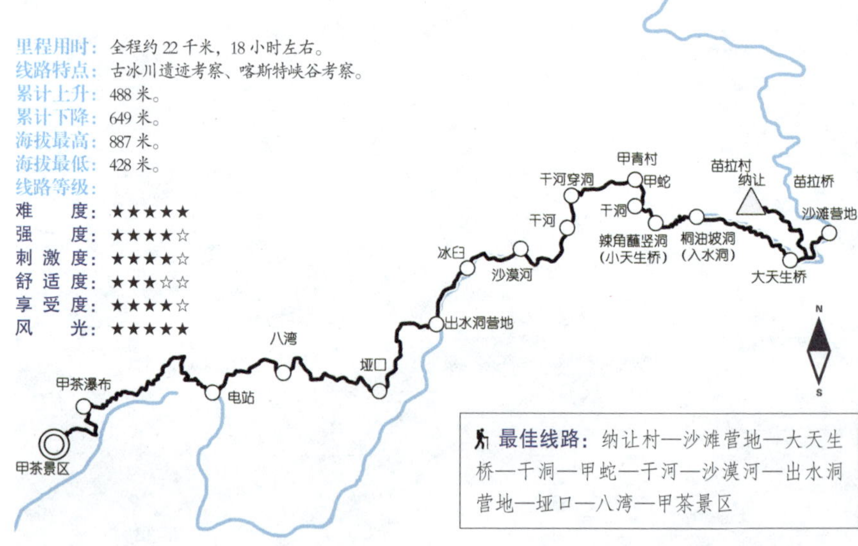

里程用时： 全程约22千米，18小时左右。
线路特点： 古冰川遗迹考察、喀斯特峡谷考察。
累计上升： 488米。
累计下降： 649米。
海拔最高： 887米。
海拔最低： 428米。
线路等级：
难　　度： ★★★★★
强　　度： ★★★★☆
刺 激 度： ★★★★☆
舒 适 度： ★★★☆☆
享 受 度： ★★★★☆
风　　光： ★★★★★

最佳线路： 纳让村—沙滩营地—大天生桥—干洞—甲蛇—干河—沙漠河—出水洞营地—垭口—八湾—甲茶景区

基本情况： 冰臼是古冰川遗迹之一，是指两三百万年前的第四纪冰川后期，冰川融水携带冰碎屑、岩屑物质，沿冰川裂隙自上向下以滴水穿石的方式，对下覆基岩进行强烈冲击、游动和研磨，最终形成了深坑。这些坑极像南方春米的石臼，因此被称为“冰臼”。冰臼的

三大特征是“口小、肚大、底平”。由于地球冰期是一种不可抗拒的自然现象，以前曾经出现过，以后还会在地球的历史上出现，地球会在冰期、间冰期、冰期中循环往复。值得一提的是，第四纪是人类诞生、发展、演化的重要时期，这一时期的地质、地理、气候的变化与人类的生存发展息息相关，所以第四纪也称为“灵生纪”。

在平塘县距县城32千米的平舟河下游，就有一个毛南族聚居叫做“甲青”的地方，这里的甲青大裂谷是一处少有人涉足的户外天堂。在部分常年干涸的河床上，全部是数以万计、千姿百态、神态各异的白色冰臼奇观，极为壮观，是目前发现的世界最大的冰臼群。这一奇特景观的发现，吸引了无数海内外的地质学家和户外人士的关注。

活动内容：徒步、穿越、溯溪、探洞、地质考察。

线路描述：这条徒步线被贵州户外界称为“贵州户外第一线”，该线路属于专业级别，全程重装，强度较大，体力消耗极大，并且从圣泉口以下，道路艰险。2014年3月，国家人力资源和社会保障部、中国户外探险联盟在平塘县举办中国首期户外领队师培训班，此条线路作为野外实战考核线路。

本线路为三天线，每年汛期（5月中旬至8月上旬）整个峡谷都会被水淹，只能在国庆以后、次年“五一”之前的枯水期进行穿越。丰水期峡谷内水很深，不能行走。

D1：起点是纳让村，从村子往东走，沿小路下山，在天生桥上游有一条放牛的小路可以下到峡谷底部，然后往上游走300米到达第一天的沙滩营地。扎营后可以轻装往上游走到第一入水口返回。

D2：往下游走，穿过天生桥进入甲青大峡谷。峡谷的两边是高入云天的崖壁，底部河床布满冰臼和巨石，在其中穿行，非常艰难。这段路虽然只有1千米，却需要4小时才能通过。入水洞在峡谷的中段，过了入水洞就沿古河床上坡，约一千米后坡下有一个垂直的小天坑，一座小型天生桥横跨天坑口，犹如当地架在火锅上放蘸水的木板，把天坑隔成两半。再往前走一千米就出峡谷，沿公路走1千米，穿过洞穴到冰臼入口干河村，开始沙漠河和冰臼之旅，直到时光隧道下游的出水口沙滩扎营。

D3：从营地右边上山，从山上俯瞰峡谷，非常壮观。到八湾村后，经一段陡坡到达甲茶景区，游完后乘车返回。

沿途景观：喀斯特峡谷地貌景观和冰臼奇观在这里完美结合，在这里有很多值得一看的奇景。

甲青大裂谷——又叫“甲青大峡谷”“甲青大盲谷”，位于贵州省平塘县苗拉村平舟河段（此段又称“打密河”）、干河冰臼的上游，是水流侵蚀和地壳运动后形成的塌陷型峡谷，峡谷长8千米，宽100—250米，平均深度250米。由于亿万年前的沧海桑田、冰川运动，使得峡谷深切，两岸险峰危崖高耸入云，石壁如刀削；峡谷周边奇树异木枝繁叶茂，翠绿的藤竹铺青叠翠。谷底河水碧绿，河流时隐时现；河床上布满冰臼和巨石。整个峡谷看起来既神秘莫测又美丽壮观。

龙吟洞——是平舟河的一个入水洞，洞口高大宽敞，巨大的塌石遍及洞口，阻隔河水入洞。

河水与巨石的“冲撞相击，发出的声音如苍龙长吟，故而得名。

月亮洞——因在甲青大峡谷危崖峭壁处，有一直径约为 5 米的圆形穿洞，远眺如农历八月十五的满月而得名。攀崖登壁，站于山洞间，如身在广寒宫，俯视凡间大地，群山起伏，如入仙境。

天生桥——又称“燕子洞”。平舟河从山下穿过，形成了一大一小两座天生桥。小天生桥略高，下部为乱石填埋，是远古平舟河河床的遗迹。平舟河后来向南边改道，形成了大天生桥。这两座天生桥，合起来就是一部地球地

质地貌的演变史。

钓鱼潭——两岸层峦叠嶂，峰耸岭峻，茂林浓绿荫翳。谷中水色碧蓝，沙滩细柔而净洁，是垂钓的好去处。

冰臼奇观——冰臼集中于甲青大峡谷者密镇甲青村干河组到甲茶景区燕子洞一段，这一段全长13.6千米，呈“J”形自东北向西南方向曲折延伸。在这里，峡谷分为南北两段，南段常年有水，北段只在春末夏初暴雨丰水期时才有水溢出流过，其余时间都是干涸的，因此被称为“干河”。常年干涸的北段，是此线路上的主要景观，被当地人称为“干河白石头”，

即“冰臼”。经地质专家鉴定，第四纪冰川后期，干河原是一条古河床，河流中携带的大量冰川融水携带冰碎屑、岩屑物质，对河床底部的层积岩进行侵蚀，经过上百万年的下蚀、旁蚀作用，形成了造型奇特、千姿百态的独特地貌，使该段宛如一个天然的石雕长廊。

甲茶瀑布——位于平舟河下游，瀑布宽 40 米、高 37 米，瀑水从凹凸不平的陡斜岩层上跌宕向下交叉流淌，恰似在岩壁上铺了一幅平滑整洁、晶莹多芒的巨大白绸从织布机上落下，坠入碧云潭。整个景致由山、水、树、石、瀑、潭构成一幅风光优美的山水画卷。

此外，这里还有干河石洞门、万峰林、沙漠河、砾石滩、瑶池群、时光隧道、观音宝座、圣泉口、天外来客、八湾布依寨、九曲十八湾等景观景点。

沿途美食：八湾布依寨民风淳朴，这里养的麻山土鸡，或炒或炖，味道十分鲜美。到甲茶景区时，当地农家乐有黄豆炖土鸡；若想吃野生河鱼，则需要提前预订。

建议提醒：甲青大裂谷为喀斯特盲谷，周围无岔道，每年汛期时河水暴涨，十分危险，绝对不能下到谷底。进入甲茶景区需购买门票。

第一天建议在抵沙滩营地露营，营地的地貌特征是有一小块沙滩，右边的山脚有地下水活水水源，水量较大。第二天早起出发，日落前赶到出水洞营地露营。

由于是三天两夜行程，需要徒步者带齐野外露营装备和食品。装备为登山背包、个人用品、登山杖和快干、透气、耐磨、耐脏的服装为宜；由于道路十分艰险难走，一定要准备一双适合户外徒步登山的鞋子。路餐建议以高热量食物为主，每人必须备足 4 升以上的饮用水。

行走时注意脚下，脚踝容易受伤，最好穿护膝、护腕、手套，做好防护；从圣泉口以下路段石头锋利，容易摔伤、划伤，必须配备急救包和常用药物。

峡谷两边都十分陡峭，顺着峡谷走，千万不要尝试往山上找路。

资料提供：平塘县文体广电旅游局

图：代传富 / 肖凤 / 潘浩 / 秦刚

文：田茂刚 / 龙骧

山间铃响马帮来——从抱管到窑上

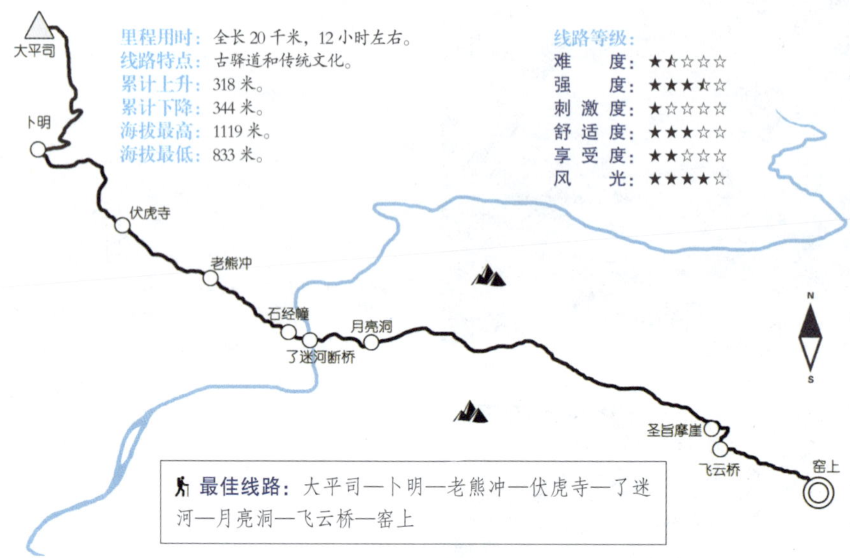

里程用时： 全长 20 千米，12 小时左右。
线路特点： 古驿道和传统文化。
累计上升： 318 米。
累计下降： 344 米。
海拔最高： 1119 米。
海拔最低： 833 米。

线路等级：
难　度：★⯪☆☆☆
强　度：★★★⯪☆
刺激度：★☆☆☆☆
舒适度：★★★☆☆
享受度：★★☆☆☆
风　光：★★★★☆

最佳线路： 大平司—卜明—老熊冲—伏虎寺—了迷河—月亮洞—飞云桥—窑上

基本情况： 抱管和窑上位于贵定县南部，距县城 80 多千米。2014 年撤乡建镇，原抱管乡和窑上乡并入云雾镇。

窑上社区四面青山环抱，清澈的了迷河静静地从旁边流过。这里曾是黔桂古驿道上一个较大的驿站，地处交通要道，是贵阳通往两广的捷径。抱管社区的大平司寨曾经是水东宋氏大平伐土司衙门的所在地。古驿道沿线历史文

化深厚，民风古朴，物产丰富。从唐朝到清朝乾隆年间，将幽香回甜、清爽可口的云雾茶上贡朝廷，就是走的这条古道。明末清初，一代枭雄吴三桂带着绝代佳人陈圆圆，由滇入黔，秘密在贵定沿山镇暗建“皇都城”，走的也是这条古道……遥想当年,窑上古驿站商贾云集。山间铃响马帮来，南来北往过客多；猜拳行令声不绝，一夜醒来各东西。20 世纪 80 年代以前，两地的群众到赶乡场依然行走这条路。现在，昔日的喧闹，早已消逝在遥远的岁月里。只有从老熊冲伏虎寺遗址到窑上场坝一线的古驿道上，尚存 20 余块古碑摩崖和断桥、屋基等遗迹，见证着这里曾经的辉煌。今天，新建的都香高速都匀至安顺公路（贵定段）正是穿越了历史上“黔桂干线”上的这条古驿道。

贵州自古被认为是“连峰际天兮飞鸟不通，游子怀乡兮莫知西东”的地方，历代都被作为贬谪流放之地。明代水西土司奢香夫人，主持修建了“龙场九驿”；清代贵定乡绅李春山，集资在古驿道沿线及周边都匀、独山等地修了 10 多座桥梁。李春山（？—1896），名芳森，清末贵定县窑上人，监生，终身未娶，为人行侠仗义，好做慈善，以修桥补路为己任。30 多岁时，因积劳成疾而去世，葬于窑上社区观音洞旁。清光绪二十四年（公元 1898 年）朝廷追赠他为奉直大夫，特授贵阳府贵定县正堂加五级。当地民众亦于光绪二十七年（1901 年）立碑以志纪念。用现代人的眼光评价，李春山可算当时一个守初心的仁义君子，一个有号召力的地方贤达，一个善于融资的财经专家，一个能说服老虎退去、维护道路畅通的传奇人物。

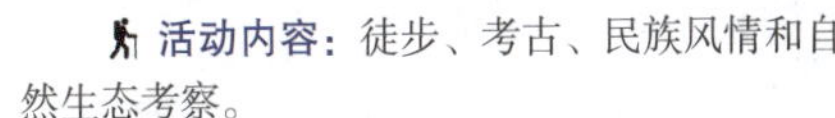

活动内容：徒步、考古、民族风情和自然生态考察。

线路描述：这是一条访古性质的初级穿越线路，四季皆宜，全程技术难度不高，但全部在高低起伏的山路上行走。要领略古道风韵，建议行程两天一夜。

本线路为公路未通之前，当地群众从云雾、抱管到窑上赶场的古驿道，全程为石头铺就，需跨越 5 座古代石拱桥。从昌明下高速后，沿 309 省道南行到抱管岔入大平司开始徒步，看完土司衙门，从卜明村沿古驿道往东南方向走，到窑上社区结束。

沿途景观：此线路属于历史探秘和考古类徒步线，看点很多。

大平伐土司衙门——抱管社区大平司寨历史上曾是“县”“州”和土司衙门治所。隋大业二年（公元 606 年），设宾化县，治所便在今大平司寨，为贵定县设县最早记载地。北宋开宝年间，水东宋氏入黔始祖宋景阳率军平定南疆后设“七司八印”的第七司——大小平伐安抚司，由其第七子宋存廉执掌，在此设治所，为水东宋氏在贵州的统治奠定了坚实的基础。元至元二十九年（公元 1292 年），又于此设必化州。明洪武十九年（公元 1386 年），改平伐等处置大平伐长官司，治所还是大平司，寨名由此得名。该长官司长官由宋氏土司世代世袭，直至清末光绪年间才废除。现尚存衙门、大庙、祠堂、虎圈及营盘等遗迹，占地面积约 3 万平方米，当地群众称为“衙门头”，大平司村口古柏上还挂有一口古钟。

伏虎碑——位于老熊冲垭口，今存伏虎寺屋基和碑文。碑文记载了一桩奇事，当时驿道上虎患猖獗，道路为之阻塞。慈善家李春山于此训斥围困商旅的虎群，虎群被李春山的善良、正义和诚心所感动，纷纷离开。

了迷河——又名“老棉河”“老面河”，系珠江水系西江支流六硐河(上游段为曹渡河）的上游段。是贵定县第二大河，发源于都匀市毛尖镇摆忙村烂木山西北麓和牛河山北麓，流经贵定县、平塘县，进入下游摆浪河、曹渡河（也称“摆金河”）。昌明镇摆龙村下寨至窑上乡大塘村苦竹园一段名三道河，从苦竹园至长寨一段名打鲤河，从长寨至出境一段始称“了迷河”。了迷河上古桥、古渡、古驿道、古碑、古摩崖让人目不暇接，清澈的河水、弯曲的河道、枝叶繁茂的古树和淳朴善良的布依人家，很有“枯藤老树昏鸦，小桥流水人家，古道西风瘦马”的韵味。

了迷河断桥——又名“顺天桥”，俗称“了迷河大桥”“老棉河大桥”，位于云雾镇大塘村了迷河古渡上。渡口未修桥前是黔桂古驿道上的重要渡口，也是古代中国西南驿道交通咽喉地之一，但一直摆渡过河。为了方便商旅行人，李春山倡议修桥，他献出多年积蓄，并到贵阳、独山等地募捐，共得白银4000两。同时，他还亲自设计、指导施工建设。从光绪十二年至十六年（公元1886—1890年），终于建成这座长96米、宽7.2米、高15米的五孔石拱桥。极大地促进了当地的交通和经济发展。可惜该桥于1929年被洪水冲毁三孔。此后，李春山还用剩余银两在了迷河上陆续修建了荣升桥、一品桥等桥梁，使这条通向两广、两湖，连接川滇的古驿道更加安全便捷。

长寨——是一个背靠青山、三面环水的布依古寨，寨子依山就势，随地形变化而建木屋

和保存较为完好的古代排水系统，形成了长寨古村落独特的风格。寨内建筑以青瓦木屋为主，木屋的墙体不少是用厚度大约 8.5 厘米的木枋建造，这说明过去长寨周边的森林中古树很多，木屋墙体用厚木坊建造是为了防猛兽袭击以保安全。古寨中现有 28 栋古木屋民居、31 户人家，户户相互贯通，上下左右以过街楼连通，充分体现了邻里间的和睦。走在寨中，风化的屋基、条石砌就的小道、古香古色的木屋、显得老旧的木雕门簪和木格窗，在四周茂林修竹和一湾碧水的映衬下，自然完美地融合成一幅浸润了时光留痕的静美画卷，勾勒出一种古拙质朴的美感。

月亮洞摩崖——在了迷河渡口南岸古驿道旁一个山洞石壁之上，刻有“了迷河”三个大字，洞顶壁上还刻格律诗一首：“不做公侯与大夫，权将八字唤迷途；归来隐卧云深处，免得君王问有无。”落款为“清之甲子糊涂野人手笔”，左下角还镌刻了一枚方形印章。这糊涂野人是谁已不可考，但应是一位做过京官的隐士。

生态保护碑和摩崖——在了迷河古渡下游大约 100 米处的一块石头上，刻有“禁取鱼”

三个大字，在附近一块由府县正堂发布的永禁毒网鱼虾告示碑文，上面记载了康熙二十六年（公元 1687 年）贵定县正堂长官发布告示，为了当地的风水不受破坏，禁止在了迷河上毒鱼、打鱼，否则就要追究责任。这个摩崖和碑刻，说明当时就有了生态环境保护的意识。

圣旨摩崖——位于窑上西北面飞云桥头半坡李春山墓旁石壁上，圣旨外形为一个直径 2 米的圆盘，犹如一面镜子，给人以安详宁静之感。

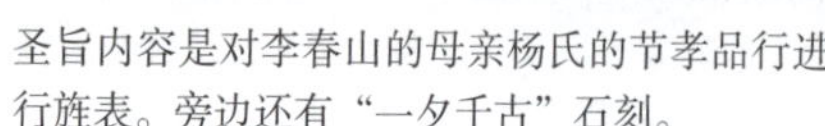

圣旨内容是对李春山的母亲杨氏的节孝品行进行旌表。旁边还有“一夕千古”石刻。

云雾山茶场——本线路范围内的云雾山，为苗岭中部山系，主峰海拔 1806 米，因多云雾而得名。云雾山生态原始，以盛产茶叶而出名，当地苗族长期以来就有种茶制茶的经验与饮茶习惯。这里是中国茶树起源地之一，至今山上还有树干四人合抱、树冠高达 40 多米的千年野生古茶树。所产云雾茶又名“贵定鱼钩茶”“鸟

王茶”，是中国传统名茶。茶叶品质极为优异，产量少而不易得，早在元、明、清时期就成为皇家贡品。清康熙十二年（公元1673年）《贵州通志》、民国三十七年（1948年）《贵州通志》等史籍皆有“贵州各属皆产茶，贵定云雾山最有名”及“云雾茶为贵州之冠……岁以充贡”等记载。至今，云雾镇鸟王村关口寨还保存着一块清乾隆五十五年（公元1790年）的贡茶碑，记载着云雾镇悠久种茶贡茶历史。

沿途特产：云雾贡茶、云雾大米、了迷河野生鱼、窑上土鸡等土特产。

建议提醒：本线路沿途碑刻摩崖很多，需要爱护，不得破坏。过了迷河，须请当地人摆渡，注意安全。

图：龙骧 / 罗仁忠 / 王秀昌 / 秦刚

文：龙骧 / 潘浩

云深不知是何处——**穿越尧人山**

里程用时：全程约 27 千米，13 小时左右。
线路特点：集自然风光和水族文化于一体。
累计上升：1174 米，
累计下降：1048 米。
海拔最高：1365 米。
海拔最低：376 米。
线路等级：
难　　度：★★☆☆☆
强　　度：★★★☆☆
刺 激 度：★★☆☆☆
舒 适 度：★★★☆☆
享 受 度：★★★★☆
风　　光：★★⯨☆☆

最佳线路：姑鲁寨—产蛋崖—吲哚坳—林场垭口—尧人山主峰—三角塘—朝寨—来楼水寨—姑干梯田—龙塘峡谷—拉揽码头

基本情况：尧人山位于三都水族自治县东南部拉揽乡所辖的都柳江畔，距县城约 10 千米。此山因传说瑶族人最先在山里居住，又名“瑶人山”，现主峰北侧海拔 1180 米的一块平地上中仍存瑶寨遗址。当地水族称尧人山为“怒尧”，称尧人山原始森林为“弄台兰”。尧人山方圆

350平方千米，处于云贵高原的东南面斜坡上，地势自北向南倾斜，地形复杂多样，喀斯特地貌特征明显，属中山、低山地貌类型，海拔在560米至1365米之间。主峰是一条南北走向的山岭，以山脊为界，东边是原始森林，西边是草坡。这里可远眺三都、榕江，是观云海山岚、日出日落的理想地。

尧人山是北半球同纬度生态最好的少数几个地方之一，峰岭连绵、幽谷叠翠、山高谷深、瀑布众多，原始森林浩瀚无垠，野生动物种类繁多，还有著名的“石蛋、斗鱼、风流草”三宝，更增添了尧人山的神奇色彩。素有“百里林海”“水乡绿海、黔南明珠”之称，现为国家级森林公园、国家4A级景区，也是天然的植物基因库，也是野生动物的乐园，素有“百里林海”、天然的植物基因库和野生动物园之称。

尧人山内住有700余户热情好客水、苗族人家，那些能歌善舞、淳朴好客的山妹子，为尧人山演绎着人与自然和谐相处的美好篇章。

活动内容: 登山、徒步、溯溪、生态考察。

线路描述: 本线路为兼具水族风情和自然风光的初级徒步线路，建议行程两天一夜，山中很多地方可以露营，四季皆宜。

传统的线路是从姑鲁产蛋崖开始，翻越吲

哚坳，下朝寨进入龙塘峡谷景区，到拉揽结束，起步就爬升 750 米，很有挑战性。

现在旅游公路已经修好，也可以乘车到吲哚坳，下车轻装登尧人山主峰，欣赏云海、山岚，日出、晚霞，再到三角塘进行丛林穿越。然后到龙塘景区游览峡谷风光、原始森林和瀑布群。

沿途景观：本线一年四季可行，最佳季节是春秋两季。沿途可以欣赏云海、山岚，日出、晚霞，可以峡谷溯溪看瀑布、穿越原始森林。沿途有产蛋崖、尧人山主峰、三角塘、来楼水寨、龙塘高瀑、都柳江风光等景观都不错。有时间的话，可以到周边的水家村寨，寻访各种有趣的民间传说。

姑鲁寨——又写作“咕噜寨”“咕鲁寨”，位于三都水族自治县三合街道尧麓村，是一个原生态水族村落、国家 3A 级景区。这里因尧人山三宝之一——“下蛋的石头”而闻名于世。在尧人山南麓姑鲁寨和渣拉沟一带的山崖崖壁内，就是世界之谜产蛋崖。崖长 20 多米、高 6 米，表面极不平整，近百枚青褐色的“石蛋”错落

有致地镶嵌在一块陡崖上。当地传说石蛋30年才脱落一枚。这种石蛋呈青赤色，沉重而坚硬，从外到内分布有极为明显的纹路，如同树木的年轮一般。至今村中保存着历年产下的"石蛋"68颗。悬崖峭壁上石头为何会"下蛋"，至今一直是个谜。

三角塘——位于小尧人山山顶，是由三座山头围成的一个三角形低洼地。从三角塘的北、西、南三个角出发，可以分别到达朝寨、祥寨和冲寨等不同的地方。三角塘从前是一个深约2米的天然高山湖泊，由于泥沙和树叶的不断沉积，后来演变成沼泽，现在已成一片草地，仅在中央有一个直径1米的泉眼。现在看三角塘似乎平淡无奇，却是尧人山一带最神秘、最神圣的地方。当地传说，三角塘是龙王的居所，是众多龙脉的发源地，尧人山的很多古墓都刻有"三角塘水沐前君，瑶人山光启后人"的对联。

来楼古寨——是一个地处尧人山万山丛中的水族古寨，寨上房屋为水族木质结构的"干栏式"建筑，屋基呈前低后高，形成吊脚楼。

步入寨中，犹如走进一个与世无争、超脱红尘的世外桃源。

龙塘峡谷——位于尧人山北坡巫检沟，是尧人山最大的峡谷，因龙塘瀑布而得名。龙塘峡谷幽深险峻，瀑布高悬，为茂密的原始森林所覆盖，传说中夜间发光的月亮树和闻歌起舞的风流草，就生长在这里。峡谷建有旅游步道和亭子，是休闲露营的好地方。龙塘瀑布是一个三级瀑布，总高 82.5 米，宽约 40 米。溪水把岩石冲击成一个天然的大石桶，宛若人工凿成，称为“龙塘”。每当开春后，林间溪流汇集，浩浩荡荡地从断崖上跌宕而下，在错落不平的峭壁上飞珠溅玉，如白练挂壁，声如闷雷；大股瀑流则以摧枯拉朽之势直冲潭底，汹涌澎湃，声震山谷。

鸳鸯瀑布——有雄雌两个瀑布，分别高度为 72 米和 86 米。因其成双成对，美不胜收，故名“鸳鸯瀑布”。当地流传着关于瀑布的爱情故事。

拉揽古渡——位于尧人山脚的都柳江边。

过去这里古榕如盖、木楼成排，从这里顺都柳江而下，可达柳州、梧州、广州，进入南海。这个古渡与贵州现代交通的发展还有着非常特殊的关系。1927 年春，贵州的第一辆汽车，就是从拉揽码头上岸，拆散后靠人挑马驮搬运到贵阳再组装的。

水家湾——这里是一个水族村寨，寨子不大，但森林环绕，风景宜人。周边有排笛瀑布、情人谷等景点，寨中有客房、长廊、水碾、鱼塘等休闲场所，可以品尝到价廉物美的“玩家宴”“森林宴”“水家宴”水家餐饮，是夏季难得的森林避暑之地，还可以去附近观赏到被称为植物“活化石”桫椤和神奇的斗鱼等。

风流草——是这里独有的一种珍奇灵草，尧人山“三宝”之一。这种植物每当有男女青年在它的旁边唱起情歌时，草叶就会随着歌声摆动起来；歌声激昂时，两片叶子会扭成一团，犹如一对相互拥抱的情侣在翩翩起舞。当歌声远去，叶片才慢慢舒展开来，恢复原状。

斗鱼——尧人山上的“三宝”之一，是一种会打架的鱼，这种鱼小巧玲珑，浑身布满漂亮的暗花斑纹，拖着飘逸的三叉尾，游动起来潇洒自如。然而，虽然其外表美丽，但天性凶猛。当两尾雄鱼相遇时，即相互猛烈撕咬，一招一式有板有眼；有的为一决雌雄，追逐厮杀直至粉身碎骨，场面极为惨烈。

沿途生物：尧人山被称为天然的植物基因库，有木本植物 79 科 207 属 430 种，其中有银杏、鹅掌楸、南方红豆杉、福建柏、香榧、紫檀、桫椤等国家一、二类保护树种 15 种，还有木莲、香樟、楠木、黄檀、岩杉、樱桃、丝栗、禾木等贵重的用材树种。此外，药用植物种类繁多，共有 52 种属，300 种以上。这里还是野生动物的乐园，有 37 类稀罕野生动物，其中兽类有金钱豹、猕猴 18 种，两栖动物有小鲵、角怪等，鸟类有红腹颈鸡、白鹇、黄山雀等 17 种。

建议提醒：部分路段山高路陡，雨季时注意塌方、落石和山洪。

图：龙骧 / 潘浩 / 秦刚

文：龙骧 / 潘浩

黔西南布依族苗族自治州

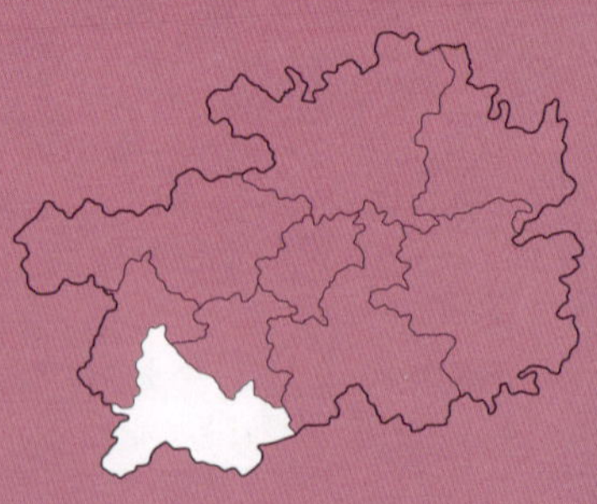

信息速览

英文名称	Buyi and Miao Autonomous Prefecture of Qianxinan
简　称	黔西南州
别　名	中国金州
面　积	16804 平方千米
人　口	368.81 万（2019 年，户籍人口）
方　言	西南官话贵州话昆贵片方言，苗语，布依语
行政区划	自治州
下辖地区	2 市、6 县、1 新区
政府驻地	兴义市沙井街 16 号州政府大院
机　场	兴义机场
火车站	兴义站、兴义威舍站、普安县站等。
电话区号	（+86）0859
车牌代码	贵 E
邮政区码	562400
地理位置	贵州省西南部
高等院校	兴义民族师范学院、黔西南民族职业技术学院
州　花	三角梅

概览

黔西南布依族苗族自治州于 1982 年 5 月 1 日成立，是中国 30 个自治州中年轻的自治州之一，位于滇黔桂三省（区）结合部，珠江上游和南昆铁路中段，素有“西南屏障”和“滇黔锁钥”之称，是黔、桂、滇三省毗邻地区重要的商品集散

地和商贸中心。州府驻兴义市，现辖兴义市、兴仁市、安龙县、贞丰县、普安县、晴隆县、册亨县、望谟县和义龙新区。黔西南州因黄金分布广、储量大、品质高，2005 年被中国黄金协会命名为“中国金州”。

黔西南州文化底蕴深厚。目前，州境内出土的文物达5000余件,其中国家一级文物45件，约占全省国家一级文物的一半。兴义市猫猫洞遗址出土的古人类(被定名为“兴义人”)化石、义龙新区龙广镇观音洞遗址出土的文化遗物，说明史前这里就有了人类活动的遗迹。

历史上，黔西南州长期处于中央集权管辖范围之外，殷时为鬼方国；春秋战国到秦汉两晋时，属夜郎国地域；唐、宋、元时期在州境内设立了多个羁縻府、州、部、路、县、卫、所。明初开始实行“土流并治”，黔西南州的部分地区才纳入中央政府的管辖。明朝末年，南明永历小朝廷播迁安龙,改安隆千户所为安龙府。清雍正年间，在鄂尔泰主持下实行大规模改土归流和“拨粤归黔”的黔桂地方行政和边界的调整，实现了中央王朝对黔西南地方的行政控制和行政区域划分，形成了今天黔西南州的基本格局。

气候

黔西南州气候属亚热带季风湿润气候区，年均气温 26℃，1 月平均气温 7.1℃，7 月平均气温 23℃。年平均日照时数 1589.1 小时。年平均降水量 1352.8 毫米，年平均降雨日数为 189 天。降雨集中在每年 5 至 9 月，6 月最多。这里终年温暖湿润，雨量充沛，雨热同季，无霜期长。四季可游，景色各不相同，7 到 8 月是旅游旺季。

地貌

黔西南州属珠江水系南北盘江流域，地势西高东低，北高南低，为典型的低纬度高海拔山区。平均海拔在1000—2000米之间，最高点在兴义市七舍镇白龙山，海拔2207.2米；最低点在望谟县红水河边大落河口，海拔275米，高差1932.2米。境内山峦起伏，地貌复杂，可分为5个不同地貌区，即低山侵蚀山地峡谷区、岩溶高原槽坝区、岩溶侵蚀高原区、岩溶侵蚀山地区、侵蚀山地河谷区。土壤多属酸性和微酸性红黄土壤。境内河流纵横，长10千米以上、流域面积大于20平方千米的河流有102条，南盘江、北盘江、红水河是州内三条较大的江河。

自然生态

黔西南州森林覆盖率已达58.71%（2019年），植物种类达3913种以上，其中珍稀植物300多种，著名植物有叉孢苏铁、贵州苏铁、云南穗花杉、红豆杉、辐花苣苔、伯乐树等；油料植物有麻疯树、黄连木、油桐、油茶、乌桕、石栗、香叶树、千年桐等；果树植物有板栗、头状四照花、知梗四照花等；香料植物有花椒、山鸡椒、竹叶椒、木姜子、砂仁薄荷等；纤维植物有棕榈、构树、野葛、山核桃麻竹、毛金竹、撑绿竹等。境内中草药种类繁多，有中草药资源近2000种，特色药用植物有小花清风藤、环草石斛、艾纳香、余甘子、通草、黑草、天花粉、黄精等，是贵州省中草药药源宝库之一。境内有野生动物12纲542种11亚种以上，其中被列入国家一级保护动物的有黑叶猴、云豹、金雕、黑颈鹤、蟒等6种，国家二级保护动物有猕猴、穿山甲、白腹锦鸡、虎纹蛙等36种。

交通

航空：兴义机场（兴义市机场大道），又名万峰林机场，为4C级民用运输支线机场，距兴义市城区5千米。目前已开通至贵阳、北京、上海、重庆、广州等国内多个主要城市航线。

铁路：境内铁路有南昆线、威红线，南昆线境内长187千米，威红线境内长9千米。主要发往南宁、昆明等地。贵兴、盘兴、兴赣等高速铁路正在建设中。

兴义火车站（兴义市顶效开发区白云路5号），停靠K、T字头和普客列车。

威舍火车站（兴义市威舍镇），停靠K、T字头和普客列车。

普安县站（普安县与六盘水市盘县英武乡交界的林家屋基村），沪昆高铁长昆段上的一个火车站，停靠G字头列车。

公路：境内公路有沪昆、汕昆、晴兴、望安等高速公路和342和320国道连接全州和全省各地，实现了县县通高速、乡乡通油路、村村通公路。州府兴义陆路交通发达，市内客运

站众多，既有发往贵阳等省内城市和全州各地的短途客车，也有发往广东、福建、浙江等外省的长途班次。兴义市内主要汽车客运站有：兴义客运西站（兴义市212省道）、兴义汽车客运东站（兴义市309省道）、兴义市客运南站（兴义市兴义博爱医院东侧）等。

水运：境内通航河道55条，航道总长1017.33千米，其中北盘江航道308.41千米，南盘江航道270.3千米，红水河航道46.79千米，北盘江支流航道88.9千米，南盘江支流航河道106.40千米，红水河支流航道67.93千米，封闭水库航道65.6千米，马岭河漂流航道63千米，最大通航能力为500吨级船舶，内河航线有44条。

购物

街心花园是位于兴义市老城区的商业文化购物步行街，包括沙井街、稻子巷街、铁匠街、豆芽街、杨柳街、川祖街、宣化街、大坝子街等八条步行街，由6条步行商业街和一个广场构成，中心广场辐射6条600米的街道，其中再穿插两条400米的街道连接其中4条，名曰“八卦金街”。在这里云集了本地和全国各地商家开设的近万家商铺，专卖店、小超市、小吃店、土特产店、小酒店等应有尽有，人气、商气、财气旺盛。附近有八一公园、穿云洞公园，从这里可以乘公交车到万峰林、马岭河峡谷等景区景点。此外，在各县的中心街道也有不少旅游商品店，可以购买当地诸如兴义饵块粑、贵州醇酒、顶坛花椒、兴仁薏仁米、仓更板栗、布依族土花布、贞丰珉谷皮蛋、贞丰县小屯白棉纸、晴隆锑矿奇石、鸡枞油、普安龙溪砚、清真牛干巴、马岭河油茶籽油、贞丰连环砂仁、兴义野生菌等各种土特产。

饮食

黔西南州菜肴地方特色和民族特色兼具，多种烹饪手法并用，以烹制鸡鸭、猪牛、蔬菜和野生菌类等出名，如三合汤、兴义烤鸭、晴隆八大碗、蝴蝶竹荪、竹筒烤鱼、天麻鸳鸯鸽、金钩挂玉牌、酸菜小豆汤等。境内小吃琳琅满目，著名的有兴义杠子面、兴义羊肉粉、鸡肉汤圆、涮把头、狮子头、冲冲糕、凉剪粉、裹卷粉、望谟虾巴虫、贞丰糯米饭、贞丰糕粑、兴义砂锅饭、万峰林酥肉、兴仁烙锅、兴仁肠旺粉、黔西南泡菜等。

活动节日

黔西南州内居住着汉、布依、苗、彝、回等35个民族，民族文化丰富多彩，民族节日主要有布依族“三月三”“六月六”“查白歌节”“毛

杉树歌节”，苗族“二月二”走亲节、“八月八”风情节、“采花节”（又叫“跳花坡”），彝族“火把节”等，这期间，众多的特色传统歌舞游艺与竞技也是节庆活动的内容。其中，彝族舞蹈“阿妹戚托”被誉为“东方踢踏舞”，布依族“八音坐唱”、布依铜鼓十二则、布依族勒尤、查白歌节、土法造纸、布依戏等被列入国家级非物质文化遗产。

景区景点

黔西南州旅游资源以多姿多彩、浓郁淳朴、独具魅力的自然风光、民族风情和人文景观著称，与毗邻地区的旅游景点组合良好，处在贵州黄果树瀑布、云南石林、广西桂林三大景区主轴线的结合部，是中国西南部一个颇具潜力和开发前景的黄金旅游区。境内有国家级风景

区马岭河大峡谷、国家地质公园万峰林和万峰湖和省级风景名胜安龙招堤、鲁布革云湖山、泥凼石林、双乳峰景区、贞丰三岔河、北盘江大峡谷等喀斯特自然风光，有南明历史遗迹“明十八先生墓”和顶效绿荫村“贵州龙”化石、猫猫洞（旧石器时代）古人类遗址、兴义市万屯汉墓群、兴仁市交乐汉墓、普安县青山铜鼓山夜郎文化遗址、安龙招堤、明十八先生墓、兴义府试院、五省会馆等历史文化景点，还有晴隆“二十四道拐”抗战文化遗址、何应钦故居、刘氏庄园等近现代名胜古迹。兴义市纳灰村、义龙新区楼纳村、兴义市南龙古寨等村寨入选“中国少数民族特色村寨”。

图：秦刚 / 潘浩 / 乔啟明 / 黄震

文：潘浩

徜徉在城市边缘——森林氧吧步道行

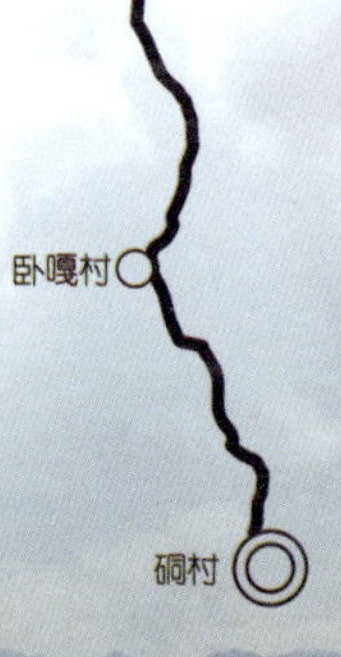

里程用时：全程约 13.9 千米，5 小时左右。
线路特点：多为上山下山步道，强度较大。
累计上升：496 米。
累计下降：418 米。
海拔最高：1230 米。
海拔最低：750 米。

线路等级：
难　　度：★☆☆☆☆
强　　度：★★☆☆☆
刺 激 度：★★☆☆☆
舒 适 度：★★★☆☆
享 受 度：★★☆☆☆
风　　光：★★★☆☆

最佳线路：兴泰隧道—王伯群故居—卧嘎村—硐村

基本情况：兴义森林氧吧徒步道是为国家配合全民健身计划的实施，进一步满足人们对户外健身的需求，让久居城市的人们走进绿树环抱、鸟语花香的森林，回归自然、享受生态，兴义市政府投资兴修的徒步道路。它贯穿兴泰、丰都、下五屯、则戎四个乡镇（街道办）辖区的山脊，全长 13.9 千米。

活动内容：徒步、穿越、休闲、健身。

线路描述：本线路沿山脊行走，四季可行，步道内有青石板路、青石板碎拼、木栈道、毛石铺设、小青砖铺设、观景平台、护栏等。难度不高，为健身入门级登山穿越线路。

起点在兴泰街道办兴泰隧道，终点在则戎乡卧嘎村硐村组。

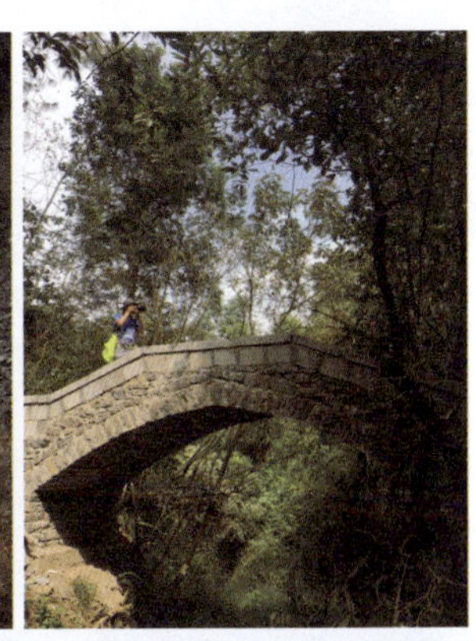

沿途景观: 从兴泰隧道旁的山路进入后,沿青石板铺成的山间小道游走,沿途绿树成荫、鸟鸣阵阵,山顶之上还生长着不少芦苇。行走其中,仿佛置身于一个巨大的"天然氧吧"。

王伯群故居——步道3千米处有一条岔道,通向王伯群故居。王伯群是中国同盟会先驱、政治家和教育家。其故居位于兴义市下五屯街道办事处景家屯。这座建筑始建于清光绪初年,坐东向西,硬山穿斗式青瓦木结构,由前厅、两厢及正厅构成中国传统的四合院,建筑占地736.88平方米。后又在四合院东南面建有门楼一个,西北、东北和东南面各建瞭望台一个,门楼和瞭望台之间有五面石堆砌的围墙相连占地面积增至2837平方米,也使该建筑具有了一定的军事防御功能。

山顶观景台——登上山顶远眺,四面风景各不同。在东北方向是生机勃勃的兴义主城区;东南方向是几条大道纵贯东西的丰都街景;西南方向,层次分明、重重叠叠、气势磅礴的万峰林景区。别样美景尽收眼底,令人心旷神怡,

建议提醒: 在森林中行走,尤其要注意防火。行走"森林氧吧步道"中,禁止带火种。

"森林氧吧步道"某些路段较为湿滑,步道阶梯较多,建议带徒步手杖。步道一路上没有任何商店,所需物品需提前准备好。

供稿: 黔西南州户外运动协会

图/文: 丁丁/秦兴

唯有此处峰成林——穿行“天下峰林”

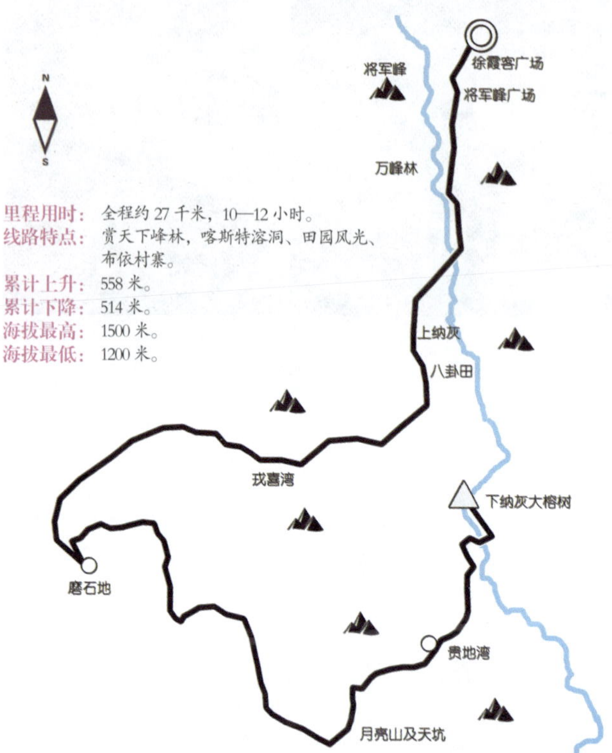

里程用时： 全程约 27 千米，10—12 小时。
线路特点： 赏天下峰林，喀斯特溶洞、田园风光、布依村寨。
累计上升： 558 米。
累计下降： 514 米。
海拔最高： 1500 米。
海拔最低： 1200 米。

线路等级：
难　　度：★★☆☆☆
强　　度：★★★☆☆
刺 激 度：★★☆☆☆
舒 适 度：★★★☆☆
享 受 度：★★★★☆
风　　光：★★★☆☆

最佳线路： 下纳灰大榕树—万峰林徒步栈道—贵地湾—磨石地—徐霞客广场

基本情况： 万峰林位于兴义市东南部，南端与广西交界，西到滇、桂、黔三省（区）交界处的三江口，北接乌蒙山主峰，总面积 2000 平方千米。万峰林长 200 多千米、宽 30—50 千米，是中国西南三大喀斯特地貌之一。万峰林景观奇特，气势磅礴，峰、坑、缝、林、湖、泉、洞分布广泛。万峰林属于中国西南喀斯特地貌，是国内最大、最典型的喀斯特峰林，堪称中国锥状喀斯特博物馆，被称誉为“天下奇观”。万峰林包括景观各异的东、西峰林，东峰林雄美壮观，西峰林雅致秀美。

明崇祯十一年（公元 1639 年）八月，徐霞客来到黄草坝（今兴义市城区）考察南盘江，对万峰林给予了高度的评价，赞叹黔西南这片连绵不断的峰林“丛立之峰，磅礴数千里，为西南奇胜”。2008 年，经全国旅游景区质量等级评定委员会评定，万峰林被批准为国家 4A

级景区，同时也是国家地质公园、中国最美的五大峰林、全国首批工农业旅游示范区。

活动内容：徒步、穿越、高原喀斯特峰林地貌考察。

线路描述：本线路在西峰林，四季可行，行进的过程中既有坎坷不平的石头路，也有新建的健身步道。难度适中，对体力有一定要求，为初级登山徒步穿越线路。

本线路从万峰林下纳灰大榕树出发，途经万峰林徒步栈道到达贵地湾，然后穿越到魔石地，稍事休息后到达徐霞客广场。

沿途景观：本线路山峰、田园、河流、村寨、溶洞交织错落，美轮美奂。春初有油菜花海，秋季有金黄色的稻田。这两个季节，黄

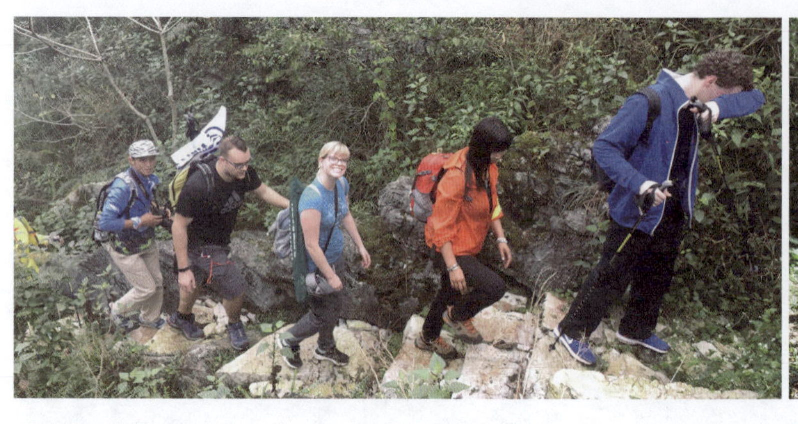

色的油菜花、金黄的稻穗与田间的布依族村寨、山峰交相辉映，组成一幅美轮美奂的自然画卷，曾入选“贵州十大最美油菜花农事景观”称号。

将军峰——在万峰林景区入口处。从这里放眼西望，群峰环绕着一座矮小的岩溶孤峰，这座孤峰叫将军峰。将军峰傲然挺立在林木和农田之中，酷似一位威风凛凛的将军。

万峰林徒步栈道——全长 24.4 千米，包含观峰栈道、滨河步道和赵家渡观峰栈道三段，

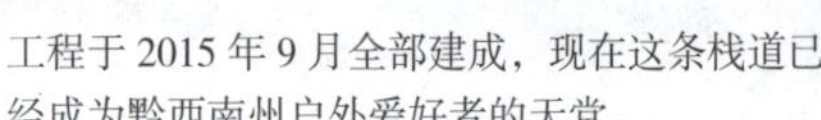

工程于 2015 年 9 月全部建成，现在这条栈道已经成为黔西南州户外爱好者的天堂。

花海——位于万峰林脚下纳灰河沿岸，面积约 4500 亩。整个花海核心区以万峰林将军桥以北为起点，直至万峰林景区西南入口，绵延 6 千米。这里花的种类十分丰富，有波斯菊、孔雀草、千日红、鸡冠花、向日葵、格桑花、百日菊等，景区按照不同的颜色分区域栽种，形成了一幅五彩斑斓的美丽画卷。

八卦田——是一片天然形成的八卦状农田，平卧在纳灰寨农田中央，如神匠打造，层叠有序。田中有三个天然地漏，深不见底，被称为“地眼”——大地的眼睛。农田耕地以漏斗为中心，弧型展布，构成了奇异的“八卦”图案。纳灰河在田中穿过，消失在田野中成为地下暗河，20多千米外又重见天日，汇入珠江。

贵地湾——在下纳灰山山背面，这里有很多传统布依建筑，不少人家开设了农家乐，是徒步时小憩和补充给养的好地方。在这里，雨后乍晴时节，可以在高处居高临下看到云雾中“万峰耸立”的美景。

建议提醒：建议穿徒步鞋、速干衣裤，带上登山杖，背20L左右背包，配备干粮、水等物品。

供稿：黔西南州户外运动协会

图：丁丁/张霆/曹经建

文：丁丁/张霆/秦兴

遍地英雄下夕烟——从坡岗到楼纳

坡岗间歇泉
民族村
上寨村
大箐村
楼那村
坡岗村
那叠村
国际建筑师公社

里程用时： 全程约 44 千米，20 小时左右。
线路特点： 原生态景观，革命传统教育。
累计上升： 1021 米。
累计下降： 997 米。
海拔最高： 1412 米。
海拔最低： 1126 米。

线路等级：
难　　度：★★★☆☆
强　　度：★★☆☆☆
刺 激 度：★★★☆☆
舒 适 度：★★★☆☆
享 受 度：★★☆☆☆
风　　光：★★☆☆☆

最佳线路： 间歇泉—坡岗—大菁—上寨—楼纳—那叠—国际建筑师公社

基本情况： 本线路位于兴义市东南部的东峰林景区。东峰林位于马岭河下游西岸，面积约 70 平方千米，地形地貌独特，是典型的喀斯特地貌区域，岩溶景观为岩溶锥峰基座相连且高低起伏的丛状峰林，与其间密集发育的岩溶漏斗（天坑）、洼地组合而成的地貌类型，

形成了独特的锥状喀斯特地质景观。这里的峰林、峰丛此起彼伏、层峦叠嶂、云山雾海、气象万千。连绵起伏的山峰与阡陌纵横的农田、炊烟袅袅的布依族民居交相辉映，组成一幅美轮美奂的自然画卷。

东峰林内生物资源丰富，植被在喀斯特山地地貌及人为影响下，多为常绿阔叶混交林、落叶阔叶林、石山藤灌丛、石山灌木林植被。多数地区形成山体戴帽的格局。森林覆盖率为70%—80%，林中有多种珍稀野生动植物，使这里成为中国同纬度地区地形地貌、动植物物种保存较为完整的地区之一。

活动内容：徒步、穿越、红色文化和高原喀斯特峰林地貌考察。

线路描述：本线路四季可行，道路基本为坎坷不平的石头路和山间小道。难度适中，用时较长，对体力有一定要求，为中级登山徒步穿越线路。

该线路建议行程两天一夜，徒步起点，可以坡岗间歇泉开始，途经楼纳村、那叠，最后到达楼纳国际建筑师公社。

沿途景观：本线路星罗棋布的峰林中错落分布着田园小河、布依小寨，人与自然和谐共融。

坡岗岩溶生态区——位于兴义市郑屯镇境内，坡岗喀斯特植被保护区腹地。这里属于典型的岩溶洼地景观，由坡岗间歇泉（多潮泉）和擦耳岩（峰岩）太阳泉及附近区域组成，面积3平方千米。这里以泉奇、水绿著称，主要景点有间歇泉、太阳泉及森林田园风光。坡岗间歇泉隐没于奇峰异树之中，有神水、怪水、朵朵水等名称，也有男泉和女泉之誉。两泉各自从天然石缝中流出，女泉每隔4—6分钟涌水一次，水流量增高3—5厘米，而后与男泉交汇流淌。当女泉下降时，男泉向女泉倒流4—6分钟。两泉状若夫妻，天然默契，相依相拥，亲密无间，妙趣天成。

坡岗烈士陵园——这里安葬着1950年、1951年解放坡岗和在坡岗剿匪战斗中英勇牺牲的解放军烈士。新中国成立初期，这里发生了贵州剿匪战斗中著名的“坡岗事件”。1951年3月，兴仁军分区的一个基干团（又称一四五团）一营三连驻扎在坡岗，32名年轻战士从这里出发到龙广长湾执行剿匪任务，行至当时安龙县龙广区（现万峰湖镇）毛凼子村哥苗组一个叫下峰岩凼子的羊肠小道垭口上遭遇土匪伏击，经过激烈战斗后全部壮烈牺牲。今天，坡岗烈士陵园及战场遗址是革命传统教育基地。

土匪窝遗址——途经楼纳村的途中有一段保存完好、较为隐蔽的“匪道”，部分为土路，山上则用石块垒砌铺成，通往原来的土匪窝遗址。地势险要的土匪窝内，当年土匪在此盘踞时的房屋、哨卡、营盘等设施遗迹还历历在目。行走到此处，会有一种阴森恐怖的感觉。站在遗址上，可以回想新中国成立初期，人民解放军为了新中国政权的稳定和人民生命的安全付出了多大的努力和牺牲。

楼纳村——楼纳在布依语里是“美丽的田

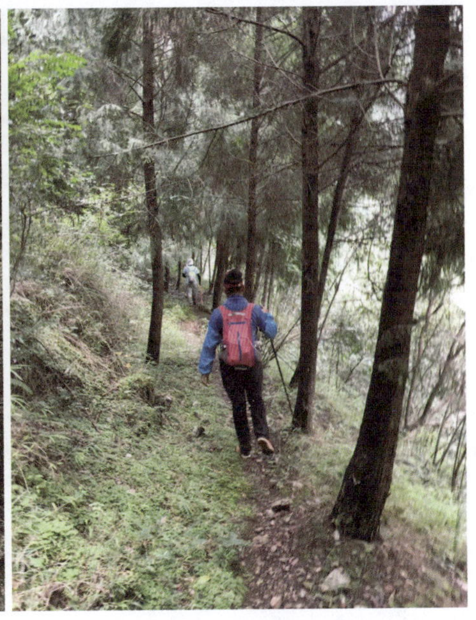

坝”的意思，位于义龙新区顶效镇境内，是一个“望得见山、看得见水、记得住乡愁”的布依族村寨。2011年5月8日下午，时任中共中央政治局常委、中央书记处书记、国家副主席的习近平同志曾来这里视察，考察基层党组织建设、新农村建设情况。今天，这个曾经的国家级贫困村已建成生活宜居、环境优美、设施完善的美丽乡村示范点。走在这里，沿途高低错落的田坝在一片片延伸开，一直连接到葱郁的山脚下，一排排新建的布依民居错落有致，掩映在青山碧水间；一个个干净整洁的农家小院里，洋溢着新生活的富足与惬意；村前河水穿寨而过，碧水绕村，垂柳依依；村后树木郁郁葱葱、青山如带……好一幅宜居、宜业、宜游的美丽乡村新画卷。现在这里有大大小小的农家乐、乡村客栈和数不胜数小卖部、小吃店，是徒步时小憩和补给的好地方。

楼纳国际建筑师公社——从楼纳村出来以后，继续往前行走约3千米，穿过一条人工隧道之后，就来到了楼纳国际建筑师公社。楼纳国际建筑师公社是中国第一个建筑大师作品的收藏村，也是第一个建筑师聚集地。楼纳国际建筑师公社内有众多国际顶级建筑设计师的作品。行到此处，看到这么美的景色，想想44千米路途也不那么累了，这时你就可以卸下行装，在露营区搭建好帐篷，美美地享受这里的一切。

沿途生物：生物资源丰富，常见的有40余种，其中蟒蛇、金雕、猕猴、白腹锦鸡、猫头鹰、果子狸等属国家保护动物；植物有600多种，有刺樟木、红椿、香木、川桂、喜树、金丝榔等国家保护植物。

沿途特产：石斛、金银花、肾蕨、板蓝根等30余种中草药材及各种野生菌类。

建议提醒：线路较长，建议早点出发，行程设计为两天一夜。

带上充足的补给，可在楼纳国际建筑师公社、间歇泉、楼纳村寨露营。

每年农历四月初六是布依老乡们盛大的“开秧节”，不要错过哦。

供稿：黔西南州户外运动协会

图 / 文：丁丁 / 秦兴

两岸青山相对出——马岭河探险步道行

马岭河峡谷景区
小青山出入口
老营盘
鸡关山
茸孟
坝树
赵家渡口
赵家渡桥
赵家渡观景平台
N
S

里程用时： 全程约 22.8 米，8 小时左右。
线路特点： 喀斯特峡谷地貌和风光。
累计上升： 1258 米
累计下降： 1218 米
海拔最高： 1200 米
海拔最低： 800 米
线路等级：
难　　度：★★☆☆☆
强　　度：★★★☆☆
刺 激 度：★★☆☆☆
舒 适 度：★★★☆☆
享 受 度：★★☆☆☆
风　　光：★★★☆☆

最佳线路： 小青山（马岭河景区入口）—仙人山庄—赵家渡观景台

基本情况： 马岭河大峡谷位于黔西南布依族苗族自治州兴义市内马岭河（又称“马别河”）的中游，是国家级风景名胜区兴义国家地质公园的重要成员。

马岭河发源于乌蒙山脉白果岭，上游叫清水河，中游因两岸有马别大寨和马岭寨而称马岭河。从河流至河口长约 100 千米的流程内，落差近千米，下切能力强，在海拔 1200 米的坦荡平川上切割出长达 74.8 千米的马岭河峡谷。

马岭河峡谷集中展示了云贵高原喀斯特地

貌的典型特征，以地缝嶂谷、群瀑横飞、碳酸钙壁挂形成景观特色，自然风光雄奇险峻、幽美壮阔。马岭河峡谷集雄、奇、险、秀为一体，谷长 74.8 千米，谷宽 50—150 米，谷深 120—280 米，谷底平均低于地面 200 米，有“天下第一缝”“地球上最美丽的伤痕”的美誉。

马岭河探险步道位于马岭河大峡谷景区附近，是在峡谷沿岸的半山腰上开凿出来的一条探险徒步道。起点位于峡谷景区小青山入口，终点至赵家渡观景平台，全长 22.8 千米。同时，设计有两条应急救援通道。该步道以保护当地生态为导向，是一个亲近自然的好去处。

活动内容：徒步、穿越、洗肺吸氧、喀斯特峡谷地貌考察。

线路描述：本线一年四季皆可行，夏末秋初是最美时节，有五彩缤纷的野生菌群和瀑布群。该线路有一定的挑战性，难度不高，为户外初级峡谷穿越线路。

这条线路交通便利，从兴义市内乘坐公交车可直达起点小青山入口；小青山入口在马岭河峡谷景区停车场的右边、景区售票处往前50米左右。入口前一块岩石上写有“小青山·马岭河峡谷探险旅游步道起终点”，岩石的旁边，是用木板修建的通道。

从小青山入口进入探险步道，沿途路面采用多种材料进行铺设，例如青石板、鹅卵石、原生石块、木板等。让游客行走其间，能够有丰富多彩的徒步体验。在整个徒步行程中，又

根据自然地貌和设计思路相融合，划分成三段，第一段从“流连步道、浪漫人生”开始，第二段就会进入“悬崖历险、心跳尖叫”，第三段再步入“丛林觅险、美在云端”的美景当中。每一段的设计理念都是不同的，设计充分尊重自然，以自然为导向，同时要特别保护周边环境和植被，以保护自然为宗旨，最后考虑其旅游、休闲、健身、探奇等功能。

终点赵家渡观景台位于东峰林西南环线，距离 5 路公交仅 1.5 千米。

沿途景观：这条步道时而穿梭于山腰，时而隐没于丛林，把峡谷、山峰、悬崖、丛林、山涧连成一片，在石缝中穿行，路边五彩斑斓的野生菌群常会给人惊喜。

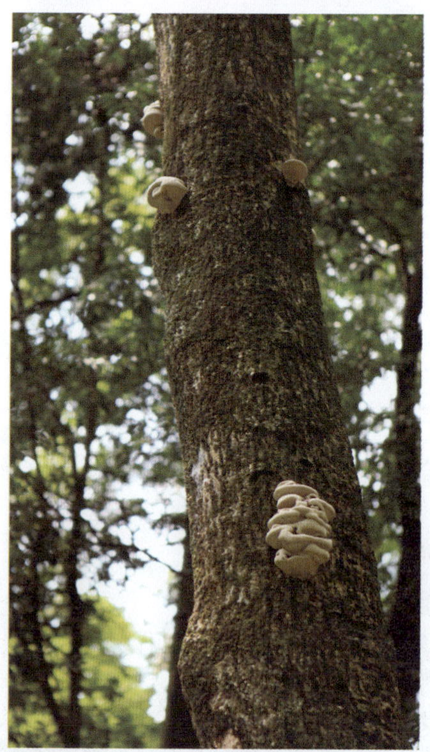

马岭河峡谷——峡谷系湍急河水和地下将地表切开的一条裂谷，由上往下看是一道地缝，由下往上看是一线天沟。

观景台——步道上有多个观景台。走过一段没有护栏的栈道，上一个小坡，就到了一个较为开阔的地带，这里一个茅草盖成的观景台，可以从一条小路从主栈道走到观景台上。站在观景台中，可以看远处两座相对而立白色的石山。赵家渡观景台是此线终点，马岭河在这里拐了一个大弯，然后向赵家渡方向延伸。远处是赵家渡大桥，从这里俯瞰，夕阳照在波光粼粼的河面上，闪闪发亮。

建议提醒：建议在进入该步道之前充分解了线路，结伴而行，带够充足的补给（沿途没有服务点），做好充足的准备，无法完成全程挑战切不可强求自己，可在沿途岔路口离开。垃圾请放入线路垃圾桶内或带走。

供稿：黔西南州户外运动协会

图：丁丁／蒋兴龙／秦刚

文：丁丁／秦兴

见山见水见乡愁——从陂鼐到大寨

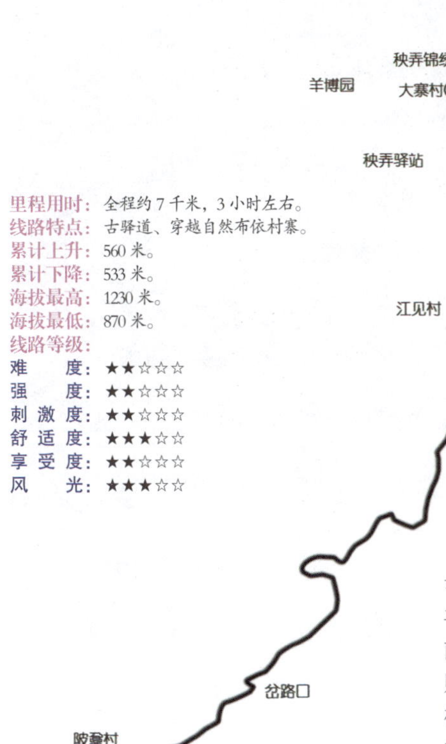

里程用时： 全程约 7 千米，3 小时左右。
线路特点： 古驿道、穿越自然布依村寨。
累计上升： 560 米。
累计下降： 533 米。
海拔最高： 1230 米。
海拔最低： 870 米。
线路等级：
难　　度： ★★☆☆☆
强　　度： ★★☆☆☆
刺 激 度： ★★☆☆☆
舒 适 度： ★★★☆☆
享 受 度： ★★☆☆☆
风　　光： ★★★☆☆

最佳线路： 陂鼐—岔路口—大寨—锦绣坊

基本情况： 册亨县陂鼐布依古寨地处册亨、安龙两县交界处的冗渡镇威旁村，面积 2.3 平方千米，主要居住着明代随军驻屯的王、李两姓村民。布依语中“陂”即为水井，“鼐”则指的是板栗树，“陂鼐”意为两姓人在一棵板栗树和水井的见证下同饮板栗树下的水井水，共同在这块土地上生息繁衍。600 多年前，王李两姓虽都是明朝汉族之后，但随着历史的

变迁，如今的陂鼐布依族人口已占总人口的97%。这种汉族少数民族化的现象，充分体现了贵州山地文化的特点和各民族之间极强的包容性、团结性和共进性。

历史上的陂鼐，曾经历战火动荡。明洪武十四年（公元1381年），朱元璋派大将傅友德和沐英率30万大军征伐盘踞云南的元梁王把匝剌瓦尔密。战后，为巩固西南边陲，朱元璋命30万大军就地屯驻云南、贵州两地。当时的驻军首领王西龙率领驻守威武村（今威旁村），在当地开垦荒地、建设屯防。官兵与当地少数民族居民语言、思想、文化渐渐地互相融合，随着历史的变迁，逐渐形成陂鼐特有的一种独特的“布依屯堡文化”。作为明代汉军驻屯之地，行经于陂鼐的古驿道是官府传递公文、兵马调动和商贾过往的重要驿道，热闹非凡。驿道全程用青石板铺垫而成，虽然后来逐渐萧条，但现在走在上面，自有一种历史的厚重感。

活动内容：徒步、观光、历史文化和布依文化考察。

线路描述：本线路四季可行，道路为古驿道、山道，难度不高，为徒步穿越初级线路。

从陂鼐村出发，到大寨村布依锦绣坊结束。

沿途景观：徒步于自然古朴的民族村寨，沿途可观赏民族风情独特的民居，观看和品尝布依族现场自酿米酒、行走于千年古驿道之上还能欣赏布依民族歌舞、倾听布依男女对歌、品尝布依美食。

陂鼐古寨——是一处保护较好的布依族传统村落，风光迤逦的古寨见证了汉族与布依族同胞的融合史，演变为独特的布依屯堡文化。在群山包围的古寨里，小河从门前淌过，人们过着悠闲而静谧的生活，是一个山水美如画的“世外桃源”。沿着青石小路进入古寨，仿佛进入历史的时光隧道，只见石墙、石门、石瓦盖，石碾、石磨、石院落，干净整洁的料石铺成的步行街串联着一片片青灰的石头建筑，小桥流水人家及参天古木，让人感受到古寨历史的悠久和古典美……除了特有的布依古桥、古井、古树、古驿道、古墙、古民居、古祠堂，古寨保存着神秘的军屯古堡、战备营盘及世代沿袭的忠勇军魂。现在，寨中还设有布依族特色的“衣、食、住、俗”四个乡愁馆，馆内主要展示布依人民日常劳作、婚丧嫁娶及生活起居，你可以跟着布依姑娘一起米酒迎客、山歌传情、踏歌留客，感受浓浓的民族风情。

大寨村——册亨县冗渡镇大寨村，原名“秧弄”，布依语即美丽幸福之意。大寨村平均海拔1100米，年平均气温18℃—23℃，是册亨县最凉快的地方。这里“一个弯弯一个凼，一个凼里一个寨，寨里就有一坝田，田中五个水源点”。明朝末年，其先祖就已迁入此地，因分别居住在冗桑、江见、打浪、中寨、大寨、堡上、冷田坝、顶效、石碰等九个寨子，故称之为“秧弄九寨”。秧弄九寨的村民全是布依族，布依文化丰富多彩，寨寨通舞狮，人人会转场舞，过着遵循传统、尊敬民族、尊重自然的生活，拥有石头器物、石头建筑、碑刻等独特的石头文化。现在的大寨村是贵州省50个最具魅力的村寨之一，也是国家级非物质文化遗产“布依转场舞”和省级非物质文化遗产“高台舞狮”的发源地和传承地，省级新农村建设示范村。

布依锦绣坊——位于册亨县冗渡镇大寨村西南面，建筑面积816平方米，分上下层两层，上层为布依土布生产加工展馆，下层为大寨布依族男女日常生产生活两个主题展厅，左侧是男耕园，右侧为女织坊。锦绣坊内现收藏有来自大寨村布依族日常生产生活所常用的织布机、布依服饰、手工刺绣、石磨、犁耙、箩筐、簸箕、石碓等生产生活用品百余件。置身锦绣坊内，不仅可以参观到布依族儿女千百年来智慧与劳动的结晶，了解布依族生产方式，更可亲身体验织布乐趣。

沿途特产：布依服饰、手工刺绣。

建议提醒：入乡随俗，尊重当地风土人情，请不要搬走任何一块石头，因为搬走一块石头就是搬走一段历史。

供稿：黔西南州户外运动协会

图/文：丁丁/秦兴

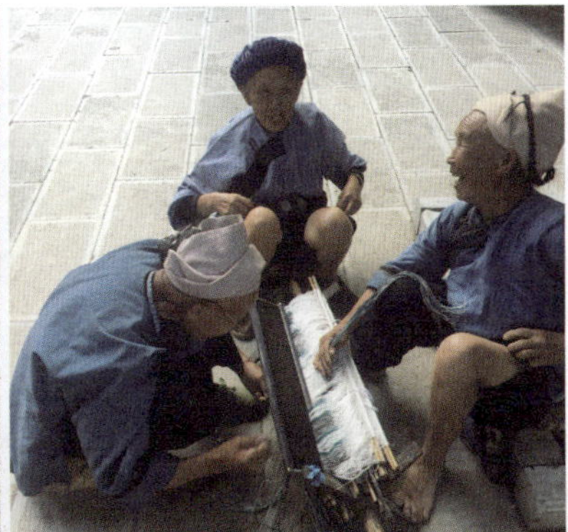

青山两看相不厌——行走竹林堡

里程用时：全程约 11 千米，4 个小时左右。
线路特点：喀斯特地貌景观、古民居和民风民俗。
累计上升：260 米。
累计下降：218 米。
海拔最高：1200 米。
海拔最低：1104 米。
线路等级：
难　　度：★☆☆☆☆（一颗半星）
强　　度：★☆☆☆☆（一颗半星）
刺 激 度：★☆☆☆☆
舒 适 度：★★★☆☆
享 受 度：★★☆☆☆
风　　光：★★☆☆☆（两颗半星）

最佳线路：双乳峰母亲文化园—顶肖寨门—顶肖—戎岩—鸡罩岭—犹寨—康寨—岜浩—纳寨—双乳峰母亲文化园

基本情况：这条徒步线路位于贞丰县珉谷街道办事处。线路将双乳峰下的 10 个美丽多姿的自然村寨串联在一起，途经顶肖寨门、纳格、顶肖、戎岩、鸡罩岭、岜浩、犹寨、康寨、吴寨、纳寨等村寨，全长 11 千米。

贞丰县境内有东门海子、这旗海子、龙潭、

阴潭等天然湖泊，有喀斯特地貌竹林堡石林、观音洞和马槽井溶洞群；有凤山、文笔塔、双贵峰、珉球耸翠、蛤蟆跃天、昂蛇扑蛙等自然景观；有马二元帅府、文昌宫、文庙、阁楼、两湖会馆、万人古墓等名胜古迹；有保存完好的纳蝉、必克布依民居和浓郁的布依风情；有独具特色的左旗苗族民俗风情等。

活动内容： 徒步、观光、地质考察。

线路描述： 本线路四季皆宜，道路多土路，部分为铺装道路，无难度，为环行徒步入门级线路。

到双乳峰母亲文化园停车场，由此处开始徒步，通过村庄，通过菜地，到达防雹站。沿路标往顶肖方向行走，途中有木兰护母、龙出没、笔架山等景观。进入顶肖村，体验当地少数民族风俗。出村后，过木栈道，上石板路，在此您可看到传说中的石海螺、石鼓。

通过这段挑战路线，到达鸡罩岭，在此有长满藤蔓的古老民居，民居旁有许多飞到树上的“土飞鸡”，肚子饿了可在农户家吃美味的柴火土飞鸡。随后，沿路标通过岜浩、犹寨、康寨到达纳寨，这里有不少上百年的布依民居。通过纳洋田、雷打岩，最后回到双乳峰母亲文化园。

沿途景观： 本线路春季可赏油菜花，夏季去果园采摘水果，秋季看红叶。沿途美丽的自然风光、古朴的布依石头建筑、浓郁的民族风情相得益彰。

竹林堡石林——位于贞丰县三岔河东南部，紧邻董箐峡谷，是贵州省八大石林之一。竹林堡石林与三岔河名胜风景区、双乳峰遥相呼应，融为一体。石林景区面积 16 平方千米，小巧玲珑、风景别致，是典型的溶蚀喀斯特地貌的奇观。该石林是一个天然奇石园，内有“少女怀春”“天狗盼月”“海豚望天”“将军出征”“唐僧西行”“母子情深”等各种栩栩如生、惟妙惟肖的石林景观，园中一石一景、一石多景比比皆是，给人留下无限的遐想。

双乳峰——位于贵州省贞丰县者相镇，因酷似大地母亲袒露的双乳而得名，当地布依族群众一直把它当作“大地母亲”和“生命之源”来崇拜。双乳峰占地 40 公顷，高度相等，平均海拔 1265.8 米，高出地面 261.8 米；双峰上的两个“乳头”也高度相等，各高近 10 米。“横看成岭侧成峰，远近高低各不同”，观看双乳峰在不同的角度会呈现出不同的景观。双乳峰是喀斯特峰林的绝品，是鬼斧神工的自然造化。据考证，这一景观在中国绝无仅有，其他国家也没有类似发现，堪称“天下奇观”。

三岔河国际露营基地——位于贞丰县中北部，坐落在国家级水利风景区、贵州省风景区名胜区三岔河内，北连纳孔布依古寨，南接双乳峰，东邻者相古镇，西边是风景如画的三岔湖。露营基地占地面积 2120 亩，其中湖域面积 1100 亩，环湖森林 870 亩，草坪 150 亩。这里有山有水，风光秀美，空气清新，气候宜人，是一个适合野外露营的好地方。

沿途特产： 顶坛花椒、连环砂仁、黄花梨、金银花等。

沿途美食： 贞丰糯米饭、褡裢粑、灰粽、鸭头、蒸剪粉、荞凉粉等。

建议提醒： 本条徒步路线离市区不远，有公交车、短途客车或自驾，不必携带过多衣物，带好登山杖、食物、水即可。

另外，徒步过程中留意途中的线路标识牌，避免走错路，量力而行，注意安全。

进入双乳峰景区，需购门票。

供稿： 黔西南州户外运动协会

图： 丁丁 / 潘浩

文： 丁丁

路曲行人似蚁旋——徒步“二十四道拐”

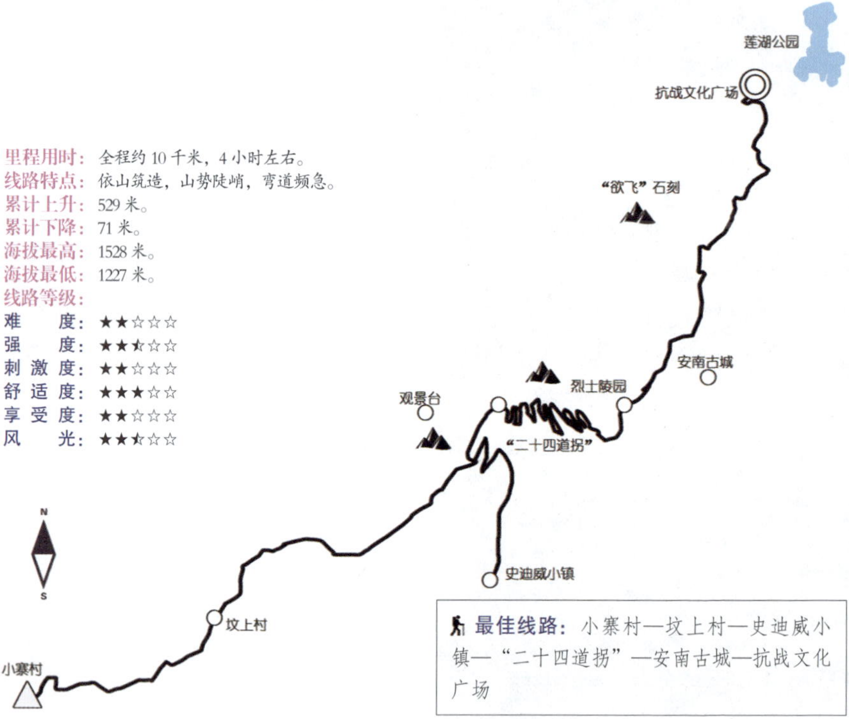

莲湖公园
抗战文化广场
“欲飞”石刻
安南古城
烈士陵园
观景台
“二十四道拐”
史迪威小镇
坟上村
小寨村
N
S

里程用时： 全程约 10 千米，4 小时左右。
线路特点： 依山筑造，山势陡峭，弯道频急。
累计上升： 529 米。
累计下降： 71 米。
海拔最高： 1528 米。
海拔最低： 1227 米。
线路等级：
难　　度： ★★☆☆☆
强　　度： ★★⯪☆☆
刺 激 度： ★★☆☆☆
舒 适 度： ★★★☆☆
享 受 度： ★★☆☆☆
风　　光： ★★⯪☆☆

最佳线路： 小寨村—坟上村—史迪威小镇—“二十四道拐”—安南古城—抗战文化广场

基本情况： 在烽火连天的抗战岁月里，有一条从印度经缅甸到达当时中国的“陪都”重庆的运输大动脉，将中国与世界反法西斯阵营连接起来。通过这条运输大动脉，一批批国际支援中国抗日战场的物资由美军的车队运抵中国，是当年中国抗日战争大后方唯一的陆路

运输通道，被誉为“抗战生命线”。

在这条生命线上，位于晴隆县境内的“二十四道拐”抗战公路就是这条运输大动脉上的一个重要节点。

活动内容：徒步、观光、穿越、抗战文化考察。

线路描述：本线路四季可行，道路基本为铺装道路，无难度，基本是顺着山脚到山顶的公路行走，为徒步登山初级线路。

沿途景观：“二十四道拐”之雄险，皆因其依山筑造，工程艰险，山势陡峭，弯道频急。由关口向远处眺望，山峦叠起，气势磅礴；向关下俯视，二十四道弯仿佛游蛇下山，欲饮山脚之清泉；从关下往上仰视，其弯道犹如白龙盘山，真可谓“万山飞翠上吟肩，路曲行人似蚁旋”，既惊心动魄，又心旷神怡。从关上经过，行至悬岩下，即可见二十四拐左侧的悬岩飞瀑。盛夏时节，可见两泓清泉从悬岩之上，飞流直下，确是“悬岩挂白虹，细雨日飞空”。

晴隆“二十四道拐”抗战公路——在晴隆

县城南郊1千米处，是“史迪威公路”的形象标识。这里古称“鸦关”，明清时代，此处是蜿蜒的古驿道，关口曾建有“涌泉寺”，寺旁岩壁之上，有“甘泉胜迹”“云陵山色”“乌道千重”“且以饮人”等摩崖石刻，集雄、奇、险、峻为一体，有“一夫当关，万夫莫开”之势，名噪滇黔。从关上经过的“二十四道拐”公路始建于1935年，次年竣工，全长约4千米。公路为沙石路面，在倾角约60度的斜坡上以“S”形顺山势而建，从山脚至山顶的直线距离约350米，垂直高度约260米，蜿蜒盘旋至关口。公路质量优良，设计十分精巧。道路旁的上下挡墙，均由五面石砌成，经历半个多世纪的风雨，仍完好如初。“二十四道拐”公路是抗日战争中国际援华军需物资运输的大通道，为中国抗日战争取得全面胜利做出不可磨灭的贡献，被后世誉为“历史的弯道”，是中美人民在反法西斯战争中的历史记录，现被评定为国家重点文物保护单位，并进入国家级抗战纪念设施、遗址名录。

史迪威小镇——1941年12月8日太平洋战争爆发后，美国陆军将领约瑟夫·史迪威担任美军中缅印战区总司令兼中国战区总参谋长派往中国，负责分配援华物资。为维持滇缅公

路的运输能力，1942年，美国派出工兵驻扎在沙子岭3千米处，对“二十四道拐”进行维护、维修。1945年日本投降后，美军工兵才撤离这里。近年来，当地政府在原美国工兵驻扎过的地方重新修建相关建筑设施，遂形成如今“二十四道拐”公路附近的“史迪威小镇”。小镇中，除美军加油站外，还有办公室、营房、哨卡、高炮阵地等军事设施。

沿途特产：晴隆糯薏仁、南盘江黄牛、脐橙、晴隆羊等。

沿途美食：老泡菜炒肉末蒸鲜鱼、豆花炝锅鱼火锅、舒家辣子鸡、晴隆豆沙粑等。

图：乔啟明 / 张霆

文：张羽飞

“高原塞外”草离离——行走放马坪

里程用时：全程约 10 千米，4—5 小时。
线路特点：黔西南州少有的高山草原线路。
累计上升：143 米。
累计下降：138 米。
海拔最高：1678 米。
海拔最低：1616 米。
线路等级：
难　　度：★☆☆☆☆
强　　度：★☆☆☆☆
刺 激 度：★★☆☆☆
舒 适 度：★★★☆☆
享 受 度：★★☆☆☆
风　　光：★★★☆☆

最佳线路：大洞天坑—小白洞天坑—洗马塘—心形车道—花海—马乃兵营遗址

基本情况：放马坪高山草原位于兴仁市北面的潘家庄与下山两镇交界处，距县城 24 千米。这里是云贵高原上少有的高山牧场，其总面积 28490 亩，其中天然草场 21000 亩。地处云贵高原向广西低山丘陵过渡的斜坡地带，平

均海拔 1630 米。绿茵茵的草原和成群结队的羊群是这里的标配，素有“高原塞外”之称。电视剧《雄关漫道》中红军长征过草地场景曾在此拍摄。

活动内容：徒步、休闲、草原观光。

线路描述：本线路四季皆宜，夏季、秋季是最美季节。道路为基本为旅游步道，路面好，坡度小，无难度，为徒步休闲观光线路。

走到该线路上，一是看草原。天然草场上天高云淡，风轻草绿，虽是南方却仿佛置身塞外草原。二是访古。周边有古营盘遗址、古驿道等。

沿途景观：放马坪草原周边，分布着洗马塘、马乃兵营、大白洞、小白洞、马乃天坑、彝族文化广场、草原花海、露营基地、国际滑草场等，以及丰富的珍稀植被，为放马坪草原增添了别样的风光韵味。这里自然景观秀美，珍稀植物丰富，周围地形跌宕起伏，是山地户外运动的好地方。

洗马塘——是放马坪高山草原中的一个小型山塘。在蓝天下，翠绿的草坪中，湖水幽蓝一片，仿佛是镶嵌在绿色草原上的一枚蓝宝石。

马鞭草花海——每年 6 到 10 月，是放马坪中大片马鞭草竞相绽放的时节，朵朵紫色的小花，俏立枝头，铺满整座山坡，将大地装扮成紫色的海洋。微风轻拂，花香四溢，沁人心脾，紫色花海中洋溢出浓浓的紫色浪漫气息。

马乃兵营遗址——又称“马乃屯古营盘”，是省级重点文物保护单位。遗址位于草原北部，是一块面积约 90 多亩的山顶平地，其地势高峻，四周皆是悬崖峭壁。远远望去，这里犹如放马坪上微微抬起的龙头。清顺治十七年（公

元 1660 年），彝族土司马乃（龙吉兆）率众在此依山就势垒筑石墙，建立营盘，使其成为一座攻守俱佳、屯兵上千的反清大本营。现在，漫步于马乃兵营遗址内，只见杂草丛生，垒石横陈，泉水不涸，道路依稀可辨，顿生苍凉之感，恍若走入那段刀光剑影的悲壮历史。

马乃天坑——距草场 4 千米，是一天然竖井，上口约 200 米，深达 486 米。

大白龙洞——奇特的山地地貌造就了放马坪高山草原景区丰富的景观。洞中清泉长流，冬暖夏凉，是避暑佳处。

沿途特产：薏仁米、薏仁面等。

沿途美食：冲冲糕、鸡屎藤粑粑、牛肉粉、水晶凉粉、盒子粑等。

建议提醒：放马坪高山草原现为国家 4A 级旅游风景区，需购买门票。

从“心”形车道一直到环形步道 10 千米的徒步过程，基本上可以看到整个草原的美景。

线路海拔高，昼夜温差大。草原上没有树，白天需注意防晒；晚上风较大，温度较低，注意保暖。在草原上露营，夕阳西下时非常美；天气晴好时可以看夜空中的漫天星河，体验“天人合一”的感觉。

在放马坪可以体验山地滑草、草原露营、放风筝等活动，还开放了热气球、骑马、传统射箭、草场飞索等多种多样的娱乐项目。

资料提供：兴仁市文体广电旅游局

图：尚官芬 / 罗振飞 / 张羽飞

文：张羽飞

后记

长途归来常忆途

一位编写者这样说：《徒步贵州》的编撰过程不啻于一次远程的徒步。的确，一群“山里人”用心编写近三年的这本小书终于出版，犹如一次远程徒步，当然演绎出不少故事。

记得2018年8月的一天，在贵州人民出版社社领导安排下，我和贵州省体育旅游经济发展中心的同志对接《徒步贵州》的出版工作。但在对接完工作后，才发现这本书仅仅是一个构想，没有现成的稿件；体育局希望我们组织人员编写，而不只是常规的图书编辑出版。作为一个曾有过10余年户外经历的我，一直就有出版一本全面反映贵州户外运动的书的想法。于是一拍即合，我便大胆地接下了这项工作。

真正接手《徒步贵州》后，才发现编写这本书并不那么容易。当时，这本书没有成熟的编写思路、没有现成的架构文案，当然更没有作者。虽然除了有限的经费外，我们一无所有，但是我们还是摸索着往前走——

理清思路，提高格局。思路决定这本书的出路，格局决定这本书的结局。只有把思路理顺了，对贵州省体育局和出版社来说，这本书才有出版的价值；对读者来说，也才有阅读的价值。因此，几经沟通与磨合，大家形成共识：应把弘扬中华体育精神同坚定文化自信结合起来，在推进全民健身国家战略的高度上统筹规划这本书，同时实现弘扬中华优秀传统文化和服务绿色发展、建设生态文明、实施乡村振兴的目标。因此，在内容结构上我们以徒步运动为经，读者需求为纬；版式设计上要清新悦目，以好读易读、实用便携为设计主旨，形式必须为内容服务；在线路表达上要体现户外体育运动的特点，又要融入其他相关学科知识——除了自然风光外，线路上的自然地理、地质地貌、历史文化、民风民俗等内容也应适当体现，并尽可能融入一些线路上的贵州故事。这样做的目的，是使读者在了解贵州徒步运动面貌的同时，看到一个生态文明、绿色发展、健康自信的贵州。

搭好结构，做精文案。中华传统文化讲究“纲举目张，执本末从”，既然架构打好了，剩下的就是文字功夫了。当时，国内同类型的书很少，我们找了很多相关图书借鉴参考，这些书虽各有千秋，但从贵州徒步的角度和经验看来，却都各有欠缺，难以借鉴、概括、描述贵州一省的徒步状况，因此只能另起炉灶了。于是，我们对每一条线路资料反复考量，去芜存精，寻找其个性和亮点；对每一篇文字内容多次修改，反复编校；对每一幅照片地图认真甄选，尽可能与文字内容相匹配；对每一个正副标题精心琢磨，力图用一句传统的七言诗词来体现线路的特征……于是，有了如今呈现在读者面前的这本小书。相信其中一定还有很多问题和不足，希望读者不吝指出，以便我们改正。

各施所长，各显其能。图书内容好不好，作者是关键，而当时最大的难题是没有现成、合适的作者。由于本书的文字编写要求很高，除需要一定的文字基础、社会阅历和丰富的徒步知识经验储备外，更需要对贵州地域文化有一定见识，并具有触类旁通、资源整合和挖掘提炼的能力。图片靠临时抱佛脚收集也是不行的，需要一定的摄影技术的同时，还需要长期的积累。因此，寻找合适的作者成为了一个更艰辛的过程——参加过徒步运动的人很多，大多数人士来自各行各业，老、中、青都有，但以此为业者很少，而写作基础较好和有一定积累的有心人更少；现代生活快速的节奏和多重的压力，也使得太多人无暇他顾；还有不少人士担心资料公之于众后，有这样那样的顾虑……难以投身于本书写作中来的理由有千万条，其间的故事自不必细说，而这一困难更坚定了团队把这本书做好、做精的信念。我们在全省广撒英雄帖，发动群众，走群众路线，终于找到了一批愿意投身这项工作的人们——直接参与写作者达 30 多人，拍摄者人数更是多达 50 多人，为我们提供各种资料的朋友们更是不计其数。这些可爱的人们，都是长期生活在贵州这方土地上的“山里人”，他们有机关干部、教授学者、商人老板、技术人员、工人农民、自由职业者……还有不少是离退休的老同志。他们的年龄，主要集中在五零后、六零后、七零后、八零后，但他们都曾有一个共同的身份——徒步爱好者，都曾有一个共同的名字——“驴友”！这批人，正好是改革开放以来中国现代户外体育运动发展的见证者。正是有了这些朋友们的无私奉献，才使我们能从 350 多条线路、10000 多幅图片中提炼出 83 条、1000 多幅图片，才有了这本呈现在人们面前的众筹写作、编写合一的《徒步贵州》。

因此，在这次远程徒步结束时，要感谢给予我们建议、支持和帮助的人们。没有他们的建议，我们可能会走很多弯路；没有他们的支持，我们坚持不到今天；没有他们的帮助，我们不可能走得这样长远……当然，更要感谢所有为这本书提供内容、付出心血的朋友们，没有你们无私的奉献，这本书也许还停留在起点；更要感谢所有给我们指点的前辈师长，没有你们的热情关切，我们很难保持跋涉中的执着和快乐。

我们相信，当这本书渐渐泛黄之时，《徒步贵州》会如同一条另辟的蹊径，未来的读者可以从我们的脚印中了解我们曾经走过的这片土地，成为一条人们与过往的自然和历史对话的通道。

潘　浩

2020 年 12 月

图书在版编目（CIP）数据

徒步贵州 / 贵州省体育局编 . -- 贵阳 : 贵州人民出版社，2019.10

ISBN 978-7-221-15554-2

Ⅰ . ①徒… Ⅱ . ①贵… Ⅲ . ①体育 - 旅游业发展 - 研究 - 贵州 Ⅳ . ① F592.773

中国版本图书馆 CIP 数据核字（2019）第 201929 号

GUIZHOU TIYU LVYOU XILIE CONGSHU

贵州体育旅游系列丛书

徒步贵州 TUBU GUIZHOU

贵州省体育局 / 编

出版人	王　旭
责任编辑	潘　浩　张羽飞　陈　章
封面设计	陈红昌
装帧设计	晏　晨

出版发行	贵州出版集团　贵州人民出版社
地　　址	贵阳市观山湖区会展东路SOHO公寓A座
邮　　编	550081
电　　话	0851-86828570
印　　刷	重庆新金雅迪艺术印刷有限公司
规　　格	787mm × 1092mm　1 / 32
字　　数	850千字
印　　张	15.25
版　　次	2021年4月第2版
印　　次	2021年4月第1次
书　　号	ISBN 978-7-221-15554-2

定　　价	98.00 元